Hinterlassene Werke

des

Generals Carl von Clausewitz

über

Krieg und Kriegführung.

Siebenter Band.

Berlin,
bei Ferdinand Dümmler.

1835.

Der

Feldzug von 1812 in Rußland,

der

Feldzug von 1813

bis

zum Waffenstillstand

und der

Feldzug von 1814 in Frankreich.

Hinterlassene Werke

des

Generals Carl von Clausewitz.

Berlin,

bei Ferdinand Dümmler.

1835.

Vorrede.

Der Feldzug von 1812, der in diesem Bande erscheint, besteht aus drei Kapiteln, von welchen wohl nur das zweite ursprünglich für das vorliegende Werk bestimmt war und das erste und dritte wahrscheinlich einem andern angehören sollten. Das zweite Kapitel enthält die Übersicht des Krieges, während die beiden andern sich mehr mit der Schilderung der Begebenheiten beschäftigen in welche der Verfasser persönlich verwickelt war. Diese beiden Kapitel gehören offenbar zusammen; das zweite ist nur hineingeschoben und unterbricht den Faden der Erzählung. Sie haben sich jedoch in der Zusammenstellung gefunden in welcher sie den Lesern mitgetheilt worden, und man hat nicht geglaubt hieran Etwas verändern zu dürfen.

Da leider unter den Papieren des Verfassers keine Geschichte des Feldzugs von 1813 vorhanden ist, so schien es nicht unzweckmäßig, eine kleine Schrift wie-

der abdrucken zu laſſen die er im Jahre 1813 während des Waffenſtilſtandes auf beſondere Veranlaſſung
ſchrieb, die damals ohne ſeinen Namen erſchien und
jetzt ganz vergriffen iſt. Sie erſcheint in dieſem Bande
und iſt zwiſchen den Feldzug von 1812 und den von
1814 eingeſchaltet worden.

Weshalb der übrige Theil des Feldzugs von 1813
nicht früher als die Feldzüge von 1814 und 1815 von
dem Verfaſſer bearbeitet worden iſt, läßt ſich nicht erklären, obgleich er gewiß irgend einen zureichenden
Grund dafür gehabt hat. Man muß überhaupt immer aufs Neue beklagen, daß der zu frühe Tod der
ihn dem Vaterlande und den Seinigen entriß, ihn auch
verhindert hat, das vorliegende Werk zu vollenden, und
zwar nicht allein das Fehlende hinzuzufügen, ſondern
auch das Vorhandene noch einmal zu überarbeiten, wie
es ſeine Abſicht war. Vieles würde dann eine andere
Geſtalt angenommen haben. Mancher in der erſten
Lebendigkeit des Gefühls vielleicht zu ſcharf ausgeſpro-
chene Tadel würde gemildert, manche ſpäter erhaltene
Aufklärung benutzt worden ſein, und was jetzt nur eine
Skizze iſt wäre ein vollendetes Werk geworden. Aber
wie wahre Kunſtverſtändige gerade aus Skizzen das
Talent des Meiſters erkennen, ſo ließ ſich hoffen daß

auch der innere Werth des vorliegenden Werks, trotz seiner unvollendeten Form, richtig beurtheilt werden würde; daß einsichtsvolle und billige Männer den Geist der aus demselben spricht erkennen, und die Mängel die es haben mag mit der Nachsicht beurtheilen würden, die das unvollendete Werk eines Verstorbenen wohl mit Recht in Anspruch nehmen kann.

Diese Hoffnung ist im Ganzen auf die erfreulichste Art in Erfüllung gegangen; die öffentliche Meinung hat sich laut zu Gunsten des vorliegenden Werks ausgesprochen, und aus der Nähe und Ferne sind hierüber die unzweideutigsten Beweise eingegangen.

Daß sich auch Stimmen dagegen erheben würden, daß mancher vielleicht wirklich zu scharf ausgesprochene Tadel widerlegt, ja selbst mit Leidenschaftlichkeit zurückgewiesen werden würde, war allerdings zu erwarten und konnte, wenn es auf anständige Weise geschah, weder befremden noch verletzen. Es konnte in gewisser Hinsicht sogar erfreulich sein, denn auch auf diesem Wege wird die Wahrheit befördert und um diese war es ja dem Verfasser vor allen Dingen zu thun.

Was jedoch Kritiken im Ton jener betrifft, die sich in diesem Jahrgange einer auswärtigen militärischen Zeitschrift befindet, so können dergleichen wohl

2 *

füglich unbeachtet und unbeantwortet bleiben; auch würde jener hier mit keiner Sylbe Erwähnung geschehen sein, wenn sie nicht Veranlassung gäbe, statt aller Widerlegung zu bemerken: daß der Verfasser sich in den letzten Jahren seines Lebens gar nicht mehr mit dem vorliegenden Werke beschäftigt hat, weil sehr vermehrte Dienstgeschäfte ihn daran verhinderten. Aufsätze, welche in jenen Jahren erschienen sind, konnten folglich nicht mehr dabei benutzt werden, und als er die Seite 1 Zeile 17 u. folgd. im vierten Bande ausgesprochenen Klagen über den Mangel an solchen Materialien niederschrieb, waren sie gewiß noch begründet.

Mit vollem Rechte können hingegen die Druckfehler gerügt werden, die sich in den Feldzügen von 1796 und 1799, ganz besonders aber in dem letzteren, befinden; sie sind Folgen eines ungünstigen Zusammentreffens von Umständen, welche verhinderten daß diese Theile mit derselben Sorgfalt durchgesehn wurden, welche man an die übrigen gewendet hat. Diese Umstände sind schon einmal erwähnt worden und die Nachsicht der Leser wird hier nochmals für dieselben in Anspruch genommen.

Es muß ferner noch bemerkt werden, daß mein Bruder (dessen mir geleistete Hülfe in der Vorrede zum

ersten Bande erwähnt wird) sich nur mit der Durch-
sicht der beiden ersten wissenschaftlichen Theile des vorliegenden Werks beschäftigt hat. Kaum war diese vollendet als er in eine lebensgefährliche Krankheit verfiel
und ich Breslau verlassen mußte, meine Papiere mit
hierher nehmend, wo dann alles Weitere besorgt wurde.
Er ist also bei dem historischen Theile von jeder Verantwortlichkeit frei; wenn überhaupt von Verantwortlichkeit bei der Herausgabe eines Werks die Rede sein
kann, das man beschlossen hatte dem Druck so zu übergeben wie es aus der Feder des Verfassers geflossen
war, und bei welchem also die ganze in Anspruch genommene Thätigkeit sich darauf beschränken mußte, vor-
gefundene Umarbeitungen einzuschalten, Schreibfehler zu
verbessern ꝛc.

Sich auf wesentliche Veränderungen einzulassen
war nicht möglich ohne der ganzen Eigenthümlichkeit
des Werks zu schaden.

Sind hierdurch einige vielleicht zu scharfe Kritiken
bekannt geworden, so kann man wenigstens versichern,
daß der Verfasser geeilt haben würde sie zu ermäßigen,
wenn er geahnt hätte daß sein Werk in dieser unvollendeten Form der Öffentlichkeit übergeben werden würde.
Wer sein edles Gemüth, seine Milde, sein Zartgefühl

gekannt hat, wird wissen wie ungern er überhaupt irgend Jemand verletzte, wie es immer sein Bestreben war leidenschaftliche Reibungen zu vermeiden und zu mildern, und wie er namentlich Nichts sehnlicher wünschte als ein freundliches und vertrauliches Verhältniß zwischen Preußen und Östreich immer fester begründet zu sehen. Es hat also seinem Tadel niemals irgend ein feindseliges Gefühl zum Grunde gelegen, und wenn einst alle seine Schriften in den Händen der Leser sein werden, wird seine Unparteilichkeit gewiß volle Anerkennung finden.

Mit dieser Hoffnung lege ich die Feder nieder und bitte um Nachsicht für die lange, aber wie mir schien nothwendige Auseinandersetzung.

Berlin, den 17. December 1834.

Marie v. Clausewitz.

Inhalt.

Errata.

Seite 57 Zeile 9 v. u. statt 21, August lies 9. August.
— 188 — 6 v. u. statt Pachri lies Pachra.
— 205 — 5 v. u. statt Usoye lies Usza.
— 211 — 14 und 21 v. u. statt Renne l. Renne.
— 337 — 7 v. u. statt Thurnen lies Offizier.

Der

Russische Feldzug von 1812.

Erstes Kapitel.

Ankunft in Wilna. Feldzugsplan. Lager von Drissa.

Im Februar des Jahres 1812 wurde das Bündniß Preußens mit Frankreich gegen Rußland abgeschlossen. Die Partei welche in Preußen noch Muth zum Widerstande fühlte und der ein Anschließen an Frankreich nicht durchaus nothwendig schien, konnte wohl die Scharnhorstsche genannt werden, denn in der Hauptstadt gab es außer ihm und seinen nahen Freunden kaum einen andern Menschen der diese Richtung des Geistes nicht für halben Wahnsinn gehalten hätte. Auch in der übrigen Monarchie mochten wohl nur wenige zerstreute Spuren einer solchen Denkart sein.

Sobald das Bündniß mit Frankreich gewiß war, entfernte sich Scharnhorst ganz aus dem Mittelpunkt der Regierung und begab sich nach Schlesien, wo er als Inspekteur der Festungen noch eine Art von Wirksamkeit hatte. Er wollte sich der Aufmerksamkeit der Franzosen und zu gleicher Zeit auch einer ihm widernatürlichen gemeinschaftlichen Wirksamkeit mit ihnen entziehen, ohne seine Verhältnisse zum preußischen Dienst ganz aufzugeben. Diese

1 *

halbe Maaßregel war hier die treffendste Klugheit. Er
konnte in seinem Verhältniß immer noch manches Üble,
nämlich eine zu große Nachgiebigkeit gegen Frankreich verhindern, besonders was die Besetzung der preußischen Festungen betraf, und behielt den Fuß im Bügel, um sich
zur gelegenen Zeit wieder auf seinen Posten zu schwingen.
Er war Ausländer, ohne Besitzungen und Anhalt im
Preußischen, war dem Könige, besonders aber den vornehm-
meren Personen der Hauptstadt und des Staates immer
ein wenig fremd geblieben, und die Nützlichkeit seines Wir-
kens wurde damals meist noch als sehr zweifelhaft angesehen. Hätte er den Abschied ganz genommen, so ist es
sehr die Frage ob man ihn im Jahre 1813 wieder herbeigerufen hätte.

Der Major von Boyen, sein genauer Freund, welcher den Vortrag der persönlichen Militärangelegenheiten
beim Könige gehabt hatte, nahm seinen Abschied, den er
als Oberst mit der Gewährung einer kleinen Donation erhielt. Er hatte die Absicht nach Rußland zu gehen.

Der damals als Staatsrath angestellte Oberst v. Gneisenau verließ den Dienst gleichfalls in dieser Absicht.

Mehrere Andere die zu den wärmsten Anhängern
Scharnhorsts und seiner politischen Ansichten gehörten, aber
keine Bedeutung im Staat hatten, unter denen auch der
Verfasser war, thaten dasselbe.

Der König bewilligte Allen den Abschied.

Der Verfasser ging mit einigen Empfehlungsschreiben
versehen im April nach Wilna, wo sich das Hauptquartier
des Kaisers Alexander und des Generals Barklay befand,
der die 1ste Westarmee befehligte.

Als der Verfasser in Wilna ankam, fand er dort bereits mehrere preußische Offiziere versammelt. Unter die

bedeutenden gehörten Gneisenau und Graf Chasot, welche die Reise über Wien gemeinschaftlich gemacht hatten. Der erstere hatte aber bereits den Entschluß gefaßt nach England zu gehen. Er war zwar vom Kaiser sehr wohl aufgenommen worden, hatte aber aus dem ganzen Wesen der Sache nicht mit Unrecht geschlossen daß sich für ihn dort keine passende kriegerische Thätigkeit finden werde. Er verstand nicht Russisch, konnte also auch kein eigenes Kommando erhalten. Um sich wie der Verfasser und die anderen Offiziere bei irgend einem General oder in irgend ein Korps in einer untergeordneten Stelle einschieben zu lassen, dazu war er an Jahren und Rang schon zu weit vorgeschritten; er hätte also den Feldzug nur im Gefolge des Kaisers machen können. Was das sagen oder vielmehr nicht sagen will, war ihm deutlich vor Augen und er fühlte daß dabei nichts seiner Würdiges herauskommen könnte. Das Hauptquartier des Kaisers strotzte ohnehin schon von vornehmen Müßiggängern; zwischen alle diese durch sich im Rathe bemerklich und nützlich zu machen, hätte wenigstens das Talent einer gewandten Intrigue und eine vollkommene Geläufigkeit in der französischen Sprache erfordert. Beides ging dem Obersten Gneisenau ab. Es widerstand ihm also mit Recht dort ein Verhältniß zu suchen und er glaubte in England, wo er schon früher gewesen und vom Prinz-Regenten sehr wohl gelitten war, viel mehr für die gute Sache thun zu können.

Da er sich in Wilna sehr bald überzeugte daß die russischen Anstalten nichts weniger als der Größe des Unternehmens entsprechend wären, so hatte er mit Recht die größten Besorgnisse für den Erfolg, und glaubte daß die einzige Hoffnung noch in der Schwierigkeit des ganzen Unternehmens von Seiten der Franzosen liege, daß man aber

Alles thun müßte, um von Seiten Englands, Schwedens und Deutschlands eine Diversion im Rücken der Franzosen zu erhalten. Diese Ansicht bestärkte ihn noch mehr zu seiner Reise nach England, wohin er bald abging.

Die ganze russische Kriegsmacht an der westlichen Grenze des Reichs bestand aus der 1sten und 2ten West- und einer Reservearmee. Die erste mochte 90,000, die zweite 50,000, die dritte 30,000 Mann stark sein; das Ganze also etwa 170,000 Mann, wozu noch 10,000 Kosacken zu rechnen sind.

Die erste Westarmee unter den Befehlen des Generals Barklay, der zu gleicher Zeit Kriegsminister war, stand längs dem Niemen, die zweite, welche der Fürst Bagration befehligte, im südlichen Litthauen, die Reservearmee unter General Tormasow in Wolhinien.

In zweiter Linie befanden sich am Dnieper und an der Düna an Depots und Rekruten etwa 30,000 Mann.

Den Oberbefehl über das Ganze wollte der Kaiser übernehmen. Der Kaiser hatte nie im Felde gedient, noch weniger kommandirt. Er hatte sich seit mehreren Jahren in Petersburg durch den General-Lieutenant von Phull Anleitung zum Studium der Kriegskunst geben lassen.

Phull war im preußischen Generalstabe Oberster gewesen und hatte im Jahre 1806 nach der Schlacht von Auerstädt den preußischen Dienst verlassen um den russischen anzunehmen, wo er es seitdem bis zum General-Lieutenant gebracht hatte ohne je aktiv zu dienen.

Phull galt im Preußischen für einen Mann von vielem Genie. Er, Massenbach und Scharnhorst waren die drei Häupter des preußischen Generalstabes im Jahre 1806. Jeder von ihnen hatte seine hohe Eigenthümlichkeit; die von Scharnhorst ist die einzige gewesen welche sich als praktisch tüchtig erwiesen hat. Die von Phull ist vielleicht die ungewöhnlichste, aber sehr schwer zu charakterisiren. Er war ein Mensch von viel Verstand und Bildung, aber ohne alle materielle Kenntnisse. Er hatte von jeher ein nach außen so abgeschlossenes geistiges Leben geführt, daß er von der Welt der täglichen Erscheinungen Nichts wußte. Julius Cäsar und Friedrich der Zweite waren seine Lieblingsschriftsteller und Helden. Ein unfruchtbares Grübeln über ihre Kriegskunst ohne irgend einen Geist historischer Untersuchung hatte ihn fast ausschließend beschäftiget. Die Erscheinungen der neueren Kriege gingen oberflächlich an ihm vorüber. So hatte er sich ein höchst einseitiges und dürftiges Kriegssystem ausgedacht, welches weder einer philosophischen Untersuchung noch einer historischen Vergleichung Stich halten konnte. Wenn ihm in seiner Bildung fast alle historische Kritik und in seinem Leben fast alle Berührung mit der äußern Welt abging, so war es dagegen auch natürlich daß er ein Feind gewöhnlicher Philisterei, Oberflächlichkeit, Falschheit und Schwäche war, und die bittere Ironie mit welcher er sich gegen diese Fehler des großen Haufens erklärte, war es hauptsächlich welche ihm das Ansehn von großer Genialität, Tiefe und Kraft gab. Er war durch sein abgeschlossen Wesen ein vollkommener Sonderling, aber weil er es ohne Bizarrerie war, so galt er nicht dafür.

Bei allem Dem würde die bestimmte Richtung, die innere Wahrheit, der Abscheu vor allem Halben und Falschen und ein lebhaftes Gefühl für das Große noch einen ausgezeichneten und auch für die kriegerische Laufbahn tüchtigen Menschen aus ihm gemacht haben, wenn sein den Erscheinungen der äußeren Welt entfremdeter Geist sich nicht gleich verwirrt hätte, sobald sie einmal mit Gewalt auf ihn eindrangen. Der Verfasser hat niemals einen Menschen gesehen der so leicht den Kopf verloren hätte, der bei einem immer nur auf das Große gerichteten Blick so vom Kleinsten der wirklichen Welt überwältigt worden wäre. Es war die ganz natürliche Folge seiner abgeschlossenen Selbsterziehung. Reizbar und weich von der Natur geschaffen, hatte er sich eine Großartigkeit der Ansicht und Stärke des Entschlusses anräsonnirt, die ihm nicht natürlich war, und abgesondert von der äußeren Welt hatte er versäumt sich im Kampf mit derselben in dieser fremden Natur einzugewöhnen. Bis zum Jahre 1812 hatte ihn sein Dienstverhältniß niemals dazu gezwungen. Im Revolutionskriege hatte er größtentheils eine untergeordnete Rolle gespielt, und erst nach Beendigung der Feindseligkeiten als Generalquartiermeister beim Feldmarschall Möllendorf eine bedeutende Stelle eingenommen. Während der Friedensjahre im Generalstabe angestellt, fand er sich wie die meisten Offiziere des Generalstabes im Frieden in einer Art illusorischer Thätigkeit, die sich in bloßen Ideen umhertreibt.

Im Jahre 1806 war er der Generalstabsoffizier des Königs; da der König aber nicht eigentlich kommandirte, so war auch Phull zu keiner eigentlichen Thätigkeit gekommen. Nach der ganzen Katastrophe brach seine Ironie gegen alles Geschehene plötzlich los; er lachte wie ein halb Wahnsinniger über die Niederlage unserer Heere, und anstatt jetzt, wo ein gewaltiges geistiges Vacuum eintreten mußte, hervorzutreten, seine praktische Tüchtigkeit zu bewähren, an die gesunden Fäden, die sich von dem zerrissenen Gewebe noch vorfanden, neue anzuknüpfen, wie Scharnhorst gethan hat, gab er übereilt das Ganze für verloren und trat in den russischen Dienst.

Hier gab er also zuerst den Beweis daß er keinen praktischen Beruf für schwierige Aufgaben in sich fühlte. Auch seinen Übertritt selbst richtete er sehr ungeschickt ein, indem er die fremden Dienste in Petersburg suchte und annahm zu einer Zeit wo er sich mit einem Auftrage dort befand.

Hätte der Kaiser Alexander mehr Menschenkenntniß gehabt, so würde er natürlich zu den Fähigkeiten eines Mannes wenig Zutrauen gefaßt haben, der eine schlimme Sache so früh aufgab und sich dabei so ungeschickt benahm.

Im Hauptquartier des Feldmarschalls von Möllendorf zu Hochheim im Jahre 1795 sagte Phull: „Ich bekümmere mich um Nichts, denn es geht doch Alles zum Teufel." — Im Jahre 1806 sagte er auf seiner Flucht, indem er hohnlachend den Hut abnahm: „Adieu, preußische Monarchie!" Im November 1812 in Petersburg, nachdem die französische Armee ihren Rückzug schon angetreten hatte, sagte Phull noch zum Verfasser: „Glauben Sie mir, aus dieser Sache kann niemals etwas Gescheidtes herauskommen." Er ist sich also immer gleich geblieben.

Der Verfasser hat sich bei der Charakteristik dieses Mannes so lange verweilt, weil, wie wir später sehen werden, sich viel an seine Erscheinung anknüpfte und weil ihm damals und später ein noch viel größerer Antheil an den Begebenheiten zugeschrieben worden ist, als die Eigenthümlichkeit eines solchen Wesens es überhaupt möglich machte.

Haben wir nicht ganz vortheilhaft von seinem Verstande und Geiste geurtheilt, so müssen wir zur Ehre der Gerechtigkeit sagen daß man kein besseres Herz, keinen edleren uneigennützigeren Charakter haben konnte als er zu jeder Zeit gezeigt hat.

Unpraktisch, wie Phull war, hatte er in den 6 Jahren, die er in Rußland zugebracht hatte, nicht daran gedacht Russisch zu lernen; ja, was viel auffallender war, er hatte auch nicht daran gedacht die Hauptpersonen, welche in der Regierung Rollen spielten, kennen zu lernen und eben so wenig die Einrichtungen des Staates und des Heeres.

Der Kaiser fühlte daß unter diesen Umständen Phull nur wie ein abstraktes Genie zu betrachten sei, dem keine eigentliche Rolle gegeben werden konnte. Er war also nichts als Freund und Rathgeber des Kaisers, pro forma auch sein General-Adjutant. Er hatte dem Kaiser schon in Petersburg einen Feldzugsplan entworfen, der nun nach Wilna mitgebracht wurde und zu dem schon einige Einleitungen getroffen waren.

Der Fürst Wolchonski. Er war erster General-Adjutant des Kaisers und administrativer Chef des Generalstabes. Als solcher hätte er sich, sobald der Kaiser den Oberbefehl übernahm, de facto als den Chef des Generalstabes für den ganzen Krieg betrachten können. Das war aber gar nicht der Fall und er nahm an diesen Dingen so gut wie gar keinen Antheil. Er war ein sehr gutmüthiger Mann, treuer Freund und Diener des Kaisers.

Der Generallieutenant Aractschejef. Ein Russe in jedem Sinne des Wortes, von großer Energie und Schlauheit. Er war Chef der Artillerie, und der Kaiser hatte ein großes Vertrauen zu ihm; da ihm aber die Führung des Krieges eine ganz fremde Sache war, so mischte er sich eben so wenig darein wie Wolchonski.

Der General Arenfeld. Der bekannte Schwede, der immer für einen großen Intriguant gegolten hat; die Führung des Krieges im Großen schien auch ihm völlig fremd, und er suchte daher keine Art von wirklicher Anstellung, sondern begnügte sich wie Phull mit dem Titel eines General-Adjutanten, war aber geneigt sich in Intriguen einzulassen.

Der General Benningsen. Er war einer der ältesten Generale der russischen Armee, in dem Augenblick aber zu keinem Kommando berufen, vermuthlich weil man seiner schlechten Führung im Jahre 1807 eingedenk war. Er war unter dem Vorwande bloßer Courtoisie in Wilna, weil seine Güter in der Nähe liegen und er als General-Adjutant des Kaisers sich nicht entfernt halten konnte. Er strebte vermuthlich dennoch ein Kommando zu erhalten.

Die übrigen Militärpersonen, unter denen freilich noch mancher Generallieutenant war, waren noch unbedeutender und ganz ohne Einfluß auf das Kriegswesen.

Man sieht hieraus wie wenig der Kaiser Alexander zu einem wirklichen Oberbefehl sich ausgerüstet hatte. Auch scheint er diesen Gedanken sich niemals ganz klar gedacht und ihn förmlich ausgesprochen zu haben. Da beide Armeen vor der Hand noch getrennt waren, Barklay als Kriegsminister über die zweite ein wenig mitregierte, so war im Grunde der Begriff eines Armeebefehls allein bei ihm und seinem Generalstabe wirklich vorhanden. Er hatte einen Chef des Generalstabes im Generallieutenant Laba- now, einen Generalquartiermeister im General Mouchin, einen Generalintendanten u. s. w. Alle diese Personen hatten die mit ihren Stellen verbundene formelle Wirksamkeit angetreten; der General Barklay gab täglich seine Befehle, empfing die Rapporte und Meldungen u. s. w. — Von allem Dem geschah beim Kaiser Nichts regelmäßig. Das Meiste ließ er durch Barklay befehlen, Einiges mochte durch Wolchonski gehen, und sogar Phull durfte ein Paar Mal eingreifen.

Als der Kaiser mit dem General Phull in Wilna ankam, war dieser völlig isolirt, ein Fremder mitten zwischen Russen, die ihn mit Neid, Mißtrauen und Mißgunst ansahen. Er kannte die Sprache nicht, er kannte die Personen nicht, die Einrichtungen des Landes und Heeres nicht, er hatte keine Stelle, keine Art von Autorität, keinen Adjutanten, kein Bureau, er empfing keine Rapporte, keine Mittheilung; war nicht in der entferntesten Verbindung mit Barklay oder irgend einem der Andern, er sprach sogar nie ein Wort mit ihnen. Was er von der Stärke und dem Stand des Heeres wußte hatte er nur vom Kaiser gehört; er war in dem Besitz keines einzigen vollständigen Tableaus oder anderer Papiere, deren beständige Einsicht bei den vorbereitenden Maaßregeln zu einem Feldzuge nöthig ist. In seinen Memoiren fehlten ihm oft die Namen der Truppenführer von denen er sprechen wollte, und er mußte sich damit helfen sie ihrer Stelle nach zu umschreiben.

Es gehört eine unbegreifliche Thorheit dazu, um in solchen Verhältnissen die Leitung eines kriegerischen Aktes zu übernehmen, der eine so schwierige Aufgabe enthält wie das von dem Feldzuge von 1812 vorherzusehen war. Die russische Armee war 180,000 Mann stark, wenn man sie hoch anschlug, die feindliche nach den geringsten Schätzungen 350,000 Mann und Bonaparte ihr Führer.

Phull hätte also den Kaiser von der Idee eines Oberbefehls ganz abbringen oder andere Anstalten und Einrichtungen fordern sollen. Er that nicht das Eine und nicht das Andere, sondern glich einem Mondsüchtigen, von denen die Sage geht daß sie auf gefährlichen Bahnen über den First der Dächer einherschreiten, bis sie geweckt werden und herunterstürzen.

Zu eben der Zeit als das russische Heer an der Grenze nicht über 180,000 Mann zählte, behauptete man, der Kaiser habe 600,000 Mann bezahlt, und diese Behauptung, welche der Verfasser damals für eine sarkastische Übertreibung hielt, ob er sie gleich aus dem Munde eines höheren Beamten hatte, war die reine Wahrheit.

Die Vertheilung der wirklich vorhandenen russischen Macht mag ungefähr folgende gewesen sein:

An der Grenze gegen Polen und Preußen	180,000 Mann.
An der Düna und dem Dnieper, Depots und neue Formationen	30,000 ,
In Finnland	20,000 ,
In der Moldau	66,000 ,
An der östlichen Grenze	30,000 ,
Im Innern, neue Formationen und Depots	50,000 ,
Garnisontruppen	50,000 ,
Summa	420,000 Mann.

Hier sind die Kosacken nicht mitgerechnet. Zählt man diesen großen Schwarm hinzu (dessen wirkliche Stärke aber beim Ausbruch des Krieges bei der westlichen Armee nicht über 10,000 Mann, und im Laufe desselben niemals über 20,000 Mann betragen hat), zählt man ferner das Heer der Dentschiks und andere geringere Söldner hinzu, bedenkt man wie viel Mißbräuche in der russischen Armee die halbe Gesetzlichkeit gewonnen hatten, und wie groß also der Unterschied zwischen den wirklich vorhandenen Köpfen und den in den Listen befindlichen sein mußte: so wird man begreiflich finden, wie von den 420,000 Mann Effektiven die Zahl der Bezahlten auf 600,000 Mann steigen konnte.

Die Russen hatten im letzten Jahre und als Vorbereitung zu dem Kriege mit Frankreich ihre Armee nicht bedeutend verstärkt, welches beweist daß sie nicht viel mehr leisten konnten. Man kann etwa annehmen daß im Augenblick des Krieges selbst die Verstärkungen 80,000 Mann betragen haben mögen, die zu den Depots stießen und damit die Macht bildeten die am Dnieper und der Düna und später bei Smolensk und Kaluga zum Heere stieß, und die die Milizen abgerechnet nicht über 100,000 Mann betragen haben werden.

Das Resultat dieser Berechnung ist also:

Erstens, daß das russische Heer aus 600,000 Mann bestehen sollte und daß vermuthlich ohne zu große Anstrengungen nicht mehr gehalten werden können.

Zweitens, daß im Jahre 1812 davon nur etwa 400,000 Mann regelmäßige Truppen wirklich vorhanden waren.

Drittens, daß man von diesen 400,000 Mann den Franzosen im ersten Augenblick nur 180,000 Mann entgegenstellen konnte.

Diese Verzettelung der Streitkräfte kommt überall vor, als Beispiel dürfen wir uns nur erinnern daß im Jahre 1806 Preußen 250,000 Mann bezahlte und doch im ersten Augenblick in Thüringen nicht mehr als 100,000 den Franzosen entgegenstellte. Wenn man auch bessere Einrichtungen treffen kann als Preußen im Jahre 1806 und Rußland 1812 gemacht haben, so ist es doch gut sich diese Hauptresultate zuweilen vor die Seele zu führen, um gelegentlich seinen Gegner nicht zu sehr zu überschätzen.

In jedem Fall hatte sich Rußland mit seinen Kriegsanstalten etwas verspätet, und der Friede mit den Türken war um einige Monate zu lange ausgeblieben. Zwei Monat später hätte es mit 150,000 Mann mehr auftreten können, welches fast das Doppelte war.

Der Kaiser und der General Phull hatten deshalb den ganz richtigen Gesichtspunkt gefaßt daß der eigentliche Widerstand erst später und tiefer im Lande erfolgen könne, weil man an der Grenze nicht stark genug sein würde. General Phull stellte daher die Idee auf, den Krieg von freien Stücken ein gutes Ende rückwärts in Rußland hinein zu verlegen, sich dadurch seinen Verstärkungen zu nähern, etwas Zeit zu gewinnen, den Feind durch Detaschirungen, die er würde machen müssen, zu schwächen, und Raum zu gewinnen ihn strategisch in Flanke und Rücken zu nehmen. Diese Idee sprach den Kaiser um so mehr an, da sie an Wellingtons Feldzug im Jahre 1811 in Portugal erinnerte.

Wenn man sie so abstrakt aufstellt, so sollte man glauben, es sei der russische Feldzug von 1812 vollkommen darin enthalten. So ist es aber nicht. Der Maaßstab macht im Kriege sehr Viel. Was bei 100 Meilen Ausdehnung die größte Wirksamkeit hat, kann bei 30 ganz illusorisch sein. Man kann nicht einmal sagen daß Phulls Idee das Modell gegeben hätte, nach welchem der wirkliche Feldzug später in kolossaler Größe ausgeführt worden sei; sondern dieser Feldzug hat sich, wie wir sehen werden, von selbst so gemacht und Phulls Idee konnte um so weniger als leitender Gedanke betrachtet werden, da sie an und für sich falsch war. Dagegen ist dieser Phullsche Plan allerdings die zufällige Veranlassung zu der Wendung geworden die der Feldzug genommen hat, wie wir sehen werden.

Phulls Plan bestand demnach darin daß die erste Westarmee sich in ein festes Lager zurückziehen sollte, wozu er die Gegend an der mittleren Düna gewählt hatte, daß dahin die nächsten Verstärkungen gesendet und ein großer Vorrath von Lebensmitteln daselbst angehäuft werden müsse, und daß Bagration mit der zweiten Westarmee in die rechte Flanke und den Rücken des Feindes vordringen sollte, wenn dieser der ersten folgte. Tormasow blieb zur Vertheidigung Wolhiniens gegen die Östreicher bestimmt.

Was sollten nun die wirksamen Prinzipien dieses Plans sein?

Erstens: die Annäherung zu den Verstärkungen. Die Gegend welche man gewählt hatte, lag 20 Meilen von der Grenze; man glaubte die erste Westarmee auf 130,000 Mann bringen zu können, allein die Verstärkungen, welche man daselbst fand, waren geringer als man erwartet hatte, sie betrugen, wie der Verfasser hörte, kaum 10,000 Mann, und die Armee mochte also etwa 100,000 Mann betragen. Für eine beträchtliche Verstärkung war also der Rückzug noch nicht weit genug. Dieser Fehler des Plans ist indessen nicht als ein Fehler in der Idee zu betrachten. Der Kaiser mag sich selbst darüber getäuscht haben, und so war es noch verzeihlicher wenn Phull es that.

Zweitens: die Schwächung des Feindes beim Vorrücken ist auf eine solche Entfernung, wenn er durch keine Festungen aufgehalten wird, niemals beträchtlich und mußte hier fast als Null betrachtet werden *).

Drittens: der Angriff Bagrations in Flanke und Rücken des Feindes ist an und für sich gar nicht als ein wirkendes Prinzip anzusehen; denn wenn diese Armee hinter dem Feinde fechten sollte, so konnte sie nicht vor ihm fechten, und der Gegner hatte ihr nur eine verhält-

---

*) Sie war in der That sehr beträchtlich, weil die große Menschenmasse welche zusammengehäuft war, der Mangel an Lebensmitteln und eine Woche sehr starken Regenwetters den Franzosen in den ersten vierzehn Tagen unglaublich viel gekostet haben, aber das ließ sich nicht vorhersehen.

hältnißmäßige Truppenmasse entgegenzustellen um Alles wieder ins Gleiche zu bringen, wobei ihm dann noch der Vortheil blieb daß er sich zwischen unseren Armeen befand und jede mit überlegener Macht anfallen konnte.

Strategische Flankenunternehmungen sind als ein eigenes Wirkungsprinzip zu betrachten, wenn bei einer sehr beträchtlichen Länge der Operationslinie die derselben seitwärts liegenden feindlichen Provinzen und die aus ihnen ab und zu hervorgehenden Streifkorps an sich schon die Gefahr hervorbringen, und Anstrengungen zur Deckung und Sicherung erfordern, die eine beträchtliche Schwächung der Hauptarmee zur Folge haben.

Dies war im Jahre 1812 der Fall als die Franzosen bis Moskau vorgedrungen, und eigentlich doch nur bis zum Dnieper und der Düna Herren der Provinzen rechts und links waren.

Ferner sind strategische Flankenunternehmungen wirksam, wenn die feindliche Armee schon dermaßen an der Grenze ihres Unternehmungskreises ist daß sie von einem Sieg über unsere ihr gegenüberstehende Macht keinen Gebrauch mehr machen kann, wir also diese Macht ohne Gefahr schwächen können. Endlich wenn die Entscheidung schon gegeben ist, und es nur darauf ankommt dem Gegner den Rückzug zu verlegen, wie im Jahre 1812 als Tschitschagow im Rücken Bonapartes vordrang.

In allen anderen Fällen ist mit dem bloßen Umgehen noch gar Nichts erzielt, vielmehr ist diese Maaßregel als eine solche die zu größeren und entscheidenderen Erfolgen führt auch nothwendig eine gewagtere, das heißt eine die mehr Kräfte fordert als der parallele Widerstand und daher dem Schwächeren nicht ziem. Dies Alles hatte sich Phull nicht deutlich gedacht, wie man denn über diese Dinge damals überhaupt noch nicht deutlich zu denken pflegte und ein jeder mehr nach dem Takt seines Urtheils handelte.

Viertens. Das verschanzte Lager. Daß in einer starken Stellung Wenige Vielen widerstehen können ist eine bekannte Sache. Aber dann ist auch erforderlich daß diese Stellung den Rücken ganz frei habe wie die von Torres vedras, oder wenigstens mit einer ganz nahen Festung ein Ganzes ausmache, wie das Lager von Bunzelwitz im siebenjährigen Kriege und also nicht so leicht ausgehungert werden könne.

Das russische Lager war bei Drissa an der Düna gewählt. Phull hatte schon in Petersburg den Kaiser vermocht, seinen Flügeladjutanten den Obersten von Wolzogen, einen geistreichen und kenntnißvollen Offizier, der schon vor dem Jahre 1806 aus preußischem in den russischen Dienst übergetreten war, zur Auswahl eines solchen Lagers abzusenden. Wir wissen nicht welche näheren Instruktionen ihm gegeben waren, das Resultat aber war daß Wolzogen in diesem an Stellungen allerdings sehr armen Lande keinen andern Punkt als den von Drissa zu finden wußte, wo eine kleine Waldebene, zum Theil durch Moräste gedeckt, ein Lager darbot dessen Rücken sich an die Düna lehnte. Die Vortheile waren: daß der Fluß hier einen konkaven Halbkreis bildet dessen Sehne eine Stunde lang war; vor dieser Sehne war in einem flachen Bogen die Front des Lagers auf beiden Seiten auf den Fluß gestützt, der hier in sandigen aber wohl funfzig Fuß tiefen Ufern fließt; auf dem rechten Ufer der Düna ober- und unterhalb seiner Flankenanlehnung ergießen sich mehrere kleine Flüsse, worunter die Drisse der beträchtlichste ist, in die Düna, und geben Gelegenheit zu guten Aufstellungen und ein günstiges Schlachtfeld gegen den Feind der über den Fluß gegangen ist um das Lager von hinten anzugreifen.

Der flache Bogen welcher die Front des Lagers bildete, war mit einer vom General Phull selbst angegebenen dreifachen Reihe von offenen und geschlossenen Werken verschanzt und sieben Brücken sollten den Rückzug erleichtern. Jenseits des Stromes waren keine Werke. Da die Düna in dieser Gegend im Grunde nur ein unbeträchtlicher Strom, zwar ziemlich breit aber sehr seicht ist, so daß man ihn sogar durch Furthen passiren konnte: so war, wie man auf dem ersten Blick sieht, die taktische Stärke dieses Punktes nicht groß, sie bestand vielmehr einzig und allein in den Schanzen.

Die strategische Lage aber war noch weniger beruhigend. Drissa liegt nämlich zwischen den Straßen die von Wilna auf Petersburg und auf Moskau führen, also auf keiner von beiden.

Die kürzeste Straße von Wilna auf Petersburg geht auf Druja an der Düna, von da auf Sebesch und Pskow; die kürzeste nach Moskau geht über Witebsk. Drissa liegt 4 Meilen von der ersteren und 24 von der letzteren.

Diese unbestimmte Lage der gewählten festen Stellung mißfiel in Wilna vorzüglich; es wußte Niemand was er aus einer solchen Stellung machen sollte. Der Verfasser fragte den General Phull in Beziehung darauf, welche Rückzugslinie man denn überhaupt zu halten gedenke, die auf Moskau oder die auf Petersburg? Phull antwortete: dies müßte von den Umständen abhängen. Offenbar lag darin ein Mangel an Klarheit und Entschluß, denn über eine so wichtige Alternative konnten unmöglich die augenblicklichen Umstände entscheiden.

Da das Lager von Drissa hinten nur durch den Fluß

gedeckt war, jenseit des Flusses gar keine Verschanzungen, nicht einmal einen vertheidigungsfähigen Ort hatte, sondern nur eine Reihe von bretternen Schuppen in welchen die Mehlsäcke aufgestapelt waren, und da der Übergang über die Düna kein Hinderniß darbot: so würde sich die Armee wegen ihrer Vorräthe niemals außer Besorgniß gesehen haben, die in der Nähe auch nicht einmal durch Vortheile der Gegend geschützt waren.

Die feste Stellung von Drissa war also im Grunde eine bloße Idee geblieben, ein Abstraktum, denn es hatte sich von allen Erfordernissen fast keins gefunden. Ein flacher Bogen auf einem Planum gelegen, auf 800 Schritt mit Wald umgeben, sich mit beiden Flügeln an einen Fluß stützend, der durchwatet werden kann, ist eigentlich ein ganz mechantes Schlachtfeld. Ferner ein Punkt der nicht auf der geraden Rückzugsstraße liegt, also herausgerissen ist aus dem System der Bewegungen, und dadurch sich selbst überlassen; der nicht am Meere, nicht an einer Festung, nicht einmal an einer ordentlichen Stadt liegt (Drissa ist ein hölzerner Flecken und lag nicht gerade hinter dem Lager, sondern seitwärts außer dem Vertheidigungssystem); ein solcher Punkt ist wahrlich kein strategischer.

Man kann aber freilich nicht sagen daß der Oberstlieutenant von Wolzogen die Schuld dieser Fehler trägt. General Phull hatte ihm die Gegend vorgeschrieben, und in diesem Theile Litthauens muß man Gott danken wenn man einen Platz im Walde findet der groß genug ist um ein beträchtliches Heer darauf aufzustellen.

Die Stärke dieser Stellung konnte also schwerlich als ein besonderer Multiplikator der Streitkräfte angesehen werden. Es war im Grunde ein bloßes Phullsches Gedankenspiel ohne alle Realität, und verschwand deshalb auch in der Folge schnell vor den Erscheinungen der wirklichen Welt. Das einzig Gute was diese Idee hervorbrachte, war der einstweilige Rückzug bis an die Düna, welcher dadurch veranlaßt wurde.

Wir finden also im Phullschen Plane gar kein wirksames Prinzip zur Erhöhung der Widerstandsfähigkeit, und Nichts in demselben konnte die Nachtheile ausgleichen in welche man sich dadurch verstrickte, daß man von den einfachsten Formen des Widerstandes und Rückzugs abwich.

Die wichtigsten Personen des wilnaischen Hauptquartiers wie die Generale Barklay, Benningsen, Arenfeld konnten sich in jenen Feldzugsplan nicht finden und strebten das Vertrauen dazu und zu dem General Phull beim Kaiser zu erschüttern. Es entspann sich eine Art von Intrigue wodurch der Kaiser vermocht werden sollte in der Gegend von Wilna eine Schlacht anzunehmen. Vermuthlich dachten sie sich die Franzosen würden die Grenze in eben der Breite überschreiten in welcher sich die Russen zur Vertheidigung derselben aufgestellt hatten, nämlich von Samogitien bis Wolhynien; und da, hoffte man, werde auf den Punkt von Wilna kein zu großes Übergewicht von Macht treffen. Ohne eine solche freilich thörichte Voraussetzung war der Gedanke einer Schlacht gar nicht zu erklären.

So entstand also schon zu Wilna ein Kampf der Meinungen, der des Kaisers Vertrauen zu Phulls Plan allerdings erschütterte.

In dieser Zeit traf der Oberstlieutenant Wolzogen in Wilna ein, welcher sich in der Zwischenzeit als Chef des Generalstabes beim Korps des Generals Essen befunden hatte. Er war der russischen Sprache mächtig und mit den Hauptpersonen in besserer Bekanntschaft als General Phull. Er beschloß seine Anstellung beim General Barklay zu suchen, um gewissermaßen die Brücke zwischen ihm und General Phull zu machen. Er veranlaßte den letzteren sich vom Kaiser einen Offizier zur Einrichtung eines kleinen Büreaus zu erbitten. Seine Wahl fiel auf den Verfasser. Dieser erhielt nun den Auftrag nach Drissa zu reisen, um zu sehen wie weit die dortigen Arbeiten gediehen wären und zugleich die passenden Marschläger bis dahin auszusuchen.

Der Verfasser reiste, unter Begleitung eines russischen Feldjägers, den 23. Juni dahin ab. Als er in Drissa ankam, hatte der die dortigen Arbeiten leitende Offizier die größte Lust ihn wie einen Spion anzusehen, weil er nichts als einen französisch geschriebenen Befehl des Generals Phull aufzuweisen hatte und General Phull in der Armee gar nicht wie eine Behörde angesehen wurde. Es gelang dem Verfasser indessen dieses Mißtrauen zu beseitigen und er erhielt die Erlaubniß das Lager in Augenschein zu nehmen.

Dieser Vorfall zeigte dem Verfasser in der Anschauung was er im Allgemeinen befürchtet hatte, daß der General Phull aus seiner Stellung nichts als die demüthigendsten Verlegenheiten ziehen und dabei die gefährlichsten Verwirrungen hervorbringen würde.

Der Verfasser fand die Verschanzungen des Lagers nach einem System angelegt welches sich General Phull selbst ausgedacht hatte. Den äußersten Umkreis bildeten eine Reihe Einschnitte für die Schützen, etwa 50 bis 100 Schritt dahinter lag eine Reihe von abwechselnd offenen und geschlossenen Werken, die ersteren waren für die Batterien bestimmt, die anderen für einzelne Bataillone welche diese decken sollten. Etwa 500 bis 600 Schritt hinter diesem Kreisstück von Schanzen lag eine zweite Reihe von lauter geschlossenen Werken, die als eine Reservestellung betrachtet wurde; endlich lag noch im Centro und in dritter Linie eine etwas größere Schanze als eine Art von Reduit und um den Rückzug zu decken.

Obgleich dieses System von Schanzen offenbar zu künstlich, die Zahl der Werke zu groß und das Ganze nicht mit praktischem Sinn erfunden schien, so hätte natürlich die Vertheidigung derselben mit einer beträchtlichen Truppenmasse und bei der bekannten russischen Tapferkeit doch einen sehr großen Widerstand versprochen. Ja man kann mit Sicherheit behaupten daß die Franzosen, wenn sie das Lager durchaus in der Fronte hätten nehmen wollen, davor aufgerieben sein würden ohne ihren Zweck zu erreichen.

Die Ausführung der Schanzen war nach einem guten Profil geschehen, indessen war der Boden sandig, und da man bis dahin auf gar keine äußeren Verstärkungen durch Palissaden, Verhaue, Wolfsgruben u. s. w. gedacht hatte, so blieb von der Seite viel zu wünschen übrig. Der Verfasser veranlaßte den Stabsoffizier welcher diese Arbeiten leitete, auf diese Verstärkungen zu denken und sich sogleich mit der Ausführung zu beschäftigen.

Von den sieben Brücken war noch keine einzige aufgestellt und da es dem leitenden Offizier an Übung und Kenntnissen dieser Art fehlte, so gestand er dem Verfasser seine Verlegenheit, und daß er namentlich nicht wisse wie er bei der sehr ungleichen Größe der Gefäße welche man zu dem Behuf zusammengebracht hatte, mit dem Werke zu Stande kommen könnte. Der Verfasser machte ihn auf die Hülfsmittel aufmerksam die man in solchen Fällen anwenden könnte und versprach es anzuregen daß man

einen Ingenieuroffizier hinsende der diese Arbeiten über-
nähme.

Als der auffallendste Fehler des Lagers von Drissa
erschien dem Verfasser auch an Ort und Stelle der gänzliche Mangel einer Befestigung auf dem rechten Ufer der
Düna. Das Städtchen Drissa lag dem Anlehnungspunkt
des linken Flügels gegenüber, bot übrigens als ein von
Holz ohne Mauer gebauter Ort keine Vertheidigungsfähig-
keit dar. Hinter der Brücke befand sich gar kein schützen-
der Gegenstand, die sämmtlichen Vorräthe welche hauptsächlich in einer ungeheuern Masse in Säcken befindlichen
Mehls bestanden, waren in bloßen Schuppen ohne Seiten-
wände aufgehäuft, konnten also eben so leicht in Brand
gesetzt als selbst vom Wetter verdorben werden.

Die Idee Phulls war: von den 120,000 Mann welche
er hier zu versammeln gedachte, beim Angriff des Feindes
50,000 Mann in den Verschanzungen zu lassen, weil sie
allenfalls zur Vertheidigung derselben hingereicht hätten
und mit den übrigen 70,000 Mann dem Feinde entgegen
zu gehen welcher den Fluß überschritten haben würde um
das Lager von hinten anzugreifen.

Ginge der Feind mit einer zu großen Macht über
und schwächte er sich also auf dem linken Ufer zu sehr, so
wollte er mit überlegener Macht aus dem Lager hervorbrechen und diesen geschwächten Theil angreifen. Der ganze
Vortheil des Lagers würde also darin bestehen daß man
eine leichtere und kürzere Verbindung von einer Seite des
Flusses zur andern gehabt hätte, während der Feind wohl
genöthigt gewesen wäre über eine einzelne etwas entfernter
liegende Brücke die beiden Theile seiner Armee in Verbindung zu erhalten. Dieser Vortheil war unstreitig kein
sehr entscheidender, keiner auf welchen man den Erfolg

einer Schlacht von 120,000 Mann, die sich jedes Rückzugs beraubt hätten, gegen eine Übermacht gründen konnte.
Ohnehin hätte zu einer solchen beliebigen Offensive auf dem
einen oder dem andern Ufer gehört daß die Gegend sie be-
günstigte; dies war aber in der Fronte der Stellung auf
dem linken Ufer gar nicht der Fall, weil sie von Wald
und Morast umgeben war, welche nicht einmal zuließen
den Feind zu übersehen; ferner hätte in jedem Fall auch
eine gewisse Defensivstärke der andern Seite dazu gehört,
damit man, wenn man auf dem linken Ufer offensiv vorgehen wollte, auf dem rechten durch ein kleines Korps
seine Magazine sichern konnte; dies war aber wieder nicht
der Fall, denn die Gegend war eben und keine Spur einer Schanze vorhanden.

Hätten die Russen diese Stellung nicht selbst wieder
verlassen, so würden sie, gleichviel ob 90 - oder 120,000 Mann
stark, von hinten angegriffen in den Halbkreis der Schanzen hineingetrieben und zu einer Kapitulation gezwungen
worden sein.

Phull war bei dieser Idee eines verschanzten Lagers
stehen geblieben, weil er in seiner Einseitigkeit nichts Besseres wußte; eine offene Feldschlacht versprach wegen der
Ungleichheit der Kräfte gar keinen Erfolg; er wollte also
durch eine künstlichere mehr zusammengesetzte Vertheidigung das Gleichgewicht gewinnen. Aber wie das bei dem
strategischen Manövriren häufig geht, er untersuchte die Ursachen von welchen er Wirkungen erwartete nicht bis auf
den letzten Grund, und führte, indem er den einfachen Weg
eines direkten Widerstandes verließ und einen verwickeltern
wählte, ohne irgend ein neues Prinzip des Widerstandes
seinem Plan einzuverleiben, die russische Armee nur einer
gefährlicheren und schnelleren Katastrophe entgegen.

Nur dem Übermaaß seiner Ungewandtheit und Schwäche, die ihn in seinem eigenen Plan sterben ließen ehe die Katastrophe dadurch herbeigeführt wurde, verdankt es die russische Armee derselben entgangen zu sein.

Bei der Rückkehr fand der Verfasser den 28. Juni das Hauptquartier des Kaisers bereits in dem Städtchen Swänzjanny, 3 Märsche von Wilna. Der Krieg war ausgebrochen, die Armee hatte ihren Rückzug angetreten. Das Hauptquartier des Generals Barklay war zwei Märsche näher an Wilna.

Der Verfasser hatte nun dem Kaiser Bericht abzustatten wie er die Sachen in Drissa gefunden hätte. General Phull war natürlich bei diesem Bericht gegenwärtig. Die Aufgabe war wie man denken kann nicht leicht. Was gegen das Lager von Drissa zu sagen war traf seine Hauptbeziehungen, traf den General Phull unmittelbar. Der Verfasser war in diesem Augenblick der Adjutant dieses Generals, er war von ihm in Wilna mit besonderer Freundlichkeit aufgenommen und dem Kaiser empfohlen worden; außerdem war der Auftrag des Verfassers gar nicht dahin gerichtet eine Kritik des verschanzten Lagers als eines solchen zu machen, sondern zu sagen wie er die Arbeiten gefunden. Von der andern Seite lagen ihm so offenbare Mängel und Fehlgriffe wie er in den großen Beziehungen dieses Lagers entdeckte in einer so unendlich wichtigen Angelegenheit so schwer auf der Seele, daß es ihm das höchste Bedürfniß war an die Gefahren zu erinnern in die man sich und die Sache stürzte. Der Kaiser, dessen Vertrauen in Wilna, wie wir gesagt haben, schon etwas erschüttert war, hatte seinerseits auch das Bedürfniß, sich durch ein unbedingtes aus klarer Überzeugung hervorgehendes Lob der ganzen Maaßregel von Neuem darin befestigt zu sehen.

Der Verfasser überlegte sich diese Verhältnisse vorher und beschloß, sich in seinem Bericht, den er durch ein schriftliches Memoire begleitete, auf den Gegenstand seines Auftrages zu beschränken, dabei aber auf eine leise Art die Schwierigkeiten zu berühren in die man verwickelt werden könne. Die Folge dieser Unterredung war: daß der Kaiser allerdings von Neuem Verdacht schöpfte sich in eine Sache embarquirt zu haben die nicht reiflich genug überlegt wäre. Der zweite Prinz von Oldenburg, Gemahl der nachherigen Königin von Würtemberg, also Schwager des Kaisers, welcher sich im Hauptquartier des Kaisers befand und von ihm mit dem Vertrauen eines Freundes behandelt wurde, sagte dem Verfasser einige Tage darauf: daß der Kaiser zu bemerken geglaubt habe der Verfasser hätte nicht ganz unumwunden seine Meinung gesagt, worauf dieser erwiederte: er habe nur auf die wichtigsten Gegenstände aufmerksam machen wollen die bei dieser Sache noch zu überlegen wären, und daß ihm allerdings manche Schwierigkeiten dabei vorschwebten, an die man wenigstens gedacht haben müsse um nicht davon überfallen zu werden. Der Prinz sagte: der Kaiser hätte sich vorgenommen mit dem Verfasser noch einmal allein und ausführlich über diesen Gegenstand zu reden. Aus dieser Unterredung wurde nichts, vermuthlich weil der Kaiser jetzt schon anfing mit andern ihm bekannteren Offizieren über dieses Lager zu sprechen, die sich unumwundener dagegen erklärten.

Um diese Zeit, nämlich als man sich dem Lager von Drissa näherte, kam der Generallieutenant Graf Lieven in das kaiserliche Hauptquartier. Er war Gesandter in Berlin gewesen und hatte den Eintritt des Verfassers in den russischen Dienst mit vieler Freundlichkeit bewirkt. Der Verfasser besuchte ihn. Graf Lieven dachte und fühlte über die Angelegenheiten des Krieges wie der Verfasser. Er hatte in Berlin über die Lage des russischen Reichs viel mit ausgezeichneten Offizieren gesprochen. Die Idee welche man in Berlin hatte, war daß Bonaparte an den großen Dimensionen des russischen Reichs zu Grunde gehen müsse, wenn Rußland diese gehörig ins Spiel bringe, d. h. seine Kräfte bis auf den letzten Augenblick aufsparte und unter keiner Bedingung Frieden machte. Diese Idee war namentlich von Scharnhorst zur Sprache gebracht worden. Graf Lieven war voll davon als er ankam und sprach natürlich auch mit dem Kaiser in diesem Sinn. Sein Ausdruck, den der Verfasser schon in Berlin von ihm gehört hatte, war, bei Smolensk müsse der erste Pistolenschuß geschehen. Obgleich dies eine falsche Idee in sich schloß, weil ein beständiger Widerstand im Zurückgehen ein nothwendiger und sehr wesentlicher Theil dieser Art von Wertheidigung war, so war doch die darin enthaltene Hauptidee höchst wichtig und mußte wohlthätig wirken wenn sie Eingang fand, nämlich daß man sich nicht scheuen dürfe das ganze Land bis Smolensk hin zu räumen und ten Krieg erst in dieser Gegend ernsthaft zu beginnen.

Der Verfasser theilte dem General Phull die Idee des Generals Lieven mit und wollte diesen gewissermaßen darauf hinführen einen kühneren Gedanken als sein Lager von Drissa zu fassen. Allein Phull war unter allen Menschen derjenige welcher fremde Ideen am schwierigsten faßte und in sich aufnahm; er behauptete: das sei eine Übertreibung, ohne die Gründe davon anzugeben.

In dem Verfasser erweckte dies Gespräch mit Phull neue Schwermuth über die Leitung der Angelegenheiten, welche noch durch die täglichen Umstände sehr vermehrt wurde.

General Barklay, der die Armee kommandirte und einen Marsch weiter rückwärts sein Hauptquartier hatte, folgte nur mit Widerwillen der unsichern Hand welche die Kriegsangelegenheiten leitete. Der Feind drängte nicht stark; dies veranlaßte ihn stehen zu bleiben, wo er nach dem allgemeinen Plan nicht stehen bleiben sollte. Phull hatte die Besorgniß, der Feind möchte den Punkt von Drissa vor der Armee erreichen. Der Verfasser wurde mehrere Male in das Hauptquartier des Generals Barklay gesendet, um ihn zum schnelleren Rückzug zu bewegen, und obgleich der Oberstlieutenant Wolzogen beim General Barklay war und den Vermittler machte, doch jedesmal ziemlich schlecht empfangen. Die russische Arrieregarde hatte einige vortheilhafte Gefechte gegen die französische Avantgarde gehabt, dies gab den Truppen und ihren Führern ein gewisses Selbstvertrauen, und General Barklay, der ein sehr ruhiger Mann war, fürchtete diesen guten Geist durch einen rastlosen Rückzug zu zerstören.

Obgleich der Verfasser die Besorgniß des Generals Phull auch nicht theilte, darin eine gewisse Schwäche fand und deswegen jedesmal höchst ungern zum General Barklay ging, ihm auch die Ruhe und anscheinende Selbstständigkeit dieses Mannes sehr wohl gefiel, so war ihm doch dessen Mangel an Folgsamkeit und gutem Willen bedenklich.

Der Verfasser dachte bei sich selbst, bei einer so großen wichtigen Sache müsse man der Sache selbst nahe bleiben, den Stand der Dinge, die individuelle Lage genau vor Augen haben und danach und nur mit solchen Gründen entscheiden. Mit historischen Allusionen könne man wohl Ideen hervorrufen für noch entfernte Zwecke und wenn sie Zeit haben zu reifen, aber nicht Armeen aufs Schlachtfeld führen; von der andern Seite sei Widerstand

und Ungehorsam im Augenblick der Ausführung wichtiger
kriegerischer Handlungen ein Vorbote unvermeidlichen Un-
terganges.

Diese Empfindungen wurden in dem Verfasser in
Widzy aufs Äußerste gebracht. Diese Stadt liegt ungefähr auf dem halben Wege von Wilna nach Drissa. Als
das kaiserliche Hauptquartier daselbst war, gingen plötzlich
Nachrichten ein daß der Feind die Armee in ihrer linken
Flanke umgangen habe, woraus zu folgen schien daß man
seine Marschdisposition verändern müsse, wenn man nicht
in den Fall kommen wollte den andern Tag einzelne Kolonnen von einer Übermacht geschlagen zu sehen *). General Phull, bei welchem der Verfasser wohnte, wurde
plötzlich zum Kaiser gerufen und ihm dabei gesagt daß er
den Verfasser mitbringen möge. Wir fanden den Kaiser
in einem Kabinet; in einem größeren Zimmer vor demselben aber den Fürsten Wolchonski, den General Aractschejef,
den Obersten Toll, den Hauptmann von der Garde Grafen Orlow. Der Oberst Toll war vom Generalstabe und
wurde bald Generalquartiermeister der Armee des Generals
Barklay, welches im russischen Dienst die Stelle eines
Sous-chef d'état-major bedeutete. Der Chef des Generalstabes bekümmerte sich mehr um die allgemeinen Angelegenheiten, der Generalquartiermeister führte die taktischen
und strategischen insbesondere. Obgleich der Oberst Toll

---

*) Der Verfasser hat hier wie überhaupt von diesem Feldzuge keine
Notizen über Tage, Zahlen und Orte gesammelt; wer dergleichen historische Data in diesen seinen Memoiren sucht, wird ganz unbefriedigt bleiben.
Es ist ihm mehr darum zu thun durch die Eindrücke welche er bekommen
hat, durch die Ansichten die an ihm vorübergegangen sind, einige Farben-
töne zu dem künftigen Bilde der Begebenheiten zu liefern.

es in dem Augenblick noch nicht war, so hatte er doch schon ziemlich die Bedeutung davon.

Der Graf Orlow war Adjutant des Fürsten Wolchonski; da dieser aber mit den Angelegenheiten der Kriegführung sich eben Nichts zu schaffen machte, so konnte dieser junge Offizier noch weniger in Betrachtung dabei kommen.

Fürst Wolchonski theilte dem General Phull die erhaltenen Nachrichten mit und sagte ihm daß der Kaiser wissen wolle was jetzt zu thun sei. Da der Oberstlieutenant Clausewitz die Marschstellungen bis Drissa aufgesucht habe, so sei er mit herberufen und General Phull möge nun mit diesem Offizier und dem Obersten Toll überlegen welches die besten Maaßregeln wären.

General Phull erklärte auf der Stelle es wären dies die Folgen des Ungehorsams welchen General Barklay gezeigt habe. Fürst Wolchonski schien dies einzuräumen, machte aber die ganz natürliche Bemerkung daß es doch immer darauf ankomme zu entscheiden wie jetzt verfahren werden müsse. Phull zeigte sich hier in seiner ganzen Eigenthümlichkeit. Von der einen Seite durch unerwartete Ereignisse in eine sichtliche Verwirrung gesetzt, von der andern durch die lange verschlossene Bitterkeit zu der Ironie hingetrieben die ihm immer nahe lag, brach er jetzt unverholen darin aus und gefiel sich in der Erklärung daß er nun, da man seinen Rath nicht befolgt habe, auch die Aushülfe nicht übernehmen könne. Er sagte dies indem er lebhaft im Zimmer auf- und niederging.

Der Verfasser glaubte zu vergehen über diese Erscheinung. Wie wenig er in seinem Innern auch mit dem General Phull übereinstimmte, so war er von Anderen natürlich doch immer mit ihm assimilirt worden. Jedermann glaubte, er sei ein Zögling Phulls und ganz in seinen

Ideen befangen, ganz von seinen Fähigkeiten überzeugt. Phulls Benehmen war ihm also als wenn es sein eigenes wäre.

Obgleich diese demüthigende Rolle, zu welcher der Verfasser hier ohne seine Schuld kam, ein sehr unbedeutender Gegenstand in einer so wichtigen Angelegenheit war, so wird man es doch menschlich und verzeihlich finden wenn der Verfasser gerade am meisten und zuerst davon angeregt wurde, denn am Ende können wir doch unser Selbstgefühl nicht ganz von uns trennen, und wenn wir auch in manchen Fällen darüber hinwegkommen, so schmerzt doch immer, in dem Augenblick wo es verletzt wird, die Wunde.

Der Fürst Wolchonski und General Aractschejef schienen ungeduldig zu erwarten was aus der Sache werden sollte, ohne selbst die mindeste Lust zu bezeigen sich darein zu mischen; in jedem Augenblick konnte der Kaiser die Thüre öffnen und nach dem Erfolg der Überlegung fragen; unter diesen Umständen fiel die Berathung den drei jüngsten Offizieren anheim. Oberst Toll, der Graf Orlow und der Verfasser thaten sich daher zusammen, um auf der auf dem Tisch ausgebreiteten Karte den Stand der Sache zu untersuchen. Graf Orlow als ein junger Offizier, der sich mit den größeren Bewegungen im Kriege niemals beschäftigt hatte, sonst aber von einem lebhaften Geiste war, fiel bald auf sehr extraordinäre Vorschläge, die wir andern beide nicht für praktisch halten konnten. Oberst Toll schlug eine Veränderung in den Bewegungen für den folgenden Tag vor, die an sich entsprechend gewesen wäre, aber leicht zu Verwirrungen führen konnte, weil es nicht mehr Zeit war sie mit Sicherheit anzuordnen. Dem Verfasser schien die Sache gar nicht so schlimm als man sie geglaubt hatte, im Fall sich wirklich Alles so verhielte wie man es voraussetzte;

setzte; er hielt aber überdem die ganze Meldung noch für sehr zweifelhaft und war daher der Meinung es darauf ankommen zu lassen und keine Änderung zu treffen. Wie gewöhnlich in einem Kriegsrath derjenige Recht behält der Nichts thun will, so geschah es auch hier. Oberst Toll fügte sich in des Verfassers Ansicht und es wurde beschlossen dem Kaiser auseinanderzusetzen daß es am besten sei Alles bei den getroffenen Anordnungen zu lassen. Der Kaiser öffnete die Thür. General Phull und Oberst Toll wurden eingelassen und die Konferenz hatte ein Ende. Am folgenden Tage zeigte sich daß die Meldung falsch gewesen war; man erreichte das Lager von Drissa ohne einen Feind zu sehen als den welcher die Arrieregarde drängte.

Dieser Vorfall überzeugte den Verfasser auf das Anschaulichste daß es unmöglich mit einer solchen Armeeführung gut gehen könne. Im Kaiser mochte das Vertrauen zum General Phull einen neuen beträchtlichen Stoß bekommen haben, denn dieser wurde nun nicht mehr zu ihm gerufen wie sonst häufig geschah.

Der Verfasser suchte nun den General Phull selbst auf das verlorene Vertrauen des Kaisers und auf alle Nachtheile seiner Lage aufmerksam zu machen, um in ihm den Gedanken hervorzurufen sich aus derselben heraus zu ziehen. Er sagte ihm unverholen daß, ob er gleich den General Barklay nicht für geeignet halte ein großes Heer gegen Bonaparte mit Erfolg anzuführen, es ihm doch schien als sei er ein ruhiger entschlossener Mann und ein tüchtiger Soldat; daß das Vertrauen des Kaisers sich täglich mehr zu ihm hinzuneigen schien, und daß, wenn General Phull den Kaiser bewegen könnte, dem General Barklay den Oberbefehl zu übertragen, wenigstens Einheit und Zusammenhang in die Bewegungen kommen würde. Der

Verfasser war sicher hierin dem edlen Gefühl des Generals zu begegnen, der wie einseitig und in sich verloren er auch war, doch keine Spur von Egoismus hatte. Er besaß das weichste und edelste Herz von der Welt.

Am 8. Juli als das Hauptquartier des Kaisers in das Lager von Drissa einrückte, berief er den General Phull zu sich um mit ihm und einigen andern Offizieren seines Gefolges das Lager zu bereiten. Phull setzte dem Kaiser den Zweck der Werke auseinander, wobei es nicht ohne die eine oder andere kleine Verlegenheit abging. Der Kaiser schien in den Äußerungen seines Gefolges die Bestätigung dessen was der General Phull sagte zu suchen. Es zeigten sich aber meistens nur zweifelhafte Mienen. Der Oberst Michaud, Flügeladjutant des Kaisers, welcher aus sardinischem Dienste in den russischen übergetreten war, hatte dort im Ingenieurkorps gedient, war also ein Mann vom Fach und galt außerdem für einen sehr unterrichteten und fähigen Offizier. Er schien mit dem Ganzen am wenigsten einverstanden, und er ist es auch gewesen der bald darauf seine Stimme laut gegen das Lager von Drissa erhoben und den Entschluß des Kaisers endlich bestimmt hat.

Vor der Hand schien man von der Idee noch nicht ganz abgegangen, denn der Verfasser wurde Tags darauf abgeschickt die Gegend auf dem rechten Ufer des Flusses zu untersuchen um zu beurtheilen in welchen Stellungen man dem Feinde entgegentreten könnte wenn er den Fluß zur Umgehung der Fronte überschritten hätte.

Indessen hatten sich die Kriegsbegebenheiten im Allgemeinen auch keineswegs nach dem Plan des Generals Phull gestaltet. Als der Zeitpunkt kam dem General Bagration den Befehl zu einer Offensive im Rücken der feindlichen Armee zu ertheilen, nämlich beim Ausbruch der Feind-

seligkeiten, fehlte der Muth dazu, und entweder die Vorstellungen dieses Generals oder das Gefühl der Schwäche
brachten es dahin daß er eine solche Rückzugslinie nahm
sich mit der ersten Westarmee später vereinigen zu können,
wodurch einer der Hauptunglücksfälle vermieden wurde
welche der Phullsche Plan hätte veranlassen können, die
totale Vernichtung dieser Armee.

Der Kaiser sah also den Feldzugsplan, an dem er anfangs gehangen hatte, schon halb zerstört, er sah sein Heer
bei Drissa um ¼ schwächer als er gehofft hatte, er hörte
von allen Seiten bedenkliche Urtheile über das Lager von
Drissa, er hatte das Vertrauen zu seinem bisherigen Plan
und zu dem Urheber desselben verloren, er fühlte die Schwierigkeit einer solchen Armeeführung; General Barklay machte
die dringendsten Vorstellungen gegen eine Schlacht bei
Drissa und verlangte vor allen Dingen die Vereinigung
beider Armeen, worin er vollkommen Recht hatte; unter
diesen Umständen faßte der Kaiser den Entschluß das Armeekommando aufzugeben, den General Barklay einstweilen
an die Spitze des ganzen Heeres zu stellen, nach Moskau
vorauszugehen und von da nach Petersburg, um überall
die Verstärkungen des Heeres eifriger zu betreiben, für die
Verpflegung und andere Vorräthe Sorge zu tragen und
eine Landwehr zu errichten welche einen großen Theil des
Landes unter die Waffen brachte. Einen besseren Entschluß konnte der Kaiser gewiß nicht fassen.

General Phull fühlte sich in einer sehr gedrückten Lage,
der Kaiser sprach seit einigen Tagen kein Wort mit ihm,
die Umgebungen desselben fingen an ihn ganz zu vermeiden.
Der Verfasser drang nun noch einmal in ihn dem Bruch
zuvorzukommen, selbst zum Kaiser zu gehen und ihm den
Rath zu geben den Befehl der Armee unbedingt in die

Hände des Generals Barklay zu legen. Nicht ohne ein schmerzliches Gefühl entschloß sich der General zu diesem Schritt, der seinem Herzen aber um so mehr zur Ehre gereichte. Er ging auf der Stelle zum Kaiser. Der Kaiser nahm ihn sehr freundlich auf und schien in seinem Entschluß nur diesem Rath des Generals zu folgen, welches doch schwerlich der Fall war, weil es sonst nicht ohne einigen Widerstand und eine längere Berathung geschehen sein würde.

Da man nun entschlossen war sich im Lager von Drissa nicht zu schlagen und es auch unmöglich war den General Bagration in demselben an sich zu ziehen, so schlug der Prinz Alexander von Würtemberg, der Oheim des Kaisers, welcher General der Kavallerie war und sich als Gouverneur von Witebsk seit der Ankunft in Drissa im Hauptquartier des Kaisers befand, vor, eine starke Stellung bei Witebsk zu beziehen, welche er im Sinn hatte und als ganz unangreifbar schilderte. Es wurde also beschlossen auf Witebsk zu marschiren.

Noch waren die Franzosen der Stellung von Drissa nicht vorbeigegangen. Der Weg über Polozk nach Witebsk war noch offen, und da der Feind bis jetzt überhaupt nicht sehr stark gedrängt hatte, so durfte man hoffen diesen Marsch welcher wegen der Lage von Witebsk eigentlich ein Flankenmarsch war, durch die Düna geschützt ohne Gefahr zu vollbringen. In Witebsk hoffte man sich allenfalls mit Bagration vereinigen zu können. In jedem Fall war es der Weg nach Smolensk wo man in die große Straße von Moskau fiel und dann eine ganz natürliche Rückzugslinie sowohl zur Vereinigung mit Bagration als mit den im Anmarsch aus dem Innern befindlichen Kräften hatte. Diese Gründe waren es wohl mehr als die Vorspiegelun-

gen des Herzogs Alexander von Würtemberg von der starken Stellung bei Witebsk, welche dem General Barklay
diesen Marsch als das einzig Zweckmäßige erscheinen ließen.
Offenbar war dem auch so, und der Verfasser fühlte sich
in seinem Innern ganz erleichtert und beglückt als er die
Dinge diese Wendung nehmen sah.

Freilich war die Lage der russischen Armee noch eine
sehr bedenkliche und der Stand der allgemeinen Kriegsangelegenheiten nichts weniger als günstig; allein der mensch-
liche Geist ist nun einmal so geschaffen daß die Befreiung
von einem nächsten äußersten Übel ihm schon als ein Glück
erscheint und er sich bei der ersten etwas besseren Wendung einer Angelegenheit schon frohen Hoffnungen hingiebt.

Der Kaiser hatte also beschlossen die Armee zu verlassen. Er befahl indessen seinem Hauptquartier bei derselben zu bleiben, theils wohl um nicht zu viel Aufsehen und
eine bedenkliche Stimmung in dem Heere zu erregen wenn
er dasselbe ganz definitiv zu verlassen schien, theils weil er
die Wendung der Dinge nicht vorhersehen konnte und sich
die Mittel der wirklichen Rückkehr vorbehalten wollte. Er
stellte dem General Phull anheim ob er im Hauptquartier
bleiben oder sich nach Petersburg begeben wollte. General
Phull wählte das Erstere wie jeder Soldat in solchen Fällen zu thun pflegt; so lange noch mehrere Personen seines
Ranges in diesem Hauptquartier waren, schien ihm dieser
Aufenthalt nicht unter seiner Würde. General Barklay
aber dem dieser Troß und diese vielen vornehmen Offiziere
in seinem Hauptquartier sehr unangenehm gewesen wären,
bestimmte daß das kaiserliche Hauptquartier sich immer einen Marsch weit von der Armee vorausbefinden sollte, dadurch kam es in die Kategorie des schweren Gepäckes, welches für alle dabei befindlichen Offiziere etwas sehr Drük-

fendes hatte. Nach und nach rief auch der Kaiser einen
der vornehmen Generale nach dem andern zu besondern Aufträgen ab und der General Phull fühlte also später daß
er schicklicherweise nicht länger in einer solchen Lage bleiben könnte und ging nach Petersburg ab.

Das Hauptquartier des Generals Barklay hatte in
den beiden Hauptpersonen, dem Chef des Generalstabes
und dem Generalquartiermeister, eine Veränderung erlitten.
Generallieutenant Labanow hatte unter dem Großfürsten
Konstantin das Kommando der Garden bekommen, welche
das sechste Korps bildeten. An die Stelle des Generals
Labanow war der Generallieutenant Marquis Paulucci getreten. Dieser Offizier hatte sich im Kriege gegen die Türken und Perser ausgezeichnet. Er war ein unruhiger Kopf
von einer wunderlichen Suade. Der Himmel weiß wie
man aus diesen Eigenschaften auf die Fähigkeit geschlossen
hatte daß er die großen Bewegungen und Angelegenheiten
des Krieges zu leiten vorzüglich geschickt sei. Er vereinigte
aber mit einem verkehrten Kopfe einen nichts weniger als
gutmüthigen Charakter und so wurde es bald klar daß
kein Mensch mit ihm fertig werden konnte und seine Anstellung dauerte nur wenig Tage. Er wurde nach Petersburg berufen und später zum Gouverneur von Riga ernannt um den General Essen in der Vertheidigung dieses
wichtigen Platzes abzulösen. An seine Stelle trat schon in
Polozk der Generallieutenant Yermalof, der früher in der
Artillerie gedient hatte.

Dieser war ein Mann von einigen 40 Jahren, von
einem ehrgeizigen heftigen und starken Charakter, dabei
nicht ohne Verstand und Bildung. Er war also allerdings
besser als Alles was man bisher gehabt hatte, denn es ließ
sich wenigstens erwarten daß er den Befehlen des General-

kommandos überall Gehorsam verschaffen und eine gewisse
Energie in die Maaßregeln desselben bringen werde, welches bei dem sanften nicht sehr lebendigen Wesen des kommandirenden Generals als eine nothwendige Ergänzung ge-
fühlt wurde. Da er indessen früher über die großen Bewegungen und Maaßregeln eines Krieges auch nicht viel
nachgedacht haben und mit sich ins Klare gekommen sein
mochte, so fühlte er in dem Augenblick wo es auf Entscheiden und Handeln ankam auch wohl wie fremd ihm die
Sache sei. Er beschränkte sich daher auf die allgemeine
Geschäftsleitung in der Armee und überließ dem Generalquartiermeister das Feld der taktischen und strategischen
Maaßregeln.

Der Generalquartiermeister war wie wir gesagt haben anfangs der General Muchin gewesen, ein Stockrusse
der kein Wort einer fremden Sprache verstand und folglich auch niemals ein anderes Buch als ein russisches gelesen haben konnte. Er war zu dieser Stelle nur gewählt
weil er sich im Aufnehmen und Kartenzeichnen hervorge-
than hatte, ein Zweig der bei einer Armee die noch in der
Bildung zurück ist gewöhnlich für den Repräsentanten der
ganzen Kriegswissenschaft genommen wird. Es konnte nicht
fehlen daß ein solcher Mann sich bald als ungenügend
zeigte; er wurde durch den Obersten Toll ersetzt.

Oberst Toll war ein Mann von einigen 30 Jahren
der im Generalstabe als einer der unterrichtetsten Offiziere
glänzte. Er war ein Mann von ziemlichen Anlagen und
entschiedenem Willen. Schon länger mit der Idee von
der großen Kriegführung beschäftigt und mit dem Neue-
sten der Schriftstellerwelt stets bekannt, hatte er sich in
das Allerneueste, in Jominische Ideen, ziemlich tief verloren. Er wußte also mit der Sache einigermaßen Be-

scheid, und wenn er auch weit davon entfernt war durch
eigenes Nachdenken völlig auf dem Reinen zu sein, wenn
ihm auch der schöpferische Geist fehlte einen großen umfassenden zusammenhängenden Plan fürs Ganze zu entwer-
fen, so reichten seine Fähigkeiten und Kenntnisse doch für
die nächsten Bedürfnisse des Augenblicks hin und verhinderten daß man sich in einer gar zu unpassenden altväteri-
schen Manier bewege.

Er besaß das Vertrauen des Generals Barklay nur
halb, denn theils war dieser General von einem etwas kal-
ten Wesen welches nicht leicht sich an einen andern anschloß, theils war dem Obersten Toll eine gewisse Rücksicht,
ein feiner Takt des Benehmens der in solchen Stellen
durchaus nöthig ist, ganz fremd; er war durch eine ausgezeichnete Derbheit gegen Obere und Niedere bekannt.

Oberst Wolzogen war im Hauptquartier des Generals
Barklay geblieben. Dieser Offizier wäre durch seine ausgezeichneten Kenntnisse die vermuthlich Alles überwogen was
damals im russischen Heere war, und durch seinen an Hülfs-
mitteln sehr reichen Geist ganz vorzüglich geeignet gewesen
der Generalquartiermeister der Armee zu sein, wenn ihn
nicht eine gewisse Generalstabsgelehrsamkeit von dem kräftigen natürlichen Denken zuweilen entfernt und dadurch weniger geschickt dazu gemacht hätte. Wer sich in einem Element bewegen will wie der Krieg ist, darf durchaus aus
den Büchern nichts mitbringen als die Erziehung seines
Geistes; bringt er fertige Ideen mit, die ihm nicht der
Stoß des Augenblicks eingegeben, die er nicht aus seinem
eigenen Fleisch und Blut erzeugt hat, so wirft ihm der
Strom der Begebenheiten sein Gebäude nieder ehe es fertig ist. Er wird den andern, den Naturmenschen, niemals
verständlich sein und wird gerade von den ausgezeichnetsten

unter ihnen, die selbst wissen was sie wollen, das wenigste Vertrauen genießen. So ging es mit dem Obersten Wolzogen. Außerdem war er der russischen Sprache nicht in dem Maaße mächtig um nicht in jedem Augenblick daran zu erinnern daß er ein Fremder sei. In seinem Charakter lag eine große Neigung zur Politik. Er war zu klug um zu glauben daß man als ein Fremder mit fremden Ideen ein solches Vertrauen und eine solche Herrschaft über die Masse des russischen Heeres gewinnen könnte um offen und unumwunden hervorzutreten; er glaubte aber die meisten Menschen wären so schwach und inkonsequent daß ein kluger und konsequenter durch geschickte Behandlung sie nach seinem Gefallen leiten könnte. Diese Ansicht gab seinem Wesen und Betragen etwas Verstecktes, welches von den meisten Russen für einen Geist der Intrigue genommen wurde. Dies war genug um ihn den Russen verdächtig zu machen und sie frugen nicht welches seine Absichten wären, ob sie unter solchen Umständen etwas Anderes sein könnten als das Beste des russischen Heeres und der Sache welcher wir alle dienten. Wer die Menschen unvermerkt leiten und bearbeiten will muß eine insinuante Individualität haben. Das war bei Oberst Wolzogen gar nicht der Fall, er hatte eher einen trockenen Ernst und so gelang es ihm denn auf keine Weise eine seinem Geist angemessene Wirksamkeit zu gewinnen. Er war daher bei der Stelle eines Generalquartiermeisters übergangen worden, und beschloß den Feldzug im Gefolge des Generals Barklay mitzumachen, in der Hoffnung auf diese Weise wenigstens hin und wieder Gutes stiften zu können. In wie weit er diesen Zweck erreicht, ob er hin und wieder fehlerhafte Entschlüsse verhütet hat, kann ich nicht bestimmen; darin allein aber konnte seine Wirksamkeit bestanden haben, denn

von nun an ist bis zum Kommandowechsel wenig geschehen was von einem positiven Willen ausgegangen wäre.
Den Russen wurde Oberst Wolzogen immer verdächtiger,
obgleich General Barklay kein großes Vertrauen gegen ihn
an den Tag legte. Sie sahen ihn mit einer Art von Aber-
glauben für einen bösen Geist an der dem Armeekommando
Unglück brächte.

Der Verfasser hatte im Lager von Drissa die Anwesenheit des Grafen Lieven benutzt um eine Anstellung als
Generalstabsoffizier bei den Truppen zu erhalten. Er hatte
gewünscht zur Arrieregarde kommandirt zu werden. General Lieven und Oberst Wolzogen vermittelten dies bei
dem General Barklay, der es auf dem Marsch nach Polozk befahl ohne mit dem General Yermalof und Obersten Toll darüber gesprochen zu haben. Beide nahmen dies
so wie die beim 5ten Korps auf ähnliche Art erfolgte Anstellung des Oberstlieutenants von Lützow sehr übel und es
gab eine gegen den Obersten von Wolzogen gerichtete etwas unanständige Scene. Indessen blieben diese Anstellun-
gen wie sie bestimmt waren *).

Dadurch kam der Verfasser zum General Grafen Po

*) Leo von Lützow, jüngerer Bruder des bekannten Freikorpschefs,
diente vor dem Jahre 1806 in der preußischen Fußgarde, hatte im Jahre
1809 in Östreich Dienste genommen und war nach dem Frieden im Jahre
1810 nach Spanien gegangen. Im Jahre 1811 durch die Kapitulation
von Valencia gefangen, hatte er sich aus der Gefangenschaft im südlichen
Frankreich geflüchtet, war zu Fuß durch die Schweiz und das südliche
Deutschland gezogen und dann durch Norddeutschland, Polen und Rußland
mitten durch die französischen Heere zu der russischen Armee gegangen. Er
war schon im Lager von Drissa bei den Russen angekommen, wo er als
Oberstlieutenant im Generalstabe angestellt wurde. Dem Verfasser ist kein
zweites Beispiel bekannt von einem deutschen Offizier der die drei Kriege
der Östreicher, Spanier und Russen gegen Frankreich mitgemacht hätte.

er Pahlen, welcher diejenige Arrieregarde kommandirte die
den Rückzug auf dem rechten Dünaufer decken sollte.

General Graf Pahlen galt für einen der besten Ka-
vallerieoffiziere der russischen Armee. Er war ein Mann
von noch nicht 40 Jahren, einfach in seinem Wesen, offen
im Charakter, zwar ohne große Geistesanlagen und wissen-
schaftliche Kenntnisse, aber doch von einem gewandten Verstande und gesellschaftlicher Bildung. Als Soldat hatte er
mit Auszeichnung gedient, er war sehr brav, ruhig und entschlossen; Eigenschaften die in seiner Stelle zu den ersten
gezählt werden müssen. Da er vollkommen gut Deutsch
sprach und mehr ein deutsches als russisches Wesen hatte,
so war dem Verfasser diese Anstellung doppelt angenehm.
Was ihn aber dabei unangenehm überraschte war der Umstand daß man ihn dem Grafen Pahlen als ersten Generalstabsoffizier (Oberquartiermeister) seines Korps überwiesen
hatte. Der Verfasser hatte ausdrücklich gewünscht nur als
zweiter oder als Adjutant angestellt zu werden weil er so
gut wie gar nicht Russisch konnte; allein Oberst Toll mochte
es nicht ungern sehen daß die vom Obersten Wolzogen bewirkte Anstellung sich von Hause aus als unzweckmäßig zeige.

Graf Pahlen nahm den Verfasser mit einer etwas
vornehmen Gleichgültigkeit auf und frug gleich ob er Russisch könnte, welches er natürlich verneinen mußte weil ein
vierwöchentliches Studium dieser Sprache in Wilna ihn
kaum so weit geführt hatte ein Paar der nothwendigsten
Phrasen zu erlernen. Der Verfasser bot dem Grafen an
ihn mehr wie seinen Adjutanten denn als den Chef seines
Generalstabes zu betrachten und zu gebrauchen, welches er
aber ablehnte.

So sah sich denn der Verfasser abermals in eine falsche Stellung gesetzt und es blieb ihm Nichts übrig als der

Entschluß sich die Achtung der Russen dadurch zu erwerben daß er Mühe und Gefahr nirgend scheue.

Zweites Kapitel.

Übersichtliche Zusammenstellung der Begebenheiten des Feldzuges von 1812 in Rußland.

Der Feldzug zerfällt von selbst in zwei Haupttheile, das Vorgehen und den Rückzug der Franzosen.

Der erste Theil.

Der Krieg wird auf 5 getrennten Kriegstheatern geführt: zwei links der Straße von Wilna auf Moskau machen den linken Flügel, zwei rechts den rechten Flügel aus, und das 5te ist das ungeheure Centrum selbst.

1. An der untern Düna beobachtet Macdonald mit 30,000 Mann die Garnison von Riga, die 10,000 Mann stark ist. Zwar kommen im September noch 12,000 Mann aus Finnland unter Steinheil an, allein sie bleiben nicht lange und ziehen zu Wittgenstein.

2. An der mittleren Düna (Gegend von Poloßk) steht erst Oudinot mit 40,000, dann Oudinot und St. Cyr mit 65,000 Mann gegen Wittgenstein, der anfangs 30,000 Mann hat und zuletzt auf 50,000 Mann kommt.

3. Im südlichen Litthauen, Front gegen die Moräste des Prezipieß, stehen Schwarzenberg und Reynier 51,000 Mann stark gegen Tormasow der 35,000 Mann hat und zu dem in der Folge Tschitschagof mit der 35,000 Mann starken Moldauarmee stößt.

4. General Dombrowski mit seiner Division und et-

was Kavallerie, etwa 10,000 Mann stark, beobachtet Bobruisk und den General Hertel, der ein Reservekorps von 12,000 Mann bei Mozyr bildet.

5. Endlich in der Mitte ist die Hauptmacht der Franzosen, 300,000 Mann stark, gegen die beiden Hauptarmeen der Russen Barklay und Bagration, 120,000 Mann stark, gerichtet und zur Eroberung von Moskau bestimmt.

Die hier angegebenen Stärken sind die welche die Korps beim Übergang über den Niemen hatten, die aber schnell zusammenschmolzen, so daß Oudinot und St. Cyr niemals 65,000 Mann zusammen ausmachten und eben so wenig Schwarzenberg und Reynier 51,000.

Der Übergang von der ersten Aufstellung in diese 5 Hauptmassen, wozu der Monat Juli verbraucht wurde, ist allein etwas verwickelt. Von da an ist alles höchst einfach. Das Centrum zieht langsam nach Moskau, auf den Flügeln schiebt sich der Erfolg hin und her, bis endlich gerade zu derselben Zeit als Bonaparte im Centro umkehren mußte, d. h. Mitte Oktobers, wo auch die Flügel der Franzosen anfingen zu schwach zu werden und entweder excentrisch auszuweichen wie Schwarzenberg, oder sich nach der Straße des Centrums hin drücken zu lassen wie Oudinot und St. Cyr.

Die russische Armee an der Grenze war bei Eröffnung des Feldzuges in 3 Hauptmassen aufgestellt:

1. Die erste Westarmee unter Barklay   90,000 M. 90,000 Mann stark stand mit dem rechten Flügel (Wittgenstein) am baltischen Meere, mit dem linken (Doktorof) bis in der Gegend von Grodno; das Hauptquartier war in Wilna.

Transport 90,000 M.

2. Die zweite Westarmee unter Bagra- 45,000 .
tion 45,000 Mann stark dehnte sich von
Grodno bis zur Muchawetz aus; das Hauptquartier war Wolkowisk.

3. Die sogenannte Reservearmee unter 35,000 .
Tormasow jenseit der Sümpfe in Wolhynien
35,000 Mann stark mit dem Hauptquartier
in Luzk. Dazu mögen etwa 10,000 Mann 10,000 .
Kosacken zu zählen sein, wovon sich der größte
Theil mit Platow bei Bagration befand.

In erster Linie 180,000 M.

In zweiter Linie befanden sich die von den 3ten Bataillonen und 5ten Eskadronen gebildeten Reservedivisionen
längs der Düna und dem Dnieper und bildeten eine Masse
von 35,000 Mann, welche als Verstärkung von Wittgenstein, als Garnison von Riga und Bobruisk und als Korps
des Generals Hertel aufgetreten sind, und also erst etwas
später in Wirksamkeit kommen.

Die Franzosen mit ihren Bundesgenossen rückten dagegen in 4 Hauptmassen vor:

1. Der linke Flügel unter Macdonald, 30,000 M.
das 10te Korps, 30,000 Mann stark ging
bei Tilsit über den Niemen und war gegen
Riga bestimmt.

2. Das Centrum.

A. Unter Bonaparte selbst, bestand aus dem
1sten Korps Davoust .... 72,000 M.
2ten ⸱ Oudinot .... 37,000 ⸱
3ten ⸱ Ney .... 39,000 ⸱

Latus 148,000 M.

Latus 30,000 M.

		Transport 148,000 M.	30,000 M.
4ten	• Eugen	45,000 •	
6ten	• St. Cyr	25,000 •	
Die Garden Mortier		47,000 •	
Drei Kavalleriereservekorps			
unter Murat		32,000 •	
		297,000 M.	297,000 •

Diese Masse ging auf 2 Punkten bei Kowno 230,000 Mann und bei Pilona 3 Meilen oberhalb Kowno 67,000 Mann stark über den Niemen und war gegen Barklay bestimmt.

3. Noch zum Centro.

B. Unter Jérome gehört:

das 5te Korps Poniatowski	36,000 M.	
• 7te • Reynier ...	17,000 •	
• 8te • Vandamme.	17,000 •	
ein Kavalleriekorps unter La-		
tour-Maubourg	8,000 •	
	78,000 M.	78,000 •

Diese Armee ging bei Grodno über und war gegen Bagration bestimmt.

4. Der rechte Flügel 34,000 Mann 34,000 • unter Schwarzenberg ging bei Drohiczyn über den Bug und schien gegen Tormasow bestimmt zu sein.

Summe 439,000 M.

Der Plan Bonapartes war, den 24. Juni mit den 230,000 Mann bei Kowno überzugehen und Barklay so schnell als möglich zurückzutreiben.

Die 78,000 Mann unter Jérome sollten 8 Tage später, also den 1. Juli übergehen und gegen Bagration marschiren. Durch diesen spätern Übergang wollte er sowohl Bagration als den linken Flügel Barklays unter Doktorof veranlassen sich länger zu verweilen und sie dann durch Detaschements vom Centro aus von Barklay völlig abschneiden.

Die 67,000 Mann unter Eugen welche bei Pilona gleichfalls später, nämlich den 30. Juni übergehen sollten, waren bestimmt der Hauptarmee des Centrums die rechte Flanke zu decken und eine Verbindungsarmee mit Jérome auszumachen.

Schwarzenberg und Macdonald sollten in angemessener Höhe mit dem Centrum gegen ihr Operationsobjekt vorrücken. —

Das Vorgehen der Franzosen, also der Feldzug bis zum Verlassen Moskaus zerfällt wieder in 2 natürliche Abschnitte.

Der erste begreift die von Seiten der Franzosen zum Trennen und Abschneiden der Russen beabsichtigten Bewegungen und die Vereinigungsmärsche der Russen. Diese Bewegungen endigen sich mit dem Anfange Augusts für die Franzosen in der Gegend von Witebsk und Orsza und für die Russen bei Smolensk.

Der zweite Abschnitt begreift das ganz einfache Vorgehen bis Moskau in sich.

In beiden Abschnitten giebt es wieder 2 Perioden; in dem ersten weil die Franzosen zweimal förmlich Halt gemacht haben. Das erste Mal bei Wilna, das zweite Mal bei Witebsk; in dem zweiten weil die Offensive der Franzosen mit der Einnahme von Moskau aufhörte und der Aufenthalt in und bei Moskau bis zum Anfange des Rückzuges eine defensive Stellung war. Wir werden also bis zum Rückzug vier Perioden haben.

Erst

Erste Periode. Vorrücken der Franzosen bis nach dem ersten Halt bei Wilna — ungefähr 3 Wochen, vom 24. Juni bis Mitte Juli.

Der Übergang über den Niemen fand auf die bestimmte Weise statt.

Am 24. und 25. ging Bonaparte auf drei Brücken, aber auf einem Punkte mit seiner ungeheuren Masse über und erreichte den 29. Wilna.

Er detaschirte gleich nach dem Übergang Oudinot, durch eine Kavalleriedivision verstärkt, links über die Wilia gegen Wittgenstein, der in dem Augenblick bei Keidany stand, um diesen wo möglich an der Vereinigung mit Barklay zu hindern und ließ Ney folgen, theils um Oudinot zu unterstützen, theils um mehr Herr vom rechten Ufer der Wilia zu sein.

Wittgenstein stieß auch wirklich mit Oudinots Avantgarde in Wilkomir zusammen, erreichte aber doch die Hauptarmee in der Höhe von Swänzjany, in welcher Richtung ihm die beiden französischen Korps folgten. Von Wilna aus schickt Bonaparte etwa 50,000 Mann unter Davoust sogleich über Oszmiana, Woloschin und Rakow auf Minsk um die beabsichtigte Abschneidung Bagrations zu bewerkstelligen. Es blieben ihm also etwa 110,000 Mann unter seinem unmittelbaren Befehl übrig, die theils unter Mürat Barklay über Swänzjany folgten, theils (die Garden) bei Wilna stehen blieben.

Barklay hatte mit dem Centrum der ersten Westarmee den Rückzug aus der Gegend von Wilna den 26. Juni über Swänzjany nach dem festen Lager von Drissa angetreten, aber so langsam daß er den 2. Juli noch bei Swänzjany war und ihn sowohl Wittgenstein als Doktorof

erreichen konnten. Dieser war erst den 27. von Lida aufgebrochen und hatte die Richtung auf Oszmiana genommen; hier traf er auf eine Spitze Davousts und ging daher mit einem verstärkten Marsch auf Swir, wo er den
1. Juli eintraf und einem von Wilna aus gegen ihn ab-
geschickten Detaschement der Gardekavallerie nur eben ent-
ging. Den 2. erreichte er glücklich die Armee bei Swänziann.
Barklay traf den 10. Juli im Lager von Drissa ein.

Am 30. Juni ging Eugen bei Pilona über und nahm
seine Richtung auf Novi Troki und Anuszyszki. Bonaparte zog aber von dieser Masse das 6te Korps wieder
nach Wilna heran, dagegen blieb Eugen in seiner Zwischen-
richtung bis Dipnischki (Dewinicki) wo er den 10. Juli
ankam. Da aber um diese Zeit Davoust schon in Minsk
war und Bagration sich ganz südlich über Bobruisk gewendet hatte, so mußte auch Eugen seine Richtung verlassen und die über Smorgoni, Wiljenka und Kamenje
auf Witebsk nehmen, wodurch sich also diese ganze Masse
mit der Hauptarmee wieder vereinigte.

Den 1. Juli war Jérome über Grodno und Bialystok gegen Nowogrodek vorgerückt.

Bagration war den 29. Juni von Wolkowisk aufgebrochen, über Slonim, Nowogrodek nach Mikolajef marschirt wo er den 4. Juli den Niemen passiren wollte. Da
er Davousts Anwesenheit in Woloschin erfuhr, so wandte
er sich gegen Mir um über Swerschin auf Minsk zu marschiren; da er aber in Swerschin schon auf eine Spitze
von Davoust traf, so nahm er bloß ein zu Doktorof gehöriges Kavalleriedetaschement unter General Dorochof auf
und ging nach Njeswisch um über Sluzk, Bobruisk und
Mohilew die erste Armee zu erreichen. Er blieb den 10.,
11. und 12. Juli in Njeswisch um seine Truppen etwas

zu sammeln und der Bagage und Artillerie Zeit zum Vorausgehen zu lassen.

Tormasow befand sich noch in Wolhynien und hatte sein Hauptquartier in Luzk wo er seine Armee versammelte.

Am 10. Juli war der Stand der beiderseitigen Armeen folgender.

Die Franzosen:

Macdonald mit 30,000 Mann zwischen Rossiena und Schawlja.

Oudinot mit 40,000 Mann bei Solock.

Ney mit 39,000 Mann bei Rimsziani.

Murat mit 51,000 Mann bei Widsy.

Bonaparte
Garde   } mit 72,000 Mann bei Wilna.
St. Cyr

Davoust mit 50,000 Mann bei Minsk.

Eugen mit 45,000 Mann bei Dipnischki.

Jérome mit dem 5ten und 8ten Armeekorps und der Kavallerie mit 61,000 Mann bei Nowogrodek.

Reynier mit 17,000 Mann zwischen Wolkowisk und Nowogrodek.

Endlich befand sich Schwarzenberg mit 34,000 Mann bei Pruschany.

Die Russen:

Barklay mit 100,000 Mann im Lager von Drissa.

Bagration mit 45,000 Mann bei Njeswisch.

Tormasow mit 35,000 Mann in Luzk.

Um diese Zeit war er daß beim Centro der französischen Armee ein förmlicher Stillstand der Operationen eingetreten war. Bonaparte mit dem Kern seines Heeres

4 *

blieb 14 Tage in und bei Wilna stehen. (Er für seine Person reiste den 16. Juli wieder von Wilna ab.) Murat, Ney und Oudinot drängten die Russen so wenig daß diese auf 30 Meilen von Wilna bis Drissa 15 Tage zubringen durften und blieben dann etwa 8 Tage vor ihnen stehen.

Selbst Davoust machte in Minsk 4 Tage Halt ehe er sich auf Mohilew in Bewegung setzte.

Eugen setzte seine Seitenbewegung auf Witebsk fort, die aber innerhalb des schon eingenommenen Raumes fiel.

Dieser Stillstand war eine Folge der großen Schwierigkeiten welche die Verpflegung zeigte, der ungeheuren Menge von Nachzüglern welche die Armee in diesen ersten Tagen hatte, so wie der vielen Kranken, woran ein heftiges kaltes Regenwetter welches in den letzten Tagen des Juni einfiel und 8 Tage dauerte zum Theil Schuld hatte.

Zweite Periode. Von Ende des ersten Haltes bis inclusive den zweiten Halt, — von Mitte Juli bis zum 8. August, wieder 3 Wochen.

Mitte Juli setzte Bonaparte sein Korps von Wilna aus gen Glubockoë in Bewegung, wohin er selbst den 16. abreiste. Als er von hier aus mit seiner Armee (ohne Davoust, Jérome und Eugen) zum Angriff oder vielmehr zur Umschließung des Lagers von Drissa vorrücken wollte, gab Barklay die Idee sich im Lager von Drissa zu schlagen auf und beschloß den weitern Rückzug und zwar gegen die moskauer Straße, also zuerst auf Witebsk. Er brach den 16. Juli auf, nahm seinen Weg am rechten Dünaufer über Polozk und erreichte Witebsk den 23. Juli. Er ließ Wittgenstein mit 25,000 Mann in der Gegend von Polozk zurück um die Straßen auf Petersburg zu decken.

Bonaparte ließ gegen Wittgenstein Oudinot mit seinem Korps und einer Kavalleriedivision und folgte mit dem übrigen nach Witebsk, in dessen Gegend er den 26. ankam.

Bagration brach den 13. Juli von Njeswisch auf, ging über Slugk, Glusk, bei Bobruisk über die Berezina und dann auf Staroi-Bychow en den Dnieper, wo er den 21. eintraf. Er marschirte den Strom hinauf nach Mohilew um die dortige Brücke zu benutzen.

Davoust hatte von Minsk aus 6000 Mann Kavallerie nach Orsza zur großen Armee senden müssen. Nach mehreren anderen Detaschements war er mit der Hauptmasse auf Mohilew marschirt welches er den 20. Juli erreichte. Es blieben ihm etwa nur noch 20,000 Mann übrig, womit er sich gegen Bagration in Marsch setzte welcher noch 45,000 Mann stark war. Er fand anderthalb Meilen von Mohilew eine starke Stellung bei dem Dorfe Saltanowka, in welcher er den 22. Bagration erwartete und am 23. von ihm vergeblich angegriffen wurde. Dieser hatte nicht den Muth sein ganzes Korps zum Angriff zu verwenden und auch nicht die Zeit die starke Stellung Davousts zu umgehen; daher blieb es mehr ein Versuch den Bagration mit dem Korps von Rajefsköi und seiner Kavallerie machte, während er eine Brücke bei Staroi-Bychow schlagen ließ. Er ging den 24. dahin zurück über den Dnieper und über Mstislaw auf Smolensk, welches er den 4. August, ein Paar Tage nach Barklay, erreichte.

Die unter Jérome vereinigte Truppenmasse welche gegen Bagration unmittelbar bestimmt und den 10. Juli bis Nowogrodek vorgedrungen war, verfolgte ihren Marsch auf Mir. Dort legte Platow ihrer Avantgarde einen Versteck, wobei sie viele Leute verlor und wodurch Jérome behutsam geworden zu sein scheint; wenigstens ließ er Bagration 3 Tage in Njeswisch verweilen und befand sich am 16. selbst noch in diesem Ort als er von Bonaparte heftige Vorwürfe über sein langsames Vorgehen und die Weisung erhielt unter Davousts Befehl zu treten. Unzufrieden darüber verließ er sogleich die Armee.

Seine Korpsmasse löste sich nun auf folgende Weise auf:

Das 8te Korps (die Westphalen) dessen Kommando Vandamme verloren und Tharreau interimistisch bekommen hatte, ging über Minsk nach Orsza, also zur großen Armee. Poniatowski mit dem 5ten Korps folgte Bagration nur bis Romanowa, wo die großen Wälder anfangen und ging von da zurück über Igumen nach Mohilew, wo er 6 Tage nach der Schlacht eintraf. Latour-Maubourg drang bis Glusk dem Fürsten Bagration nach, konnte diesen Ort aber erst den 24. Juli erreichen. Da er nicht über Bobruisk gehen konnte, weil dies eine Festung ist, so ging er bei Berezino über die Berezina und so auf Mohilew wo er erst den 5. August eintraf.

Reynier mit dem 7ten Korps erhielt die Bestimmung gegen Tormasow. Bonaparte hatte nämlich gegen die eigentliche Absicht des Traktats mit Östreich im Sinn den General Schwarzenberg zur Hauptarmee heranzuziehen und den General Reynier mit der Vertheidigung der Muchawetz und des Prczipiez zu beauftragen, wozu er ihn hinreichend stark hielt, weil er Tormasow nicht stärker als 10,000 Mann annahm. Reynier bekam daher Befehl auf Slonim zurück und von da gegen die Muchawetz vorzugehen.

Schwarzenberg hatte von Pruschany aus die Muchawetz und Pina mit einer Vorpostenreihe gegen Wolhynien besetzt, die von Brezesc-Litewski bis Pinsk 24 Meilen weit reichte. Diese schickte sich Reynier an abzulösen. Er befand sich daher am 25. Juli zu Chomsk, als die Brigade Klengel sich zu Kobrin und kleinere Detaschements zu Pinsk und Brzesc-Litewski befanden.

Tormasow erhielt Mitte Juli den Befehl im Rücken der französischen Armee vorzudringen. Er brach den 17. Juli auf und rückte gleichfalls in einer sonderbaren Ausdehnung vor, indem er mit der Hauptarmee über Ratno auf Kobrin marschirte, mit Seitendetaschements aber bis Brzesc-Litewski und Pinsk reichte. Dadurch wurde Reynier ungewiß über die Richtung seines Marsches, und so geschah es daß Tormasow Zeit hatte mit seiner Hauptmacht gegen die Brigade Klengel anzurücken, während die von Brzesc-Litewski kommenden Detaschements sie ganz umstellten und nach einem hartnäckigen Widerstande sie nöthigten die Waffen zu strecken, wodurch dem Korps des Generals Reynier ein Verlust von 6000 Mann entstand. Reynier eilte zu Hülfe, kam aber nur bis Antopol und sah sich hierauf zum Rückzuge gegen Slonim genöthigt. Schwarzenberg, von der Stärke Tormasows besser unterrichtet, hatte den Befehl Bonapartes nicht befolgt, sondern war zu Slonim geblieben von wo aus er zur Aufnahme Reyniers vorrückte. Mit Bonapartes nachheriger Genehmigung blieb er ganz auf diesem Kriegstheater.

Macdonald hatte die Preußen unter General Grawert gegen Riga vorgehen lassen, wobei sie am 19. Juli bei Eckau auf den General Lewis mit einem Theil der Besatzung von Riga stießen und ihn nach einem lebhaften Gefecht nach Dahlenkirchen zurückwarfen. Macdonald selbst mit der Division Grandjean war nach Jacobsstadt gegangen wo er einige Wochen blieb.

Am 26. Juli war daher der Stand beider Armeen folgender:

Macdonald mit 20,000 Mann vor Riga und mit 10,000 Mann in Jacobsstadt.

Oudinot mit 40,000 Mann gegen Wittgenstein der 30,000 Mann stark ist, bei Polozk.

Bonaparte mit 180,000 Mann gegen Barklay der 75,000 Mann hat, bei Witebsk.

St. Cyr mit 25,000 Mann als eine Art Reserve bei Uszacz.

Davoust mit 50,000 Mann gegen Bagration bei Mohilew.

Bagration selbst mit 45,000 Mann zwischen Mohilew und Mstislaw.

Poniatowski mit 44,000 Mann zwischen Berezino und Mohilew.

Das 8te Korps 17,000 Mann bei Borissow.

Schwarzenberg mit 34,000 Mann bei Slonim.

Reynier mit 17,000 Mann bei Chomsk gegen Tormasow der 35,000 Mann stark bei Kobrin ist.

Wenn wir in der ersten Aufstellungsübersicht so wie in dieser die ursprünglichen Zahlen der Korpsstärken beibehalten haben, so ist es nur um die Vertheilung der ursprünglichen Macht besser zu übersehen, denn sonst kann man annehmen daß um die Zeit des 26. Juli diese Korps wenigstens schon $\frac{1}{4}$ ihrer Stärke durch Nachzügler, Kranke und in Gefechten verloren hatten. Der Verlust der Russen ist weniger stark gewesen, weil die rückwärtsgehenden Märsche im eigenen Lande besser vorbereitet werden konnten und durch Magazine erleichtert waren.

Auch durch Detaschements waren die französischen Korps zum Theil geschwächt, doch hauptsächlich nur Da-

vouſt, die übrigen nicht in dem Maaße wie man glauben
ſollte, weil ſie von den Nachzüglern eigene Bataillone bildeten die zu Beſatzungen verbraucht wurden.

Barklay hatte von Witebsk aus den Franzoſen auf
dem linken Ufer der Düna eine ſtarke Arrieregarde entge-
gengeſchoben, welche auf der Straße von Beszenkowiczi zwiſchen Oſtrowno und Witebsk den 25. unter General Tol-
ſtoy-Oſtermann, den 26. unter General Konownitzin, den
27. unter General Pahlen immer mit friſchen Truppen
heftige Gefechte gegen Mürat zu beſtehen hatte, die bis in
die Gegend von Witebsk führten.

Am 27. glaubte Bonaparte zum Angriff Barklays zu
kommen, dieſer aber hatte ſich nur 4 Tage bei Witebsk
verweilt und war auf die Nachricht daß Bagration ſeinen
Weg auf Smolensk nehme am 27. in 2 Kolonnen auf
den Straßen über Rudnia und Poreczie dahin zur Vereinigung mit Bagration abmarſchirt. Barklay kam den
2. Auguſt, Bagration den 4. bei Smolensk an, wo ſie
eine Verſtärkung von 8000 Mann fanden; beide Armeen
mochten nun ohne Koſacken etwa 120,000 Mann ſtark ſein.

Barklay übernahm den Oberbefehl, doch nicht mit großer Machtvollkommenheit, da ſich Bagration ihm nur freiwillig untergeordnet hatte. Es blieben immer 2 Armeen.

Bonaparte ließ ſich in Witebsk nieder und ſtellte ſeine
Korps zwiſchen der Düna und dem Dnieper auf.

Hier erfolgte der 2te Halt der franzöſiſchen Armee
welcher bis zum 8. Auguſt dauerte. Während deſſelben
trafen die unter Eugen, Davouſt und Jérome gegen Bagration abgeſendeten Korps beim Centrum wieder ein. Eugen den 24. Juli zu Briszikowa an der Ulla; Davouſt am
21. Auguſt bei Dubrowna am Dnieper, auf deſſen linkes
Ufer er abging; das 8te Korps den 4. Auguſt zu Orsza,

wo Junot den Befehl über daſſelbe übernahm. Poniatowski mit dem 5ten Korps blieb bis zum 8. Auguſt in
Mohilew, von wo aus er Latour - Maubourg mit dem
4ten Kavalleriekorps und die Diviſion Dombrowski gegen
Bobruisk und General Hertel abſchickte. Latour - Maubourg kehrte in der Folge auch zur groſen Armee zurück,
Dombrowski aber blieb in dieſer Gegend zur Deckung von
Minsk bis zum Rückzuge. Poniatowski traf in dem Augenblick bei dem Centrum ein als dieſes gegen Smolensk
rückte.

Reynier war wie ſchon geſagt nach Wolhynien geſandt.

Während dieſer Zeit der Ruhe und der Vereinigung
des Centrums hatte Wittgenſtein ſich einen Marſch weit
von der Düna und zwar auf der Straße von Druja nach
Sebeſch und Petersburg zurückgezogen, und in Gefahr auf
der einen Seite von Oudinot angegriffen zu werden, der
von Polozk auf der Straße von Sebeſch vorrückte, auf
der andern von Macdonald, der in Jacobsſtadt angekommen war, den Entſchluß gefaßt Oudinot anzugreifen ehe
Macdonald weit genug vorgerückt wäre um gemeinſchaftlich
mit ihm zu handeln. Er rückte daher von Razizi über
Kochanowo gegen Kliaſtizi vor und traf den 31. Juli
Oudinot mit 20,000 Mann bei Jacubowo wo er ihn angriff und ſchlug. Beim Verfolgen am 1. Auguſt aber erlitt ſeine Avantgarde unter General Kulniew nachdem ſie
über die Driſſa gegangen war eine ſolche Niederlage daß
die Vortheile des vorigen Tages überwogen worden wären,
wenn nicht die franzöſiſche Diviſion Verdier ihrerſeits beim
Verfolgen wieder auf die ganze Stärke von Wittgenſtein
geſtoßen und mit großem Verluſt zum Rückzug gezwungen
worden wäre, wodurch im Ganzen der Erfolg für die Ruſſen blieb, weil Oudinot ſein Vordringen aufgab und durch

Gouvion St. Cyr verstärkt werden mußte. Wittgenstein war bis Polozk gefolgt, fühlte sich nicht stark genug diesen Ort anzugreifen und hielt es für besser seine Stellung zwischen Druja und Drissa wieder einzunehmen.

Schwarzenberg war im Vorrücken gegen Tormasow.

So war die Lage bis zum 8. August und vielleicht würde dieser Stillstand noch etwas länger gedauert haben, wenn nicht Barklay den Versuch einer Offensive gemacht hätte.

Der Feldzug hatte nun 6 Wochen gedauert, die Linie auf welcher die Franzosen vorgerückt waren betrug von der Grenze an gegen 50 Meilen, die Ausdehnung vom baltischen Meere über Witebsk und Orsza bis an die Muchawez gegen 130. Die französische Armee hatte sehr beträchtlich durch Mangel und Anstrengung, auch hin und wieder durch Gefechte gelitten; es war anzunehmen daß sie bedeutend detaschirt habe, daher war zu vermuthen daß das Centrum derselben von seiner ursprünglichen Überlegenheit über Barklay viel verloren haben mußte. In der That war die französische Macht unter Bonaparte nach den Tageslisten am 3. August nicht über 185,000 Mann.

Von den 375,000 Mann welche ursprünglich das Centrum gebildet hatten waren, wenn wir die ursprünglichen Zahlen beibehalten, unter Oudinot, St. Cyr, Latour-Maubourg und Reynier 90,000 Mann entsendet. Es hätten also 285,000 Mann übrig bleiben müssen; die fehlenten 100,000 waren größtentheils eingebüßt, denn kleinere Detaschements, wie Garnisonen und dergleichen, hatte die französische Armee fast gar nicht gemacht. Der Verlust betrug also um diese Zeit schon mehr als ein Drittel der ursprünglichen Stärke. Bei Schwarzenberg und bei Oudinot waren die Verluste ungefähr eben so groß. Denn der erſtere war mit Reynier zuſammen nur noch 42,000 Mann ſtark von 51,000 die ſie geweſen, und Oudinot und St. Cyr hatten von den urſprünglichen 65,000 Mann nur noch 35,000 übrig; Macdonald hatte weniger verloren.

Die Stellung der 185,000 Mann unter Bonaparte war:

Mürat und Ney bei Rudnia.

Die 3 Diviſionen des 1ſten Korps welche nicht mit Davouſt waren, bei Babinowiczi.

Die Garden bei Witebsk.

Eugen bei Suraſch und Weliſch.

Davouſt und Junot auf dem linken Ufer des Dnieper.

Dritte Periode. Von der verſuchten Offenſive der ruſſiſchen Hauptarmee bis zum Verluſt von Moskau, — vom 8. Auguſt bis 15. September, 5 Wochen.

Die Stellung der größtentheils kantonirenden franzöſiſchen Hauptarmee war allerdings ausgedehnt genug um von einer plötzlichen Offenſive gegen dieſelbe den Vortheil zu erwarten daß man einzelne Korps ſehr ins Gedränge brächte. Wenn daraus auch keine Niederlage des Ganzen erfolgen ſollte, ſo konnte es doch eine ſchöne Waffenthat für die Ruſſen werden welche die moraliſchen Kräfte wieder etwas erhöhete und die feindliche Macht phyſiſch und moraliſch ſchwächte, worauf bei der ganzen Führung des Feldzuges Alles ankam.

Barklay faßte daher den Entſchluß mit Zurücklaſſung der in Krasnoï vorgeſchobenen Diviſion Neweroſſkoï beide Armeen auf Rudnia als den Mittelpunkt der feindlichen Stellung zu führen, und trat dazu den 8. Auguſt auf und dicht neben dieſer Straße in 3 Kolonnen den Marſch an. Der Erfolg dieſer unvermutheten Bewegung war daß Pla-

tow mit der russischen Avantgarde die französische unter
Sebastiani bei Inkowo überfiel und mit großem Verluste
zurückwarf. Aber Barklay faßte schon den ersten Tag im
Vorgehen die Besorgniß daß die französische Hauptmacht
sich auf der Straße von Poreczie befinde und er im Begriff sei einen Lufthieb zu thun. Er wurde für seinen Rückzug besorgt, gab die Offensive auf und nahm eine Stellung auf der Straße von Poreczie.

Durch diesen unvollendeten Angriff wurden die französischen Korps aufgescheucht und Bonaparte beschloß nun
seine Offensive fortzusetzen; den 14. gingen die sämmtlichen
Korps welche sich noch auf dem rechten Ufer des Dnieper
befunden hatten bei Rasasna auf das linke über und gegen Smolensk vor, während Barklay, nachdem er nach
drei Tagen seinen Irrthum eingesehen, noch einen neuen
Versuch zur Offensive auf der Straße von Rudnia machen wollte. Die Bewegung der französischen Armee rief
ihn aber den 16. von der Gegend von Kasplia nach Smolensk zurück.

Den 15. wurde die russische Division Newerofskoï
welche immer noch bei Krasnoï stand von Mürat angegriffen und mit großem Verlust zurückgeworfen. Den 16.
griffen die Franzosen Smolensk an in welches Bagration
eiligst das Korps von Rajefskoï geworfen hatte. Den 17.
wurde dieses Korps von einem der 1sten Armee unter Doktorof abgelöst und Bagration nahm mit der 2ten Armee
eine rückwärtsliegende Stellung hinter der Kolodnia auf
der Straße nach Moskau. Die Franzosen setzten ihren
Angriff auf die Vorstädte von Smolensk fort und wurden am Ende des Tages Meister davon. In der Nacht
zum 18. verließen die Russen Smolensk, blieben aber den
18. auf dem rechten Ufer des Dnieper dem Ort gegenüber

und verhinderten den Übergang der Franzosen. Bagration
ging bis Doroghobusch zurück. In der Nacht zum 19.
trat Barklay mit der 1sten Armee seinen Rückgang an,
und zwar weil die Straße nach Moskau einige Stunden
lang dem Dnieper sehr nahe bleibt, anfangs in der Richtung auf Poretsch (Poreczie) und dann auf einem Seiten-
weg nach Lubino zwei Meilen von Smolensk wieder in
die moskauer Straße, welches zu dem Arrieregardengefecht
von Valutina Gora Gelegenheit gab, wo etwa ⅓ der beiden Armeen sich einander gegenüber befand. Die starke
Stellung der Russen hinter sumpfigen Brüchern machte
daß sie das Schlachtfeld bis zum Dunkelwerden behaupten
und den Rückzug ihrer Armee sichern konnten.

Die Gefechte bei Smolensk und das bei Valutina
Gora haben den Franzosen 20,000 Mann gekostet, und
eben so groß mag der Verlust der Russen gewesen sein.

Von Valutina Gora bis Borodino fielen täglich Arrieregardengefechte vor, aber keins von großer Bedeutung.
Gewöhnlich standen von jeder Seite 10- bis 15,000 Mann
Kavallerie, unterstützt von etwa 10,000 Mann Infanterie
auf einem Punkt einander gegenüber und hielten sich gegenseitig in Respekt.

Am 27. August vereinigten sich bei Wiazma 15,000
Mann Verstärkungen unter Miloradowitsch mit der russischen Armee.

Am 29. traf Kutusow ein welcher das Kommando
von Barklay übernahm, der nun an der Spitze der 1sten
Westarmee blieb. Benningsen wurde der Chef des Generalstabes.

Am 4. September war die russische Armee bei Borodino angekommen wo sie durch 10,000 Mann Miliz
verstärkt wurde, am 5. fand das Gefecht um den vorge-

schobenen Posten des linken Flügels statt, am 6. ruhten beide Theile aus, am 7. war die Schlacht bei Borodino (de la Moskwa) in welcher die Russen circa 120,000 Mann, die Franzosen etwa 130,000 Mann stark waren. Nach einem Verlust von circa 30,000 Mann von Seiten der Russen und 20,000 von Seiten der Franzosen trat am 8. früh Kutusow seinen weitern Rückzug nach Moskau an. Bonaparte ließ das auf einige Tausend Mann zusammengeschmolzene Korps Junots bei Mojaïsk zurück und folgte mit der Armee nach.

Der Rückzug der Russen war von beständigen aber meistens nicht bedeutenden Arrieregardengefechten begleitet. Nur am 10. September gab eine gute Stellung bei Krimskoïe dem General Miloradowitsch Gelegenheit zu einem starken Widerstand, der den Franzosen ein Paar Tausend Mann kostete.

Am 14. September ging die russische Armee durch Moskau und die französische zog ein; nachdem also beide Armeen den Weg von Smolensk bis Moskau, der 50 Meilen beträgt, in 27 Tagen zurückgelegt hatten.

Die Russen thaten den 14. einen kleinen Marsch auf der Straße von Riäzan welche rechts durch den Lauf der Moskwa gedeckt wird; blieben den 15. stehen, thaten den 16. wieder einen kleinen Marsch auf jener Straße, nämlich bis zum Übergang über die Moskwa, 4 Meilen von der Stadt und wandten sich dann den 17. und 18. in 2 Seitenmärschen hinter der Pachra nach Podolsk, dort blieben sie den 19. stehen und gingen den 20. in einem 3ten Seitenmarsch nach Krasnoï Pachra auf der alten Straße von Kaluga, wo sie bis zum 26. stehen blieben.

Während dieser dritten Periode wollte Wittgenstein einen Versuch gegen die bei Dünaburg aufgestellte Division Grandjean vom Macdonaldschen Korps machen als er erfuhr daß Oudinot durch Gouvion St. Cyr verstärkt gegen ihn anrücke. Obgleich er die Garnison von Dünaburg an sich gezogen hatte, weil die Befestigung des Ortes nicht fertig geworden war, so war er doch kaum einige 20,000 Mann stark. Nichtsdestoweniger beschloß er Oudinot zum Angriff entgegen zu gehen: Den 16. August traf er vor Polozk ein, wo Oudinot mit dem Rücken gegen die Stadt sich aufgestellt hatte. Er griff ihn den 17. August an und mit so gutem Erfolge daß Oudinot den Rückzug schon beschlossen und auf den folgenden Tag bestimmt hatte als er verwundet wurde und der Befehl an St. Cyr kam, welcher den 18. plötzlich zum Angriff überging und Wittgenstein zum Rückzug nöthigte, der nun eine Aufstellung hinter der Drissa nahm, so daß das strategische Verhältniß durch diese Gefechte hier nicht verändert wurde und beide Theile bis zum Oktober in gegenseitiger Beobachtung ohne große Ereignisse blieben.

Vor Riga machten die Russen am 23. August unter dem General Lewis einen starken Ausfall auf den preußischen rechten Flügel bei Dahlenkirchen, vertrieben ihn mit einem beträchtlichen Verlust und zogen sich des andern Tages wieder zurück, worauf bis im Oktober nichts Bedeutendes geschah.

Auf dem französischen rechten Flügel hatte sich Schwarzenberg mit Reynier vereinigt und war dem General Tormasow entgegengegangen; dieser befand sich mit seinem rechten Flügel bei Chomsk, mit seinem linken bei Pruschany.

Schwar-

Schwarzenberg wandte sich hierauf mit seiner ganzen Macht gegen diesen linken Flügel. Tormasow ließ 12,000 Mann auf der Straße von Chomsk und versuchte mit 18,000 hinter einem morastigen Bruch bei Gorodeczna zwischen Kobrin und Pruschany Widerstand zu leisten; den 12. August wurde er von Schwarzenberg angegriffen der seinen linken Flügel umgangen hatte; er hielt sich zwar den ganzen Tag über, mußte aber doch in der Nacht den Rückzug nach Kobrin antreten. Er setzte denselben langsam bis Luzk fort, wo er den 29. eine Aufstellung hinter dem Styr nahm, während Schwarzenberg ihm gegenüber blieb. In dieser Stellung blieben beide Theile bis zur Ankunft Tschitschagows, welche ungefähr mit der Einnahme Moskaus zusammentrifft.

Im Rücken der französischen Armee war in dieser Periode Victor mit dem 9ten Korps 34,000 Mann stark den 3. September bei Kowno über den Niemen gegangen und auf dem Marsch nach der Gegend von Smolensk begriffen um als eine Centralreserve zu dienen.

Vierte Periode. Von der Einnahme Moskaus bis zum Rückzug, — vom 15. September bis 23. Oktober, 5 Wochen.

Die französische Hauptarmee kam nur 90,000 Mann stark nach Moskau und Bonaparte sah sich daher nicht im Stande sein Unternehmen weiter zu treiben. Er wollte Halt machen um den Friedensanträgen entgegenzusehen, die nach dem Verlust einer großen Schlacht und der Hauptstadt zu erwarten waren.

Nur die Avantgarde unter Murat 25. bis 30,000 Mann stark folgte der russischen Armee vorsichtig nach, die übrigen Korps bezogen Quartiere in den Vorstädten von

Moskau und den nächsten Dörfern auf allen Straßen, so daß die französische Armee wie es ihre weit vorgeschobene Lage mit sich brachte in Radien nach allen Weltgegenden Fronte machte. Junot war immer noch bei Mojaïsk, hatte aber nur 2000 Mann, und in Smolensk sammelte sich unter Baraguay d'Hilliers eine aus Marschbataillonen zusammengesetzte Division, während Victor seine Quartiere zwischen Dnieper und Düna bezogen hatte.

So war die Lage in den ersten 8 Tagen, während welcher Mürat selbst der russischen Armee auf Riäzan gefolgt, Poniatowski auf der Straße von Tula gegen Podolsk und Bessières auf der Straße von Kaluga gegen Desna vorgeschoben war. Mürat war bis über die Moskwa vorgedrungen, hatte dort die russische Armee ein Paar Tage aus den Augen verloren und war ihr dann über Podolsk nachgezogen, von wo aus er gegen ihre rechte Flanke manövrirte, während Poniatowski und Bessières ihre Fronte beschäftigten, so daß sie am 26. September genöthigt war ihre Stellung von Krasnoï Pachra zu verlassen und sich langsam bis Tarutino zurückzuziehen, wo sie am 2. Oktober hinter der Nara eine verschanzte Stellung bezog in der sie bis zur Schlacht von Tarutino blieb. Bei diesen letzten Bewegungen fielen täglich Arrieregardengefechte vor die zum Theil sehr hartnäckig waren.

Durch diese Entfernung der russischen Armee bis auf 10 Meilen von Moskau sah sich Bonaparte in den Stand gesetzt seine Quartiere auf allen Radien bis zu einem und zwei Märschen von Moskau auszudehnen, während Mürat mit der Avantgarde bei Winkowo nahe vor Kutusow stehen blieb. Anderntheils aber war er durch ihre Flankenstellung schon genöthigt ein Paar Divisionen einige Meilen von Moskau auf der smolensker Straße aufzustellen.

Der Kaiser von Rußland hatte mit dem Bericht von dem Verlust Moskaus zugleich die Nachricht von dem traurigen Zustande der französischen Armee erhalten und beschlossen keinen Frieden anzunehmen. Er sah die Nothwendigkeit vorher in welcher sich Bonaparte befinden würde, noch vor dem Eintritt des Winters den Rückzug anzutreten. Schon zur Zeit der Schlacht von Borodino war in Petersburg eine Instruktion entworfen worden, wonach Wittgenstein, Steinheil und Tschitschagow angewiesen waren sich im Rücken der französischen Armee zu vereinigen um ihre Verbindungen ganz zu unterbrechen und ihr beim Rückzug die Berezina und Ula zu sperren.

Die russische Armee verstärkte sich in dieser Zeit beträchtlich. Die Hauptarmee welche Moskau nur 70,000 Mann stark passirt hatte, war durch Milizen und Linientruppen wieder bis auf 110,000 Mann gebracht worden.

Auf dem rechten Flügel kam Steinheil mit 12,000 Mann aus Finnland und Wittgenstein stieg bis auf 40,000 Mann. Um Moskau her waren in allen benachbarten Gouvernements, nämlich Moskau, Twer, Jaroslaw, Riäzan, Wladimir, Tula und Kaluga Milizen gebildet worden, die zwar meistens nur mit Piken bewaffnet waren, aber doch ansehnliche Korps ausmachten und gegen welche die Franzosen doch immer Fronte machen und auf ihrer Hut sein mußten.

Nun fing Kutusow durch seine Lage dazu aufgefordert auch an mit bedeutenden Detaschements auf die Flanken zu wirken. Schon früher war ein beträchtliches Kavalleriedetaschement unter Winzingerode den Franzosen auf ihrer linken Flanke und also nördlich von Moskau gelassen worden; jetzt wurde ein ähnliches unter Dorochow auf ihre rechte Flanke gesetzt, welches damit anfing den 26. September das von den Franzosen flüchtig befestigte Wereja anzugreifen und die Besatzung zu Gefangenen zu machen. Alle diese Vortheile der Russen konnten durch eine Verstärkung von 12,000 Mann welche die französische Armee nach und nach an sich zog nicht gut gemacht werden.

Da von Petersburg keine Friedensanträge kamen und bereits über 14 Tage in Unthätigkeit verstrichen waren, so entschloß sich Bonaparte den ersten Schritt zu thun und sandte den 4. Oktober Lauriston mit einem Schreiben an den Kaiser Alexander zu Kutusow. Dieser nahm das Schreiben an, aber nicht den Abgesandten. Bonaparte ließ nun noch 10 Tage verstreichen und wiederholte am 14. Oktober den Versuch einer Sendung Lauristons an Kutusow, indem er doch zugleich anfing auf den Rückzug zu denken. Diesmal nahm Kutusow den General Lauriston an, welches einige oberflächliche Verhandlungen nach sich zog, wodurch Bonaparte verleitet wurde seinen Rückzug noch einige Tage aufzuschieben.

Gerade an dem Tage als Bonaparte von Moskau aufbrechen wollte, griff Kutusow die Avantgarde unter Murat an. Diese hatte eine Meile von Tarutino, also dicht vor der Stellung der Russen und 9 Meilen von Moskau, ohne durch ein Zwischenkorps unterstützt zu sein, eine Stellung hinter der Czerniznia bei Winkowo genommen. Murat war nur 20,000 Mann stark, seine Stellung schlecht, und 197 Kanonen mußten einer Avantgarde mehr hinderlich als behülflich sein. Kutusow lernte diese Fehler nach und nach kennen und griff ihn den 18. Oktober an. Er trieb ihn mit dem Verlust von 3- bis 4000 Mann und 36 Kanonen zurück und bezog dann wieder seine Stellung von Tarutino.

Während dieser 5 wöchentlichen Ruhe fanden auf den 3 andern Kriegstheatern folgende Ereignisse Statt:

In Riga war den 20. September der General Steinheil mit 2 Divisionen, zusammen 12,000 Mann stark, aus Finnland angekommen. Verstärkt durch einen Theil der Besatzung ergriff er am 26. September die Offensive gegen die Preußen; er sah sich aber nach einem hartnäckigen Gefecht mit dem General York, welches am 28., 29. und 30. stattfand und wobei der französische Belagerungspark bei Ruhenthal in großer Gefahr war, genöthigt mit bedeutendem Verlust nach Riga zurückzukehren. General Steinheil brach gleich darauf zur Vereinigung mit Wittgenstein auf, ging aber da dieser im Begriff war die Offensive zu ergreifen bei Druja aufs linke Dünauser über um Polozk im Rücken anzugreifen. Er erreichte diese Gegend an dem Tage der Schlacht ohne doch zu derselben wesentlich mitzuwirken.

Bei Polozk waren beide Theile seit der daselbst gelieferten Schlacht vom 17. und 18. August bis Mitte Oktobers ohne bedeutende Ereignisse einander gegenüber stehen geblieben. Wittgenstein war um diese Zeit bis auf 40,000 Mann verstärkt und sah der nahen Vereinigung mit 12,000 Mann unter General Steinheil entgegen, während die Kräfte seines Gegners bis auf 30,000 Mann heruntergesunken waren. Durch diese Überlegenheit und durch die allgemeine von Petersburg erhaltene Instruktion aufgefordert ging Wittgenstein von Neuem zum Angriff über.

Den 18. und 19. Oktober, also in den Tagen als Bonaparte seinen Rückzug von Moskau antrat, lieferte Wittgenstein seinem Gegner die 2te Schlacht von Polozk, schlug ihn, nahm den Ort mit Sturm und zwang die Franzosen zum weitern Rückzug; das 6te Korps (Wrede) auf Glubockoë zur Deckung Wilnas, das 2te auf Czasniki zur Vereinigung mit Victor. Wittgenstein detaschirte gegen Wrede und folgte Oudinot mit der Hauptarmee langsam nach.

Im Süden hatte sich Tschitschagow, welcher den 31. Juli mit der 38,000 Mann starken Moldauarmee von Bucharest aufgebrochen war, den 18. September mit Tormasow in der Gegend von Lutzk vereinigt und beide bildeten nun eine Macht von 65,000 Mann gegen Schwarzenberg und Reynier, die auf 40,000 heruntergesunken waren. Tormasow hatte den Oberbefehl und rückte zum Angriff vor; Schwarzenberg zog sich über Wladimir aufs linke Ufer des Bug, ging den Fluß hinunter, bei Opalin aufs rechte Ufer zurück und nach Brzesc-Litewski wo sich beide Armeen den 9. Oktober einander gegenüber befanden. General Tormasow für seine Person wurde zur Hauptarmee abgerufen, Tschitschagow übernahm den Befehl und rückte zum Angriff vor, worauf Schwarzenberg wieder über den Bug und mit der Hauptarmee auf der warschauer Straße bis Wengrow mit der Division Siegenthal nach Bialystok zurückging. Tschitschagow wollte sich nicht weiter entfernen, und da er die Weisung erhalten hatte sich mit einem Theil seiner Armee gegen die Berezina zu wenden um der französischen Armee den Rückweg zu verlegen, er dazu noch hinreichend Zeit zu haben glaubte, so ließ er seine Truppen Erholungsquartiere beziehen in welchen sie bis Ende Oktober blieben.

General Hertel beschäftigte von Mozyr aus mit dem einen Arm die Östreicher in Pinsk, mit dem andern Dombrowski vor Bobruisk.

Zweiter Theil.

Vom Anfange des Rückzuges bis zum Übergang der Hauptarmee über den Niemen, — vom 18. Oktober bis zum 11. Dezember, 7 Wochen.

Dieser Abschnitt fordert zu keiner weitern Eintheilung auf, denn der Rückzug geht ohne merklichen Aufenthalt des Ganzen fort und behält vom Anfange bis zu Ende denselben Charakter, der sich nur mit beschleunigter Geschwindigkeit zur gänzlichen Auflösung des Heeres steigert.

Bonaparte hatte seine Armee den 18. Oktober von Moskau in Bewegung gesetzt, welches er selbst den 19. verließ und wo nur Mortier mit der jungen Garde 10,000 Mann stark zurückblieb.

Da Kutusow von Tarutino 3 bis 4 Märsche weniger nach Smolensk hatte als Bonaparte von Moskau, so glaubte dieser besser zu thun wenn er seinen Rückzug mit einer Art neuer Offensive anfinge und Kutusow erst bis Kaluga zurückwürfe um dann eine der Nebenstraßen, z. B. über Medyn und Juchnow nach Doroghobusch einzuschlagen. Dadurch brachte er den Vorsprung welchen Kutusow hatte erst wieder ein ehe er den wirklichen Rückzug anfing; denn von Malo-Jaroslawez ist auf der gedachten Straße nach Smolensk nicht weiter wie von Kaluga dahin. Daß diese Art des Rückzuges mit einer gegen den Süden gerichteten scheinbaren neuen Offensive anfing war ihm auch wegen des moralischen Eindrucks wichtig.

Bonaparte ging also anfangs auf der alten Straße von Kaluga bis Krasnoï Pachra vor, wandte sich von da plötzlich auf die neue Straße nach Fominskoë und bedrohte durch sein Vorrücken auf derselben die linke Flanke

Kutusows und seine Verbindung mit Kaluga, wodurch er vermuthlich hoffte ihn nach Kaluga auch ohne Schlacht zurück zu manövriren. Poniatowski wurde noch weiter rechts gesandt um den Weg zu bahnen und sich des Postens von Wereja wieder zu bemächtigen, welches auch den 22. Oktober geschah.

Allein Kutusow, obgleich überrascht von dieser unerwarteten Bewegung, hatte doch noch Zeit sich bei Malo-Jaroslawez vorzuschieben, wo beide Avantgarden am 24. Oktober auf einander trafen. Eugen welcher die französische machte hatte eben noch Zeit die Luja hinter sich zu nehmen, als er von Doktorof angegriffen wurde. Man schlug sich heftig in Malo-Jaroslawez, beide Armeen kamen nach und nach herbei, aber es war nicht Raum sie zu gebrauchen. Eugen behauptete seine Stellung, konnte aber nicht weiter vordringen,

Bonaparte erkannte aus diesem äußerst blutigen Gefecht daß er Kutusow nicht zurückmanövriren könne und daß wenn er ihn mit Gewalt zurücktreiben wollte es viel Menschen kosten würde. Ob er gleich seine Armee am 25. bei Malo-Jaroslawez versammelt hatte, so wagte er doch keinen erneuerten Angriff und trat den Rückzug auf der Straße, auf welcher er gekommen war, nämlich nach Borowsk an um von da über Wereja bei Mojaïsk in die moskauer Straße wieder einzufallen. Kutusow seinerseits hatte eben so wenig Lust zu einer allgemeinen Schlacht, er blieb den 25. in einer Stellung eine halbe Stunde von Jaroslawez stehen und that in der Nacht vom 25. auf den 26. einen Marsch rückwärts auf der Straße von Kaluga nach Gonczarowo.

Der erste Tag des Rückzuges oder vielmehr der Stillstand am 25. zeichnete sich aus durch einen kühnen Anfall welchen Platow mit Anbruch des Tages auf das Centrum der französischen Armee bei Gorodnia that, wodurch ihm 11 Geschütze in die Hände fielen und wobei Bonaparte in der größten Gefahr war selbst gefangen zu werden. An demselben Tage zeigten sich andere Kosackendetaschements schon bei Borowsk. So entstand schon früh die Furcht vor den Kosacken und eine große Besorgniß über die Begebenheiten des bevorstehenden Rückzuges.

Mortier hatte den Kreml gesprengt und war den 23. von Moskau abmarschirt, er befand sich mit Junot als Avantgarde am 28. zwischen Gschatsk und Mojaisk als Bonaparte mit der Armee in diesem letztern Ort anlangte und Davoust als Arrieregarde noch bei Borowsk war.

Am 31. war Bonaparte mit der Avantgarde in Wiäzma, die Garde und Murat in Federowskoë, Ney in Welitschowo, Poniatowski und Eugen in Gschatsk, die Arrieregarde unter Davoust in Gridnewo, also die Armee auf etwa 14 Meilen auf der Straße ausgedehnt.

Kutusow war den 27. aus seiner Stellung von Gonczarowo aufgebrochen und auf die Straße gerückt welche über Medyn und Wereja geht. Diese war er bis Kremenskoë hinunter marschirt und hatte von da die Richtung auf Wiäzma genommen. Miloradowitsch aber marschirte mit 25,000 Mann auf Gschatsk wo er die letzten französischen Korps traf, denen er nahe zur Seite blieb, während Platow mit 6- bis 8000 Mann Kavallerie ihnen auf der großen Straße folgte und durch einzelne Detaschements auf beiden Seiten sie umschwärmte.

Bonaparte hatte bei Wiäzma ein Paar Tage Halt gemacht um seine Armee mehr zu sammeln. Am 2. November befand er sich mit den Garden, Murat und Junot bei Semlewo 4 Meilen von Wiäzma, Ney in Wiäzma,

Eugen, Poniatowski und Davoust in Federowskoë, so daß die Ausdehnung nur noch 6 Meilen betrug.

Am 3. November griffen Miloradowitsch und Platow die genannten 40,000 Mann starken Korps bei Wiäzma gemeinschaftlich an; auch Kutusow kam bis auf eine Meile von Wiäzma nach Bikowo, nahm aber keinen Theil an dem Gefecht. Die französischen Korps welche eine Stellung genommen hatten um Davoust zu erwarten, traten, nachdem derselbe eingetroffen war, ihren Rückzug mit bedeutendem Verlust an; doch wurde nichts abgeschnitten.

Die Ereignisse von Wiäzma bis Smolensk waren: ein Paar Arrieregardengefechte bei Semlewo und Doroghobusch von Ney gegen Miloradowitsch; der Marsch Eugens über Duchowtschina wo er hoffte mehr Lebensmittel zu finden, wobei er aber am 11. als er den Wop passirte seine 60 Geschütze stehen lassen mußte, weil er sie nicht auf das hohe Ufer hinaufbringen konnte und mit großer Anstrengung erst den 13. Smolensk erreichte; der Verlust einer ganzen Brigade Infanterie von 2000 Mann unter dem General Augereau, zur Division Baraguay d'Hilliers gehörig, die Lioskowa auf der Straße nach Jelnja besetzt hatte und von Orlow-Denissow und 3 andern Parteigängern am 9. November umschlossen und zu Gefangenen gemacht wurde; der Verlust von 1500 Stück Ochsen, welche bei Smolensk zusammengetrieben waren um zur Verpflegung der Armee zu dienen und die den Kosacken in die Hände fielen, endlich der erste starke Frost welcher den anrückenden Winter verkündete.

Die französische Armee war in Smolensk bis auf 45,000 Mann zusammengeschmolzen. Bonaparte kam den 9. November nach Smolensk. Seine vordern Korps erst den 10. Er beschloß hier wieder einige Tage Halt zu

machen um Zeit zur Vertheilung der vorhandenen Vorräthe zu finden; die verspätete Ankunft Eugens nöthigte
ihn aber diesen Aufenthalt bis zum 14. auszudehnen.

Junot und Poniatowski waren mit ihrem noch
1500 Mann starken Korps einen Marsch auf dem Wege
nach Krasnoï voraus welches die Straße von Minsk ist.

Die Garden und Murat standen in Smolensk, Eugen war auf dem Marsch von Duchowtschina, Davoust
stand zu Tschuginewo 4 Meilen von Smolensk auf der
moskauer Straße, Ney noch eine Meile weiter hinter dem
Wop als Arrieregarde.

Am 13. kam Eugen an; Davoust rückte in Smolensk ein und Ney blieb bei Tschuginewo wo er ein heftiges Arrieregardengefecht mit dem General Schakowskoï
zu bestehen hatte. Junot und Poniatowski erreichten
Krasnoï.

Miloradowitsch hatte, weil er die Verpflegung der
Truppen auf der großen Straße zu schwierig fand, auch
um das Defilé des Wop und Smolensk zu umgehen, nur
einige Tausend Mann unter dem General Schakowskoï auf
der großen Straße gelassen und war mit den übrigen auf
Tioskowa gegangen, wodurch er sich Kutusow wieder näherte der aus der Gegend von Wiäzma die Richtung auf
Jelnja genommen hatte, wo er den 8. eintraf. An diesem
Tage befand sich Miloradowitsch zwischen ihm und Doroghobusch. Beide setzten nun ihren Weg neben einander
in der Richtung auf Krasnoï fort.

In der Gegend von Krasnoï war Kutusow der französischen Armee völlig zuvorgekommen, so daß es nur von
ihm abgehangen hätte ihr den Weg ganz zu versperren,
wozu der nahe Dnieper die beste Gelegenheit gab. Aber
Kutusow fürchtete den Gegner noch und wollte sich in ein

ganz entscheidendes Gefecht nicht einlassen, sondern ihm so viel Schaden als möglich thun ohne sich in die Gefahr zu setzen noch einmal von ihm geschlagen zu werden. Daraus entstand eine Reihe von 6 Gefechten in jener Gegend die der französischen Armee allerdings höchst verderblich wurden, ob sie gleich das Ansehn hatten als Sieger daraus hervorzugehen.

Junot und Poniatowski hatten bereits den 13. Krasnoï erreicht. Bonaparte war mit der Garde den 14. von Smolensk abmarschirt; Eugen welcher den 13. angekommen war, konnte erst den 15. abmarschiren. Davoust sollte erst den 16. folgen um Ney nahe zu bleiben, der erst den 15. in Smolensk einrücken, alles zerstören und den 16. oder 17. folgen sollte.

1stes Gefecht von Krasnoï den 14. November.

Die Garden trafen am 14. zuerst bei Korytnja auf ein von Kutusow detaschirtes Korps unter Tolstoi-Ostermann, von dem sie eine starke Kanonade auszuhalten hatten.

2tes Gefecht bei Krasnoï den 15ten.

Am 15. fanden sie Miloradowitsch näher an Krasnoï bei Merlino aufgestellt und hatten ein ernsthaftes Gefecht auszuhalten ehe sie Krasnoï erreichen konnten.

3tes Gefecht bei Krasnoï den 15ten.

In der Nacht ließ Bonaparte den General Ozarowski welcher die Spitze von Kutusow bildete, in Kutkowo eine Meile südlich von Krasnoï überfallen und mit ansehnlichem Verlust zurücktreiben.

An diesem Tage traf Kutusow in Szilowa ein und stand also Bonaparte dicht gegenüber.

4tes Gefecht bei Krasnoï den 16ten.

Eugen den 15. von Smolensk abmarschirt war bis Korytnja gekommen, den 16. sollte er in Krasnoï eintreffen

Er fand Miloradowitsch bereits auf der Straße aufgestellt; er war nur 5000 Mann stark, und sah sich nach
einem fehlgeschlagenen Versuch ihn zu vertreiben genöthigt
die Nacht abzuwarten um vermittelst eines Umweges um
die linke Flanke der Russen Krasnoï zu erreichen, welches
ihm auch wiewohl nach großer Einbuße gelang.

5tes Gefecht bei Krasnoï den 17ten.

Bonaparte fürchtete daß es Davoust und Ney nicht
besser, vielleicht noch schlimmer ergehen würde und beschloß
daher, während Junot und Poniatowski Orsza und Eugen
Lidji zu erreichen suchten, mit den Garden und Mürat seinen rückwärtigen Korps durch eine Angriffsbewegung gegen Kutusow Luft zu machen, weil er hoffte daß dieser
dadurch bewogen werden würde Miloradowitsch an sich zu
ziehen. Er rückte also am 17. November zwischen Krasnoï
und Kutkowo 14,000 Mann stark gegen Kutusow vor.

Kutusow, der die französische Hauptmacht schon vorbei glaubte, hatte beschlossen gerade an diesem Tage mit
der Hauptarmee zum Angriff vorzugehen und Alles was
noch zurück wäre abzuschneiden; zu welchem Zweck eine Kolonne unter dem General Tormasow links von Krasnoï
die Straße besetzen sollte, während er rechts von diesem
Orte gegen dieselbe vorging. Er zog um stärker oder vielmehr vereinigter zu sein Miloradowitsch an seinen rechten
Flügel heran. Als sich das Gefecht eröffnete, merkte Kutusow daß er es mit Bonaparte und der Hauptmasse der
noch übrigen feindlichen Armee zu thun hatte; er verlor
nun die Lust sich mit der seinigen in ein zu ernsthaftes Gefecht einzulassen, und überzeugt daß die französische Armee
doch größtentheils zu Grunde gehen werde, hielt er den
Marsch von Tormasow an. Die Folge war daß man sich
mehrere Stunden ohne Entscheidung herumschoß, daß Da-

vouſt, der nun die Straße offen fand, heranmarſchir[en]
konnte und Bonaparte nach Lidji abmarſchirte, wobei do[ch]
die von Miloradowitſch ſtark gedrängte Arrieregarde unt[er]
Davouſt einen großen Verluſt machte.

Die Ruſſen nahmen an dieſem Tage 45 Kanon[en]
und 6000 Gefangene. Von den Koſacken welche der A[r]-
rieregarde folgten waren aber von Smolensk ab ſch[on]
112 Kanonen gefunden worden.

6tes Gefecht bei Krasnoi den 18ten.

Nun war Ney noch zurück. Er war erſt am 1[7.]
früh von Smolensk abmarſchirt, ob ihn gleich Davou[ſt]
hatte wiſſen laſſen daß Eugen halb aufgerieben ſei und [er]
ſelbſt nicht einen Augenblick länger warten könne um i[hn]
aufzunehmen.

Den 17. kam er bis Korytnja. Am 18. ging es i[hm]
wie Eugen am 16. Er war ungefähr wie jener 6000 Ma[nn]
ſtark, traf auf den verſtärkten und links noch weiter au[s]
gedehnten Miloradowitſch. Wie Eugen machte er [zwei]
Verſuche ihn zu werfen, dieſe mißlangen eben ſo, er üb[er]
zeugte ſich daß ein dritter ihn ganz aufreiben würde, da[her]
entſchloß er ſich gleichfalls in der Nacht auf einem n[och]
noch größern Umwege das Entkommen zu verſuchen. [Zu]
dem Ende marſchirte er in der Dunkelheit an den Dn[ie]
per, ging bei dem Dorfe Syrokorenie über das Eis [des]
Fluſſes nicht ohne die ſchwierigſten Umſtände, und da[nn]
über Guſinoë, Komino und Raſasna auf Orsza, wo [er]
den 21., aber freilich nur mit 600 Mann unter den W[af]
fen zur franzöſiſchen Armee ſtieß. Den größten Theil [der]
Menſchen Korps und die ſämmtliche Artillerie machten [die]
Ruſſen gefangen.

Dies war das letzte der Gefechte welche die franzöſi[ſche]
ſche Armee im Vorbeimarſchiren vor der ruſſiſchen zu [be]

fern hatte. Die Anzahl der Waffentragenden wurde bei der französischen Armee dadurch vielleicht um 20,000 Mann vermindert, denn sie war 45,000 Mann stark von Smolensk abmarschirt und war an der Berezina nur noch 12,000 Mann stark, also um 33,000 Mann schwächer; von dieser Verminderung aber ist doch der größere Theil auf die Folgen der Gefechte und Anstrengungen dieser Tage zu schieben. Außerdem fielen den Russen vielleicht 10,000 Nachzügler um diese Zeit mehr in die Hände als ohne die Gefechte geschehen sein würde, weil sie sich mit der Armee fortzuschleppen suchten. Man muß also den Erfolg dieser 6 Gefechte als von sehr bedeutendem Einfluß auf die Zerstörung der französischen Armee verstehen, wenn auch dem Namen nach kein einzelnes Korps genöthigt wurde die Waffen zu strecken. Die Summe der in den 4 Tagen vom 15. bis 18. genommenen Kanonen beläuft sich allein auf 230 Stück.

Am 19. war die französische Armee bis auf Ney in der Gegend von Orsza versammelt und der Marsch sollte nun auf der Straße nach Minsk fortgesetzt werden.

Seitdem Witebsk verloren gegangen, war Minsk das nächste große Magazin. Eine große Straße führte dahin und zugleich war dies die Richtung wodurch Bonaparte sich Schwarzenberg am meisten näherte. Aus diesen Gründen zog er sie dem geraden Wege über Malodeczno nach Wilna vor.

Die Straße von Minsk führt bei Borissow über die mit Morästen größtentheils eingefaßte Berezina; dies war also das nächste Ziel des Marsches.

———

Die Begebenheiten bei den Flügelkorps hatten unterdeß folgende Wendung genommen:

Vor Riga geschah nicht viel. Die Russen hatten selbst noch eine Stellung auf dem linken Ufer der Düna, nämlich hinter der Miß und Aa inne. Beständige Vorposten-neckereien bestimmten endlich Macdonald sie auf das rechte Ufer des Flusses zurückzuwerfen. Er drang am 15. November mit der Hauptkolonne von Eckau auf Dahlenkirchen vor und schnitt dadurch den rechten Flügel der Russen ab, der genöthigt wurde nach dem Verlust einiger Bataillone bei dem Dorfe Linden über das Eis der Düna aufs rechte Ufer zurückzugehen. Seitdem blieb wieder Alles ruhig. Macdonald erhielt von der großen Armee offizielle aber nur allgemeine Nachrichten über ihren Rückzug und keine so beunruhigender Art um ihn auf den seinigen denken zu lassen, wozu er auch nicht eher als von Wilna aus unterm 10. Dezember Befehl erhielt und den er daher erst den 19. Dezember antreten konnte.

St. Cyr hatte sich nach der 2ten Schlacht von Polozk auf Victor zurückgezogen, der von Smolensk zu seiner Unterstützung herbeikam, und die Vereinigung hatte den 29. Oktober an der Lukomlia stattgefunden. Die Franzosen wurden dadurch 36,000 Mann stark und den Russen wieder um etwas überlegen, weil diese in der Schlacht viel Menschen verloren und sich auch durch Entsendungen geschwächt hatten. Victor welcher das Kommando über beide Korps führte, weil St. Cyr in der Schlacht von Polozk verwundet worden und Oudinot noch nicht wiederhergestellt war, hielt sich verpflichtet Wittgenstein, der den Truppen Oudinots bis Czaßniki gefolgt war, anzugreifen und machte dazu den 31. Oktober einen Versuch. Allein mitten in der Ausführung änderte er seinen Entschluß und gab Wittgenstein Gelegenheit die über die Lukomlia bereits herübergekommenen Truppen mit Überlegenheit anzugreifen und mit Verlust zurückzuwerfen, worauf

rauf Victor seinen Rückzug auf Senno nahm, von da aber einige Tage später nach Czereja ging, welches er den 6. November erreichte.

Diese Entfernung von Witebsk veranlaßte Wittgenstein den General Harpe mit einem Korps dahin zu schicken, welcher den 7. November den Ort mit Sturm nahm und den größten Theil der Besatzung gefangen machte. Da auf diese Weise die Vorräthe in Witebsk verloren gingen, so wurde der Rückzug der großen Armee auf Minsk dadurch im Voraus ziemlich gewiß gemacht.

Oudinot von seiner Wunde wiederhergestellt war wieder bei seinem Korps eingetroffen, Victor aber als älterer Marschall behielt den Befehl. Als er in Czereja angekommen war, erhielt er von Bonaparte aus der Gegend von Doroghobusch her. den bestimmten Befehl Wittgenstein anzugreifen und über die Düna zurückzuwerfen. Er ging daher wieder vor und griff den 14. November den über die Lukomlia vorgeschobenen rechten Flügel Wittgensteins an, blieb auch nach langem Kampf in dem Besitz des Dorfes Smoliany. Allein da er nur 25,000 Mann stark war und den 30,000 Mann starken und vielleicht noch stärker geglaubten Wittgenstein in einer vortheilhaften Stellung fand, so schien ihm ein allgemeiner Angriff doch zu gefährlich und er zog sich den 15. wieder nach Czereja zurück. In dieser Stellung blieben beide Theile bis die Ankunft der großen Armee in der Gegend der Berezina ihre ferneren Bewegungen bestimmte.

Wrede welcher sich über Glubockoë nach Danilowiczi zurück und von Wilna die leichte Brigade Corbineau an sich gezogen hatte, ging wieder bis Glubockoë vor, wo er sich am 19. November befand, während die Brigade Corbineau zu Oudinot stieß und bei dieser Gelegenheit die Berezina bei Studianka durch eine Fuhrt passirte, welches in der Folge Oudinot mit Veranlassung gab die Brücken dort schlagen zu lassen.

Im Süden hatte sich Tschitschagow nach 14 tägiger Ruhe den 27. Oktober mit 38,000 Mann gegen Minsk in Marsch gesetzt und den General Sacken mit 27,000 Mann dem Fürsten Schwarzenberg gegenüber gelassen. Er kam den 6. November nach Slonim, blieb da bis zum 8. und setzte dann seinen Weg auf Minsk fort, welches nur von einer Besatzung von 4000 Mann vertheidigt wurde, zu dessen Schutz aber die Division Dombrowski von Bobruisk her in Anmarsch war. Am 15. November zersprengte Tschitschagows Avantgarde ein Detaschement welches unter dem General Kochitzki von Minsk nach Nowoï Swerschen ihm entgegen gesandt war; am 16. rückte er in Minsk ein, ehe die Division Dombrowski es hatte erreichen können, die sich nun nach Borissow zurückzog.

Schwarzenberg von Tschitschagows Abmarsch unterrichtet, umging Sackens rechte Flanke, überschritt den Bug in der Gegend von Drohiczyn und marschirte Tschitschagow nach über Bialystok, Wolkowisk auf Slonim, welches er den 14. November erreichte. Reynier deckte diese Bewegung Schwarzenbergs gegen Sacken, indem er bis in die Gegend von Swisloez der Bewegung Schwarzenbergs folgte und dann, als eine große Arrieregarde, Front gegen Sacken machte. Sacken sah die Bewegungen seiner Gegner erst recht ein als sie schon über die Narew gegangen waren. Er befand sich in der Gegend von Wysoki-Litewskie und eilte nun über Bialowies und Rudnia nach. Reynier kam ihm bis Rudnia wieder entgegen, zog sich aber vor seiner Übermacht bis Wolkowisk zurück, wo er sich mit der von Warschau kommenden zum 11ten Korps (Augereau) gehörigen Division Durütte vereinigte. Er benachrichtigte Schwarzenberg, der sich in Slonim befand, eiligst von dem Anrücken Sackens und bat ihn dringend zurückzukehren. Sacken überfiel am 15. November Reyniers Hauptquartier in Wolkowisk und trieb die Besatzung mit großem Verlust zurück, am 16. griff er Reynier in seiner linken Flanke in einem allgemeinen Gefecht an um ihn von Schwarzenberg abzudrängen; ehe dieses aber eine entschiedene Wendung genommen hatte kam Schwarzenberg, der 6000 Mann unter Frimont in Slonim gelassen hatte, mit seiner ganzen übrigen Macht zurück und Sacken in den Rücken, worauf dieser sich eiligst und mit großem Verlust auf Swisloez zurückziehen mußte, und von der ganzen Macht Schwarzenbergs und Reyniers gefolgt diesen Rückzug über Brzesc-Litewski auf Liuboml und Kowel fortsetzte. Reynier folgte auf Brzesc-Litewski, Schwarzenberg auf Kobrin, wo er den 25. November ankam. Hier erhielt er den Befehl Bonapartes auf Minsk zu marschiren und setzte sich den 27., also an dem Tage wo Bonaparte über die Berezina ging, dahin in Bewegung. Reynier folgte ihm den 1. Dezember nach.

Tschitschagow durch Sacken von Schwarzenberg befreit setzte sich den 20. auf der Straße nach Smolensk, also gegen Borissow in Bewegung; seine Avantgarde unter General Lambert erreichte den 21. bei dem Brückenkopf von Borissow die Division Dombrowski; er griff sie an und trieb sie mit solchem Verlust über die Brücke daß nur 1500 Mann davon kamen und ihren Rückzug auf Oudinot nahmen, der am 21. von Czereja auf Bobre marschirt und von da her im Anmarsch war, während Victor sich noch bei Czereja befand.

Tschitschagow ließ seine Avantgarde unter dem General Pahlen den 22. gegen Bobre bis Losnitza vorgehen, ging mit der Armee selbst über die Berezina und stellte sich bei Borissow auf.

Es befanden sich also zu der Zeit als die französische Hauptarmee etwa 12,000 Mann stark von Orsza abmarschirte, die beiden russischen Korps, welche ihr den Weg über die Berezina und Ulla sperren wollten, wohin sie noch 18 Meilen hatte, bei Czasniki und Borissow, etwa 12 Meilen auseinander, und die beiden ihnen entgegenstehenden französischen Korps auf den geraden Linien von Orsza zu diesen Punkten, nämlich bei Czereja und Bobre.

Nachdem Bonaparte den Verlust von Minsk und Borissow erfahren hatte, mußte er sich glücklich schätzen, wenn er irgend wo einen Übergangspunkt über die Berezina auffand um von da aus den geraden Weg auf Wilna zu wählen. Ein augenblicklicher Entschluß sich durch einen Angriff auf Wittgenstein den Weg über Lepel zu bahnen wurde ihm ausgeredet. Er trug also Oudinot auf, den Feind welcher von Minsk her die Berezina passirt hatte über diesen Fluß zurückzuwerfen und für einen Übergangspunkt zu sorgen. Er setzte vor der Hand seinen Marsch auf der Straße nach Minsk fort, wo er Bobre den 23. November erreichte.

An diesem Tage war Oudinot, der von Bobre über Losnitza gegen Borissow vorgedrungen war, auf die Avantgarde Tschitschagows unter Pahlen gestoßen, hatte sie überfallen, mit großem Verlust gegen die Brücke geworfen, wo die Armee Tschitschagows selbst in unbegreiflicher Sicherheit, ohne Vorbereitung zum Gefecht, kaum noch Zeit hatte sich wieder aufs rechte Ufer zu machen und General Pahlen an sich zu ziehen. Oudinot setzte sich in Borissow fest.

Am 24. ließ er den Fluß rekognosziren und wählte den Punkt von Studianka, 2 Meilen oberhalb Borissow, zum Brückenbau, während er bei Borissow und unterhalb dieses Orts Demonstrationen machte. Die Franzosen hatten keinen Brückenapparat behalten, daher dauerten die Vorbereitungen zu 2 Bockbrücken den ganzen 24. und 25., und erst den 26. um 8 Uhr wurde das Schlagen selbst angefangen und um 1 Uhr beendigt. Die waldige Gegend verdeckte einigermaßen ihre Arbeiten.

Tschitschagow hielt es für das Wahrscheinlichste daß Bonaparte seine Richtung südlicher nehmen, also ihn rechts zu überflügeln suchen würde, weil er sich dadurch der Schwarzenbergschen Armee am meisten näherte. Von dieser zu stark vorgefaßten Meinung ausgehend und durch falsche Nachrichten, die selbst von Kutusow kamen, hierin bestärkt hielt er Victors Anstalten zum Brückenbau für Demonstrationen und glaubte Bonaparte wirklich schon auf dem Marsche dahin. Er machte daher gerade am 26. als die Hauptmasse der französischen Truppen bei Borissow ankam, eine Bewegung rechts nach Szabaszewitczi, 3 Meilen von Borissow auf der Straße nach Bobruisk, während er seinen linken Flügel unter General Tschaplitz von Wesselowo (Zembin) nach Borissow heranzog, so daß unterhalb Borissow nur einige Kosacken blieben.

Bonaparte war am 24. bei Losnitza, seine Arrieregarde unter Davoust bei Bobre, Victor bei Ratuliczi, Wittgenstein bei Kolopedniczi angekommen. Kutusow der nach den Gefechten bei Krasnoi einige Tage Halt gemacht hatte, passirte eben den Dnieper bei Kopuis.

Am 25. kam Bonaparte nach Borissow, seine Arrieregarde nach Krupki, Victor blieb bei Ratuliczi. Wittgenstein rückte nach Baran um sich Tschitschagow zu nähern, dabei aber die Wege zur Ula noch gesperrt zu halten.

Den 26. waren die Überreste der französischen Armee zwischen Losniza, Borissow und Studianka versammelt, mit ihrem zwei Mal so starken Haufen von Nachzüglern, ohne andere Artillerie als die von Oudinot, Victor und den Garden; aber von einer Masse anderer Fuhrwerke begleitet. Die Zahl ihrer Kombattanten betrug 30,000 Mann.

Um 1 Uhr ging Oudinot über und vertrieb den eben wieder zurückkehrenden General Tschapliz gegen Stakow hin; Ney folgte ihm gleich. Das Übrige blieb auf dem linken Ufer aufgestellt. Victor zog sich den 26. Abends bis Borissow und Wittgenstein folgte, aber zu vorsichtig nur bis Kostriza.

Der Übergang wurde durch mehrere Brüche, welche die Brücken bekamen, sehr verzögert. Den 27. Nachmittags ging Bonaparte mit den Garden über, Eugen und Davoust in der Nacht vom 27. auf den 28. Am 27. fand auf beiden Seiten der Berezina das 1ste Doppelgefecht statt. Auf dem rechten Ufer hatten Oudinot und Ney die Avantgarde Tschitschagows unter General Tschapliz bis Stakow eine Meile gegen Borissow zurückgedrückt. Tschitschagow selbst kehrte von Szabaszewitczi nach Borissow zurück. Aus Furcht vor Bonaparte wagte er es nicht dem General Tschapliz mit seiner Armee zur Hülfe zu eilen, sondern er blieb bei Borissow und sandte bloß eine Verstärkung an Tschapliz.

Auf dem linken Ufer stieß Wittgenstein, der aus übergroßer Vorsicht die Richtung auf Borissow gewählt hatte, ob er gleich wußte daß der Übergang bei Studianka war, auf die Division Partonneau, welche Victor als Arrieregarde zu Borissow zurückgelassen hatte als er mit den an-

dern beiden nach Studianka abmarschirt war. Wittgenstein
griff jene Division an, schnitt sie ab und nöthigte sie
4000 Mann stark das Gewehr zu strecken.

Am 28. war also nur Victor noch auf dem linken
Ufer zurück und selbst dieser nur noch mit einer Division;
damit er aber dasselbe wo möglich noch einen Tag halten
möchte um der Masse von Nachzüglern Zeit zu lassen
überzugehen, wurde die Division Daendels vom Victorschen Korps wieder zurückgeholt. Nun entstand das 2te
Doppelgefecht; auf dem linken Ufer zwischen Wittgenstein
und Victor, auf dem rechten zwischen den übergegangenen
Korps und Tschitschagow, der nun selbst heranrückte, aber
nicht über Stakow hinaus vordrängen konnte. Beide Gefechte endigten mit dem Rückzug der Franzosen, doch ohne
daß namhafte Theile von ihnen abgeschnitten wurden und
ohne daß Wittgenstein das Zerstören der Brücken hätte
verhindern können; indessen war ihr Verlust doch wieder
sehr groß, da Wittgenstein allein außer der Division Partonneau noch 8- bis 10,000 Nachzügler gefangen machte,
eine Menge Kanonen und eine ungeheure Masse von Bagage genommen wurde *).

Da der Damm von Wesselowo nach Zembin, welchen
sowohl Wittgenstein wie Tschitschagow passiren mußten,
eine Meile lang ist und mehrere Brücken hat welche die
Franzosen zerstört hatten, so konnte augenblicklich keine an-

---

*) Man muß sich nicht wundern noch Bagage bei der französischen
Armee unter diesen Umständen anzutreffen. Die wenigste war von Moskau mitgekommen, sondern es waren Landfuhren, die in Smolensk und
andern Städten aufgepackt gewesen und welche man nun so lange mit-
schleppte als die Pferde noch fortkonnten, theils um Lebensmittel, theils
um kostbare Gegenstände der Beute darauf fortzuschaffen. Sie gehörten
meist vornehmen Offizieren an.

dere Verfolgung statt finden als vermittelst Kavalleriedeta-
schements, die sich Wege durch den Morast und durch
Furhten der Berezina suchten. Sowohl Tschitschagow als
Wittgenstein sandten dergleichen ab um der feindlichen Armee zu folgen und sie zu begleiten; andere waren schon
von der Hauptarmee angelangt und folgten gleichfalls.
Wittgenstein beschäftigte sich mit dem Bau einer Brücke
bei Wesselowo, Tschitschagow mit Herstellung der Damm-
brücken.

Die französische Armee setzte also ihren Marsch nach
Wilna fort, ohne von den russischen Korps wieder erreicht
zu werden. Nur General Tschaplitz mit der Avantgarde
von Tschitschagow und die erwähnten Parteigänger blieben
ihr nahe, scheuchten sie zuweilen aus ihren Bivouaken
auf und sammelten die zurückgelassenen Kanonen und Ermüdeten.

Den 29. war die französische Armee zwischen Zembin
und Pleszeniczi versammelt; da Minsk verloren war, so
schlug sie den geraden Weg auf Wilna über Malodeczno,
Smorgoni und Osmiana ein, während Wrede von Glubockoë auf Dokcziczi und Wileika ging und so in die
Straße einfiel.

Zu Smorgoni, den 5. Dezember, übergab Bonaparte
den Oberbefehl an Mürat und verließ die Armee, um sich
über Warschau und Dresden nach Paris zu begeben. In
Osmiana traf er auf die Division Loison, die zum 11ten
Korps gehörig, von Königsberg angekommen und der Armee zur Aufnahme entgegengerückt war. Sie hatte sich
eben von einem russischen Kavalleriedetaschement unter dem
Obersten Seslawin überfallen lassen, so daß sie ihn mit
Mühe wieder zurücktrieb, wodurch Bonaparte der Gefangenschaft sehr nahe kam.

Die französische Armee kam den 8. und 9. Dezember in Wilna an, aber so gut wie völlig aufgelöst. Die wenigen Märsche welche die Division Loison gemacht hatte, und die Berührung mit der großen Armee hatten hingereicht sie in dem Maaße aufzulösen daß sie mit dem Korps von Wrede zusammen noch 2500 Mann unterm Gewehr hatte. Die Garden bestanden noch aus 1500 Mann. Die übrigen 7 Korps aus 300, also das Ganze aus 4300 Mann Bewaffneter; wobei sich noch etwa ein Dutzend Geschütze befanden. Diese schwachen Überreste setzten ihren Marsch so eilig sie konnten auf Kowno fort, wo sie den 11., 12. und 13. ungefähr 1500 Mann stark und ohne ein einziges Geschütz ankamen.

Tschitschagow war den Franzosen auf der großen Straße nach Wilna gefolgt, wo er den 11. Dezember anlangte.

Platow folgte den Franzosen auf dem Fuß nach Kowno, wo er den 13. anlangte und sie zur Fortsetzung ihres Rückzuges über Gumbinnen an die Weichsel nöthigte.

Tschitschagow folgte einige Tage später und erreichte den Niemen am 18. bei Prenn. Kutusow hatte Miloradowitsch hinter die Franzosen hergesandt, welcher jedoch Borissow erst am 29. November erreichte und von da auf einem Nebenwege nach Malodeczno marschirte, wo er in die große Straße einfiel, auf Tschitschagow folgte und den 13. Dezember Wilna erreichte.

Die Hauptarmee Kutusows war auf Minsk marschirt und von da gegen Wilna, wo sie den 12. Dezember Kantonements bezog.

Wittgenstein war der großen Straße rechts über Wileika gegen Niemenzin, und von da nach einigen Tagen Rast über Wilkomir und Keidany nach Georgenburg an den Niemen marschirt um Macdonald abzuschneiden.

Dieser war den 19. Dezember von Mitau aufgebrochen und in 2 Abtheilungen, einen Tagemarsch auseinander, über Janischki, Schawlia, Kelm, Njemoktschy, Koltiniani und von da theils über Tauroggen, theils über Coadjuten nach Tilsit marschirt, wo General Grandjean mit der 7ten Division, nachdem er eine der von Wittgenstein vorgeschobenen Spitzen den 26. von Piktupöhnen vertrieben hatte, den 27. ankam. Macdonald kam mit einer andern Division den 28. an und wartete den 29. und 30. auf General York. Dieser bildete mit etwa 10,000 Mann preußischer Truppen die 2te Abtheilung, und fand den 25. Dezember zu Koltiniani 12 Meilen von Tilsit den Weg verlegt durch ein anderes von Wittgenstein vorausgeschicktes Kavalleriedetaschement von 1200 Pferden unter General Diebitsch. Dieser war schon einige Märsche weiter gegen Memel vorgedrungen als er erfuhr daß Macdonald noch zurück sei und über Koltiniani erwartet werde. Er marschirte dahin zurück und traf zufällig zwischen beide Kolonnen. Dies gab Veranlassung zu der bekannten Yorkschen Konvention, welche doch erst nach 5 tägigen Unterhandlungen und kleinen Märschen bei Tauroggen den 30. Dezember abgeschlossen wurde.

Wittgenstein war an diesem Tage schon zwei Märsche von Georgenburg gegen die Rückzugsstraße Macdonalds vorgedrungen und befand sich zu Gerskullen, ziemlich nahe der Straße von Tilsit nach Insterburg und nur einen Marsch von der von Tilsit durch den Baumwald und über Labiau nach Königsberg führenden, während Macdonald noch in Tilsit war. Es war also leicht daß Wittgenstein sich ihm am 31. vorlegte. Wittgenstein aber machte an diesem Tage nur einen ganz kleinen Marsch, und Macdonald der den 31. von Tilsit nach Labiau aufgebrochen war, fand nur ein Paar Kosackenregimenter a.., seinem Wege und entkam, obgleich mit Mühe und gefolgt von Diebitsch und einigen andern Detaschements.

Er erreichte den 3. Januar Königsberg, wo er die Division Heudelet (zum 11. Korps gehörig) fand und mit ihr den Rückzug gegen die Weichsel fortsetzte, wohin die andern Überreste der großen Armee schon vorangegangen waren.

Wittgenstein folgte Macdonald auf dem Fuße und zwar auf eigene Verantwortung, und zog dadurch die große russische Armee gewissermaßen nach Deutschland hinein.

Schwarzenberg befand sich bis zum 14. Dezember in Slonim in Ungewißheit über die wahre Lage der Sachen, weil die, nach Bonapartes Benachrichtigung, an der Beresina erfochtenen Siege ihn erwarten ließen daß Tschitschagow nächstens in vollem Rückzuge ankommen würde. Nachdem er sich zuletzt von der wahren Lage der Sachen überzeugt hatte, trat er den 14. seinen Rückzug auf Bialystok und dort, von Grodno aus in der linken Flanke bedroht, Ende Dezember auf Ostrolenka an, während Reynier von Sacken gefolgt nach Wengrow ging.

So endigte der Feldzug von 1812.

Als die Überreste der französischen Armee im Laufe des Januars sich hinter der Weichsel gesammelt hatten, fanden sie sich 23,000 Mann stark. Die östreichischen und preußischen Truppen welche zurückgekehrt waren, betrugen etwa 35,000 Mann, mithin das Ganze 58,000 Mann.

Nun war die verbündete Armee mit Einschluß der nachgerückten Truppen effektiv 610,000 Mann *) stark ge-

---

*) Nach Chambray, aus welchem überhaupt die Zahlen der französischen Streitkräfte genommen sind. Wir haben beim Eingang die französ-

wesen, es waren also in Rußland todt und gefangen zurückgeblieben: 552,000 Menschen.

Die Armee hatte bei sich gehabt 182,000 Pferde. Davon mögen mit den Preußen, Östreichern, Macdonald und Reynier 15,000 zurückgekehrt sein, verloren also: 167,000. Sie hatte 1372 Geschütze, die Preußen, Östreicher, Macdonald und Reynier haben vielleicht zurückgebracht 150, also sind über 1200 verloren gegangen.

Übersicht der Verluste

welche das französische Centrum beim Vorgehen und auf dem Rückzug erlitten hat.

1. Beim Einrücken in Rußland den 24. Jun hatten die zum Centro der französischen Armee, d. h. die nach Moskau bestimmten Korps folgende Stärke:

das 1ste	72,000 M.
„ 3te	39,000 „
„ 4te	45,000 „
„ 5te	36,000 „
„ 8te	18,000 „
die Garden	47,000 „
die Reservekavallerie	40,000 „
Generalstab	4,000 „

Summe 301,000 M. 301,000 M.

---

sche Macht circa 440,000 Mann angegeben. Es sind im Laufe des Feldzuges mit dem Marschall Victor 33,000 Mann, mit den Divisionen Durütte und Loison 27,000, und sonst noch 80,000 Mann nachgekommen, also circa 140,000 Mann. Das Übrige ist die Mannschaft des Train.

Summe 301,000 M.

2. Bei Smolensk den 15. August waren detaschirt:

die Division Dombrowski .. 6,000 M.

das 4te Kavalleriekorps mit . 5,000 •

die Kürassierdivision Doumerc 2,500 •

Summe 13,500 M.   13,500 •

Die Armee hätte also stark sein sollen 287,500 M.

Sie war effektiv stark 182,000 •

In 52 Tagen betrug also der Verlust 105,500 M., welches ungefähr ⅓ des Ganzen ist; vertheilt man diesen Verlust auf die einzelnen Tage, so macht es täglich $\frac{1}{150}$ der anfänglichen Stärke.

3. Bei Borodino vor der Schlacht war detaschirt:

die Division Dombrowski .. 6,000 M.

•   •   Laborde ...... 6,000 •

•   •   Pino .... 10,000 •

•   Kavallerie........... 5,000 •

Summe 27,000 M.

Die ursprüngliche Stärke war 301,000 M.

Davon ab die Detaschirten 27,000 •

Die Armee hätte also stark sein sollen 274,000 M.

Sie war stark 130,000 •

Überhaupt Verlust 144,000 M., welches ungefähr die Hälfte des Ganzen ist.

Also neuer Verlust in 23 Tagen 38,000 Mann, macht von der dermaligen Stärke täglich $\frac{1}{120}$.

Die 4 Gefechte von Smolensk sind die Ursache des steigenden Verlustes.

4. Beim Einzug in Moskau den 15. September.

Es waren detaſchirt:

die Diviſion Dombrowski .. 6,000 M.

Junot mit .... 2,000 ,

Kavallerie .... 5,000 ,

Summe 13,000 M.

Urſprüngliche Stärke 301,000 M

Detaſchirt 13,000 ,

Die Armee hätte ſtark ſein ſollen 288,000 M

Sie war ſtark 90,000 ,

überhaupt Verluſt 198,000 M,

welches ungefähr $\frac{2}{3}$ des Ganzen iſt.

Folglich neuer Verluſt in 8 Tagen 54,000 Mann, macht von der dermaligen Stärke täglich $\frac{1}{10}$.

NB. Die Schlacht von Borodino iſt Urſache dieſes ſtarken Steigens des Verluſtes.

Das Reſultat iſt alſo, daß, die ſehr wenigen Detaſchements mit abgerechnet, die franzöſiſche Centralarmee nicht ganz mit $\frac{1}{3}$ ihrer urſprünglichen Stärke nach Moskau gekommen iſt.

Man muß ſich nicht über die wenigen Detaſchements wundern. Bis am Dnieper und der Düna waren Oudi= not, St. Cyr, Victor (der im September ankam) und Schwarzenberg mit Reynier dazu beſtimmt den Rücken zu ſichern. Von Smolensk bis Moskau wurden meiſtens Marſchregimenter zu den Garniſonen genommen, welche die wenigen bedeutenden Orte erforderten, die ſich auf dieſem Wege befinden. In Smolensk z. B. bildete Baraguay d'Hilliers eine ganze Diviſion von ſolchen Truppen. Unter dieſen befanden ſich freilich auch eine Anzahl Rekonvales= zenten und Traineurs, welche alſo nicht als abſoluter Ver= luſt, ſondern als detaſchirt zu betrachten ſind, die Zahl iſt jedoch im Verhältniß zum Ganzen gering, und in jedem Fall gingen sie der Macht bei Moskau ab.

Die Ursachen des ungeheuren Verlustes in den 12 Wochen des Vorgehens waren:

a) das unaufhaltsame Vorrücken (120 Meilen in 81 Tagen) welches Kranken, Blessirten und Ermüdeten nicht erlaubte nachzukommen;

b) das beständige Bivouakiren;

c) das sehr schlechte Wetter in den ersten 5 Tagen;

d) die sehr geringe Sorgfalt in der Verpflegung, welche schon in der Gegend von Witebsk nöthigte statt Brod Mehl auszugeben;

e) der sehr heiße und trockene Sommer in einer an Wasser sehr armen Gegend;

f) die äußerst blutige und verschwenderische Stoßtaktik, womit Bonaparte seinen Gegner immer nur überzurennen suchte;

g) der große Mangel an Lazarethanstalten, so daß Kranke und Verwundete nicht hergestellt und ihren Korps nachgeschickt werden konnten, welches sich freilich erst beim großen Halt in Moskau zeigte.

Der Rückmarsch.

1. **Beim Abmarsch von Moskau den 18. Oktober.**

Die Armee war 103,000 Mann stark. Da die Detaschements dieselben geblieben waren, so hatte sie sich in den 5 Wochen des Aufenthalts in und bei Moskau um 13,000 Mann verstärkt, welches von dem Stillstande herrührte, der Rekonvalescenten und Nachzügler zuführte; auch trafen einige Marschregimenter (Ergänzungstruppen) ein. Die Verstärkung würde mehr betragen wenn nicht täglich durch Krankheiten und beim Eintreiben von Lebensmitteln und in der Schlacht von Tarutino neue Verluste entstanden wären.

2. Bei Wiäzma den 3. November vor dem Gefecht.

Die französische Armee war von

Moskau abmarschirt ... 103,000 Mann.

Sie kam nach Wiäzma . 60,000

In 14 Tagen Verlust 43,000 Mann.

$\frac{2}{5}$ des Ganzen, auf den Tag vertheilt täglich $\frac{1}{35}$.

NB. Die Schlacht von Malo-Jaroslawez fällt in diese Periode.

3. In Smolensk den 10. November.

Die Armee war noch 42,000 Mann stark, hatte also in 8 Tagen 18,000 Mann verloren, macht täglich $\frac{1}{20}$.

NB. Die Schlacht von Wiäzma fällt in diese Periode.

4. An der Berezina vor dem Übergang den 26. November.

In Smolensk hatte die Armee eine Verstärkung von 5000 Mann gefunden und war dadurch auf 47,000 Mann gekommen, davon kamen nach der Berezina noch 11,000 Mann, ihr Verlust in 16 Tagen betrug also 36,000 Mann, macht täglich $\frac{1}{20}$.

NB. Die Gefechte bei Krasnoï fallen in diese Periode.

Die an der Berezina hinzugekommenen Korps, nämlich das 2te und 9te, die Division von Dombrowski und die detaschirt gewesene Kavallerie hatten ursprünglich 80,000 Mann betragen und waren jetzt noch 19,000 Mann, hatten also in den 5 Monaten, welche der Feldzug gedauert hatte, $\frac{3}{4}$ ihrer Stärke eingebüßt. Bei den nach Moskau gewesenen Truppen betrug aber, zufolge des Obigen, der Verlust $\frac{29}{30}$.

Durch

Durch diese hinzugekommenen 19,000 Mann wurde Bonaparte an der Berezina wieder 30,000 Mann stark.

5. Drei Tage nach dem Übergang über die Berezina, also 6 Tage nach dem 26. November, waren die 30,000 Mann wieder auf 9000 zusammengeschmolzen, also 21,000 Mann verloren gegangen, macht täglich $\frac{7}{2}$.

NB. Die 4 Gefechte an der Berezina fallen in diese 6 Tage.

6. In Wilna den 10. Dezember.

Zu jenen 9000 Mann stießen bei Osmiana 13,000 Mann der Division Durütte; dessenungeachtet marschirte die Armee von Wilna den 11. Dezember nur 4000 Mann stark ab; der Verlust also in 10 Tagen 18,000 Mann, macht täglich $\frac{18}{12}$.

NB. In diesen Zeitraum fallen keine Gefechte.

7. Beim Übergang über den Niemen den 13. Dezember waren die Überreste noch 1600 Mann stark, also der Verlust in 3 Tagen 2400, macht täglich $\frac{4}{5}$.

Die hier angegebenen Stärken sind die der noch bewaffneten Mannschaft. Die Nachzügler und Waffenlosen sind nicht mitgerechnet; ihre Zahl wuchs bis zur Mitte des Rückzuges hin so beträchtlich daß sie in der Gegend von Krasnoï eben so groß war wie die der Bewaffneten; von da an nahm sie wieder ab, und im Augenblick wo die Trümmer über den Niemen zurückgingen, war sie nur unbedeutend. Überhaupt sind von diesen Traineurs verhältnißmäßig nur wenige über die russische Grenze zurückgekommen, welches sich am besten daraus erkennen läßt, daß Ende Januar, als sich die Centralarmee (also ohne 5000 Mann die Macdonald und 5000 die Reynier zurückgebracht hatte) hinter der Weichsel gesammelt hatte, sie nur 13,000 Mann betrug, wobei allein 2200 Offiziere waren.

Aus dieser Übersicht ergeben sich 2 Resultate, die gewöhnlich nicht genug beachtet werden:

1. Daß die französische Armee für den Erfolg der ganzen Unternehmung schon zu schwach nach Moskau gekommen ist. Denn daß sie bei Smolensk schon ein ganzes Drittel ihrer Kräfte verloren hatte und daß ihr in Moskau nur ein Drittel übrig blieb, wodurch sie anfing schwächer zu werden als die russische Hauptarmee, konnte sich nicht zutragen ohne auf das russische Armeekommando, den Kaiser und sein Ministerium einen starken Eindruck zu machen, wodurch der Gedanke an Nachgeben und Frieden entfernt wurde.

2. Daß die Gefechte bei Wiäzma, Krasnoï und an der Berezina, wenn auch dem Namen nach nur Wenige abgeschnitten wurden, den Franzosen doch ungeheure Verluste zugezogen haben und daß man es, was auch die Kritik zu den einzelnen Momenten sagen mögen, der unerhörten Energie der Verfolgung zuschreiben muß wenn die französische Armee vollkommen zerstört worden ist, ein Resultat welches sich im Grunde nicht größer denken läßt.

Drittes Kapitel.

Weiterer Verlauf des Feldzuges.

General Barklay ließ etwa 25,000 Mann unter General Wittgenstein an der mittleren Düna um die Straße nach Petersburg zu decken und brach, nachdem er die Genehmigung des Kaisers erhalten hatte, den 14. Juli von Drissa auf, wo man also nur 6 Tage verweilt hatte, um

Witebsk zu erreichen. Es war allerdings keine Zeit zu
verlieren, da die Franzosen im Grunde längst da sein konnten. Der Aufenthalt welchen sie bei Wilna gemacht hatten, verstattete allein noch diese Seitenbewegung um die
Straße nach Moskau zu erreichen. Barklay hoffte dort
allenfalls sich mit Bagration vereinigen zu können, man
hatte ihm eine bessere Stellung als die von Drissa versprochen, in jedem Fall hatte er die Straße nach Moskau
gewonnen, und so glaubte er Gott danken zu können vor-
erst aus der Mausefalle von Drissa heraus zu sein. Daß
er sich durch die Zurücklassung Wittgensteins beträchtlich
schwächte, war freilich ein Übel und ein um so größeres
als man den feindlichen Kräften so wenig gewachsen war,
welches man täglich mehr inne wurde. Indessen war allerdings zu hoffen daß die Franzosen gegen Wittgenstein eine
angemessene Macht stehen lassen würden, und in keinem
Fall hätte man es verantworten können die Straße zu derjenigen Hauptstadt ganz offen zu lassen, in welcher sich der
Sitz der Regierung befand; denn bei der ungeheuren Überlegenheit der Franzosen wäre es nicht unmöglich gewesen
daß Bonaparte eine ansehnliche Macht auf Petersburg geschickt hätt die, trotz der beträchtlichen Entfernung von
der Operat   inie auf Moskau, Petersburg doch am Ende
erreicht haben würde. Ein beträchtliches Korps auf dieser
Straße gelassen, machte aber ein solches Projekt fast unmöglich, denn an dieses Korps würden sich später Reserven, Milizen und dergleichen angeschlossen haben, und die
Franzosen hätten also mit einer sehr viel größern Macht
dahin aufbrechen müssen, wenn sie bei Petersburg noch in
einer angemessenen Stärke hätten ankommen wollen. Barklays Absicht bei diesem Detaschement war also vollkommen
vernünftig.

7 *

Nichtsdestoweniger kam die Armee dadurch bei Witebsk in eine sehr mißliche Lage, denn daß Bagration dort nicht ankommen würde, war schon mit ziemlicher Sicherheit vorauszusehen und die Idee einer starken Stellung war, wenn sie wirklich erfüllt wurde, nicht wichtig genug. Dazu kam daß der Marsch auf Witebsk ein wahrer Flankenmarsch von 24 Meilen Länge war, welches allein schon als eine große Schwierigkeit betrachtet werden mußte, da die Franzosen sich bereits wieder in Bewegung gesetzt und ihr Centrum in Glubockoë aufgestellt hatten. Der Marsch war durch die Düna ziemlich gesichert, aber bei Witebsk selbst mußte man aufs linke Ufer übergehen und dies konnte leicht unmöglich werden. Die russische Armee hatte darin großes Glück, und es ist vielleicht einer der größten Fehler welchen Bonaparte gemacht hat, nicht mehr Nutzen von der falschen Bewegung der Russen nach Drissa gezogen zu haben.

Der Marsch nach Witebsk wurde in 10 Tagen zurückgelegt, also mit keiner sehr großen Schnelligkeit, weil man durch die Detaschements der leichten Kavallerie unterrichtet war daß die Franzosen die Richtung auf Witebsk noch nicht eingeschlagen.

Bei Witebsk durchzog Barklay die Stadt und stellte sich auf dem linken Ufer der Düna so auf daß er einen kleinen Bach, der sich bei Witebsk in die Düna ergießt, vor der Fronte und die Stadt auf dem rechten Flügel hatte. Die Richtung dieser Aufstellung war von der Art daß die Rückzugslinie, nämlich die Straße von Moskau über Poretsch in der Verlängerung der linken Flanke lag. Im Rücken aber auf eine Meile Entfernung die Düna war, welche auch hier in einem ziemlich tief eingeschnittenen Thal fließt. Man kann sich ein abscheulicheres Schlachtfeld nicht denken. Der General Barklay hatte den Tag nach seiner Ankunft den General Tolstoi-Ostermann mit seinem Korps nach Ostrowno als Avantgarde vorgeschoben. Dieser wurde den 25. von Murat angegriffen und erlitt eine ziemliche Niederlage, so daß am 26. noch eine Division unter General Kannownitzin zu seiner Aufnahme vorgeschickt werden mußte. Alles das zog sich bis auf ein Paar Meilen von Witebsk zurück. An diesem Tage traf erst das letzte Korps, nämlich Doktorof mit der Hauptarrieregarde unter General Pahlen in Witebsk ein, und Pahlen wurde nun am 27. in aller Frühe dem Feinde entgegengeschoben um die zurückgetriebenen Avantgarden abzulösen.

Es ist nicht recht einzusehen warum General Barklay seinen Marsch auf Witebsk so langsam einrichtete. Man sagte damals es sei um dem Gepäck Zeit zu lassen einen Vorsprung zu gewinnen, diese Ursache und die dunkle Idee seine Bewegungen nach den feindlichen abzumessen und nicht mehr Land einzuräumen als nöthig sei, mögen die Bewegungsgründe gewesen sein. Diese unzeitige Gelassenheit wäre ihm aber fast übel bekommen.

Bei Witebsk wollte man wirklich auf Bagration warten, den man in der Richtung auf Orsza glaubte, und wenn es nicht anders wäre selbst eine Schlacht annehmen. Dieser Gedanke war das non plus ultra der Unklarheit, und wir würden ihn Wahnsinn nennen wenn der ruhige Barklay dessen fähig gewesen wäre. Die russische Armee betrug ohne Kosaken etwa 75,000 Mann; ein Paarmalhunderttausend Feinde konnten zum Angriff anrücken und die allergeringste Schätzung führte auf 150,000. Wurde die Stellung in der linken Flanke umgangen, welches mit mathematischer Gewißheit vorherzusagen war, so hatte sie fast keinen Rückzug mehr und die Armee wurde nicht allein von Moskau abgedrängt, sondern konnte ganz zu Grunde gerichtet werden.

Barklay war nun schon den 5ten Tag in dieser Stellung und jedermann glaubte es sei sein fester Wille hier die Schlacht anzunehmen, die nach Einigen er schon bei Wilna gewünscht und nur bei Drissa sehr unzeitig gefunden hatte. Der Verfasser war in einer wahren Verzweiflung über diesen Gedanken. Das Korps des Generals Pahlen, bei welchem er war, hatte von Polozk ab die Arrieregarde gemacht, war aber nicht viel vom Feinde ansichtig geworden, weil es größtentheils auf dem linken Ufer der Düna blieb. Am 26. traf es nach einem starken Marsch in der Nacht zu Witebsk ein und mußte mit Tagesanbruch auf der Straße von Senno vorrücken, wobei es auf 14 Bataillons, 32 Schwadronen und 40 Geschütze verstärkt wurde.

General Pahlen nahm damit eine Stellung etwa 2 Meilen von Witebsk, mit dem rechten Flügel an der Düna, die Fronte durch einen unbedeutenden Bach gedeckt. Nicht sehr zweckmäßig hatte er den größern Theil seiner Kavallerie auf den rechten Flügel genommen, weil sich dort zwischen dem ziemlich mit Holz und Sträuchern bewachsenen Thalrande und dem Flusse eine kleine Ebene befand und nach den gewöhnlichen Begriffen Kavallerie auf die Ebene gehört. Aber der Raum war so eng daß sie schachbrettförmig in 3 bis 4 Treffen aufgestellt werden mußte, wo sie in der Folge gewaltig durch das feindliche Artilleriefeuer litt.

Die Höhe selbst wurde durch die Infanterie und Artillerie besetzt. Da aber die 14 Bataillons sehr schwach waren und etwa nur 3. bis 4000 Mann ausmachten, und man doch nicht einen gar zu kleinen Raum einnehmen wollte um die Straße einigermaßen zu decken, welches um so nö-

thiger war als man das tief eingeschnittene Thal der Lutschesa hinter sich hatte, so war die Folge daß man sehr
dünn aufgestellt war, zwar in 2 Treffen, aber mit großen
Zwischenräumen zwischen den Bataillonen. Nun hatte die
linke Flanke keinen Anlehnungspunkt, wie denn das natürlich war, weil man auf so kurzer Linie nicht leicht einen
Anlehnungspunkt für beide Flügel treffen wird, also war
bei dem gänzlichen Mangel an Reserven und tiefer Aufstellung jede Umfassung unsers linken Flügels gefährlich.
Die Sache wurde noch schlimmer durch die vielen Wald-
und Gesträuchstreifen, die in und vor der Stellung lagen
und die Übersicht verhinderten. Unter diesen Umständen
konnte dann der Widerstand auch nicht außerordentlich sein,
und wenn er von Morgens 5 Uhr bis Nachmittags um
3 Uhr dauerte, so ist er nur dem sehr schlaffen Vordringen der Franzosen zuzuschreiben.

Dies letztere würde sich gar nicht erklären lassen, weil
Bonaparte selbst bei der Avantgarde angekommen war und
das Gefecht leitete, wenn man jetzt nicht wüßte daß er die
russische Armee noch in ihrer Stellung bei Witebsk geglaubt und sich zu einer großen Schlacht vorbereitet hatte.

Graf Pahlen zog sich hinter die Lutschesa in die Stellung zurück, welche die Armee inne gehabt und die General
Barklay heute verlassen hatte.

Dieser hatte nämlich, so wie ihm die französische Armee ernsthaft auf den Leib rückte, doch angefangen Besorgnisse über die Lage zu bekommen in welcher er die Schlacht
liefern wollte und also im letzten Augenblick seinen Entschluß geändert. Wir werden ihn auf diese Weise öfter kennen lernen. In diesem Fall war es ein rechtes Glück, und
man kann wohl sagen daß die russische Armee hier zum
zweiten Mal gerettet wurde.

Der Verfasser fühlte sich ganz glücklich und in der Stimmung Gott auf den Knieen danken zu müssen für die Abwendung unsers Weges von einem offenbaren Abgrunde.

Das Gefecht des Grafen Pahlen hatte dem Verfasser einen sehr unbefriedigenden Eindruck gemacht. Die Aufstellung welche der Graf genommen hatte, war gar nicht in den Grundsätzen und Ansichten welche der Verfasser über den Gebrauch der Truppen im Gefecht sich gemacht hatte. Obgleich die Gegend auf der Höhe des Thalrandes nicht gerade offen war, so war es doch auch kein dichter Wald und für kleinere Kavallerieabtheilungen von ein Paar Schwadronen oder einem Regiment hätte sich überall Gelegenheit zur Wirksamkeit gefunden; man hätte also die Kavallerie hinter die Infanterie nehmen sollen, wodurch die Aufstellung mehr Tiefe bekam, und von der ganzen Masse ein Paar Regimenter in der linken Flanke zur Beobachtung und ein Paar zur Unterstützung der Infanterie verwenden sollen. Auf diese Weise hätten sich die Waffen unterstützt und man wäre auf der Höhe noch einmal so stark gewesen; auf die Höhe aber kam Alles an, weil man die kleine Ebene zwischen derselben und dem Fluß, die etwa 600 Schritt breit war, durch bloßes Artilleriefeuer schon beherrschen konnte und der Feind überhaupt zwischen unserer Stellung und dem Flusse nicht vordringen konnte.

Da sich der Verfasser erst seit 8 Tagen beim Grafen Pahlen befand, so war es ziemlich natürlich daß er keinen großen Einfluß auf ihn haben konnte, und Graf Pahlen nahm seine erste Aufstellung ohne sich auch nur einfallen zu lassen mit Jemand darüber zu sprechen. Nachdem diese Aufstellung genommen war, konnte nichts Kluges mehr herauskommen; außerdem aber ist gerade im Laufe des Gefechts die Wirksamkeit eines Fremden, der die Sprache nicht kennt, so gut wie unmöglich. Es kommen Meldungen in russischer Sprache an, es wird darüber hin und her geredet, die Befehle werden in russischer Sprache ertheilt, und so hat die Direktion eines ganzen Aktes der Handlung unter den Augen des fremden Offiziers stattgefunden ohne daß er ein Wort davon erfährt. Wie kann er in jedem Augenblick von seinem kommandirenden General oder auch von einem andern gut unterrichteten Offizier die Übersetzung von allem Dem verlangen. Ehe man sich versieht, ist man außer dem Zusammenhang, und also wenn man nicht schon ein Mann von Bedeutung ist, außer Stande sich geltend zu machen. So hatte denn das erste Gefecht in welchem der Verfasser seiner Stelle nach einigen Einfluß auf den Gebrauch der vorhandenen Kräfte hätte haben können, in einer Art Statt die seinen Grundsätzen ganz entgegen war, und er fühlte sich dabei so völlig unnütz daß er lieber als Subalternoffizier in der Linie gestanden hätte. Es war ihm daher sehr angenehm als die Verstärkung welche das Pahlensche Korps am 27. erhalten hatte auch noch nach dem Gefecht einen im Range höhern Offizier des Generalstabes zu demselben führte, so daß der Verfasser sich wenigstens nicht mehr für den Erfolg der Anordnungen verantwortlich sah auf die er keinen Einfluß haben konnte.

Barklay marschirte den 27. in 3 Kolonnen nach Smolensk ab, wohin Bagration nach seinem vergeblichen Versuch auf Mohilew durchzudringen seine Richtung nahm. Der Marsch nach Smolensk ging mit der Hauptmasse auf der Straße von Poretsch, also auf einem beträchtlichen Umwege, nur Doktorof nahm den geraden über Rudnia. Unbegreiflich ist es daß Bonaparte seinen rechten Flügel nicht weiter vorgeschoben hatte um den Russen diesen Weg zu nehmen. Zwar würde er ihnen den Weg von Moska dadurch nicht haben versperren können, denn dem Zurückgehenden ist es immer leicht zu einem kleinen Umweg den nöthigen Vorsprung zu gewinnen und wenn er sich also nicht in einer ganz falschen Richtung befindet, so kann er in einem weiten Lande nicht leicht abgeschnitten werden. Allein es hatte doch für die Russen immer ein nicht unwichtiges Nebeninteresse nach Smolensk zu kommen, um sich früher mit Bagration zu vereinigen als ohnedies geschehen konnte, Smolensk ließ sich einige Tage halten, man fand dort beträchtliche Vorräthe und einige Verstärkungen, es wäre also sehr der Mühe werth gewesen sie davon abzudrängen. Bonaparte aber folgte nur bis Rudnia und machte bei Witebsk den zweiten Halt, während dessen er die letzten Truppen seines rechten Flügels heranzog, die bestimmt gewesen waren gegen Bagration zu handeln und diesen wo möglich abzuschneiden. So gewannen die Russen Zeit sich von ihrer ursprünglichen ausgedehnten Linie bei Smolensk zu vereinigen ohne daß ein Theil von ihnen abgeschnitten wurde und die falsche Bewegung gegen Drissa wieder gut zu machen. Der Marsch nach Smolensk wurde ohne alle Schwierigkeit ausgeführt und die Arrieregarden der 3 Kolonnen, obgleich täglich im Angesicht des Feindes, hatten doch keine bedeutenden Gefechte zu bestehen.

Das bisherige Resultat des Feldzuges war also, daß die Russen einen Landstrich von 60 Meilen Tiefe geräumt und alle in demselben befindlichen sehr beträchtlichen Magazine aufgeopfert hatten. An Menschen und Geschütze hatten sie dagegen nicht bedeutend verloren, vielleicht 10,000 Mann und 20 Kanonen. Sie hatten nun eine große Armee von 120,000 Mann in der Mitte und zwei kleine, jede von etwa 30,000 Mann, auf den Flügeln, außerdem waren Riga und Bobruisk, das letztere in Gemeinschaft mit dem bei Mozir aufgestellten Beobachtungskorps von Hertel, in Wirksamkeit gekommen.

Dagegen hatten die Franzosen gleich in den ersten Wochen ihres Vorrückens eine ungeheure Einbuße an Kranken und Nachzüglern erlitten und waren in einem Zustand von Entbehrung der ihr schnelles Abzehren früh voraussehen ließ. Den Russen war dies nicht unbekannt geblieben. General Schuwalow war von Swänzjany aus in das Hauptquartier des französischen Kaisers mit einem politischen Auftrage gesandt worden und kehrte nach Widzy zurück voll von Erstaunen über den Zustand der Heerstraße, die er bedeckt mit todten Pferden gefunden hatte und wimmelnd von Erkrankten und Nachzüglern. Alle Gefangenen welche man machte wurden über den Punkt des Unterhaltes ganz besonders ausgefragt, und es fand sich daß schon in der Gegend von Witebsk die Pferde des französischen Heeres nur grünes Futter bekamen und die Menschen statt des Brotes meistens Mehl welches sie sich zu Suppen verkochen mußten. Nur die Garden machten hiervon eine Ausnahme. Man glaubte hieraus auf eine beträchtliche Verminderung des feindlichen Heeres schließen zu dürfen, und wenn man in dieser Vermuthung merklich hinter der Wirklichkeit zurückblieb, so wurde das dadurch ausgeglichen daß man von Hause aus die feindliche Macht nicht so groß geglaubt hatte als sie wirklich war.

Man hatte die französische Macht bei Eröffnung der Feindseligkeiten mit Einschluß aller Verbündeten auf etwa 350,000 Mann angenommen. Sie betrug wie wir jetzt wissen über 470,000. Man wußte in der Gegend von Smolensk daß etwa 150,000 Mann vor Riga, gegen Wittgenstein, vor Bobruisk und gegen Tormasow geblieben

waren, es blieben also für die Hauptarmee nur 200,000
Mann übrig; rechnete man an Garnisonen welche in den
Etappenorten und andern Städten gelassen worden waren und
an Kranken, Todten, Verwundeten und Nachzüglern nur
60,000 Mann, so hatte man es nur mit 150,000 Mann
zu thun. Dies war freilich noch eine überlegene Macht,
aber keine wobei an die Möglichkeit eines Sieges gar nicht
zu denken gewesen wäre.

Die Rechnung der Russen traf nicht ganz zu, denn
Bonapartes Centrum hatte damals, d. h. Anfangs August,
noch eine Stärke von 180,000 Mann.

Dieser Irrthum war indessen verzeihlich in einem Feldzuge wo man täglich marschirte und keine Zeit hatte viel
Nachrichten einzuziehen.

Als der Kaiser die Armee verließ hörte der Oberbefehl desselben auf, Barklay war also unabhängiger General
der 1sten Westarmee. Einen förmlichen Oberbefehl über
beide Armeen aber übertrug der Kaiser dem General Barklay nicht, aus Furcht den Fürsten Bagration dadurch zu
kränken. Zwar war Barklay älterer General en chef
(General der Infanterie) als Bagration, und dies reichte
im Nothfall hin ihm einige Autorität über den andern
einzuräumen, allein bei einem so wichtigen Auftrage wie
das Kommando einer Armee hat man die bloße Kraft
des Patentes nie für zureichend gehalten, sondern es ist
von allen Fürsten eine ausdrückliche Bevollmächtigung für
nöthig gehalten worden. Da Bagration nicht viel jünger
war als Barklay und ungefähr eben so viel militärischen Ruf
zu haben glaubte, so sah der Kaiser wohl voraus daß ein
ausdrückliches Unterordnen desselben ihm empfindlich sein
würde. Wie es eigentlich mit dem Armeebefehl stand wußte
Niemand recht genau, und ich glaube noch jetzt würde ein

Schriftsteller Mühe haben es mit klaren Worten auszu-
sprechen, wenn er nicht eingestehen wollte daß der Kaiser
eine halbe Maaßregel genommen hat; wahrscheinlich hat er
dem Fürsten Bagration empfohlen sich mit Barklay in
Allem zu verständigen bis eine Änderung in den Verhältnissen eintreten würde. Ob man damals schon die Absicht
hatte den Fürsten Kutusow an die Spitze beider Armeen
zu stellen weiß der Verfasser nicht, aber im Heere war
von dieser Anstellung erst kurz vorher die Rede ehe sie erfolgte und wie von einer Maaßregel die durch das unentschlossene Benehmen Barklays nothwendig geworden war.
Wahrscheinlich wollte der Kaiser sehen wie Barklay sich
benehme und sich den Weg zu einer anderweitigen Verlei-
hung des Oberbefehls nur offen behalten.

Als Barklay nach Smolensk kam erklärte Bagration
sich sehr bereitwillig unter seinem Befehl zu dienen und die
Armee erfreute sich dieser Einheit; sie war aber genau betrachtet von keiner langen Dauer, denn es entstanden bald
verschiedene Ansichten und Zwistigkeiten.

Bis zu dieser Vereinigung mit Bagration aber war
Barklay freilich ganz Herr seiner Handlungen. Er hatte
immer das Gefühl sich schlagen zu müssen, weil die Armee
dem beständigen Zurückgehen ganz verwundert zusah. Der
Eindruck davon war um so nachtheiliger als die Nachrichten von glänzenden Siegen der Nebenkorps sprachen. Pla-
tows Hinterhalt bei Mir, den 10. Juli, hatte ein sehr bril-
lantes Ansehen; Bagrations Treffen bei Mohilew, den
21. Juli, wurde für einen Sieg des Durchschlagens aus-
gegeben; Tormasows glänzende Gefangennehmung der Brigade Klengel in Kobrin, den 26. Juli, that ihre volle Wirkung, und Wittgensteins Sieg bei Kliastizi, am 31. Juli,
wurde ohne den Nachtheil erzählt den seine Avantgarde

unter General Kulniew Tags darauf gehabt hatte. Alles das steigerte im ersten Augenblick das Selbstgefühl und die Sicherheit der Truppen, aber es verwandelte sich bald in vollkommenes Mißtrauen, Unzufriedenheit und Lässigkeit als man sah daß die rückgängige Bewegung darum nicht aufhörte. Kein Mensch hatte vorher überlegt oder geglaubt daß man bis Smolensk zurückgehen könne ohne ein ernsthaftes Gefecht zu versuchen. Indessen war die Vereinigung mit Bagration ein hinreichender und zu bestimmter Grund als daß er nicht wenigstens von den meisten Offizieren der russischen Armee hätte eingesehen werden sollen.

Bis Smolensk hin war also Barklay hinreichend gerechtfertigt, aber da erwartete man auch um so gewisser eine Schlacht; daß man dazu noch zu schwach sei, daß man im Zurückgehen stärker werde, waren Gedanken auf die man eben nicht fiel. Selbst Barklay hatte keine deutliche Vorstellung davon, und es war mehr ein natürlicher Scha .. vor der Entscheidung und der schweren Verantwort... .it als klare Überzeugung, wenn er sich in seinem Innern mehr zurückgehalten als angetrieben fühlte.

Sein Generalstab, nämlich General Yermalof und Oberst Toll dachten im Sinne der Armee: man wäre weit genug zurückgegangen, was dem Feinde noch an Überlegenheit bliebe sollten russische Tapferkeit und russische Taktik gut machen. Vorzüglich glaubte man daß ein plötzlicher Übergang zur Offensive Wunder thun müßte. So stehts ja in allen Büchern geschrieben. Bagration der für einen tüchtigen Haudegen galt und, wie das gewöhnlich von solchen Männern geschieht, die negativen Erfolge des bisherigen Feldzugs mit Kopfschütteln ansah, war leicht für diese Idee zu gewinnen. Oberst Toll wandte also alle Beredtsamkeit an um Barklay zu überzeugen daß der

Augenblick gekommen sei einen entscheidenden Schlag zu wagen.

Die französische Hauptarmee sei der russischen nicht mehr so sehr überlegen.

Der erste Augenblick der Vereinigung sei der beste um zur Offensive unverhofft umzukehren. Smolensk sei ein wichtiger Platz, eine den Russen besonders werthe Stadt, für welche man schon Etwas wagen müsse.

Die französische Armee sei in ausgedehnte Quartiere zerstreut, welches die beste Hoffnung gebe sie unvereinigt zur Schlacht zu bringen und dadurch den Nachtheil der etwa noch vorhandenen Überlegenheit zu beseitigen.

In der Offensive liege ein großer Vortheil, und der russische Soldat sei mehr zum Angriff wie zur Vertheidigung geeignet. Dies Letztere behaupten bekanntlich alle Armeen von sich.

Barklay ließ sich endlich bestimmen und setzte den 8. August die ganze Armee gegen Rudnia in Bewegung, wo man ungefähr das Centrum der feindlichen Armee zu finden hoffte.

Allein schon bei dem ersten Marsch verbreitete sich die Nachricht: der Feind befinde sich mit seiner Hauptmacht auf der Straße von Poretsch und unter diesen Umständen wäre ein Luftstreich in der Richtung von Rudnia allerdings eine bedenkliche Sache gewesen, denn man verlor jeden Rückzug. Obgleich diese Nachricht nicht bestimmt, mehr eine Folge von Kombinationen und Vermuthungen war, und der angenommene Fall zu den sehr unwahrscheinlichen gehörte, weil die Straße von Poretsch nicht im Geringsten in der bisherigen Richtung des Feindes lag, der vielmehr die entgegengesetzte, nämlich die rechte Seite der russischen Armee gewonnen und bedroht hatte: so ließ sich

Barklay doch durch Nichts abhalten das Gewisse dem Un-
gewissen vorzuziehen und sich mit der 1sten Armee selbst
auf die Straße von Poretsch zu begeben, während er die
2te auf der von Rudnia stehen ließ.

In der russischen Armee bedauerte man um so mehr
die aufgegebene Offensive als General Platew, am 2ten Tage
des Vorgehens, ehe noch der Befehl zum Halt eingetroffen war, die Spitze der Müratschen Avantgarde zu Inkowo unter General Sebastiani überfallen, die Bagage
dieses Generals genommen und 500 Gefangene gemacht
hatte, welches Allen als ein guter Anfang die besten Erfolge für das Ganze zu versprechen schien. Auch Bagration war mit der Veränderung des Entschlusses sehr unzufrieden und von dieser Zeit an fanden beständig verschiedene Ansichten und Streitigkeiten zwischen beiden Statt.

Obgleich diese Offensive der Russen schwerlich zu einem wirklichen Siege geführt haben würde, d. h. zu einer
Schlacht in deren Folge die Franzosen gezwungen worden
wären wenigstens ihr Vordringen aufzugeben oder vielleicht gar sich bedeutend zurückzuziehen, so konnte sie doch
zu einer sehr glänzenden échauffourée werden, wie die
Franzosen sich ausdrücken. Man hätte nämlich die französischen Korps wirklich in zu weitläuftigen Kantonnements
gefunden um nicht bei schnellem weitern Vordringen eine
rückgängige Bewegung derjenigen Theile hervorzubringen
auf welche man stieß. Hielt man sich nun mit seinen 3 Kolonnen in einer solchen Nähe daß sie die von dem kommandirenden General erhaltenen Befehle noch an demselben
Tage ausführen konnten, so war ein umschließender und
sehr erfolgreicher Angriff derjenigen Korps möglich die man
gerade vor sich traf, wodurch dem Feinde ein beträchtlicher
Verlust zugefügt werden konnte, nicht zu rechnen die kleinern

nern welche bei den eiligen mehr oder weniger verwirrten Bewegungen der Nebenkorps stattfinden mochten. Das Ganze würde also einige glänzende Gefechte, eine gute Anzahl Gefangener, vielleicht einige Geschütze eingebracht haben; der Feind würde um einige Märsche zurückgeworfen worden sein und, was die Hauptsache war, es würde einen guten moralischen Einfluß auf die russische Armee und einen entgegengesetzten auf die französische gemacht haben. Nachdem man diese Vortheile eingeerntet hatte, würde man aber unbezweifelt sich in der Nothwendigkeit gesehen haben eine Schlacht gegen die ganze feindliche Armee anzunehmen oder seinen Rückzug wieder anzutreten. Wenn das freiwillige Zurückgehen bis in den Mittelpunkt des europäischen Rußlands System gewesen wäre, so hätte unbedenklich der weitere Rückzug angetreten und das Ganze nur wie ein großer Festungsausfall betrachtet werden müssen. Aber von dieser Ansicht war in denen die den Krieg leiteten keine Spur, und es ist nicht zu bezweifeln daß man nach den ersten Vortheilen der Offensive sich für verpflichtet gehalten haben würde der vereinten feindlichen Macht ferner die Spitze zu bieten, um nicht das Ansehen zu haben als sei man geschlagen worden, und so würde man höchst wahrscheinlich gleich nach den erhaltenen Vortheilen zu einer Defensivschlacht gekommen sein, in welcher der Sieg schon des Machtverhältnisses wegen nicht zweifelhaft sein konnte. Dies schwebte vermuthlich Barklay als Ausgang der Sache vor, und dieser war nicht einladend und am wenigsten wenn man an die Möglichkeit dachte umgangen zu sein.

So ist uns die Sache damals erschienen und wir haben diese Ansicht aufzugeben bis jetzt nicht Veranlassung gehabt. Ein General der den Plan des weitern Rückzugs

ins Innere klar vor seiner Seele gehabt hätte, der von
der Überzeugung durchdrungen gewesen wäre daß man im
Kriege viel nach Wahrscheinlichkeiten handeln und Muth
genug haben muß um dem Glücke auch etwas zu überlassen,
würde. am 9. August dreist seinen Marsch fortgesetzt und
sein Glück ein Paar Tage mit der Offensive versucht haben. Aber ein General der, wie Barklay, die Rettung der
Sache nur von einem vollständigen Siege erwartete, der
sich verpflichtet hielt diesen nur in einer regelmäßigen vorsichtig eingeleiteten Schlacht zu suchen, der um so mehr
den äußern (objektiven) Gründen Gehör gab, je mehr ihm
die innern (subjektiven) schwiegen: ein solcher General
mußte allerdings mehr als hinreichende Gründe in allen
Umständen finden um das vorgehabte Unternehmen wieder
aufzugeben. Die Meinung des Obersten Toll und derjenigen Generalstabsoffiziere welche die Fortsetzung des Unternehmens eifrigst wünschten, war, daß man durch die plötzliche Offensive und den Überfall der zerstreuten feindlichen
Armee den Sieg schon an sich gerissen und sie culbutirt
haben würde. Dergleichen Ausdrücke sind in der Kriegskunst ein rechtes Übel, weil sie eine Art von terminologi-
scher Kraft haben und im Grunde doch keine bestimmte
Idee in sich schließen. Nach allen geschichtlichen Erfahrungen gewinnt man bei strategischen Überfällen der Art selten einen wirklichen Sieg, sondern nur eine Strecke Land
und günstige Einleitungen zur Schlacht. Denn zu einem
ordentlichen Siege gehört daß man auf einen namhaften
Theil der feindlichen Macht stoße, diesen zur Schlacht bringen und ihn so zur Schlacht bringen könne daß man ihn
umfaßt und desto größere Erfolge gewinnt; denn ein bloßes gerades Zurücktreiben, welches für einen Sieg gelten
kann wenn es das Ganze trifft, kann nicht dafür gelten

wenn es nur einen Theil des Ganzen trifft. Nun halten aber die Korps der feindlichen Armee selten Stich; die meisten gewinnen durch Eilmärsche einen rückwärtsliegenden Vereinigungspunkt und man hat, wenn die geographischen Umstände nicht etwa besonders dazu geeignet sind, selten Gelegenheit einen recht derben Streich irgendwo zu führen. Freilich wird die feindliche Armee durch diesen Überfall in eine nachtheiligere Lage versetzt als die Lage vorher war, aber nicht in die einer geschlagenen, und wenn die angreifende Armee ihren Verhältnissen nach vorher nicht im Stande war eine Schlacht zu liefern, so wird sie es durch die erhaltenen Vortheile kaum werden. Daß die Wahl einer guten Aufstellung, die Kenntniß des Terrains, die möglichen Verstärkungen durch Schanzen dem Vertheidiger in der Schlacht große Vortheile geben, wird man einst für eine natürliche und ausgemachte Sache halten, wenn die Begriffe sich erst klar fest- und Jedes an seinen Ort gestellt haben werden; jetzt aber und noch mehr im Jahre 1812 galt die offensive Form des Krieges für ein wahres Arkanum, weil die im Angriff und im Vorschreiten befindlichen Franzosen die Sieger gewesen waren. Wer die Sache gründlich durchdenkt, wird sich sagen daß die Angriffsform die schwächere und die Vertheidigungsform die stärkere im Kriege ist, daß aber die erstere die positiven, also die größern und entscheidendern, die letztere nur die negativen Zwecke hat, wodurch sich die Dinge ausgleichen und das Bestehen beider Formen neben einander erst möglich wird. Von dieser in die Theorie zu tief hineingerathenen Abschweifung kehren wir zum General Barklay zurück.

Für den Feldzug, wie er sich nachher gemacht hat und wie allein ein so vollständiger Erfolg möglich ward, war

8*

die beabsichtigte Offensive kein wesentliches Stück, und wenn sie mit einer verlornen Schlacht endigen sollte, so war es viel besser daß sie ganz unterblieb, weil man allenfalls schon übersehen konnte daß in 4 Wochen ein Sieg möglich oder gar wahrscheinlich sein würde, 4 Wochen aber konnte man bis Moskau hin noch Zeit gewinnen.

Indessen arbeiteten die Umgebungen Barklays daran ihn von Neuem zur Offensive zu bewegen, und wirklich that er, nachdem er 4 Tage auf der Straße von Poretsch geblieben war, den 13. und 14. wieder 2 Märsche gegen Rudnia, aber es war zu spät. Die Franzosen, durch den ersten Angriffsversuch aus ihren Erholungsquartieren aufgescheucht, setzten sich zu neuem Vorrücken in Bewegung und gingen am 14. bei Rasasna über den Dnieper und gegen Smolensk vor. Dies rief zuerst Bagration und später Barklay nach Smolensk, denn schon hatte die Division Niwerowsky, welche ihnen bis Krasnoï entgegengeschoben war, am 15. ein sehr nachtheiliges Gefecht gehabt und sich in Smolensk hineingeworfen.

Dieser Ort, eine der bedeutendsten Städte in Rußland, von einer Bevölkerung von 20,000 Seelen, hatte eine alte Mauerbefestigung, ungefähr wie die vor Köln, und einige schlechte und verfallene Erdwerke im bastionirten System. Die Lage von Smolensk ist zu einer Festung so ungünstig daß man es nicht ohne große Kosten zu einem Ort hätte machen können der der Besatzung und Armirung werth gewesen wäre. Es liegt nämlich auf dem Abhang des hohen Randes den der Fluß auf der linken Seite einschließt, dergestalt daß man den Ort und die Linien welche auf den Fluß zulaufen von der rechten Seite des Flusses sehr stark einsieht, obgleich diese Seite nicht höher ist als die linke; diese Lage ist das Umgekehrte eines guten Defilements und also die schlimmste Art dominirt zu sein. Es würde daher ein sehr falsches Urtheil sein, wenn man sagen wollte: die Russen hätten Smolensk mit Wenigem zu einer Festung machen können. Zu einem Ort der 8, höchstens 14 Tage widerstanden hätte, wohl; aber offenbar ist es um eines so geringen Widerstandes willen nicht vernünftig eine Besatzung von 6- bis 8000 Mann und 60 bis 80 Geschütze, Munition und eine Menge anderer Gegenstände daranzugeben.

So wie Smolensk war, konnte es nur à force de bras vertheidigt werden, mußte aber in diesem Falle dem stürmenden Feinde viel Menschen kosten.

Für die Russen hatte Smolensk den Werth daß sie augenblicklich ihre Magazine darin hatten; so lange sie also in der Gegend bleiben wollten war es natürlich daß sie sich um den Besitz desselben schlugen. Bagration eilte daher den 16. herbei um es mit einem Korps frischer Truppen zu besetzen.

Barklay wußte in diesem Augenblick eigentlich nicht recht wo ihm der Kopf stand. Über der beständigen Absicht zur Offensive waren die vorbereitenden Maaßregeln zu einer guten Aufstellung, um eine Vertheidigungsschlacht annehmen zu können, versäumt worden, nun war man doch auf die Defensive zurückgeworfen, wußte nicht recht wo und wie man sich aufstellen sollte, und hätte also eigentlich seinen Rückzug unverzüglich fortsetzen sollen, wenn nicht Barklay vor dem Gedanken erblaßt wäre, was die Russen dazu sagen würden, wenn er trotz der Vereinigung die Gegend von Smolensk und diese halb kanonisirte Stadt verließe ohne sich geschlagen zu haben.

Im Grunde ist die Gegend von Smolensk zu einer Defensivaufstellung gar nicht geschickt, denn die Richtung des Flusses ist in dieser Gegend die der Operationslinie, und noch dazu läuft die Straße nach Moskau bei Smolensk, nämlich 1 Stunde oberhalb dicht am Flusse fort. Wenn man also dem anrückenden Feinde mit gerader Fronte entgegentreten und seine eigene Rückzugslinie senkrecht hinter sich haben wollte, so müßte man sich auf beiden Ufern des Dniepers aufstellen und also die Stadt vor, hinter oder in die Frontlinie nehmen, welches eine sehr schlechte Stellung gewesen wäre, da einer schwächern Armee die Verbindung über ein Paar Brücken und durch eine ziemlich weitläufige Stadt nicht vortheilhaft sein konnte. Wollte man aber eine Aufstellung auf einer Seite des Dniepers nehmen, so war die Rückzugsstraße immer etwas gefährdet. Auf dem linken Ufer konnte man sie ohnehin nicht nehmen, weil man dann auf eine halbe Meile Entfernung den Dnieper hinter sich gehabt haben würde, der bekanntlich oberhalb Smolensk sich um fast 90° wendet, und doch befand sich die ganze französische Armee bereits auf der linken Seite des Dniepers. Alles dies erschwerte den Entschluß welchen Barklay zu nehmen hatte. Er beschloß also vor allen Dingen zu thun was das Dringendste war, nämlich Bagration den 16. nach Smolensk schnell abmarschiren zu lassen, wohin dieser am 15. das Korps von Rajefsky vorausgeschickt hatte, und mit der ersten Westarmee auch dahin zu folgen. Der General Rajefsky vereinigte sich den 15. in Smolensk mit der zurückgekommenen Division Wiewerowsky und bildete nun eine Besatzung von 16,000 Mann, wodurch der Ort ziemlich gesichert war, auch am 16. schon einen vorläufigen Angriff von Mürat und Ney aushielt; aber Barklay fühlte ferner daß die Sicherung der Rückzugsstraße gleichfalls Noth that; er ließ also Bagration den 17. früh nach Valutina

Gora auf der moskauer Straße, 1 Meile von Smolensk, abmarschiren, wo die Richtung der Straße und des Dniepers anfingen ganz verschieden zu sein, so daß das nachtheilige Verhältniß von dem wir oben gesprochen hier aufhört. Hier war also auch der Punkt, wo man zunächst an Smolensk hätte eine Stellung nehmen können. Dieser Punkt war aber zu weit um den Ort besetzt behalten zu können und mit demselben ein taktisches Ganze auszumachen.

Nachdem Barklay diese Maaßregel genommen hatte, beschloß er Smolensk durch ein Korps der 1sten Westarmee zu besetzen und abzuwarten was die Franzosen weiter thun würden. Dieser Entschluß war nicht übel, denn da die Franzosen so gütig gewesen waren sich mit ihrer ganzen ungeheuren Armee auf das linke Dnieperufer zu begeben, so waren beide Armeen jetzt durch Smolensk und das Dnieperthal getrennt, und der Rückzug Barklays lag ihm zwar in der linken Flanke, aber er war durch die Aufstellung Bagrations gedeckt. Barklay konnte in dieser Lage ganz ruhig abwarten bis die Franzosen entweder Smolensk genommen hatten oder Anstalten machten über den Dnieper zu gehen. Die Franzosen waren so gefällig mit dem Erstern anzufangen und so entstand am 17. das 2te Gefecht um den Besitz von Smolensk, in welchem Barklay das Korps von Doktorof nach und nach durch drittehalb Divisionen frischer Truppen unterstützen ließ, so daß die Russen an 30,000 Mann ins Gefecht brachten. Beide Armeen sahen diesem Kampfe zu ohne daran Antheil nehmen zu können. Doktorof schlug sich bei der Vertheidigung meistens in den Vorstädten, weil die Mauern und Festungswerke nicht die gehörigen Bankets und Auftritte hatten. Daher verlor er auch eine große Menge Menschen; indessen war es doch in der Natur der Sache daß die Franzofen noch mehr verloren. Endlich wurden die Russen in den Vorstädten von der Übermacht überwältigt und in die Stadt hineingeworfen; nun war es zwar mit der Vertheidigung ziemlich vorbei, allein es war darüber Abend geworden und die Franzosen waren wenigstens am 17. nicht in den Besitz von Smolensk gekommen, da einige Versuche die Stadtmauer niederzuschießen nicht sogleich gelingen wollten. Barklay hatte nun seinen Zweck erreicht, welcher freilich ein ganz lokaler war, nämlich Smolensk nicht zu verlassen ohne sich geschlagen zu haben.

Im Grunde war die Vertheidigung von Smolensk eine sonderbare Sache. Eine allgemeine Schlacht konnte daraus nicht werden, weil die Russen, nachdem sie Smolensk verloren, sich natürlich in nichts weiter eingelassen haben würden, da sie ein Drittel ihrer Macht unter Bagration schon rückwärts detaschirt hatten; und wenn sie es nicht verloren, so würden sie doch niemals aus diesem Punkt gegen die französische Armee haben hervorbrechen können, weil vernünftigerweise nicht anzunehmen ist daß diese Armee sich nach und nach an den Mauern dieses Ortes ganz aufgerieben und sich ihre Niederlage gewissermaßen selbst abgeholt haben würde. Es konnte also nur ein partielles Gefecht werden, welches das allgemeine Verhältniß beider Theile, also das Vorschreiten der Franzosen und das Zurückgehen der Russen nicht verändern konnte. Der Vortheil welchen Barklay hatte, bestand erstlich darin, daß es ein Gefecht war welches nie zu einer Niederlage führen konnte, wie das sonst leicht geschehen kann wenn man sich gegen einen sehr überlegenen Gegner in ein sehr ernsthaftes Gefecht einläßt. Mit dem Verlust von Smolensk konnte er es durch Fortsetzung seines Rückzuges abbrechen. Zweitens darin, daß die Russen in den Vorstädten mehr geschützt waren als ihre Gegner und hinter den Mauern des Ortes einen ganz gesicherten Rückzug hatten. Der reine militärische Erfolg war daß die Franzosen sehr viele Leute (20,000 Mann) vor Smolensk sitzen ließen, während es den Russen etwas weniger kostete, und daß, wie die Umstände nun schon waren, dieser Verlust von den Russen leichter ersetzt werden konnte als von den Franzosen. Wenn man durch einen weiten Rückzug ins Innere des Landes seine Vertheidigung vortheilhaft einleiten will, so gehört dazu ein beständiger Widerstand im Zurückgehen als sehr wesentlich, damit der Feind seine Kräfte daran aufreibe. In diesem Sinne ist also das Gefecht von Smolensk ein recht gutes Stück des Feldzuges, obgleich es seiner Natur nach nicht bestimmt sein konnte an sich ein Umschlagen der Begebenheiten zu bewirken. Daß es für Barklay in Beziehung auf die Russen noch einen besondern Werth hatte, und daß dies hauptsächlich das treibende Prinzip gewesen war haben wir schon gesagt.

Am Abend des 17. entstand nun die Frage ob man Smolensk am 18. ferner vertheidigen sollte. Die Berichte des Generals Doktorof mögen nicht dafür gestimmt haben. Der Ort selbst war bereits zum Theil niedergebrannt und stand noch in Flammen, die alten Befestigungen waren nicht zur Vertheidigung eingerichtet, die beiden Korps welche darin gefochten hatten, waren durch einen ungeheuren Verlust, der sich wohl auf 10,000 Mann, also ein Drittel belaufen konnte, sehr geschwächt worden; machten die Franzosen einen Sturm, so war zu befürchten daß man beim Gelingen desselben noch ein zweites Drittel einbüßen möchte, und zwar vielmehr als der Feind, weil es dann an das Gefangennehmen ging. Es fanden also nicht mehr die nämlichen Vortheile und Verhältnisse Statt wie am 17. und

Barklay beschloß sich nicht noch mehr zu schwächen, sondern die auf dem linken Ufer gelegene Stadt zu verlassen, sich in die auf dem rechten Ufer gelegene Vorstadt zurückzuziehen und die Brücke abzubrechen. Dies geschah in der Nacht vom 17. auf den 18.

Mit diesem Entschluß hätte General Barklay zugleich den fassen sollen, sich am 18. zurückzuziehen und mit Bagration auf der Straße von Moskau zu vereinigen. Dieser Entschluß wurde aber bis zum 18. verschoben, und am 18. fand man es zu bedenklich, den ersten Marsch, welcher ein förmlicher Flankenmarsch war, im Angesicht des Feindes bei hellem Tage anzutreten, zumal da der Feind schon einige Versuche gemacht hatte über den Dnieper zu setzen, die zurückgewiesen wurden. Barklay wollte also den 18. noch stehen bleiben und den Rückzug nach dem Dunkelwerden in 2 Kolonnen auf einem Umwege antreten, indem er erst ein Stück die Straße von Poretsch (petersburger) hinuntermarschirte und sich dann rechts gegen die moskauer wandte, die er bei Lubino 2 Meilen von Smolensk wieder erreichen wollte. Ein Detaschement von einigen Tausend Mann unter Generalmajor Tutschkow sollte gerade auf der moskauer Straße zurückgehen bis es auf die letzte Arrieregarde von Bagration stieße. Bagration selbst war am 18. aus seiner Stellung von Valutina Gora nach Doroghobusch aufgebrochen. General Korf mit einer starken Arrieregarde sollte vor Smolensk stehen bleiben und die Bewegung decken.

Der Entschluß bis zum Abend zu warten war unvermeidlich, da man versäumt hatte den Rückzug in der vorigen Nacht anzutreten; aber die Dispositionen dazu waren nicht zu loben.

Da die große Straße nach Moskau noch vollkommen

frei war und der Generalmajor Tutschkow sie mit einem Detaschement von allen Waffen einschlagen konnte, so ist nicht einzusehen warum General Barklay nicht ein Paar Korps auf diesem Wege gehen und nur die andern 3 einen Umweg machen ließ um die Kolonne zu verkürzen. Diese 2 Korps würden im Stande gewesen sein an den vielfachen Bodeneinschnitten welche diese Straße senkrecht durchschneiden, hinreichenden Widerstand zu thun um der andern Kolonne Zeit zu dem Umwege zu lassen. Wir glauben Oberst Toll hat sich hier ein wenig zu sehr in Generalstabskünstlichkeit verstrickt, wenigstens hörte man hinterher viel Rühmens von dem geschickt angelegten Kreismarsch der russischen Armee.

Wir haben bisher bei den Gefechten von Smolensk nur von den russischen Motiven gesprochen, können aber nicht umhin jetzt auch einen Augenblick bei den französischen zu verweilen. Wir gestehen daß wir hier das Unbegreiflichste im ganzen Feldzuge finden. Bonaparte befand sich mit seinen 180,000 Mann den 7., als Barklay seine Offensive versuchte, größtentheils zwischen dem Dnieper und der Düna, nur Davoust hatte mit seinen 30,000 Mann eben den Dnieper bei Rasasna überschritten. Es war jenem also leichter und natürlicher auf der Straße welche von Witebsk nach Smolensk führt als auf der welche von Minsk dahin geht gegen diesen Ort vorzudringen. Aber Smolensk war ja übrigens offenbar kein Operationsobjekt für ihn, sondern die russische Armee war es, die er seit dem Anfang des Feldzuges vergebens zu einer Schlacht zu bringen suchte. Sie befand sich ihm gegenüber, warum versammelte er nicht seine Truppen so, um ihr gerade entgegen zu gehen? Ferner ist zu bemerken: daß die Straße von Minsk über Smolensk nach Moskau, welche Bona-

parte nun einschlug, bei Smolensk auf das rechte Dnieperufer übergeht, daß Bonaparte also doch auf dieses Ufer
zurückkommen mußte. Wäre er Barklay gerade entgegengegangen, so hätte sich dieser kaum nach Smolensk zurückziehen, wenigstens in keinem Fall bei diesem Ort verweilen
können, weil die französische Armee auf dem rechten Dnieperufer die Straße nach Moskau viel stärker bedrohte als
wenn sie auf dem linken war, wo Smolensk und der Fluß
diese Straße eine Zeitlang deckten. Unter diesen Umständen wäre also Smolensk ohne Schwertstreich gefallen,
Bonaparte hätte keine 20,000 Mann davor eingebüßt und
der Ort wäre wahrscheinlich erhalten worden, weil die Ruß-
sen damals in dem Abbrennungssystem noch nicht so geübt
waren. Nachdem Bonaparte vor Smolensk angekommen
war, ist wieder nicht einzusehen warum er den Ort mit stür-
mender Hand nehmen wollte. Wenn ein beträchtliches Korps
oberhalb über den Dnieper ging und die französische Armee
Miene machte demselben zu folgen um sich auf die moskauer Straße zu stellen, so würde Barklay geeilt sein dem
zuvorzukommen und Smolensk wäre auch in diesem Fall
ohne Schwertstreich genommen worden. Wenn hier nicht
der Fall war wo man durch eine bloß markirte Bewegung alle Folgen der wirklichen einernten, d. h. wo man
seinen Gegner wegmanövriren konnte, so giebt es überhaupt
kein strategisches Manövriren. Wir wissen uns dieses Betragen des französischen Feldherrn durchaus nicht zu erklären und können davon keinen andern Grund finden als
daß örtliche Schwierigkeit der Vereinigung und Verpflegung des französischen Heeres und größere Bequemlichkeit
der größern Straße die Einleitung zu der falschen Bewegung
verursacht haben und daß, vor Smolensk angekommen
Bonaparte durch einen coup d'éclat in Bestürzung setzen

wollte. Dies ist nach unserer Meinung der dritte und der größte Fehler den Bonaparte in diesem Feldzuge gemacht hat.

Wir verlassen jetzt die Gegend von Smolensk und bemerken über das Gefecht von Valutina Gora bloß, daß General Barklay sich in demselben durch dasjenige auszeichnete was überhaupt am besten in ihm war und allein den Beruf zu einem bedeutenden Befehl in ihm begründete, nämlich durch eine große Ruhe, Standhaftigkeit und persönliche Bravour. So wie er sah daß der Generalmajor Tutschkow auf der geraden Straße zu stark gedrängt wurde um die Zeit zu gewinnen welche der Umweg seiner Kolonnen forderte, begab er sich persönlich zu dieser Arrieregarde, zog die ersten Truppen von der nächsten Kolonne heran und lieferte so in einem recht vortheilhaften Terrain wieder ein großes äußerst blutiges Partialgefecht, in welchem die Franzosen wenigstens eben so viel verloren als die Russen, die ihren Verlust auf 10,000 Mann schätzten. Dieses Gefecht war für Barklay unvermeidlich geworden, aber es war kein unvermeidliches Übel, denn dem Feinde blutige Gefechte zu liefern lag in seiner Rolle. Ein Übel wäre es nur gewesen wenn der besondere Zweck des Gefechts, die Deckung des Queermarsches, nicht erreicht und ein Theil der Barklayschen Armee abgeschnitten worden wäre.

Die Russen verloren in diesen Gefechten etwa 30,000 Mann; man kann aber annehmen daß sie bis Borodino hin durch 20,000 Mann verstärkt worden sind; die Verminderung ihrer Streiterzahl betrug also etwa 10,000 Mann. Die Franzosen waren 182,000 Mann stark bei Smolensk und bei Borodino 130,000. Ihre Verminderung betrug also 52,000 Mann, wovon 16,000 detaschirt waren, nämlich die Division Pino von 10,000 Mann welche nach Witebsk marſchirte und die Diviſion Laborde mit 6000 Mann welche in Smolensk blieb. Der Verluſt der Franzoſen in den Gefechten und an Kranken und Nachzüglern betrug mithin 36,000 Mann.

So rückten beide Armeen dem Punkte des Gleichgewichts immer näher.

Die Gefechte bei Smolensk welche, wie wir geſehen haben, für den Sinn des ruſſiſchen Feldzuges eine ganz angemeſſene Geſtalt und Wendung nahmen, hatten ſich alſo meiſt aus Nebenrückſichten und ohne klares Bewußtſein über dieſen Sinn des Feldzuges ſo gemacht. Die Fortſetzung des Rückzuges auf der geraden Straße welcher nun folgte, machte ſich durch den bloßen Drang der Umſtände. Barklay war innerlich mit den Erfolgen der Anſtrengungen bei Smolensk nichts weniger als zufrieden, obgleich er ſich das Anſehen geben mußte ſie wie halbe Siege zu betrachten; es war ihm ſehr unheimlich zu Muthe, er fühlte ſein Gewiſſen belaſtet ſich nun Moskau zu nähern ohne durch eine allgemeine gut eingeleitete Schlacht es verſucht zu haben das Vordringen des Feindes in ein Stillſtehen oder Zurückgehen zu verwandeln. Der Generalſtab fühlte das Bedürfniß einer ſolchen Schlacht noch weit mehr. Es wurde alſo der Entſchluß gefaßt in der nächſten guten Stellung die man auf dem moskauer Wege finden konnte eine ordentliche Defenſivſchlacht einzuleiten und anzunehmen. Die erſte ſolche Stellung welche ſich darbot war bei Uswiatt hinter der Uja, eine Meile dieſſeits Doroghobuſch, in welcher die Armee den 21. ankam. Oberſt Toll welcher gewöhnlich Tags vorher vorausging die Aufſtellung des nächſten Tages aufzuſuchen, hatte in dieſer ein Schlachtfeld entdeckt, welches ihm den beſten Erfolg zu verſprechen ſchien. Der Verfaſſer dieſer Nachrichten welcher ſich gerade in dieser Zeit auf einige Tage beim Obersten Toll befand, hatte Gelegenheit seine Ideen darüber genau kennen zu lernen. Die Stellung war in der That sehr vortheilhaft, aber man kann nicht sagen sehr stark. Mit dem rechten Flügel am Dnieper hatte sie ein kleines Flüßchen, die Ulja, vor der Fronte. Diese ist unbedeutend und fließt in keinem eingeschnittenen Thal, bildet aber doch immer ein Zugangshinderniß, wobei die flache Abdachung der Ränder der Wirkung der russischen Artillerie sehr vortheilhaft war. Die Gegend vor der Fronte war im Allgemeinen offen und gut zu übersehen, im Rücken war sie etwas verdeckter, gab also Gelegenheit seine eigene Aufstellung zu verbergen. Nur die 1ste Westarmee sollte sich in dieser befinden, die 2te unter Bagration aber eine Stunde rückwärts gegen Doroghobusch hin eine Reserveaufstellung nehmen, wodurch sie en échelon hinter dem linken Flügel der 1sten zu stehen kam. Durch diese verdeckte Aufstellung Bagrations dachte man den linken Flügel welcher keine Anlehnung hatte zu decken und die Mittel zu einer unvorhergesehenen Offensive zu gewinnen. Es scheint dies eine Lieblingsidee des Obersten Toll gewesen zu sein, denn wir finden dieselbe Maaßregel in der Schlacht von Borodino mit dem durch Milizen verstärkten Korps des Generals Tutschkow, aber in kleinern Dimensionen wiederholt, denn theils hatte General Tutschkow nicht eine solche Stärke zum Ganzen wie Bagration, theils war dieser viel weiter zurückgestellt. Der Verfasser hatte eine solche Aufstellung immer für sehr zweckmäßig gehalten, so wie denn nach seiner Ansicht die Deckung der Flügel, da wo sie nicht durch Naturhindernisse zu erhalten ist, nur von den zurückgestellten verhältnißmäßig starken Reserven zu erwarten ist, deren Wirksamkeit dadurch mehr oder weniger offensiv wird. Der Verfasser ging also um so lebhafter in die Ideen des Oberſten Toll ein und dachte: wenn doch heut oder morgen geſchlagen werden ſoll, ſo iſt es hier noch beſſer als anderswo.

Aber General Bagration war mit der Stellung ſehr unzufrieden, ein kleiner Hügel welcher jenſeits der Uja vor dem rechten Flügel lag, wurde als ein die Stellung dominirender Punkt und als ein Cardinalfehler derſelben angeſehen. Oberſt Toll der ſehr hartnäckig und nicht höflich war, wollte ſeine Idee nicht gleich aufgeben und that einen Widerſpruch, welcher den Fürſten Bagration zur äußerſten Heftigkeit brachte, wobei derſelbe mit der in Rußland nicht ungewöhnlichen Erklärung ſchloß: „Herr Oberſt, Ihr Betragen verdient daß man Ihnen die Flinte auf den Rücken giebt.“ Da dieſe Redensart in Rußland nicht bloße façon de parler iſt, ſondern dort bekanntlich eine Art von Degradation geſetzlich ſtattfinden kann, wodurch der vornehmſte General wenigſtens der Form nach zum gemeinen Soldaten gemacht wird, ſo war die Drohung nicht ganz zu verachten. Barklay der ſeinen Generalquartiermeiſter nicht anders hätte vertreten können als wenn er ſich ganz als Oberbefehlshaber gezeigt und durch einen abſoluten Befehl dem Fürſten Bagration Stillſchweigen und Gehorſam geboten hätte, war davon weit entfernt, denn theils war es vielleicht ſeinen Verhältniſſen nach praktiſch unmöglich eine ſolche Autorität durchzuführen, theils war ſein Charakter und ſein Weſen dazu viel zu wenig herriſch. Auch iſt nicht zu bezweifeln daß ihm der Muth zur Schlacht ſank in dem Maaße als Bonaparte ſich ihm näherte. Beide Generale beſchloſſen alſo die vom Oberſt Toll ſo ſehr gerühmte Stellung aufzugeben und am 24. eine Meile weiter rückwärts bei Doroghobuſch eine andere zu nehmen welche Fürſt Bagration für viel vortheilhafter hielt.

Dieſe

Diese war nach des Verfassers Überzeugung abscheulich: sie hatte vor der Fronte gar kein Hinderniß des Zugangs und keine freie Aussicht; das ziemlich weitläufige winklige und bergige Doroghobusch hinter dem rechten Flügel, und einen Theil der Truppen, nämlich das Korps von Baggowut, jenseit des Dniepers in einer noch viel schlechtern Stellung. Der Verfasser war in Verzweiflung wie er diesen Wechsel sah und Oberst Toll in stiller Wuth. Zum Glück dauerte auch dieser Entschluß nicht lange, in der Nacht vom 24. auf den 25. zog die Armee abermals weiter. So geschahen noch 4 Märsche, nämlich bis zum 29., immer in der Absicht in der nächsten Stellung eine Schlacht anzunehmen und immer wieder kam man von diesem Entschluß zurück sobald man in der Stellung angelangt war.

Die nächsten Verstärkungen welche man zu erwarten hatte, eine Reserve unter General Miloradowitsch, die 20,000 Mann stark sein sollte, aber nur 15,000 betrug und auf welche man schon im Lager von Uswiate gerechnet hatte, langte den 27. bei Wiasma wirklich an.

Am 29. endlich glaubte Barklay einen Marsch diesseit Giatsk eine Stellung gefunden zu haben welche mit Hülfe der beabsichtigten Verstärkungen an eine Schlacht denken ließ. Er ließ sie sogleich durch einige Verschanzungen verstärken. Aber an diesem Tage traf Kutusow als Oberbefehlshaber ein, Barklay trat an die Spitze der 1sten Westarmee zurück und Kutusow setzte vor der Hand den Rückzug fort.

Von diesem Wechsel des Kommandos war nur wenige Tage vor dem Eintreffen Kutusows die Rede, ein Beweis daß die Ernennung Kutusows nicht sogleich bei des Kaisers Abreise bestimmt worden war; auch würde Kutusow dann früher eingetroffen sein. In der Armee glaubte man die Unentschlossenheit Barklays, welche ihn nicht zu einer ordentlichen Schlacht kommen ließ, und das Mißtrauen welches am Ende im Heere gegen ihn entstand, weil man anfing ihn als einen Fremden anzusehen, hätten zuletzt den Kaiser bestimmt denjenigen unter seinen ächten Russen, welcher den meisten Ruf hatte, an die Spitze des ganzen Krieges zu stellen.

Wenn man die Zeit in Betrachtung zieht, so scheint es wohl daß die aufgegebene Offensive bei Smolensk die Entscheidung der Sache zunächst veranlaßt hat. Sie fand den 7. und 8. August Statt und 3 Wochen darauf traf Kutusow ein. Wahrscheinlich sind in der Zeit viel ungünstige Berichte über Barklay nach Petersburg gemacht worden und das hauptsächlichste Werkzeug dürfte wohl der Großfürst Konstantin gewesen sein, der sich in Smolensk noch bei der Armee befand und hauptsächlich für die Idee der Offensive gewonnen worden war. Diese Berichte werden Mitte August nach Petersburg gekommen sein, und so erklärt sich wie bei einiger Eile 14 Tage darauf der General Kutusow bei dem Heere eingetroffen sein konnte.

Im Heere war eine große Freude darüber. Bisher war es nach der Meinung der Russen sehr schlecht gegangen; jeder Wechsel ließ also schon Besserung hoffen. Der Ruf Kutusows in der russischen Armee war indessen nicht sehr groß, so daß es eine Partei gab welche ihn für einen ausgezeichneten Feldherrn hielt und eine andere die dies nicht that; alle aber waren darin einig daß ein tüchtiger Russe, ein Schüler Suwarows, besser sei als ein Fremder und in diesem Augenblicke sehr Noth thue. Barklay war kein Fremder, er war der Sohn eines liefländischen Predigers der auch schon in Liefland geboren war; Barklay hatte von Jugend auf im russischen Heere gedient, und es war also an ihm nichts fremd als sein Name und freilich auch seine Mundart, denn er sprach das Russische schlecht aus und hatte sich gewöhnt lieber Deutsch als Russisch zu sprechen. Dies reichte unter diesen Umständen hin ihn als einen Fremden zu betrachten. Daß der Oberstlieutenant Wolzogen, der erst etwa 5 Jahre in Rußland war, bei des Generals Barklay Person angestellt blieb ohne sein Adjutant zu sein oder im Quartiermeisterstabe zu dienen, ließ ihn als einen intimen Rathgeber Barklays ansehen und warf auf diesen ein verstärktes Licht der Fremdlingschaft. Wolzogen selbst der ein ernstes und nicht das insinuante Wesen hat was der Russe fordert, wurde mit einem wahren Haß verfolgt. Der Verfasser hörte einen Offizier der aus Barklays Hauptquartier zurückkam sich in Bitterkeit ergießen und dabei sagen: er säße im Winkel des Zimmers wie eine dicke giftige Kreuzspinne.

Da nach der Russen Meinung Alles aufs Äußerste schlecht ging, so glaubte man auch Alles den verrätherischen Rathschlägen dieses Fremden zuschreiben zu müssen, man zweifelte nicht daß Barklay nur nach seinen geheimen Einflüsterungen handele. Der Widerwille und das Mißtrauen mit welchen Oberst Toll und General Yermalof den Oberstlieutenant Wolzogen betrachteten, weil sie glaubten daß er ihren Ansichten zuweilen entgegen gewesen wäre und durch schlechte Rathschläge viel verdorben hätte, mochten zu dieser Stimmung gegen Wolzogen den Hauptimpuls gegeben haben. Namentlich hatte Wolzogen Antheil an dem Entschluß die Offensive bei Smolensk wieder aufzugeben, weil hauptsächlich er von der Idee voreingenommen war die Franzosen befänden sich mit ihrer Hauptmacht auf der Straße von Poretsch. Indessen that man ihm viel zu viel

9 *

Ehre an mit dem Vertrauen welches man bei Barklay gegen ihn voraussetzte. Barklay war ein ziemlich kalter
Mann, dabei nicht sehr empfänglich für Ideen, solchen
Leuten ist aber in der Regel keine Hingebung abzugewin-
nen; auch war Wolzogen nichts weniger als zufrieden mit
General Barklay und mit der Rolle welche er selbst bei
ihm spielte, und ließ sichs nur gefallen weil er glaubte
doch noch in einzelnen Fällen Gutes wirken, Schlimmes
verhüten zu können. Am wenigsten verdiente seine Absicht
verkannt zu werden. Es war ein eigentliches Tartarenmiß-
trauen, einen Offizier, der Flügeladjutant des Kaisers war
und sein Vertrauen besaß, ohne irgend eiren vernünftigen
Grund, bloß des Namens wegen als einen Verräther zu
betrachten. Von Barklay und Wolzogen wurde dieses Mißtrauen gegen die Fremden zuerst geweckt und dehnte sich
bei dem roheren Theile des Heeres nach und nach auf alle
andern Fremden aus, deren im russischen Heere bekanntlich
immer viele sind. Manche Russen welche den Fremden
nicht gerade schlechte Handlungen zutrauten, glaubten doch
daß die Penaten erzürnt sein könnten über diese Fremden
und diese also unglückbringend. Dies war indessen nur eine
dumpfe auf das Allgemeine gehende Stimmung im Heere,
deren der Verfasser gedenkt weil sie charakteristisch ist und
namentlich zeigt mit welchem Auge die Russen den Feldzug
bis dahin betrachteten. Den einzelnen fremden Offizier ließ
man es nicht entgelten, weil die nächsten Umgebungen desselben durch die klare Anschauung sich immer überzeugten
daß dieser allerdings es redlich meine. So hat sich der
Verfasser z. B. fast immer nur der besten Aufnahme und
besonders der freundlichsten Behandlung von seinen Kameraden zu erfreuen gehabt.

Kutusows Ankunft erweckte also in dem Heere ein

neues Vertrauen; der böse Dämon des Fremden war durch einen ächten Russen, einen Suwarow in etwas verkleinertem Maaßstabe, beschworen und man bezweifelte nicht daß unverzüglich die Schlacht erfolgen würde in welcher man den Kulminationspunkt der französischen Offensive sah.

Allein war Barklay von Witebsk bis Wiasma vor Bonaparte zurückgetaumelt, wie einer der das Gleichgewicht verloren hat und nicht wieder zum Stehen kommen kann, so wollte es auch Kutusow nicht gleich gelingen in den ersten Tagen festen Fuß zu fassen. Er durchzog Gschatsk welches wie Wiasma angesteckt wurde und nahm den 3. September bei Borodino eine Stellung, die ihm gut genug schien um eine Schlacht darin anzunehmen, daher auch sogleich etwas verschanzt wurde. Im Grunde war die Stellung von Borodino durch dieselben Augen gewählt welche alle Stellungen Barklays gewählt hatten, durch die des Obersten Toll, und es war allerdings nicht die beste unter den vielen welche dieser Offizier zu einem Schlachtfelde geeignet gefunden hatte.

Kutusow, 15 Jahr älter als Barklay, war dem 70sten Lebensjahre nahe und nicht mehr in der körperlichen und geistigen Thätigkeit welche man sonst wohl an Soldaten dieses Alters noch findet. In diesen Stücken stand er also Barklay nach, an natürlichen Anlagen war er ihm aber freilich überlegen. Kutusow war in seiner Jugend ein tüchtiger Haudegen gewesen und hatte damit eine große Geistesgewandtheit und Anlage zur Klugheit und List verbunden. Das giebt immer schon einen guten General. Aber er hatte gegen Bonaparte die schlimme Schlacht von Austerlitz verloren und das war ihm nie ganz aus den Gliedern gekommen. Ein Verhältniß wie das jetzige, an der Spitze der ganzen Kriegesmacht, mehrere hundert Tausend gegen mehrere hundert Tausend auf ungeheuren Räumen zu lenken und mit der ganzen aufgebotenen Nationalkraft des russischen Reichs dieses ganze Reich zu retten oder zu verlieren, das waren Verhältnisse in denen sich der Blick seines Geistes nicht geübt hatte und denen seine natürlichen Anlagen eben so wenig gewachsen waren. Der Kaiser fühlte dies und faßte daher von Neuem die Idee selbst das große Ganze zu regieren, aber diesmal von Petersburg aus und ohne einen so unbeholfenen Mann wie Phull.

Aber im Centro an der Spitze der beiden Westarmeen mußte Kutusow doch als selbstständiger Feldherr auftreten und das war immer schon eine der glänzendsten Rollen die es in der Geschichte giebt, nämlich 120,000 Russen gegen 130,000 Franzosen zu führen deren Feldherr Bonaparte war.

Nach unserer Meinung hat Kutusow persönlich sich in dieser Rolle nichts weniger als glänzend und auch weit unter der Linie gezeigt, die sich nach Dem was er früher geleistet hatte erwarten ließ.

Der Verfasser ist diesem Feldherrn zu wenig nahe getreten um über seine persönliche Thätigkeit mit voller Überzeugung sprechen zu können. Er hat ihn nur einen Augenblick in der Schlacht von Borodino gesehen, und hat nächstdem nur das im Auge was unmittelbar nach der Schlacht die Meinung im Heere von ihm war, und hiernach war er bei den einzelnen Szenen des großen Aktes fast eine Null. Er schien ohne innere Regsamkeit, ohne klare Ansicht der vorhandenen Umstände, ohne lebhaftes Eingreifen, ohne selbstthätiges Wirken. Er ließ diejenigen gewähren welche die Sachen in Händen hatten und schien also für die einzelnen kriegerischen Handlungen nicht viel mehr zu sein als eine abstrakte Autorität. Der Verfasser gesteht daß er sich hie-

rin irren kann und daß sein Urtheil nicht der Erfolg einer
eigenen scharfen Beobachtung ist, aber er hat in den folgenden Jahren niemals Veranlassung gehabt das Bild was
er sich vom General Kutusow gemacht hatte zu veründern,
was ihn allerdings in seinem Glauben bestärkt hat. Kutusow war also, wenn von dem eigentlichen persönlichen
Wirken die Rede ist, weniger als Barklay, welches man
hauptsächlich seinem höheren Alter zuschreiben muß. Aber
nichtsdestoweniger war Kutusow an der Spitze des Ganzen
viel mehr werth als jener. Schlaue Klugheit pflegt den
Menschen auch im höchsten Alter nicht zu verlassen und
diese war auch dem Fürsten Kutusow geblieben, mit ihr
überblickte er sein Verhältniß und das seines Gegners besser
als Barklay mit seiner beschränkten Einsicht.

Der Erfolg des Feldzuges, welcher beim Anfange desselben nur mit einer großen Übersicht, Klarheit des Ver-
standes und Sachkenntniß zu errathen gewesen wäre und
auf den nur eine seltene Geistesgröße gerechnet haben würde,
war nun dem Blick schon so nahe gerückt daß ein schlauer
Verstand ihn leicht auffassen konnte. Bonaparte hatte sich
in eine so schlimme Angelegenheit verwickelt daß die Sachen
anfingen sich für die Russen von selbst zu machen und ein
glücklicher Erfolg ohne vieles Zuthun entstehen mußte. Kutusow hätte gewiß die Schlacht von Borodino nicht geliefert, von der er doch wahrscheinlich keinen Sieg erwartete,
wenn ihn nicht die Stimme des Hofes, des Heeres und
ganz Rußlands dazu genöthigt hätte. Er sah sie vermuthlich nur wie ein nothwendiges Übel an. Er kannte die
Russen und verstand sie zu behandeln. Mit unerhörter
Dreistigkeit betrachtete er sich als Sieger, verkündete überall den nahen Untergang des feindlichen Heeres, gab sich
bis auf den letzten Augenblick das Ansehen als wolle er

Moskau durch eine zweite Schlacht schützen und ließ es
an Prahlerei keiner Art fehlen. Auf diese Weise schmei-
chelte er der Eitelkeit des Heeres und Volkes; durch Pro-
klamationen und religiöse Anregungen suchte er auf ihr Gemüth zu wirken, und so entstand eine neue Art von Vertrauen, freilich nur ein erkünsteltes, was sich aber im
Grunde an wahre Verhältnisse anknüpfte, nämlich an die
schlechte Lage der französischen Armee. So war dieser Leichtsinn und diese Marktschreierei des alten Schlaukopfs in
der That nützlicher als Barklays Ehrlichkeit gewesen wäre.
Dieser hätte vollkommen an dem Erfolg des Krieges ver-
zweifelt, denn er verzweifelte noch im Monat Oktober als
die meisten schon wieder Hoffnungen schöpften; er hätte in
sich keine Hülfsmittel gefunden und seine Ängstlichkeit hätte
ihm diejenigen verschlossen die Andere ihm darbieten konnten, denn er erklärte sich z. B. gegen den Marsch auf die
Straße von Kaluga; in seinen traurigen tief bekümmerten
Zügen hätte jeder Soldat die verzweiflungsvolle Lage vom
Heere und Staate gelesen, und die Stimme des Feldherrn
hätte sich vielleicht dem Heere, Hofe und Volke mitgetheilt,
kurz der einfache, ehrliche, an sich tüchtige aber ideenarme
Barklay, unfähig diese großen Verhältnisse bis auf den
Grund zu durchblicken, wäre von den moralischen Potenzen
des französischen Sieges erdrückt worden, während der
leichtsinnige Kutusow ihnen eine dreiste Stirn und einen
Haufen Prahlereien entgegensetzte und so glücklich in die
ungeheure Lücke hineinsegelte die sich bereits in der französischen Armada fand.

Als Kutusow den Oberbefehl übernahm, war General
Yermalof der Chef des Generalstabes und der Oberst Toll
der Generalquartiermeister der 1sten Westarmee, und weil
der Chef derselben bis dahin das Oberkommando geführt

hatte, auch gewissermaßen beider Armeen; wenigstens gingen die Bestimmungen welche beide betrafen von diesen Männern aus. Sobald Barklay in seine Stelle als bloßer Chef der 1sten Westarmee zurücktrat, traten auch diese beiden in ein ähnliches Verhältniß zurück. Dies war, was den General Yermalof betrifft, auch wirklich der Fall, denn mit dem Fürsten Kutusow traf zugleich der General der Kavallerie Graf Benningsen bei der Armee ein, um Chef des Generalstabes beider Armeen zu werden. Wahrscheinlich hatte Benningsen sich in Petersburg diese Anstellung verschafft, weil er wohl sah daß man ihm keine der Armeen geben würde, und um gelegentlich in die erste Stelle einzurücken wenn es mit dem alten Fürsten schlecht gehen sollte. Nach und nach setzte er sich in die Rechte eines gewissen Einflusses, aber nicht mit sonderlicher Willfährigkeit des alten Fürsten, der ihn vermuthlich mit etwas mißtrauischen Augen ansah. Bei dem Heere machte diese sonderbare Anstellung fast nur einen komischen Eindruck. Einen Generalquartiermeister aber brachte der Fürst nicht mit und die Folge war also daß Oberst Toll dieses Amt nach wie vor versah, ob wirklich dazu ernannt oder nur stellvertretend ist dem Verfasser unbekannt geblieben.

Oberst Toll besorgte nun nach wie vor das Aussuchen der Stellungen und das Anordnen der damit in Verbindung stehenden taktischen Maaßregeln, und so ist denn die bei Borodino gewählte Stellung und die Verwendung der Truppen in derselben auch wohl größtentheils sein Werk.

Ehe wir von dieser Schlacht sprechen, wollen wir eine Betrachtung über den Rückzug in der Richtung auf Moskau anstellen.

Die russische Armee wollte sich nicht auf Petersburg zurückziehen, sondern in das Innere des Landes, weil sie dort am meisten verstärkt werden konnte und der nachdringende Feind nach allen Seiten hin Front machen mußte. So lange der Feind noch eine große Überlegenheit hatte mußte man auf die Deckung von Moskau bedacht sein, weil er ein beträchtliches Korps dorthin hätte senden können, so gut wie man auf die Deckung von Petersburg durch die Aufstellung Wittgensteins Bedacht nahm als man die petersburger Straße verließ. Um sich nun nicht durch ein zweites Detaschement noch mehr zu schwächen war es also natürlich mit der Hauptarmee die Richtung auf Moskau zu halten. Hätte man das schnelle Zusammenschmelzen der französischen Armee vorhergesehen, so würde man den Plan haben machen können von Smolensk aus nicht mehr die Richtung auf Moskau zu halten, sondern eine andere Straße ins Innere zu wählen, z. B. die auf Kaluga und Tula, weil man sich sagen konnte daß, so wie die entschiedene Überlegenheit der französischen Hauptarmee über die russische aufgehört hätte, jene nicht mehr im Stande sein würde ein Korps nach Moskau zu schicken und daß sie bei einer einzigen Verbindungslinie noch weniger im Stande sein würde der russischen Armee vorbei selbst dahin zu gehen. Wenn man sich also denkt daß bei Borodino nur 130,000 Franzosen gegen 120,000 Russen standen, so kann kein Mensch bezweifeln daß eine andere Richtung des russischen Rückzuges, z. B. die auf Kaluga, Moskau ganz außer Spiel gebracht hätte. Aber als man sich von Drissa auf Witebsk und dann auf Smolensk begab, hatte kein Mensch die Idee daß die französischen Kräfte so schnell zusammenschmelzen würden, der Gedanke in der Richtung von Moskau zu bleiben war der ganz natürliche, um diesen wichtigen Ort so lange als möglich zu sichern.

Bei Smolensk war das Verhältniß der beiden Hauptarmeen von 180, zu 120,000, und da man in seiner Schätzung sich leicht um 20,000 betrügen konnte, so konnte man auch wohl 200,000 Mann gegen sich haben. Es war also den russischen Generalen nicht zu verdenken, wenn sie unter diesen Umständen sich noch nicht auf ein Manövriren d. h. eine indirekte Vertheidigung Moskaus einlassen wollten. Aber selbst wenn man in Smolensk diesen Entschluß gefaßt hätte, so war es vielleicht schon zu spät; denn wenn überhaupt die Veränderung einer Richtungs-linie für bedeutende Armeen viel schwerer ist als man sich gewöhnlich denkt, so ist sie in dem wenig bevölkerten Rußland bei einer so bedeutenden Macht die von einem über-legenen Feinde gedrängt wird, doppelt schwierig. Man mußte immer in Lägern, immer auf einen Punkt vereinigt stehen, konnte also nur aus Magazinen leben. Diese waren auf der moskauer Straße eingerichtet und hätten erst verlegt werden müssen; Alles was an Munition, Depots, Verstär-kungen u. s. w. sich auf jener Straße oder im Marsch dahin befand hätte seitwärts in die neue Richtung gewor-fen werden müssen. Ob es dazu in Smolensk noch Zeit war kann wenigstens als sehr zweifelhaft erscheinen.

Hieraus geht hervor daß der Vorwurf welchen einige Schriftsteller hinterher den russischen Generalen gemacht ha-ben, von Smolensk aus nicht auf Kaluga gegangen zu sein, nicht gehörig überlegt ist. Wenn sie diese Richtung hätten wählen wollen, so mußte der Entschluß dazu viel früher gefaßt werden, sie konnten ihn aber nicht früher fas-sen, wenn sie auch auf die Idee gefallen wären, weil diese indirekte Vertheidigung von Moskau erst später ganz na-türlich wurde und früher ein theoretisches Wagstück gewesen wäre, was man einem bloßen General der nicht einmal große Vollmacht hat unmöglich zumuthen konnte.

Einer dieser Schriftsteller (Buturlin) bedauert daß General Barklay den Grundsatz nicht gekannt habe daß man im Kriege ein Objekt durch eine Seitenstellung immer am besten deckt. So allezeit fertig sind die jungen Leute mit Grundsätzen. In dem Fall einer Deckung durch Seitenstellung kommt Alles auf die räumlichen, auf die Stärkenverhältnisse und selbst auf die moralischen, d. h. also ziemlich auf alle Elemente an die es im Kriege giebt. Jener Grundsatz müßte also wohl ganz anders bedingt werden wenn er für einen gelten sollte, und mit solchen Grundsätzen im Auge ist es denn freilich natürlich an den wirklichen Begebenheiten Viel auszusetzen und Alles sehr leicht zu finden, während man in der Ausführung von den Schwierigkeiten auf einen sehr schmalen Weg eingeschränkt sein würde.

Aber Barklay und sein Generalstab dachten damals gar nicht an eine solche Seitenrichtung wozu die ungeheuren Dimensionen des russischen Reichs so vortreffliche Gelegenheit geben. Das russische Reich ist so groß daß man sich mit einer feindlichen Armee Zeck darin jagen kann, und darin muß im Großen die Idee seiner Vertheidigung gegen eine Übermacht liegen. Ein Rückzug tief ins Innere des Landes zieht die feindliche Armee nach, läßt aber so viele Länderstriche hinter ihr daß sie diese nicht besetzen kann. Von nun an ist gar kein Hinderniß den Rückzug welcher früher von der Grenze ins Innere genommen war, aus dem Innern nach der Grenze zu nehmen und also mit der geschwächten feindlichen Armee gemeinschaftlich wieder an derselben anzukommen.

Der Seitenmarsch auf die Straße von Kaluga und der Rückzug in der Richtung dieser Straße ist etwas der Art, nur daß sich die Sachen noch vortheilhafter wenden

Allein an diesen Rückzug unter einem spitzen Winkel hatte früher Niemand gedacht und die Idee entspann sich erst nach der Schlacht von Borodino. Es war also bei den russischen Generalen und ihrem Stabe eine solche Idee von Hause aus gar nicht zur Sprache gekommen, und ich erinnere mich auch nicht daß andere Offiziere in der Armee eine solche Ansicht geäußert hätten. In dem Augenblick aber wo das nächste Bedürfniß auf eine solche Idee hätte führen können, nämlich als man anfing einzusehen daß man Moskau nicht würde schützen können, da war es schon zu spät, weil wie schon gesagt die Einrichtungen nicht dazu getroffen waren.

Wenden wir uns jetzt zur Schlacht von Borodino. Diese Schlacht gehört zu denjenigen bei welchen eigentlich wenig zu erklären ist, weil die Folgen den vorhandenen Umständen ganz entsprechend sind. 120,000 Russen, wovon 30,000 Kosacken und Milizen sind, stehen in einer sehr mittelmäßigen Stellung gegen 130,000 Franzosen, deren Feldherr Bonaparte ist — was ließ sich da bei gegenseitiger gleich großer Tapferkeit der Truppen von dem Abmessen der Kräfte auf dem kleinen Raum Anderes erwarten als geschehen ist, nämlich ein sanftes Umschlagen der Wage zum Nachtheil der Russen. Wir haben nie verstehen können warum die Menschen so begierig nach Aufklärung über die Schlacht von Borodino fragten. Die einen konnten gar nicht begreifen warum Kutusow abmarschirt sei, da er doch gesiegt habe, die andern warum Bonaparte die Russen nicht zertrümmert habe.

Rußland ist sehr arm an Stellungen. Da wo es noch große Moräste giebt ist das Land so bewaldet daß man Mühe hat Platz zur Aufstellung einer bedeutenden Truppenzahl zu finden; wo die Wälder gelichtet sind, wie zwischen Smolensk und Moskau, ist der Boden flach, ohne bestimmt ausgesprochene Bergrücken, ohne tief eingeschnittene Thäler, die Äcker sind ohne Befriedigungen, folglich überall zu passiren, die Dörfer von Holz zur Vertheidigung nicht geeignet. Dazu kommt daß man doch auch in diesen Gegenden selten eine freie Umsicht hat, weil sich überall kleinere Waldparthieen befinden. Man hat also keine große Wahl unter den Stellungen. Wenn nun, wie dies mit Kutusow der Fall war, ein Feldherr sich ohne Zeitverlust schlagen, folglich innerhalb einiger Märsche die Gelegenheit dazu finden soll, so sieht man wohl ein daß man noch mehr vorlieb nehmen muß.

So hatte denn Oberst Toll auch keine bessere Stellung finden können als die von Borodino, die übrigens, wie man von den Pferden sagt, ein Blender ist, weil sie auf den ersten Augenblick mehr verspricht als sie leistet. Den rechten Flügel an die Moskwa gelehnt welche nicht zu durchwaten ist, die Fronte gedeckt durch die Kolotscha welche in einem ziemlich eingeschnittenen Thale fließt, das nimmt sich im ersten Augenblick nicht übel aus und hat auch wohl den Generalquartiermeister von Hause aus sehr bestochen. Aber die Straße von Smolensk nach Moskau läuft leider nicht senkrecht auf die Kolotscha zu, sondern bleibt ihr eine Zeitlang parallel und wendet sich nachdem sie den Fluß überschritten hat bei dem kleinen Dorfe Gorki unter einem stumpfen Winkel vom Flusse ab. Die Folge ist daß wenn man sich parallel dem Flusse aufstellen will, man schief gegen seine Rückzugslinie steht und dem Feinde von Hause aus die linke Flanke preisgiebt. Dies konnte man aber um so weniger thun als eine halbe Meile von der großen Straße eine zweite Straße nach Moskau aus dem Dorfe Jelnia hervortritt und also geradezu hinter den

Rücken einer solchen Stellung führt; ferner ist schon jede Aufstellung an einem Punkt wo wie hier die Straße einen starken Winkel macht, eine sehr schlimme Sache, denn das Umgehen ist von Seiten des Feindes mit dem bloßen Vorrücken schon halb geschehen, die Rückzugslinie ist von Hause aus stark bedroht und dadurch der Widerstand in einem hohen Grade gelähmt. Zwar hat der Angreifende dasselbe Verhältniß, da er aber im Vorschreiten und zur Bewegung eingerichtet ist, der Vertheidiger aber weniger, so bleibt jenem in der Regel der Vortheil dieser Anomalie. Es war also auch in dieser Rücksicht die linke Flanke zu sehr bedroht um sie durch eine auf die Rückzugslinie nicht senkrecht laufende Stellung noch mehr preiszugeben. Die Folge war daß der rechte Flügel parallel mit der Kolotscha rechts von der moskauer Straße eine sehr schöne Aufstellung hatte, die Mitte sich aber schon vom Flusse entfernte und der linke Flügel en potence zurückgebogen werden mußte. Dadurch bekam das Ganze die Form eines konveren Bogens, folglich der französische Angriff die eines umschließenden, so daß alle Feuer konzentrisch wirkten, welches bei der ungeheuren Menge von Artillerie und dem engen Raum sehr wichtig war. Das Terrain welches der linke Flügel nun einnahm bot keine sonderlichen Vortheile dar. Einige flach ablaufende vielleicht 20 Fuß hohe Hügel bildeten mit mehreren Gründen und Streifen niedrigen Holzes ein so konfuses Ganze daß man nicht wußte wer von beiden Theilen die meisten Vortheile davon haben würde. Aber die schönste Seite der Stellung, der rechte Flügel konnte gar Nichts helfen. Durch die ganze Lage waren die Franzosen viel zu sehr auf den linken Flügel angewiesen als daß der rechte ihre Kräfte hätte auf sich ziehen können. Es war also nur unnütze Verzettelung der Truppen diesen

Theil zu besetzen; man hätte vielmehr den rechten Flügel an die Kolotscha selbst in der Gegend von Gorki anlehnen und das übrige Terrain bis zur Moskwa hin bloß beobachten oder zum Schein besetzen sollen.

Der linke Flügel war wie gesagt zurückgebogen und ohne Anlehnung, deswegen wurde er verschanzt und das Korps des Generals Tutschkow verstärkt durch die moskauer Milizen; also etwa eine Masse von 15,000 Mann wurde auf der alten Straße von Moskau so weit zurück und verdeckt aufgestellt daß sie dem Feind welcher den linken Flügel umfassen wollte im Vorrücken selbst in die rechte Seite und in den Rücken fiel. Die Intention war nach unserer Meinung sehr gut, aber sie erreichte ihren Zweck nicht, weil Stärke und Dimensionen nicht das gehörige Verhältniß zum Ganzen hatten, wie wir unten näher erörtern wollen. Die Schanzen welche aufgeworfen waren lagen theils auf dem linken Flügel theils vor der Mitte und eine davon als ein vorgeschobener Posten ein Paar Tausend Schritt vor dem linken Flügel. Diese Schanzen waren nur im Augenblick angeordnet als die Armee das Lager bezog — sie lagen im Sandboden, waren hinten offen, entbehrten aller äußern Verstärkungsmittel und konnten also nur als einzelne Punkte von einer etwas erhöhten Widerstandsfähigkeit betrachtet werden. Einen ernstlichen Sturm konnte keine aushalten, daher auch die meisten zwei, drei Mal verloren und genommen wurden. Aber man muß doch sagen daß sie das Ihrige zu dem kernigen herzhaften Widerstand der Russen beigetragen haben; sie waren ja für den linken Flügel der einzige Vortheil der Lokalität welcher den Russen blieb.

Die Russen hatten anfangs, nämlich ehe sie ihren rechten Flügel anders verwendeten, ungefähr 5 Infanterie korps

korps in der Fronte in 2 Treffen, die Kavallerie dahinter wieder in 2 Treffen, 2 Korps mit 4000 Mann Kürassieren als Reserve dahinter und außerdem noch die 15,000 Mann unter General Tutschkow auf dem linken Flügel im Versteck, welche also auch als eine Reserve betrachtet werden konnten. Man kann also sagen daß sie in 2 Treffen standen, ein 3tes und 4tes Treffen Kavallerie dahinter und außerdem ein Drittel des Ganzen zur Reserve hatten. Bedenkt man nun daß die erste Aufstellung der Russen nur etwa 8000 Schritt einnahm, daß die 5 Korps welche die beiden ersten Treffen bildeten etwa 40,000 Mann stark sein mochten, also 20,000 Mann in jedem Treffen, und nimmt man auf die große Zahl von Geschützen Rücksicht (6 auf 1000 Mann), so sieht man daß die Aufstellung der ersten Treffen sehr dicht war. Bedenkt man nun ferner daß die Korps von Baggowut und Ostermann, weil sie auf dem rechten Flügel unnütz wurden, in der Folge von da weggezogen und zur Unterstützung der andern Punkte gebraucht, folglich auch als Reserven verwendet wurden: so sieht man daß die russische Armee an diesem Tage in einer so gedrängten und so tiefen Aufstellung gefochten hat daß es vielleicht kein zweites Beispiel davon giebt. Eben so gedrängt und folglich in eben solcher Tiefe war die französische Armee aufgestellt, denn was ihre umfassende Frontlinie länger sein mochte als die russische, betrug kaum so viel als die größere Zahl ihrer Streiter erforderte. Es ist dies der diese Schlacht am meisten charakterisirende Zug. Hierdurch wird erklärt:

1. der sehr kernige und hartnäckige Widerstand der Russen. Die Schlacht fing Morgens um 6 Uhr an und dauerte bis Nachmittags um 4 Uhr, und in diesen 10 Stunden räumten die Russen auf dem linken

Flügel, wo sie am meisten Terrain verloren, nur etwa 1500 bis 2000 Schritt. Nur das Korps von Tutsch-kow, welches getrennt von den übrigen zum Gefecht kam, wurde weiter zurückgetrieben. Ferner verlor sich in diesem 10 stündigen Gefecht die Ordnung ihrer Massen nicht. Offenbar war beides die Folge der dichten Aufstellung, denn nur wo Raum ist und die Kavallerie die von der Infanterie und Artillerie er-rungenen Vortheile schnell benutzen und ins Große erweitern kann entsteht eine theilweise Flucht und mit ihr eine gewisse Auflösung und ein großer Verlust an Terrain.

2. Wird der ungeheure Menschenverlust dadurch erklärt. Nach Buturlin verlor die russische Armee an den beiden Tagen der Schlacht überhaupt 50,000 Mann, worunter nur wenig Gefangene. Bei der Armee hat man damals immer nur 30,000 geglaubt, welches uns auch wahrscheinlicher ist, aber schon dies ist als der vierte Theil des Ganzen eine ganz ungewöhn-liche Zahl.

Oberst Toll war sehr für die tiefen Aufstellungen, d. h. für geringe Frontausdehnung und eine um so stär-kere Reserve. Der Verfasser welcher gleichfalls dieser An-sicht ist, weil er darin das beste Mittel findet in der Vertheidigung wieder offensiv zu wirken und dem Angrei-fenden den Vortheil der letzten Disposition und also der Überraschung zu entreißen, hatte mit Oberst Toll mehr-mals darüber gesprochen, und es ist ihm um so weniger zweifelhaft daß die Aufstellung bei Borodino hauptsächlich von diesem Offizier so angeordnet war. Aber wir können uns doch mit dem Gebrauch welchen Oberst Toll von die-sem Grundsatz hier machte nicht einverstanden erklären

Nach unferer Meinung hätte das Schlachtfeld mehr örtliche Tiefe haben, d. h. die Kavallerie und Reserve hätten weiter zurückgehalten werden müssen. Nach unferer Anficht ift die Zeit vorbei wo man eine Schlacht wie einen einzelnen Aft betrachten kann, in welchem der Sieg durch das gefchickte Zufammenftimmen aller Theile der großen Mafchine mit einem Stoß gewonnen wird. Vielleicht gab es niemals eine folche Zeit, aber die theoretifchen Vorftellungen haben meiftens an diefer Idee gehangen; die Überrafchung womit Friedrich der Große bei Leuthen und Roßbach fiegte, an die fich die Idee feiner fogenannten fchiefen Schlachtordnung anknüpfte, haben lange jenem Gedanken zum Grunde gelegen. Wenn man aber betrachtet wie langfam alle großen Gefechte ablaufen, langfam nämlich in Beziehung auf die Zeit welche man jetzt zu einer taktifchen Evolution gebraucht, daß alfo ein Verzehren und Aufreiben der gegenfeitigen Kräfte im Feuergefecht der Entfcheidung durchaus vorangehen muß, daß alfo die entfcheidungsvollen Bewegungen nur erft fpät gegeben werden können: fo fcheint es uns ausgemacht daß eine weit zurückgeftellte Referve, welche fich gewiffermaßen noch gar nicht auf dem Schlachtfelde befindet, fondern wie ein herbeikommendes Hülfskorps angefehen wird, immer noch zur Entfcheidung gebraucht werden kann. Die Vortheile welche daraus entftehen find:

1. daß diefe Referven gar Nichts vom Feuer leiden;
2. daß fie dem Feinde leichter völlig verborgen werden können;
3. daß fie leichter zu umfaffenden Bewegungen verwendet werden können.

Wir können diefem Gedanken hier nicht alle Entwickelung geben welcher derfelbe bedarf, wir wollen ihn nur noch etwas näher bestimmen, indem wir sagen daß wir eine Entfernung von 3-, 4- bis 5000 Schritt für die großen zurückgehaltenen Massen im Auge haben und natürlich zugeben müssen daß die Örtlichkeit meistens einen wesentlichen Einfluß dabei haben, oft diese Tiefe der Aufstellung unmöglich machen wird.

In der Stellung bei Borodino aber, wo der Oberst Toll dem Grundsatz der tiefen Aufstellung in Beziehung auf die Anzahl der Treffen hinter einander so sehr gehuldigt hatte, war das andere Element, die örtliche Tiefe, zu sehr versäumt.

Die Kavallerie stand auf 3- bis 400 Schritt hinter der Infanterie und von da bis zur großen Reserve waren kaum 1000 Schritt. Die Folge war daß diese Kavallerie und auch die Reserve von dem feindlichen Feuer gewaltig Viel litten ohne irgend eine Thätigkeit zu haben. Wenn man dabei bedenkt welche seltene Masse von Artillerie bei dieser Armee war, daß die russische Artillerie wegen der vielen kleinen Munitionskarren viel mehr Raum einnimmt als eine andere, so wird man sich denken können wie Alles voll und in einander gestopft war; der Verfasser hat noch zu dieser Stunde l'imagination frappée von dem Anblick welchen ihm die Stellung in dieser Rücksicht gegeben hat.

Hätte die Kavallerie 1000 Schritt hinter der Infanterie gehalten, so war sie eben so gut und mehr geeignet jedem ins Große gehenden Erfolg der französischen entgegen zu wirken. Die Garden aber und der General Tutschkow noch einmal so weit zurückgestellt, hätten nicht eher vom feindlichen Feuer gelitten bis sie das ihrige selbst brauchen konnten und hätten unerwarteter und in jeder Beziehung besser gebraucht werden können.

Der Verfasser hat sich bei dieser Beziehung der Schlacht von Borodino so lange verweilt, weil er glaubt daß dieser Gegenstand in unserer Zeit sehr wichtig ist, mehr oder weniger bei allen Schlachten vorkommt, besonders aber bei den defensiven, und weil die Schlacht von Borodino dadurch mehr ausgezeichnet ist als durch die anderweitigen Dispositionen die in derselben vorkommen und die nach unserer Meinung eben nichts Neues darbieten, zu denen wir uns aber jetzt wenden wollen.

Bonaparte mit ganz vereinigter Macht von etwa 130,000 Mann rückt gegen die Stellung von Borodino vor, geht außerhalb ihres Bereichs mit dem größten Theil seiner Truppen über die Kolotscha und beschließt, wie sich das von selbst darbot, hauptsächlich den linken Flügel anzugreifen, wobei Poniatowski mit seinem Korps denselben überholen und umfassen sollte.

Am 5. findet das vorläufige Gefecht um den vorgeschobenen verschanzten Posten Statt welchen Bagration vor seiner Fronte hatte; der Erfolg war daß nach hartnäckigem Widerstand die Russen ihn am Abend den Franzosen überlassen mußten, wenn sie nicht zu viel Kräfte bei diesem hors d'oeuvre ins Spiel bringen wollten. Am 7. um 6 Uhr Morgens fing die wahre Schlacht an. Eugen mit etwa 40,000 Mann befand sich auf dem linken Ufer der Kolotscha und sollte das russische Centrum angreifen. Davoust und Ney mit ungefähr eben so viel befanden sich auf dem rechten Ufer der Kolotscha und sollten den linken Flügel angreifen. Junot, die Garden und ein Theil der Kavalleriereserve bildeten wieder 40,000 Mann welche als Reserven sich hinter Davoust und Ney befanden, und Poniatowski mit seinem Korps 10,000 Mann stark sollte auf der alten moskauer Straße vorgehen und die linke Flanke umfaſſen. Das Vorrücken Poniatowſkis auf der alten Straße von Moskau brachte den General Tutſchkow früher ins Spiel als man ruſſiſcherſeits gerechnet hatte; das Gefecht wurde indeſſen dort doch erſt ernſthaft zwiſchen 8 und 9 Uhr, nachdem es ſchon einige Stunden auf den andern Punkten gedauert hatte; da nun Poniatowſki zum Umfaſſen des linken Flügels beſtimmt war, jetzt aber durch Tutſchkow beſchäftigt dieſen Zweck nicht erfüllen konnte, ſo kann man wohl ſagen daß das Korps von Tutſchkow immer noch als eine Reſerve gewirkt hat. Poniatowſki war nur 10,000 Mann ſtark, Tutſchkow etwa 15,000, wobei aber freilich nur etwa die Hälfte regelmäßige Truppen waren. Poniatowſki konnte daher ſeines Gegners nicht recht Herr werden und wurde zu dem Ende ſpäter durch 10,000 Mann unter Junot verſtärkt, worauf General Tutſchkow, der tödtlich verwundet wurde, genöthigt war das Schlachtfeld zu räumen und etwa $\frac{1}{4}$ Meile weit auszuweichen, wodurch er in eine Stellung kam welche für die linke Flanke der ruſſiſchen Armee und für ihre Rückzugsſtraße Beſorgniſſe erregte.

Im Centrum und auf dem linken Flügel fing das Gefecht etwa um 6 Uhr an und wurde mehrere Stunden durch ein heftiges Artilleriefeuer und durch die ruſſiſchen Jägerregimenter unterhalten, deren bei jeder Diviſion zwei waren, und die größtentheils vor dem erſten Treffen der Korps vorgenommen waren und eine Tirailleurlinie bildeten, die durch allerhand nicht unwichtige Terrainhinderniſſe geſchützt ſich tüchtig wehrte. Etwa um 8 Uhr mochte es ſein als das jenſeit der Kolotſcha liegende Dorf Borodino welches von einem Jägerregiment vertheidigt wurde ſchon genommen war, man ſich um den Beſitz der vor dem Centro liegenden Schanze ſchlug und von Seiten der Ruſsen die Offensivbewegung in die linke Flanke der Franzosen beschlossen wurde.

General Platow nämlich war mit etwa 2000 Kosacken auf dem rechten Flügel der Russen beschäftigt gewesen eine Fuhrt durch die Kolotscha zu suchen, war übergegangen und erstaunt, jenseits wo er den ganzen feindlichen linken Flügel erwartet hatte, wenig oder gar Nichts vom Feinde anzutreffen. Er sah den linken Flügel des Vizekönigs sich gegen Borodino bewegen und es schien ihm daß Nichts leichter sei als diesem Flügel in die Flanke zu fallen u. s. w. Wir sagen: u. s. w., weil in den meisten Fällen die Leute nicht recht wissen was nun bei einem solchen Flankenangriff eigentlich erzielt werden soll. Einer entblößt scheinenden Reservcartillerie auf den Hals zu gehen, hin- und herziehende Munitionswagen zu nehmen erscheint in der Anschauung oft als etwas viel Bedeutenderes als es in der That sein würde. Kurz Platow schickte den Prinzen von Hessen-Philippsthal, welcher sich als Volontair bei ihm befand, zum General Kutusow um die gemachte Entdeckung kund zu thun und den Vorschlag zu machen, mit einer bedeutenden Kavalleriemasse durch die Fuhrt zu folgen und auf die Blöße des Feindes zu fallen. Der Prinz von Hessen welcher vielleicht noch mehr wie Platow von dieser Idee eingenommen, übrigens aber ein junger Offizier ohne Erfahrung war, wandte sich an den Obersten Toll und stellte die Sache mit einer solchen Lebhaftigkeit vor daß es auf den ersten Augenblick sich wirklich nach Etwas ausnahm. Oberst Toll wurde für die Idee gewonnen und ritt sogleich zum Fürsten Kutusow der bei dem kleinen Dorfe Gorki hielt. Der Verfasser welcher in der Zeit Oberquartiermeister des 1sten Kavallerieksorps (Uwarow) war, befand sich im Gefolge seines Generals gerade beim Fürsten

als Oberſt Toll ankam. Dieſer war eben vom linken Flü
gel zurückgekehrt und machte dem Fürſten den Bericht daß
Alles vortrefflich gehe, Fürſt Bagration habe alle Angriffe
abgeſchlagen. (In den erſten 2 Stunden der Schlacht
konnte es nicht wohl anders ſein.) In demſelben Augen
blick kam die Meldung daß man in der Schanze des Cen
trums, welche einen Augenblick geräumt worden war, als
die Ruſſen darein zurückkehrten, den König von Neapel ge
fangen genommen habe. Der Enthuſiasmus flackerte wie
ein Strohfeuer auf, mehrere Stimmen ſchlugen vor dies
gleich ſämmtlichen Truppen bekannt zu machen; einige ru
higere Generale meinten die Sache ſei ſo unwahrſcheinlich
daß man doch erſt eine Beſtätigung abwarten möchte; man
glaubte indeß dieſe Nachricht wohl eine halbe Stunde lang,
obgleich der König von Neapel nie ankam, welches man
mit ſeiner ſchweren Verwundung erklärte. Jetzt wiſſen wir
daß es der General Bonami und nicht der König von
Neapel war welchen die Franzoſen dort ſchwer verwundet
zurückgelaſſen hatten.

In dem Enthuſiasmus und dem glücklichen Gefühl
der befriedigenden Wendung welche die Schlacht nahm,
wurde der Antrag des Prinzen von Heſſen vom Oberſten
Toll dem Fürſten vorgetragen, und man ſah daß dieſer
Offizier, zu ſehr fortgeriſſen von dem allgemeinen Gefühl
glaubte eine tüchtige Diverſion mit einem Korps Kavallerie
in des Feindes linker Flanke würde der Sache noch einen
tüchtigen Stoß und vielleicht die entſcheidend glückliche Wen
dung geben. Er ſchlug alſo vor das 1ſte Kavalleriekorps,
welches aus 2500 Pferden leichter Gardekavallerie beſtand
und hinter dem rechten Flügel aufgeſtellt bis jetzt ganz mü
ßig geſtanden hatte, dazu zu verwenden. Der Fürſt, der
allen Berichten und Reden zugehört hatte wie Einer der

nicht recht weiß wo ihm der Kopf steht und nur von Zeit zu Zeit gesagt hatte: c'est bon, faites-le! sagte auch zu diesem Vorschlag: eh bien, prenez-le! Der Prinz von Hessen hatte sich angeboten das Korps durch die Fuhrt und auf den entscheidenden Punkt zu führen; es wurde also dem General Uwarow aufgetragen dem Prinzen zu folgen und wenn er dort angelangt der französischen Armee in Flanke und Rücken zu fallen. Diese Instruktion war freilich die gewöhnliche und etwas Detaillirteres ließ sich auch nicht angeben, aber nach der Kenntniß welche wir von dem Hergange der Dinge im Kriege haben, können wir doch nicht finden daß sie ganz genügend gewesen wäre, es fehlte nämlich der rechte Drucker von der Bedeutung des Unternehmens. Wenn man sich bei der Überlegenheit des Feindes noch entschließen konnte ein Korps von 2500 Pferden aus der Hand zu geben und der Schlachtordnung zu entziehen, so mußte man sich möglichst versichern daß es in jedem Fall auf einem andern Fleck wirksam werde. Daß der General Uwarow eine schwächere oder gleich starke Kavallerie auf die er stoßen konnte angreifen müsse, lag schon im allgemeinen Auftrag; aber man konnte wohl voraussetzen daß er auch auf Infanterie und wenn er eine bedeutende Wirkung hervorbringen wollte auf bedeutende Infanterie und Artillerie stoßen würde. Nun weiß man wohl wie es dann geht wenn eine einzelne Waffe gegen zwei andere fechten soll. General Uwarow hatte zwar 12 Geschütze reitender Artillerie bei sich, das wollte aber bei der Masse von Artillerie die in dieser Schlacht gebraucht wurde nicht viel sagen. Wir meinen also: man hätte dem General Uwarow zur Pflicht machen müssen Alles anzugreifen worauf er auch stoßen möchte und nicht sowohl die Idee eines siegreichen Gefechts vor Augen zu haben, als vielmehr eines solchen wobei eine bedeutende Masse der feindlichen Truppen beschäftigt und dem Angriff entzogen werde; daß es unter diesen Umständen nicht als ein Übel zu betrachten sei, wenn das Gefecht des Generals Uwarow für ihn selbst auch noch so nachtheilig ausfallen sollte. Ein solcher Auftrag ist immer schlimm und die redliche Ausführung erfordert viel Selbstverläugnung und Gemüthlichkeit. Aber es ist nicht zu erwarten daß ein General ohne den ausdrücklichen Auftrag sich in diesem Sinne bewegen werde, er wird vielmehr nach der allgemeinen Regel ein glückliches Gefecht suchen und ein nachtheiliges vermeiden.

Als der Entschluß zu dieser Diversion gefaßt wurde, zwischen 8 bis 9 Uhr, war die Schlacht noch in der ersten Entwickelung, es ließ sich noch nicht das Geringste über ihren endlichen Erfolg vorhersehen; man hatte noch einen langen Tag von 12 Stunden vor sich und bei der Standhaftigkeit und Charakterstärke des Gegners mußte man bis auf den letzten Augenblick immer neue Anstrengungen erwarten, und man konnte also wohl sagen: man soll den Tag nicht vor dem Abend loben. Die Diversion von 2500 Pferden konnte eine Schlacht die von 130,000 geliefert wurde unmöglich in der Hauptsache bestimmen, sie konnte nur ein particelles und vorübergehendes Stocken der feindlichen Plane, vielleicht ein mehr oder weniger großes Etonnement bewirken. Wäre dies in dem Augenblick eingetreten wo die Entscheidung ohnehin nahe war, wo bei der allgemeinen Ermattung beider Theile jeder neue Stoß an sich wirksamer ist, so hätte man sich denken können Etwas dadurch zu erreichen; aber am frühen Morgen hatte ja der Feind offenbar Zeit dieser vereinzelten Offensive mit überlegenen Kräften entgegenzutreten, den General Uwarow ganz aus dem Felde zu schlagen und dann zu seinem Werke selbst zurückzukehren.

Wir werden weiter unten von der Offensive reden welche die Russen ihrer Vertheidigungsschlacht allenfalls einimpfen konnten und wollen jetzt dem General Uwarow auf seiner Unternehmung folgen.

Er ging oberhalb Staroie durch eine Fuhrt der Kolotscha, machte dann eine Linksschwenkung und nahm seine Richtung gegen Borodino, wobei er sich doch wegen einiger kleinen sumpfigen Bäche die in die Kolotscha fallen, merklich rechts halten mußte. Es war zwischen 11 bis 12 Uhr als er an dem Bache ankam der bei Borodino vorbei in die Kolotscha geht. Links lag ihm das Dorf Borodino, worin die Truppen des Vizekönigs sich festgesetzt hatten, vor sich hatte er den eben genannten Bach der in einer schmalen aber sumpfigen Wieseneinfassung fließt. Dießseit des Baches standen ein Paar Regimenter feindlicher Kavallerie und eine Masse Infanterie, die ein Regiment oder starkes Bataillon sein mochten. Die französische Kavallerie zog sich sogleich über den Damm, welcher etwa 2000 Schritt von Borodino über den Bach geht, zurück, die Infanterie aber war so dreist dießseits zu bleiben und sich in einem Quarré mit dem Rücken an dem Damm aufzustellen. General Uwarow ließ sie angreifen. Vergeblich bemerkte der Verfasser daß man sie erst durch die reitende Batterie zusammenschießen möchte, die russischen Offiziere glaubten dann würden sie sich abziehen und ihnen die Gefangenen entgehen. Das Garde-Husarenregiment wurde also vorgezogen und zum Einhauen kommandirt. Es machte drei vergebliche Anfälle, die Italiener verloren Fassung und Ordnung nicht und gaben ruhig ihr Feuer ab; die Husaren kehrten, wie das unter solchen Umständen gewöhnlich ist

30 Schritt vor dem Quarré um und zogen sich aus dem Feuer zurück. General Uwarow stellte diese nicht sehr glänzenden Versuche ein, ließ die Batterie abprotzen und beim ersten Schuß zog sich der Feind über das Defilé zurück. Nun hatte die ganze Sache ein Ende.

Borodino selbst konnte man mit der Kavallerie nicht angreifen; der Bach war mit der Kavallerie nicht anders als auf dem Damm zu passiren. Jenseit des Dammes sah man in einem hügligen mit Gestrüpp bewachsenen Terrain 4 - bis 5000 Mann Infanterie in einzelnen Haufen aufgestellt; die feindliche Kavallerie hielt dahinter. In Borodino sah man einige starke Kolonnen und gegen das französische Centrum hin hielten hinter der Schlachtlinie ganz ruhig große Massen die man für die Garden halten mußte. General Platow mit seinen 2000 Kosacken befand sich ¼ Stunde rechts von Uwarow und spähte nach einem Übergang über den sumpfigen Bach.

Als General Uwarow hier angekommen war, waren schon wieder mehrere Stunden des heftigsten Kampfes verflossen; die Russen fingen an die Sache mit andern Augen anzusehen als am Morgen zwischen 8 bis 9 Uhr. Sie merkten daß nun erst das ganze Gewicht des Riesen auf sie zu lasten anfinge und daß sie ihm doch wohl nicht gewachsen sein würden. Die Korps von Baggowut und Ostermann welche den müßigen rechten Flügel gemacht hatten, waren bereits zur Unterstützung des linken und des Centrums verwendet und auch die Garden hatten schon einen Theil ihrer Truppen ins Gefecht geschickt, die Reserve fing also an sehr klein zu werden, während die französischen Garden, etwa 20,000 Mann, in dichten Kolonnen unbeweglich hielten wie eine schwarze Gewitterwolke. Die Russen konnten also an keine andere Offensive mehr denken als die welche dem General Uwarow aufgetragen war. Auf diesen General wandten sich nun ängstlich alle Blicke und es kam ein Adjutant, ein Generalstabsoffizier, ein Flügel-adjutant des Kaisers nach dem andern um zu sehen ob denn hier gar Nichts zu thun sei. Wenn wir uns nicht irren, so war selbst der Oberst Toll einen Augenblick da, des Generallicutenants Grafen Ozarowski erinnern wir uns bestimmter. Alle ritten mit der Überzeugung zurück daß Uwarow Nichts ausrichten könne. Theils schien es kein Geringes mit der Kavallerie im feindlichen Feuer über den Bach zu gehen, theils sah man jenseits so viel Truppen müßig als Reserve aufgestellt daß die 2500 Pferde unmöglich einen solchen Erfolg haben konnten daß davon die Schlacht affizirt worden wäre.

Der Verfasser dankte dem Himmel daß er unter diesen Umständen zur Null herabgesunken war und nicht einmal an dem Hin- und Hergespräch Theil nehmen konnte welches Uwarow mit den ihm zugesandten Offizieren russisch führte. Er war von Hause aus überzeugt gewesen daß diese Diversion ganz ohne Erfolg bleiben würde, und sah nun ein daß, wenn noch irgend Etwas aus der Sache werden sollte, ein junger Tollkopf, der seine Reputation zu machen hätte, allein dazu getaugt haben würde, aber nicht der General Uwarow.

Während man so deliberirte, worüber einige Stunden vergingen, entstand mit einem Male ein heftiges Feuern jenseit des Baches auf dem linken Flügel der Franzosen in den dortigen Gesträuppen, und bald erging die Nachricht daß Platow endlich einen Übergang gefunden und mit seinen Kosacken drüben im Holze sei. Wirklich sahen wir diese dadurch wunderbare Truppe, daß sie bald unerhört brav, bald unerhört feig ist, drüben im Holze mitten zwischen den Infanteriemassen der Feinde sich herumkränkeln ohne irgend einen ernsten und geschlossenen Anfall zu machen, so daß es fast schien als wenn sie sich mit ihnen herumschossen. Die Truppen welche uns gegenüber standen fürchteten in den Morast festgeklemmt zu werden und machten eine Seitenbewegung. Nun konnte das Garde-Kosackenregiment welches sich beim Korps von Uwarow befand es nicht länger aushalten. Wie eine Rakete mit einem langen Schweif fuhren sie auf den Damm los und wie der Blitz waren sie hinüber und in den Wald hinein zu ihren Brüdern.

Unstreitig hätte Uwarow in diesem Augenblick nachgehen können, aber er hatte nicht Lust sich an das Defilé quetschen zu lassen, wenn er geworfen würde oder en débandade einen ganz exzentrischen Rückzug zu machen wie den Kosacken dies zuweilen geschieht. Da er ohnehin alle Boten Kutusows, Benningsens und Barklays bereits abgefertigt hatte, so blieb er halten weitere Befehle erwartend. Es dauerte nicht lange so kehrten auch die Garde-Kosacken zurück und zwar mit ansehnlichem Verlust an Todten und Verwundeten. In dieser Lage saßen wir der Schlacht zu, und es ist mir immer merkwürdig geblieben wie sie nach und nach den Charakter der Ermüdung und Erschöpfung annahm. Die Infanteriemassen waren so zusammengeschmolzen daß vielleicht kein Drittel der ursprünglichen Massen mehr im Gefecht war; die übrigen waren todt, verwundet, brachten Verwundete zurück oder sammelten sich hinten; kurz es waren überall weite Leeren entstanden. Die ungeheure Artillerie die von beiden Seiten nahe an 2000 Kanonen ins Gefecht gebracht hatte, ließ sich nur in einzelnen Schüssen noch hören und selbst diese Schüsse schienen nicht mehr den ursprünglichen donnernden kräftigen

Ton zu haben, sondern ganz matt und heiser zu klingen. Die Kavallerie hatte fast überall die Plätze und die Stellen der Infanterie eingenommen und machte ihre Anfälle in einem müden Trabe, indem sie sich hin- und hertrieb und sich wechselsweise Schanzen abjagte.

Nachmittags um 3 Uhr ungefähr sah man daß die Schlacht in den letzten Zügen lag und daß also wie meistens die Entscheidung der ganzen Frage noch davon abhänge, wer noch den letzten Trumpf in der Hand, die stärksten Reserven zurückbehalten habe. Dies so wie die eigentliche Lage beider Theile konnten wir nicht übersehen; die einzelnen Nachrichten welche uns zukamen waren nicht gerade beunruhigend, worüber der Verfasser sich indeß doch wunderte, da das Centrum offenbar schon etwas aus seinen Fugen gewichen war, woraus man auf den linken Flügel schließen konnte.

Um 3 Uhr ungefähr erhielt General Uwarow den Befehl des Fürsten zurückzukommen und in der Stellung seinen frühern Platz wieder einzunehmen; wir marschirten also ab und trafen etwa zwischen 4 und 5 Uhr hinter Gorki ein, wo wir uns aufstellten.

Die Begebenheiten der Schlacht waren übrigens sehr einfach gewesen. Da Tutschkow die Umfassung des linken Flügels verhinderte, so drückten die Franzosen senkrecht gegen das Centrum und den linken Flügel mit dem Gewicht ihrer Massen. Der linke Flügel wurde nach der ersten Stunde des Gefechts durch Baggowut, das Centrum etwas später durch Ostermann verstärkt und von den Garden wurden einzelne Abtheilungen zur Unterstützung der Fronte verwendet. So unterhielt sich in einem fürchterlichen Feuergefecht und in einem gegenseitigen Hin- und Herschieben durch einzelne Angriffe die Schlacht bis gegen

4 Uhr, wobei sich das Übergewicht der Franzosen in der Zahl und auch wohl in der Art zu fechten dadurch zeigte daß die Russen in diesen 10 Stunden nach und nach etwas Boden räumen, ihre Verschanzungen aufgeben und eine Stellung nehmen mußten, wobei Alles noch mehr zusammengedrängt und der linke Flügel noch weiter zurückgeschoben wurde, so daß er sich jetzt parallel mit der Rückzugsstraße und nicht über 2000 Schritt von derselben entfernt befand, während die alte Straße so gut wie ganz in den Händen der Franzosen war.

Ob man gleich in der Armee glaubte über das Resultat dieser Schlacht noch zweifelhaft sein zu müssen, ob man gleich viel davon sprach man müßte das Schlachtfeld welches man doch eigentlich noch nicht verloren hatte behaupten und durch Standhaftigkeit den Sieg erzwingen, weil die Franzosen auch sehr erschöpft schienen: so war doch die Sache eigentlich schon völlig entschieden und der schlaue Kutusow nicht mehr zweifelhaft was er zu thun habe. Die Überlegenheit der Franzosen welche vor der Schlacht schon merklich gewesen war, war durch die Schlacht selbst gewachsen, weil die Russen allerdings mehr verloren hatten als die Franzosen; in dem 10 stündigen Kampfe war die Waage keinesweges im völligen Gleichgewicht geblieben, sondern sie war zum Nachtheil der Russen merklich gesunken; bei Erneuerung des Kampfes ließ sich ein besseres Resultat nicht erwarten; die Stellung war schon ganz verschoben, die Rückzugsstraße bedroht und die nächste Station des Unglücks wäre eine völlige Niederlage gewesen. Jetzt war das Heer noch in Ordnung, man konnte sich in Ordnung abziehen. Kutusow beschloß den Rückzug in der Nacht anzutreten und er that unstreitig nur was die Klugheit gebot.

Bonaparte seinerseits konnte den Rückzug Kutusows erwarten; hätte er sich darin geirrt und dieser wäre am 8. noch auf dem Schlachtfelde gewesen, so mußte er ihn freilich wieder angreifen, und es ist wohl nicht zu bezweifeln daß er es gethan haben würde. Eine andere Frage ist ob Bonaparte, da noch Zeit genug übrig war und er noch eine starke Truppenmasse ganz intakt hatte, nicht am 7. noch größere Anstrengungen hätte machen und den Sieg bis zu einer völligen Niederlage des Feindes hätte steigern sollen. Unstreitig wäre dies mehr in dem Geist desjenigen Verfahrens gewesen dem er so große Erfolge in der Welt verdankte. Vielleicht hätte er durch neue Angriffe mit allen Waffen neue Erfolge erhalten und wäre dann auf den Punkt gekommen wo die Masse der Kavallerie im Verfolgen die Zerstörung der russischen Armee vollenden konnte. — Denkt man sich aber in den augenblicklichen Standpunkt Bonapartes ganz hinein, erinnert man sich nämlich wie groß das ganze Unternehmen war, wie groß die Kräfte welche er dazu aufgeboten hatte und wie diese Kräfte bis dahin so über alle Erwartung schnell zusammengeschmolzen waren daß er anfangen mußte zu befürchten er würde nicht ausreichen, so begreift man daß von nun an die Erhaltung seiner Armee bis zu dem Augenblick wo von Frieden die Rede sein würde ihm als Hauptsache erscheinen konnte. Den Sieg hatte er, in Moskau durfte er hoffen einzuziehen, ein Mehreres mit Daransetzung des Letzten zu erzielen schien ihm weder Noth noch Rath.

Man wende nicht ein daß nach der gewöhnlichen Polarität der Interessen beider Feldherren der eine nothwendig einen Fehler begangen haben müsse, daß nämlich wenn ein neues Gefecht nicht in dem Interesse Kutusows war, es eben darum in dem Interesse seines Gegners sein müßte.

Die Polarität bezieht sich nur auf die Zwecke und nicht auf das Mittel; beide können das gemeinschaftliche Interesse haben eine Schlacht zu suchen oder zu vermeiden. Hätte Bonaparte die Gewißheit gehabt die russische Armee ganz zu zertrümmern, so würde er doch wohl noch einen Theil seiner Kräfte daran gesetzt haben; aber die Russen sind sehr brav, sie waren noch in guter Ordnung, die Gegend, wenn sie auch für Rußland offen genannt werden kann, war es doch nicht in dem Maaße um der Kavallerie gerade günstig zu sein; die Straße nach Moskau ist von einer solchen Breite daß die Russen in 2 Kolonnen auf derselben marschiren und dennoch ihre Artillerie neben den andern Waffen herausziehen, also eigentlich in 4 Kolonnen auf ein und derselben Straße zurückgehen konnten welches den Rückzug unendlich erleichterte und sicherte; dies Alls versprach kein leichtes Spiel und große Verluste. Ferner muß man auch bedenken daß beide Feldherren nie genau denselben Gesichtskreis haben, daß jeder immer seine Lage besser kennt als die des andern, ihre Schlüsse also nie genau dieselben sein können.

Wir gestehen also daß wir bei dem Erfolg der Schlacht von Borodino auf keiner Seite Ursach zu Verwunderung und Erstaunen finden, sondern darin einen ganz natürlichen Verlauf der Dinge sehen.

Jetzt noch ein Paar Worte über die gegenseitigen Dispositionen.

Beide Theile hatten sich wie wir das oben vielleicht schon zu weitläufig berührt haben sehr zusammengedrängt. Das mit Poniatowskis Korps beabsichtigte Umgehen war im Grunde da dieses Korps nur 10,000 Mann stark war eine kleinliche Maaßregel die nicht viel Wirkung haben konnte und worauf Bonaparte auch nicht viel gegeben zu haben scheint. Somit war denn sein Angriff eigentlich ein senkrechter Stoß oder Druck auf die feindliche Stellung, da aber diese Stellung selbst konvex war, so war dieser Druck konzentrisch und dadurch ein Theil der Absichten erreicht welche man gewöhnlich mit Umgehungsmaaßregeln verbindet. Daß Bonaparte in dieser Einfachheit geblieben ist beweist daß er den Widerstand nicht gering schätzte den er von ihnen erwartete, denn die einfache Form ist der Natur der Sache nach die vorsichtigere, die weniger gewagte, aber freilich auch die weniger entscheidende. Hätte er die feindliche Mitte die unstreitig dem Boden nach unendlich viel stärker war als der linke Flügel bloß beschäftigt und den linken Flügel anstatt mit 10,000 Mann mit 50,000 zu umgehen versucht, so würde die Schlacht früher entschieden worden sein und vermuthlich größere Resultate gegeben haben. Gewagter war diese Form des Angriffs unstreitig, weil er dadurch die Masse seiner Kräfte seiner Rückzugslinie mehr seitwärts schob und im Fall eines Unglücks schlimmer daran war.

Kutusow hätte sich billig sagen sollen daß gegen einen moralisch und physisch überlegenen Feind in einer nicht starken Stellung gar kein vernünftiger Grund vorhanden sei auf einen Sieg zu rechnen. Er mußte also die noch übrigen Vortheile der Vertheidigung nämlich Kenntniß und Besitz der Gegend aufbieten um durch Überraschung zu wirken, d. h. er mußte mit seiner Defensivaufstellung die Mittel zu einer kräftigen Offensive verbinden.

Sollte diese Offensive durch einen überraschenden, also kurzen Stoß wirken, so mußte sie bei der konvexen Stellung des Heeres auf dem Flügel eingeleitet werden welcher den feindlichen Angriff zu erwarten hatte. Dies war ganz unzweifelhaft der linke, und es war einer der Vor-

theile der ruffischen Stellung daß man dies mit solcher Be-
stimmtheit vorherschen konnte.

Wir glauben also daß Kutusow die Einleitungen zur
Vertheidigung der Gegend rechts von der moskauer Straße
bis an die Moskau allerdings treffen, sich sogar sehr das
Ansehn davon geben, dort viel Schanzen aufwerfen lassen,
übrigens aber diesen Theil der Stellung nur zum Schein
und für den ersten Anfall besetzen mußte; daß er die übrigen Truppen des rechten Flügels mit dem General Tutschkow und einem Theil der Kavallerie des Centrums und
linken Flügels vereinigt zu einer Masse von 50,000 Mann
bringen und diese eine starke halbe Stunde oder auch noch
weiter hinter der linken Flanke des Heeres verdeckt aufstellen mußte, wozu die Gegend des vielen Gebüsches wegen Gelegenheit genug giebt. Die Garden blieben dann in
ihrem Verhältniß als Reserve des defensiven Theils der
Armee und zur Deckung der linken Flanke für die ersten
augenblicklichen Einwirkungen des Feindes auf dieselbe.

Wurde nun diese Offensivmasse nach den ersten Einleitungen, d. h. nach den ersten Stunden des Gefechts gegen
die rechte Flanke des Feindes in Bewegung gesetzt, so hing
der Erfolg welchen sie über ihr natürliches Gewicht
hervorbringen konnten von dem Grad der Überraschung ab
mit welchem sie auftrat, so wie von andern zufällig mit-
wirkenden Umständen; in jedem Falle konnte ihr aber ihr
natürlicher Antheil an der Schlacht nicht genommen oder
verkürzt werden, und es hing also in dieser Lage immer
noch von dem Abmessen der gegenseitigen Kräfte ab wer
vor oder zurück sollte, nur daß den Russen der Vortheil
blieb sich gegen den Feind in einer umfassenden
Stellung zu befinden.

Nun genug davon!

Die russische Armee zog sich in der Nacht vom 7. auf den 8. September zurück und zwar wie wir schon gesagt haben auf einer Straße in 4 neben einander marschirenden Kolonnen. Sie ging nur eine Meile weit, nämlich bis hinter Mojaïsk, welches hinreichend beweißt daß sie in einer Ordnung und Schlagfertigkeit war die nach einer verlornen Schlacht nicht gewöhnlich ist, auch kann der Verfasser versichern daß ihm keine Spur der Auflösung vorgekommen ist welche von einem sonst sehr unpartheiischen französischen Schriftsteller *) behauptet worden ist. Die Zahl der Gefangenen mag einige Tausend, die Zahl der verlornen Geschütze zwischen 20 und 30 betragen haben. Die Trophäen waren also nicht bedeutend.

Von nun an wurde der Rückzug bis Moskau ohne Aufenthalt, aber in sehr kleinen Märschen fortgesetzt. Borodino ist von Moskau 15 Meilen und diese wurden in 7 Märschen zurückgelegt, denn am 14. zog die Armee durch Moskau.

Die Arrieregarde wurde dem General Miloradowitsch übergeben und bestand etwa aus 10,000 Mann Infanterie und vielleicht eben so vieler Kavallerie. General Uwarow mit seinem Korps befand sich bei derselben. Die Franzosen drängten nicht stark. Murat mit einer großen Masse Kavallerie machte die Avantgarde. Beide Theile kamen gewöhnlich erst Nachmittags an einander, marschirten gegen einander auf, plänkerten und kanonirten einige Stunden, worauf die Russen sich noch ein Stück zurückzogen und beide Theile ihr Lager einrichteten. Dieser Marsch hatte gleichfalls den Charakter einer gewissen Ermüdung und strategischen Ohnmacht.

---

*) Chambray.

Nur ein Tag macht davon eine Ausnahme. Den 10. September befand sich Miloradowitsch nur noch eine halbe Meile von der Armee entfernt als die Franzosen Abends eine Stunde vor Sonnenuntergang mit allen Waffen vor ihm erschienen. Er konnte nicht ausweichen, wenn die Armee nicht ihr Lager aufgeben sollte, und da die Örtlichkeit ziemlich günstig war, so beschloß er es auf das Äußerste ankommen zu lassen. Die russische Infanterie in einem niedrigen Holz auf einem kleinen Rücken aufgestellt wehrte sich tüchtig, ja als sie den Rücken verloren hatte schlug sie sich über eine Stunde lang noch am Fuße desselben in einer sehr nachtheiligen Lage. Die Angriffe der Franzosen, ob sie gleich ernstlich gemeint waren, hatten doch auch hier etwas Kraftloses. Das Gefecht dauerte bis gegen 11 Uhr und Miloradowitsch behauptete sich dicht hinter seinem Schlachtfelde.

Die Richtung Kutusows nach Moskau von Mojäisk aus ist ihm wieder zum Vorwurf gemacht worden. Er hätte die Straße über Wereja gegen Tula einschlagen können.

Aber auf dieser Straße fand er nicht ein einziges Stück Brot; alles was einer Armee hinter ihrem Rücken angehört, alle die hin- und herziehenden Kräfte die das Leben derselben bedingen war auf der moskauer Straße. Der Weg nach Wereja hatte dabei wie natürlich eine seitwärts gehende, also mehr bedrohte Richtung, die Straße war nicht so bequem, die Verbindung mit Moskau hörte auf kurz und leicht zu sein, alles dieses waren Schwierigkeiten die bei einer eben geschlagenen Armee doppelte Rücksicht verdienten. Aber dieser Marsch gegen Kaluga hätte auch hier schwerlich noch die damit verbundene Absicht erfüllt. Man war nur noch 14 Meilen von Moskau, Bonaparte würde nicht angestanden haben ein Korps von 30,000 Mann dahin zu senden, welches er auch unter den jetzigen Umständen ohne Gefahr thun konnte; dann war Moskau gleichfalls verloren und Kutusow wäre vielleicht von den kurzsichtigen Russen beschuldigt worden es durch seinen künstlichen Marsch ohne Noth preisgegeben zu haben. Kutusow blieb also auf der natürlichsten Rückzugsstraße, wie doch vermuthlich auch alle andere Feldherren an seiner Stelle gethan haben würden.

Wir wollen hier ein Paar allgemeine Bemerkungen über den Rückzug der russischen Armee und das Verfolgen der Franzosen machen welche zur Aufklärung des allgemeinen Resultates dieses Feldzuges beitragen können. Die Russen fanden von Witebsk ab in den beträchtlichen Provinzialstädten bis Moskau hin überall Magazine von Mehl, Grütze, Zwieback und Fleisch; außerdem kamen ihnen aus dem Innern ungeheure Karavanen mit Lebensmitteln, Schuhen, Leder und andern Bedürfnissen entgegen. Sie hatten also eine Masse von Fuhrwerken zu ihrem Gebot, deren ungeheure Anzahl von Pferden ohne Schwierigkeit ernährt wurde, weil Heu und Hafer auf dem Felde war und die russischen Karavanen auch im Frieden ihr Zugvieh auf den Weiden die sich überall finden zu ernähren pflegen. Dies setzte die russische Armee in den Stand sich überall zu lagern wo es ihr sonst bequem war; die Hauptrücksicht welche sie dabei zu nehmen hatte war das Wasser. Der Sommer war ungewöhnlich heiß und trocken; dieser Theil von Rußland ist nicht sehr wasserreich; die kleinern Bäche waren meist ausgetrocknet und was die Brunnen der Dörfer in einem solchen Fall sagen wollen weiß man. Es war also im Allgemeinen große Noth um Wasser und Oberst Toll schätzte sich glücklich wenn er sein Lager bei einem kleinen See nehmen konnte.

Da mit Ausnahme des Aufenthaltes bei Smolensk
der Rückzug von Witebsk bis Moskau im Grunde eine
ununterbrochene Bewegung war, und von Smolensk aus
das Marschobjekt sich immer ziemlich hinter der Armee befand, so war der ganze Rückzug eine äußerst einfache Bewegung die sehr wenig von der Natur des Manövrirens
hatte und wobei man das feindliche Manövriren auch nicht
sonderlich zu befürchten brauchte.   Denn wenn man immer
ausweicht und immer gerade zurückgeht, so ist es dem Gegner sehr schwer uns zu umgehen, abzudrängen u. s. w., dazu kommt daß das Land wenig Straßen hat und auch
wenig große Terraineinschnitte, es kommen also viel weniger geographische Kombinationen in das Ganze.

Daß durch diese vielseitige Vereinfachung der großen
Rückzugsbewegung die Kräfte von Menschen und Pferden
sehr geschont werden weiß jeder Soldat aus Erfahrung.
Da waren keine langen Rendezvous, keine Hin- und Her-
märsche, keine Umwege, keine Allarmirungen, kurz wenig
oder gar kein taktischer Luxus und Kraftaufwand. Selbst
der Vorpostendienst kümmerte die Armee wenig, da die
Kosacken ihn aus Gewohnheit besorgten.

Wo sich bequem ein Paar Straßen neben einander
fanden ging man in mehreren Kolonnen; wo die Seiten-
wege schwierig wurden blieb man mit dem Ganzen in der
sehr breiten Hauptstraße, da man der Verpflegung wegen
eine Theilung nicht nöthig hatte. Man brach zu einer gelegenen Stunde auf, richtete sich so gut als möglich ein
und ließ es für Menschen und Pferde nicht an reichlicher
Nahrung fehlen. Die Menschen entbehrten freilich meistens das Brot und mußten sich mit einem sehr schlechten
Zwieback behelfen, der aber nicht ungesund und eben so
nahrhaft war wie Brot gewesen sein würde. Dazu Grütze,

Fleisch und Branntwein im Überfluß. Die Pferde mußten meist grün gefuttert werden; aber die russischen Pferde sind gewohnt sich von Heu zu nähren, und der Verfasser hat da zum ersten Mal gesehen daß dieses Futter nahrhafter ist als wir gewöhnlich glauben. Heu aber war überall in vorzüglicher Güte zu finden; die Russen geben den Pferden 15 bis 20 Pfund täglich und verschmäheten die reifen Hafergarben die auf dem Felde lagen, weil sie diese für weniger gesund hielten.

Nur die bei der Arrieregarde befindliche Kavallerie (und das war der größere Theil) war schlimmer daran, besonders weil sie nie zum Absatteln kam. Der Verfasser erinnert sich kaum auf dem ganzen Rückzug je ein leichtes Kavallerieregiment gesehen zu haben was abgesattelt hätte; auch waren zuletzt fast alle Pferde gedrückt.

Wir sehen hieraus daß es der russischen Armee auf ihrem 10 wöchentlichen Rückzug in physischer Hinsicht sehr wohl erging. Sie schmolz daher auch nur in so weit zusammen als sie in den Gefechten einbüßte und verlor wenig durch Kranke und Nachzügler. Auch zeigte dies sich deutlich im Erfolg.

Barklay und Bagration waren nach Abzug Wittgensteins ursprünglich ohne Kosacken etwa 110,000 Mann gewesen. Die Verstärkungen welche die Armee auf dem Rückmarsch nach und nach aufgenommen hat mögen etwa 30,000 Mann betragen. Sie zog aber durch Moskau 70,000 Mann stark. Ihr Verlust war also 70,000 Mann, wovon wie sich leicht übersehen läßt der größte Theil auf die Gefechte kommt.

Umgekehrt verhielt es sich mit den Franzosen. In eben dem Maaße als die Russen durch die besondern Umstände sich physisch in einer ungewöhnlich vortheilhaften Lage befanden, welche selbst in dem kultivirtesten Lande nicht so vortheilhaft gewesen sein würde, in eben dem Maaße befanden sich die Franzosen in einer ungewöhnlich nachtheiligen Lage.

Die Verpflegung der Armee des Vorschreitenden und Verfolgenden hat immer große Schwierigkeit, weil bis die Magazine zusammengebracht sind die Armee schon wieder ein Stück vorgerückt ist und nun eine Masse von Fuhrwerk zum Nachschub nöthig wird. Diese Schwierigkeiten steigen in eben dem Maaße als die Bevölkerung und Kultur des Landes abnimmt. Der Vorschreitende hat nur zwei Aushülfen um sich die Sache zu erleichtern. Er nimmt dem Zurückgehenden hin und wieder Magazine ab und er ist nicht in eben dem Maaße wie jener genöthigt in großen Haufen beisammen zu bleiben, kann sich mehr theilen und also leichter vom Einwohner leben. In Rußland fielen diese beiden Hülfsmittel weg, das erste, weil die Russen ihre Magazine meistens ansteckten und sogar die meisten Städte und Dörfer die sie hinter sich ließen; das zweite wegen der dünnen Bevölkerung und weil es auch an Nebenstraßen fehlte. Um dieses zweiten Mittels nicht ganz zu entbehren ließ Bonaparte seine Armee doch immer in 3 Kolonnen marschiren, davon die rechts und links der großen Straße meist aus einem Korps, also etwa 30- bis 40,000 Mann bestanden. Dafür aber hatten nun diese Seitenkolonnen, wie aus einigen französischen Schriftstellern umständlich hervorgeht, mit solchen Schwierigkeiten des Marsches zu kämpfen daß sie meistens in der Nacht und mit einem ungeheuren Aufwand von faux frais ins Lager kamen.

Die Schwierigkeiten der Verpflegung mußten sich also bei dem französischen Heere sehr früh zeigen und dies ist auch ganz notorisch.

Auch die Kavallerie hatte großen Mangel; was auf den nächsten Feldern war hatten die Russen bereits aufgefuttert, sie mußten also schon in einiger Entfernung fouragiren, wobei denn die Nahrung nicht reichlich ausfällt.

Das Wasser war eine Hauptschwierigkeit. Schon die russische Arrieregarde fand gewöhnlich alle Brunnen ausgeschöpft und die kleinern Bäche unbrauchbar geworden, war also auf die größern Flüsse und kleinen Seen angewiesen die sich nicht immer fanden. Da man aber vorausschicken und sich die Gegend nach Bequemlichkeit aussuchen konnte, so war das Übel doch nicht so groß als es bei der französischen Avantgarde oft gewesen sein muß, die nicht vorausschicken konnte und ihre Aufstellung in der Regel da nehmen mußte wo sie auf die russische Arrieregarde stieß. Ohnehin giebt es von dem Lande keine speziellere Karte als die sogenannte Podoroschna-Karte, welche die Franzosen vergrößert und ins Französische übersetzt hatten, worauf aber bei dem kleinen Maaßstab des russischen Originals bei weitem nicht alle Ortschaften und noch viel weniger kleinere Terraingegenstände angegeben sind.

Der Verfasser hat den drückenden Wassermangel in diesem Feldzuge noch sehr lebendig im Andenken; er hat nie so an Durst gelitten; aus den widrigsten Pfützen mußte man schöpfen um die brennende Qual los zu werden, und von Waschen war oft 8 Tage lang nicht die Rede. Wie das die Kavallerie angegriffen hat kann man sich vorstellen, und die Franzosen mußten wie gesagt doppelt daran leiden. Auch ist es bekannt in welchem traurigen Zustand die französische Kavallerie nach Moskau kam.

Bei der russischen Arrieregarde war es zur Gewohnheit geworden die Dörfer welche sie inne hatten beim Verlassen anzustecken. Die Einwohner waren gewöhnlich früher schon fortgezogen, was sich an Lebensmitteln und Fourage vorfand wurde schnell verbraucht, es blieb also nichts übrig als die hölzernen Häuser die in dieser Gegend keinen großen Werth haben. Unter diesen Umständen wurde denn nicht sehr dafür gesorgt sie für den Brand oder das Abbrechen zu schützen, und dies war allein schon hinreichend um die Zerstörung der meisten zu bewirken. Was anfangs Nachlässigkeit und Gedankenlosigkeit gewesen war, wurde nach und nach Grundsatz, der sich denn auch häufig auf kleinere und größere Städte erstreckte.

Auch die Brücken wurden zerstört und den Werstpfählen die Nummer ausgehauen, wodurch ein sehr gutes Orientirungsmittel verloren ging. Es muß den Franzosen oft schwer geworden sein zu wissen auf welchem Punkt der Straße sie sich befänden, da sich äußerst selten Einwohner fanden.

Durch diese Schwierigkeiten wurde das Vorrücken der Franzosen theils aufgehalten, theils äußerst beschwerlich und zerstörend für die Kräfte der Menschen und der Pferde. Sie brauchten 12 Wochen Zeit um von Kauen bis Moskau zu marschiren, welches nur 115 Meilen sind und von mehr als 280,000 Mann die sich dahin auf den Weg machten erreichten nicht mehr als 90,000 diese Stadt. (Siehe Beilage 2.)

Am 14. September durchzog die russische Armee Moskau und die Arrieregarde erhielt den Befehl denselben Tag zu folgen; zugleich aber wurde dem General Miloradowitsch aufgegeben mit dem Könige von Neapel ein Abkommen zu treffen, wodurch der russischen Armee einige Stunden Zeit zur völligen Räumung der Stadt gewährt würden und im Verweigerungsfall zu drohen daß man sich an den Barrieren der Stadt und in den Straßen derselben aufs Äußerste wehren würde.

General Miloradowitsch sandte einen Parlementair zur französischen Avantgarde mit dem Wunsch: eine Unterredung mit dem Könige von Neapel zu haben, von welchem man wußte daß er die Avantgarde kommandirte. Nach einigen Stunden wurde gesagt daß der General Sebastiani sich bei den Vorposten eingefunden habe. Dies war dem General Miloradowitsch nicht recht, indessen begab er sich hin und hatte mit demselben eine ziemlich lange Unterredung, zu welcher wir vom Gefolge nicht zugelassen wurden. Hierauf ritten Beide ein gutes Stück Weges mit einander nach Moskau zu, und aus dem Gespräch welches sie führten sah der Verfasser daß des Generals Miloradowitsch Antrag keine Schwierigkeit gefunden hatte. Bei einigen Äußerungen desselben, daß man Moskau nach Möglichkeit schonen möchte, fiel General Sebastiani mit der höchsten Lebhaftigkeit ein: Monsieur, l'Empereur mettra sa garde à la tête de son armée pour rendre toute espèce de désordre absolument impossible etc. Diese Versicherung wurde mehrere Male wiederholt. Dem Verfasser war sie merkwürdig, weil sich das höchste Verlangen Moskau unversehrt zu besitzen darin aussprach, und von der andern Seite lassen die Äußerungen des Generals Miloradowitsch, welche dazu führten, doch auch nicht zu an ein beabsichtigtes Abbrennen von Moskau zu glauben.

Es mochte etwa 3 Uhr Nachmittags sein als wir in Moskau einzogen und zwischen 5 und 6 Uhr als wir jenseits aufmarschirt waren.

Moskau hatte ziemlich das Ansehn einer verlassenen Stadt. Ein Paar hundert Menschen von der geringsten Klasse kamen dem General Miloradowitsch entgegen und flehten um seine Beschirmung. In den Straßen sah man hin und wieder einen Haufen derselben versammelt, die un-

serm Durchzug mit wehmüthigen Blicken zusahen. Übrigens waren die Straßen mit flüchtigem Fuhrwerk noch so
angefüllt daß General Miloradowitsch ein Paar Regimenter Kavallerie voranschicken mußte um Platz zu verschaffen
Am schmerzlichsten war der Anblick einer Menge von Verwundeten die in langen Reihen längs den Häusern lagen
und vergebens gehofft hatten weggeschafft zu werden. Diese
Unglücklichen sind wohl alle ein Opfer des Todes geworden.

Wir schlugen in der Stadt die Straße nach Riäzan
ein und stellten uns etwa 1000 Schritt hinter derselben auf.

General Sebastiani hatte zugesagt daß die Spitze der
Avantgarde erst 2 Stunden nach unserm Abmarsch einrücken sollte. General Miloradowitsch war daher sehr überrascht als er sich jenseits kaum aufgestellt hatte bereits ein
Paar Regimenter leichter Kavallerie der feindlichen Avantgarde sich vor uns entwickeln zu sehen. Er schickte sogleich
einen Parlementair und bat um eine Unterredung mit dem
Könige von Neapel. Aber auch diesmal erschien derselbe
nicht, vielleicht weil er es unter seiner Würde hielt, und
Miloradowitsch mußte sich wieder mit dem General Sebastiani begnügen. Er machte ihm die lebhaftesten Vorstellungen über das zu schnelle Nachfolgen, die jener leicht be-
antworten konnte, da unser Durchzug durch mancherlei
Umstände aufgehalten länger gedauert hatte als die Franzosen voraussetzten. Die Unterredung führte doch dahin
daß beide Theile einander dicht gegenüber stehen blieben
ohne Feindseligkeiten zu begehen. Wir sahen in dieser Stellung wie sich Moskau an den seitwärts gelegenen Thoren
durch eine ununterbrochene Reihe kleiner russischer Fuhrwerke immer mehr ausleerte ohne in den ersten Stunden
von den Franzosen beunruhigt zu werden; vielmehr schienen
die Kosacken sich noch ganz im Besitz dieser Stadttheile zu

befinden, während die französische Avantgarde sich nur mit
der russischen Arrieregarde beschäftigte. Ferner sahen wir
von dieser Stellung aus in den äußersten Vorstädten Moskaus bereits an mehreren Orten Rauchsäulen aufsteigen,
welche nach des Verfassers Meinung Folgen der dort herrschenden Verwirrung sein mochten.

Der Verfasser hatte das schmerzliche Vergnügen bei
der zweiten Unterredung des Generals Miloradowitsch mit
dem General Sebastiani unerwartet bei den beiden ersten
Ulanenregimentern die sich entwickelten deutsch und zwar in
ganz berlinischer Mundart kommandiren zu hören, und so
waren es denn wirklich 2 preußische Regimenter, davon
das eine, die brandenburgischen Ulanen, seinen Standort
in Berlin gehabt hatte. Er benutzte diese Gelegenheit um
durch einen der Offiziere den Seinigen Nachricht von sich
geben zu lassen.

Als wir Moskau durchzogen war der Verfasser in der
gespanntesten Erwartung welchen Weg wir einschlagen würden. General Uwarow war krank geworden, sein Kavalleriekorps ganz an Miloradowitsch übergegangen und der
Verfasser befand sich im Gefolge dieses Generals als einer
der untergeordneten Generalstabsoffiziere; daher hatte ihm
zufällig die Bestimmung über die Richtung des Rückzuges
unbekannt bleiben können. Er war angenehm überrascht
als er sah daß man doch wenigstens nicht in gerader Linie
fort nach Wladimir zog, sondern sich rechts nach Riazan
wandte. Es hing dies in ihm mit den Gesprächen zusammen die im Hauptquartier unter den Generalstabsoffizieren
geführt worden waren. Nach der Schlacht von Borodino
hatte Oberst Toll dem Verfasser ein Paar Mal als er in
Geschäften zu ihm geschickt worden war geäußert: daß nach
seiner Meinung der Rückzug über Moskau hinaus nicht

mehr in der alten Richtung genommen werden, sondern daß man sich gegen den Süden wenden müßte. Der Verfasser stimmte mit der höchsten Lebhaftigkeit ein und bediente sich dabei des ihm schon zur Gewohnheit gewordenen Bildes daß man sich in Rußland mit seinem Gegner Zeck jagen könne, und daß man also indem man immer im Rückzug bliebe am Ende wieder an der Grenze mit ihm ankommen könne. — Diese spielende Idee welcher sich der Verfasser in der Lebhaftigkeit und Kürze des Gesprächs bediente ging hauptsächlich auf das räumliche Element, auf den Vortheil der ungeheuren Dimensionen welche dem Angreifenden unmöglich machen durch sein bloßes Vorschreiten die zurückgelassenen Länderstrecken zu decken und strategisch zu besitzen.

Die Verfolgung dieses Gedankens hatte dem Verfasser schon früher die Überzeugung gegeben daß ein großes weites Land mit europäischer Kultur nicht anders zu erobern sei als mit Hülfe innern Zwiespaltes. Dem Obersten Tol aber war diese Richtung der Vorstellungen nicht so natürlich, und er gab hauptsächlich nur viel auf die größere Fruchtbarkeit der südlichen Provinzen, die leichtere Ergänzung des Heeres und die größere Leichtigkeit auf des Feindes strategische Flanke zu wirken. Aber er gab dem Verfasser seine Besorgniß zu erkennen daß er nicht durchdringen werde, daß die Generalität dieser Ansicht zu sehr abgeneigt sein dürfte.

Auch die jüngern Offiziere des Generalstabs besprachen diesen Gegenstand häufig unter einander, so daß er, wenn auch nicht zur völligen Klarheit erhoben, doch wenigstens völlig durchgesprochen wurde.

Wir führen dies an um zu zeigen daß der Marsch auf die kalugaer Straße welcher in der Folge so viel Lärm gemacht hat und zu einem glänzenden Punkt in der Ideen-
welt

welt geworden ist, dem Gedanken und der Erfindung nach eben nicht plötzlich aus dem Kopf des Feldherrn oder irgend eines Rathgebers wie die Minerva aus dem Haupte Jupiters hervorsprang. Es ist überhaupt immer unsere Ueberzeugung gewesen daß die Ideen im Kriege meist so einfach und naheliegend sind daß das Verdienst der Erfindung gar nicht das Talent des Feldherrn ausmachen könne. Unter fünf oder sechs Ideen die sich darbieten diejenige zu wählen die den besten Erfolg giebt, dieser durchgreifende Scharfsinn welcher eine Menge dunkel gedachter Verhältnisse schnell durchschaut und beseitigt und mit dem bloßen Takt des Urtheils im Augenblick entscheidet kann eher als eine der Kardinaltugenden des Feldherrn gelten, ist aber doch etwas von der Erfindung ganz Verschiedenes.

Aber die Hauptsache ist die Schwierigkeit der Ausführung. Im Kriege ist Alles einfach, aber das Einfachste ist höchst schwierig. Das Krieges-Instrument gleicht einer Maschine mit ungeheurer Friktion, die nicht wie in der Mechanik auf ein Paar Punkte zurückgeführt werden kann, sondern überall mit einem Heere von Zufällen im Kontakt ist. Außerdem ist der Krieg eine Thätigkeit im erschwerenden Mittel. Eine Bewegung die man in der Luft mit Leichtigkeit macht wird im Wasser sehr schwierig. Gefahr und Anstrengung sind die Elemente in welchen sich der Geist im Kriege bewegt, und von diesen Elementen weiß man nichts auf dem Zimmer. So kommt es denn daß man immer hinter der Linie zurückbleibt die man sich gezogen hat, und daß schon keine gemeine Kraft dazu gehört um nur nicht unter dem Niveau des Mittelmäßigen zu bleiben.

Nach diesem Bekenntniß glauben wir das Verdienst des russischen Armeekommandos nicht zu schmälern, wenn wir behaupten daß der Gedanke, den Rückzug seitwärts fortzusetzen, an sich noch kein großes Verdienst war und daß er von den Schriftstellern überschätzt worden ist.

Will man Alles an seinen rechten Ort stellen, so muß man sogar sagen daß der Erfolg des Feldzuges keineswegs von diesem Gedanken ausgegangen ist oder damit sehr wesentlich zusammenhängt. Die veränderte Richtung des Rückzugs hatte hauptsächlich Werth wenn sie eine der Ursachen wurde den Feind wieder aus dem Lande hinauszubringen. Dies war aber hier deswegen nicht der Fall, weil die Franzosen sich in einem Zustand befanden das Land in jedem Fall verlassen zu müssen, sobald nur nicht Frieden geschlossen wurde. So wie wir die Sache jetzt kennen konnte Bonaparte, wenn Kutusow sich in der Richtung von Wladimir zurückgezogen hätte, ihm weder dahin folgen noch in Moskau überwintern. Er mußte also in jedem Fall zurück, denn er hatte die strategische Auszehrung und mußte die letzten Kräfte seines schwachen Körpers benutzen um sich zurück zu schleppen. Dies bemerken wir nur um die Sache genau in ihrem Zusammenhange zu zeigen, denn übrigens blieb dieser Marsch immer darum verdienstlich, weil man bei der russischen Armee den Zustand der französischen nicht genau kannte, und diese Armee immer noch für fähig hielt die Offensive fortzusetzen. Auch hat die Flankenstellung Kutusows auf der Straße von Kaluga den Vortheil einer leichtern Einwirkung auf die Rückzugsstraße gegeben und also zu dem Resultat einiges beigetragen, nur ist sie keinesweges als die Hauptsache zu betrachten.

Auf welche Weise Oberst Toll seine Ansicht durchsetzte ist dem Verfasser unbekannt geblieben. Die Erzählung welche der Oberst Buturlin in seiner Geschichte des Feldzuges giebt mag in den Hauptsachen wahr sein, nur wo den wir uns nicht leicht überreden lassen daß der Fürst Kutusow, indem er die Straße von Riázan wählte, schon die Absicht gehabt hätte von dieser später nach der von Kaluga zu marschiren. Er hatte es ja von Moskau aus viel bequemer, und jener Seitenmarsch, so gut er auch eingerichtet war, wie gut er auch gelungen ist, mußte in der Vorstellung immer viel Bedenkliches darbieten.

Daß der Oberst Toll schon vor Moskau in die Richtung auf Kaluga einbiegen wollte, war wohl lediglich in der Idee Moskau in keine Gefahr zu bringen, denn sonst war die Drehung in Moskau selbst immer am leichtesten zu bewerkstelligen. Kutusow wählte die Straße von Riázan, weil es eine Mittelstraße, gewissermaßen die verglichene Wahrheit des Kriegsrathes war. Höchst wahrscheinlich hat ihn der Oberst Toll erst später zu der Bewegung links vermocht, weil sich bald zeigte daß sie ohne Schwierigkeit ausgeführt werden könne. Die Franzosen waren nämlich in den ersten Tagen so mit dem Besitz von Moskau beschäftigt daß sie nur langsam und nur auf der Straße von Riázan vorgingen. Durch die auf allen Straßen ziehenden Kosacken wußte man daß die Gegend von Podolsk noch ganz frei sei; außerdem war der Weg dahin durch die in einem ziemlich eingeschnittenen Thal fließende Pachra einigermaßen gedeckt.

Am 3ten Tage nachdem wir Moskau verlassen hatten, also am 16. September, wurde der Seitenmarsch beschlossen, am 17. und 18. ausgeführt, wodurch wir auf die Straße von Tula kamen. Wahrscheinlich war diese nur das Ziel des Seitenmarsches gewesen, und nur wie der alte Herr sah daß das Ding sich so gut machte hat er sich noch zu einem dritten Marsch, nämlich bis auf die alte Straße von Kaluga, bewegen lassen, denn wir blieben auf der von Tula einen Tag stehen.

Der Marsch gelang so vollkommen daß die Franzosen uns mehrere Tage ganz aus den Augen verloren hatten.

Auf diesem Marsche sahen wir Moskau ununterbrochen brennen, und obgleich wir 7 Meilen davon entfernt waren trieb doch zuweilen der Wind die Asche bis zu uns herüber. Wenn auch die Russen schon durch den Brand von Smolensk und vieler andern Städte an Opfer der Art gewöhnt waren, so erfüllte doch dieser Brand von Moskau sie alle mit wahrer Schwermuth und steigerte die Wuth auf den Feind, welchem man dies als eine rechte Greuelthat, als eine Wirkung seines Hasses, seines Übermuthes, seiner Grausamkeit auslegte.

Es führt uns dies auf die Frage über die Ursachen dieses Brandes. Der Leser wird schon bemerkt haben daß das Armeekommando mehr Sorgfalt für die Erhaltung als Absicht der Zerstörung Moskaus an den Tag zu legen schien; und so hat es sich auch höchst wahrscheinlich verhalten. In der Armee wurde der Brand im ersten Augenblick wie ein großes Unglück, wie eine wahre Kalamität angesehen. Rostopschin welchen der Verfasser etwa 8 Tage nach dem Ereigniß öfter in einem kleinen Zirkel zu sehen Gelegenheit hatte, sträubte sich mit Händen und Füßen gegen die Idee der Brandstifter Moskaus zu sein, eine Idee die damals eben aufkam. Alle diese Eindrücke, die Verwirrung welche der Verfasser in den Straßen von Moskau gesehen hatte als die Arrieregarde durchzog; der Umstand daß die Rauchsäulen zuerst in den äußersten Theilen der Stadt aufstiegen in welchen die Kosacken noch hausten hatte dem Verfasser die Überzeugung gegeben daß das Feuer in Moskau eine Folge der Unordnung und der Gewohnheit gewesen sei in welche die Kosacken gekommen waren, alles was sie dem Feinde räumen mußten vorher tüchtig auszuplündern und dann anzustecken. Daß die Franzosen es nicht veranlaßt hätten, davon war er fest überzeugt, denn er hatte gesehen welchen Werth sie auf den ungefährdeten Besitz legten; daß die russischen Behörden es gethan haben sollten schien ihm wenigstens durch kein einziges Faktum erwiesen, und die lebhaftesten und entschiedensten Versicherungen desjenigen Mannes der hauptsächlich das Werkzeug gewesen sein mußte schien keinen Zweifel übrig zu lassen. Hätte es Rostopschin im Sinne eines großen Opfers gethan welches man bringen mußte, so würde er diese That nicht weit von sich weisen. Der Verfasser hat sich daher lange nicht von einem absichtlichen Abbrennen Moskaus überzeugen können. Nach dem aber was nun von allen Seiten zur Sprache gekommen ist und besonders nach der wenig befriedigenden Vertheidigung welche der Graf Rostopschin hat drucken lassen ist er in seiner frühern Ansicht nicht nur zweifelhaft geworden, sondern hat auch fast die Überzeugung bekommen daß Rostopschin allerdings Moskau hat anstecken lassen und zwar auf eigene Verantwortlichkeit ohne Vorwissen der Regierung. Vielleicht ist seine Ungnade, seine lange Abwesenheit aus Rußland die Folge einer solchen Eigenmächtigkeit welche ein Autokrat von Rußland selten vergiebt.

Die Regierung hatte wahrscheinlich nur die Räumung der Stadt, die Entfernung aller Behörden und der vornehmsten Einwohner beabsichtigt, wenn sie überhaupt noch Zeit zur Zwischenkunft gehabt hat, welches nur dann möglich ist, wenn man bei der Räumung von Smolensk schon an die mögliche Räumung von Moskau gedacht hat. In jedem Fall würde diese Maaßregel wenn sie auch von Ro-

stopschin allein ausgegangen war die völlige Zustimmung
der Regierung erhalten haben. Von dieser Maaßregel bis
zur Ansteckung ist freilich der Schritt schon etwas kleiner.
Daß die Regierung, namentlich daß der Kaiser diese Ansteckung gewollt, befohlen habe ist nicht wahrscheinlich. Es
sieht dem weichen Charakter des Kaisers zu wenig ähnlich,
und eben so wenig gleicht es einem Ministerio welches isolirt dasteht und nicht von dem Enthusiasmus oder Fanatismus einer großen Volksversammlung getragen ist. Dagegen war freilich die Verantwortlichkeit welche Rostopschin
übernahm ungeheuer, weil er doch, wie wenig Anstalten
auch dazu nöthig waren, am Ende immer einiger Werk-
zeuge bedurfte die den Befehl aus seinem Munde vernah-
men. Man kann sich also wenn er es gethan hat nicht
anders denken als daß ein Zustand von Leidenschaftlichkeit
und Bitterkeit in dem er sich allerdings damals zu befinden
schien ihm die Kraft zu einem Entschluß gegeben habe, von
dessen Ausführung er jede Gefahr und niemals Dank und
Ehre ernten konnte.

Die Persönlichkeit des Grafen Rostopschin ist nicht
von der Art um glauben zu lassen daß eine bis zur Schwär-
merei gesteigerte Empfindung oder roher Fanatismus die
Federkraft zu dieser That abgegeben hätte. Er besitzt das
Wesen und die Bildung eines gewandten Weltmanns, ge-
pfropft auf eine stark russische Natur. Mit Kutusow lebte
er in entschiedener Feindschaft und klagte ihn laut an daß
er mit frecher Falschheit bis auf den letzten Augenblick ihn
und alle Welt habe glauben machen er werde noch eine
Schlacht für die Rettung Moskaus wagen.

In jedem Fall ist es wohl eine der merkwürdigsten
Erscheinungen in der Geschichte, daß eine That welche nach
der Meinung der Menschen von so ungeheurem Einfluß

auf das Schicksal Rußlands gewesen ist, wie eine Frucht verbotener Liebe vaterlos dasteht und allem Anschein nach ewig mit einem Schleier bedeckt bleiben wird.

Daß der Brand von Moskau für die Franzosen ein großer Nachtheil war ist allerdings nicht zu läugnen; hat er beim Kaiser die Idee einer Friedensunterhandlung noch mehr entfernt und ist er ein Mittel gewesen das Volk zu exaltiren, so dürfte dies der Hauptschaden sein den er ihnen gebracht hat. Indessen ist es wieder ein Überschätzen einer einzelnen Größe wenn man, wie die Franzosen gewöhnlich thun, den Brand von Moskau als die Hauptursache des verfehlten Feldzugs ansieht. Es ging den Franzosen freilich manches Bedürfniß verloren welches sie hätten benutzen können, aber ihr Hauptbedürfniß waren Menschen und die fanden sie auch im unversehrten Moskau nicht.

Eine Armee von 90,000 Mann mit erschöpften Menschen und zu Grunde gerichteten Pferden in einem spitzen Keil 120 Meilen weit in Rußland hineingetrieben, rechts eine Armee von 110,000 Mann, um sich herum ein bewaffnetes Volk, genöthigt nach allen Weltgegenden Fronte zu machen, ohne Magazine, ohne hinreichende Munitionsvorräthe, mit einer einzigen ganz verwüsteten Verbindungsstraße — das ist keine Lage in der man überwintern kann. War aber Bonaparte nicht gewiß sich den ganzen Winter in Moskau behaupten zu können, so mußte er den Rückzug vor dem Eintritt des Winters antreten und Moskaus Stehen und Fallen hatte darauf keinen merklichen Einfluß. Bonapartes Rückzug war unvermeidlich und sein ganzer Feldzug verfehlt von dem Augenblick an wo der Kaiser Alexander den Frieden versagte; auf diesen Frieden war Alles berechnet und Bonaparte hat sich darüber gewiß nicht einen Augenblick getäuscht.

Wir wollen am Schluß unserer Erzählung ein Paar
Betrachtungen über seinen Feldzugsplan anstellen und was
hier darüber zu sagen wäre bis dahin verschieben.

Im russischen Heere herrschte um diese Zeit im Allgemeinen eine Stimmung der Trauer und Niedergeschlagen-
heit, die einen nahen Frieden als den einzigen Ausweg betrachtete. Nicht daß das Heer an sich muthlos gewesen
wäre, vielmehr hatte es soldatisch noch ein Gefühl der Überlegenheit und des Stolzes welches gleichviel mit Recht oder
Unrecht kräftigend auf dasselbe wirkte. Aber das Vertrauen zur allgemeinen Führung der Angelegenheiten war
sehr gering, das Gefühl der großen Verluste welche der
Staat schon gemacht hatte schien überwältigend, und eine
ausgezeichnete Standhaftigkeit und Energie im Unglück
schien man von der Regierung nicht zu erwarten. Daher
sah man einen nahen Frieden als wahrscheinlich und auch
als wünschenswerth an. Wie der Fürst Kutusow darüber
dachte hat vielleicht Niemand recht erfahren; er gab sich
aber das Ansehen als sei er allen Friedensunterhandlungen
sehr entgegen.

Man sieht hieraus wie wenig bei dem Heere der Sinn
dieser großen Begebenheit gefaßt war; gleichwohl befanden
wir uns doch schon nahe dem Kulminationspunkt der französischen Offensive, nahe dem Punkt wo das ganze Gewicht
der aufgehobenen und nicht überwältigten Last auf sie zu-
rückschlagen sollte. General Barklay der die zweite Stelle
im Heere hatte und mit dem ganzen Krieg als Kriegsminister doch am meisten vertraut sein mußte, sagte in der
Gegend von Woronowo Anfangs Oktober, also etwa
14 Tage vor dem französischen Rückzuge, zu dem Verfasser
und einigen andern Offizieren die sich zu einer andern Bestimmung bei ihm meldeten: „Danken Sie Gott meine

herren daß Sie von hier abgerufen werden, es kann aus dieser Geschichte doch niemals etwas Gescheutes werden."

Wir waren anderer Meinung; aber freilich waren wir Fremde, und den Fremden war es leichter einen unbefangenen Gesichtspunkt zu behalten. Wie groß auch der Antheil war den unser Gemüth an der Wendung des Krieges nahm, so waren wir doch nicht wie die Russen unmittelbar von dem Schmerz eines tief verwundeten, leidenden, in seiner Existenz bedrohten Vaterlandes ergriffen. Dergleichen hat immer Einfluß auf die Urtheilskraft. Wir zitterten nur vor dem Gedanken an Frieden und sahen die Bedrängnisse des Augenblicks wie ein großes Rettungsmittel an. Aber wir hüteten uns dergleichen laut werden zu lassen, man würde uns darauf mit sehr zweifelhaftem Blick angesehen haben.

In Petersburg beurtheilte man die Wendung des Krieges vollkommen richtig, und man muß zur Ehre des Kaisers sagen nicht bloß im letzten Augenblick, sondern schon in der früheren Entwickelung der Begebenheiten.

Die beständigen Berichte welche der Kaiser von der Armee erhielt über die Verluste welche die feindliche täglich machte, und die vielleicht mehr in der Absicht geschrieben wurden Balsam in die Wunden zu gießen als weil man von dieser Wahrheit recht durchdrungen gewesen wäre; der Sieg Wittgensteins bei Kliastizi; die erste Schlacht von Polozk, wo der Sieg zweifelhaft blieb trotz der französischen Überlegenheit; die Gefangennehmung der Sachsen in Kobrin; das Heranrücken der Moldauarmee und Steinheils auf beiden äußersten Flügeln; der freilich nicht beabsichtigte aber durch die Umstände hervorgebrachte weite Rückzug ins Innere des Landes bis über Smolensk hinaus; — Alles dies hatte den Männern in Petersburg eine Mor-

genröthe von Hoffnung gezeigt. Hundert Meilen entfernt
von den blutigen Schlachtfeldern, den verwüsteten Dörfern
und Städten, den schmerzlichen Rückzügen des eigenen Heeres, dem triumphirenden Vorschreiten des feindlichen ur-
theilt es sich ruhiger und selbstständiger. Man kann es in
dieser Beziehung als ein rechtes Glück ansehen daß der
Kaiser Alexander die Armee verlassen hatte.

Also in Petersburg, belebt durch die ersten günstigen
Anzeigen eines möglichen Erfolgs, gestärkt durch den Rath
einiger kräftigen Männer, wozu gewiß der Herr v. Stein
zu zählen ist, faßte der Kaiser nach seiner Rückkehr den
Entschluß keinen Friedensanträgen Gehör zu geben, die
Rüstungen auf allen Punkten möglichst zu betreiben und
den Gang des Krieges im Großen von Petersburg aus
selbst zu leiten.

Wir haben gesehen daß die Idee sich mit dem Centro
zurückzuziehen und dann auf die Flanken des Feindes zu
wirken die erste des Feldzuges gewesen war in einem ver-
kleinerten Maaßstabe. Nun hatten sich die Sachen von
selbst so gemacht daß das Centrum sich tief in Rußland
befand, während der rechte französische Flügel noch an der
Grenze und der linke an der Düna geblieben war. Die
beiden Hauptverstärkungen an stehenden Truppen, die Moldauarmee und die finnländischen Divisionen hatten ihre ganz
natürliche Richtung gegen die Flügel, es war also natürlich, aber darum nicht weniger verdienstlich daß der Kaiser
beschloß jetzt zu der ersten Idee zurückzukehren und sie in
einem größern Maaßstabe auszuführen. Es wurde also
beschlossen 2 Armeen im südlichen und 2 im nördlichen
Litthauen hinter der großen französischen Armee auftreten
zu lassen, nämlich Tschitschagow, Sacken, Wittgenstein und
Steinheil, welche bestimmt waren die ihnen entgegenstehen-

den schwächern feindlichen Kräfte zu überwältigen, dann auf die große Verbindungslinie des Centrums zu rücken, ihm den strategischen Lebensfaden abzuschneiden und zugleich bei der Umkehr den Rückzug zu verlegen.

Dieser Beschluß wurde Anfangs September in Petersburg gefaßt und die Dispositionen dazu entworfen. Man kannte damals den Ausgang der Schlacht von Borodino noch nicht, man sieht aber daß die Disposition mehr für den Fall einer verlornen als gewonnenen Schlacht gemacht ist und das war ganz vernünftig. Bis dahin kann man das Verfahren des Kaisers Alexander nur mit dem höchsten Lobe belegen. Aber unpraktisch war es und zeugte von einem Mangel an Erfahrung in Kriegssachen daß die Dispositionen für die genannten 4 Armeen viel zu umständlich entworfen waren. Der Erfolg zeigte dies klar, denn keine einzige hat ausgeführt werden können. Merkwürdig und die russische Administration bezeichnend war es daß die Kräfte welche in Riga und bei Wittgenstein aufgestellt werden sollten nicht die halbe Stärke erreichten welche man ihnen in Petersburg gab. Diese Umstände zusammengenommen machen daß wenn man jetzt die petersburger Dispositionen liest und mit dem vergleicht was geschehen ist und geschehen konnte, sie fast etwas Lächerliches haben. Der Oberst Michaud vom Generalstabe welcher Flügeladjutant des Kaisers geworden war und damals viel galt, dürfte wohl an der Ausarbeitung dieser Dispositionen den meisten Antheil gehabt haben. Er war ein sehr unterrichteter Offizier aus piemontesischem Dienst, der aber über die Führung des großen Krieges auch wohl nicht die klarsten Vorstellungen haben mochte und wenigstens nicht in der Übung solcher Arbeiten war.

Gleich nach dem Durchzug durch Moskau verließ der

General Miloradowitsch die Arrieregarde welche dem General Rojefsky übertragen wurde; auch an Truppen wurde die Arrieregarde anders zusammengesetzt, und dies hatte für den Verfasser die Folge daß er einstweilen als disponibel ins Hauptquartier kam. Als er sich hier beim General Benningsen meldete fand er einen Befehl des Kaisers vor, wodurch er als Chef des Generalstabes für die Besatzung von Riga ernannt war. Es hatte sich dort ein anderer aus dem preußischen Dienst gekommener Stabsoffizier, ein Oberstlieutenant von Tiedemann befunden, welcher bei dem Ausfall am 22. August geblieben war. Der Kaiser hielt es für gut an der dortigen Stelle einen deutschen Offizier zu haben und hatte sich des Verfassers erinnert. Der Befehl lag schon seit einigen Wochen im Hauptquartier und wäre in der Konfusion der täglichen Geschäfte ganz übersehen worden, wenn nicht ein jüngerer Offizier dem Verfasser freundschaftlich davon Nachricht gegeben hätte.

Die Anstellung beim General Essen versprach dem Verfasser allerdings einen angenehmern Wirkungskreis als die bei einer Division oder einem Kavalleriekorps der Hauptarmee, wo er beim Mangel der Sprache mit unsäglichen Anstrengungen nur das Gewöhnlichste leisten konnte. Der Feldzug war daher für ihn doppelt beschwerlich gewesen und vergnügt sah er seiner neuen Bestimmung entgegen. Am 24. September nach manchem kleinen Aufenthalt reiste er mit einer gehörigen Podoroschna (Reisepaß) versehen von Krasnoï Pachri ab um mit Post über Serpuchow, Tula, Riázan, Jaroslaw und Nowogrod nach Petersburg zu gehen, dort von Neuem sich auszurüsten und dann nach Riga zu begeben.

Aber schon an der Oka bei Serpuchow wurde er von den Milizen angehalten, weil er nicht Russisch konnte. Die

Podoroschna, ein ganzer Mantelsack von quellen russischen Briefen, die russische Ordre seiner Versetzung, die
Uniform, nichts war hinreichend das Mißtrauen der Miliz-
offiziere zu besiegen. Ein Deutscher oder wie die meisten
glaubten gar ein Franzose mit einem polnischen Bedienten,
das schien ihnen ein zu bedenkliches Ding. Sie zwangen
den Verfasser mit einem zur Armee eben zurückkehrenden
Offizier wieder in das Hauptquartier umzukehren. Um
nicht noch einmal in diesen Fall zu gerathen beschloß der
Verfasser einen Courier abzuwarten und diesen zu begleiten.
Nach einigen Tagen fand sich daß Graf Chasot aus preußischem und Baron Bose aus sächsischem Dienst, welche
den Feldzug im Gefolge des Erbprinzen von Oldenburg
mitgemacht hatten, nach Petersburg abgehen sollten um mit
Errichtung der deutschen Legion den Anfang zu machen;
sie bekamen einen russischen Feldjäger zur Begleitung und
der Verfasser beschloß sich an sie anzuschließen. Es fehlte
in einigen kleinen Städten nicht viel daß wir auf dieser
Reise trotz unsers russischen Feldjägers wieder für Spione
erklärt und festgenommen worden wären. Graf Chasot
wurde unterweges so unwohl daß wir häufig Nachtquartier
nehmen und über 14 Tage unterweges bleiben mußten. So
erreichten wir Petersburg erst Mitte Oktobers.

Als wir uns in Jaroslaw beim zweiten Prinzen von
Oldenburg meldeten, der in dieses sein Gouvernement zurückgekehrt war und in Administrationssachen sich sehr nützlich und tüchtig zeigte, erwies uns die Großfürstin Katha-
rina die Ehre uns eine Audienz zu geben. Die Franzosen
hatten ihren Rückzug noch nicht angetreten, aber die Überzeugung daß sie ihn antreten würden und müßten, war
plötzlich überall hervorgewachsen und nur Wenige glaubten
noch an die Möglichkeit einer neuen Offensive gegen den

Süden. Die Großfürstin zeigte sich höchst begierig Nachrichten von der Armee zu haben, sie fragte uns mit sehr viel Verstand und Überlegung aus, und man sah wie ernstlich sie Alles erwog was wir ihr mittheilen konnten. Sie fragte den Verfasser was er von der Bewegung die Bonaparte nun unternehmen werde halte, ob es ein ganz einfacher Rückzug sein werde und auf welcher Straße. Der Verfasser erwiederte daß er nicht an dem nahen Rückzug der französischen Armee zweifele und es für eben so ausgemacht halte daß sie denselben Weg gehen würde den sie gekommen war; die Großfürstin schien sich dieselbe Überzeugung schon verschafft zu haben. Sie ließ uns den Eindruck daß sie eine Frau sei zum Regieren geschaffen.

Da wir uns jetzt von der Hauptarmee ganz abwenden, so erlauben wir uns ein Paar Bemerkungen über den Rückzug Bonapartes hauptsächlich in der oben angegebenen Beziehung zu machen.

Wir haben nie begreifen können wie man so hartnäckig bei der Idee verweilen konnte daß Bonaparte einen andern Weg zurück hätte nehmen sollen als den er gekommen war. Wovon anders hätte er denn leben können als von seinen Magazinen? Was konnte einer Armee die keine Zeit zu verlieren hatte, immer in großen Haufen bivouakiren mußte, eine nicht ausgezehrte Gegend helfen? Welcher Kommissair hätte denn dahin vorausgehen wollen Lebensmittel zusammenzutreiben und welche russische Behörde würde seinem Befehle nachgekommen sein? Die Armee wäre in den ersten 8 Tagen verhungert.

Ein in Feindes Lande Zurückgehender bedarf in der Regel einer vorbereiteten Straße; einer der unter sehr schlimmen Verhältnissen zurückgeht bedarf ihrer doppelt; einer der in Rußland 120 Meilen weit zurück will braucht sie dreifach. Unter vorbereiteter Straße verstehen wir eine die von seinen Detaschements besetzt ist und auf welcher er Magazine findet.

Der Marsch Bonapartes auf Kaluga war ein ganz nothwendiger Anfang seines Rückzuges, ohne daß die Idee eine andere Straße zu gehen dabei in Betracht kommt. Kutusow hatte von Tarutino drei Märsche weniger nach Smolensk als Bonaparte von Moskau; dieser mußte also damit anfangen jenem auf den Leib zu rücken um den Vorsprung einzubringen ehe der eigentliche Rückzug anging. Es wäre ihm natürlich noch lieber gewesen, wenn er Kutusow bis Kaluga hätte zurückmanövriren können. Er hoffte es durch das plötzliche Übergehen von der alten Straße auf die neue, wodurch Kutusows linke Flanke bedroht wurde. Da aber dies und der Versuch ihn bei Malo-Jaroslawez zu bruskiren nicht zu gelingen schien, so ließ er es lieber sein und dachte es sei nicht mehr Zeit von den wenigen Kräften die ihm übrig geblieben in einer allgemeinen Schlacht noch 20,000 Mann sitzen zu lassen um dann doch mit einem Rückzuge zu endigen.

Daß auf diese Weise Bonapartes Rückzug mit einer scheinbar neuen gegen den Süden gerichteten Offensive anfing, war ihm wie wir den Mann kennen nebenher gewiß von großem Werth.

Von dem Punkt aus wo Bonaparte sich mit Kutusow zusammen befand mußte er freilich ein Stück neuer Straße wählen ehe er in die alte kam; dies hatte aber nicht dieselben Schwierigkeiten, weil dies Stück seitwärts und zwischen ihm und seinen Detaschements auf der smolensker Straße lag. Auch bereitete er dies Stück vor, indem er Poniatowski seinen Weg rechts nehmen ließ, der auch mit der Wiedereroberung von Wereja den Anfang machte. Bonaparte machte dieses Stück so klein als möglich. Er marschirte nicht von Malo-Jaroslawez gerade auf Wiazma, weil dieser Weg seiner Richtung nach zu sehr bloßgestellt war, sondern er ging zurück auf Borowsk und gerade über Wereja auf Mojaïsk. Wie konnte man nur einen Augenblick zweifeln daß die dringendsten Gründe diesen Entschluß motivirt haben.

Als der Verfasser in Petersburg ankam hatte sich mit dem Gouvernement von Riga eine Veränderung zugetragen. Der Marquis Paulucci, von dem wir früher gesprochen haben, hatte den General Essen in seinem Kommando abgelöst. Der Verfasser fühlte den höchsten Widerwillen bei der Person dieses wunderlichen Mannes angestellt zu werden. Da nun in dieser Zeit auch die Nachricht von dem Anfange des französischen Rückzuges einlief, und also vorauszusehen war daß Riga ganz außer Spiel kommen würde, so wandte sich der Verfasser an den Herzog von Oldenburg welcher in Petersburg mit der Organisation der russisch-deutschen Legion beschäftigt war, bat ihm die Stelle als erster Generalstabsoffizier welche man ihm früher zugedacht hatte jetzt wirklich zu verleihen, ihm aber, da für diese Stelle während der Errichtung des Korps keine Thätigkeit war, zugleich beim Kaiser die Erlaubniß zu bewirken zur Armee des Generals Wittgenstein gehen zu dürfen und dort so lange zu dienen bis die Legion in die Reihe der fechtenden Korps einrücken würde. Der Kaiser bewilligte dieses doppelte Gesuch und der Verfasser reiste, noch etwa 8 Tage durch die Ausfertigung der ihm mitzugebenden Depeschen aufgehalten, den 15. November von Petersburg über Pskow und Polozk nach Czasniki ins Hauptquartier des Generals Wittgenstein, wo er einige Tage nach dem Treffen von Smoliany eintraf.

Im

Im Wittgensteinschen Hauptquartier herrschte ein gewisses Selbstgefühl, ein stolzes Bewußtsein des Geleisteten, welches mit dem Charakter des großen Hauptquartiers einigermaßen kontrastirte.

Petersburg war durch Wittgenstein gedeckt worden und dieses zog ihm außer den reellen Belohnungen des Monarchen auch eine Menge der schmeichelhaftesten Lobsprüche dieser Hauptstadt zu, wodurch der Nimbus des Ruhmes noch gesteigert wurde. In der That mußte man mit dem Feldzug des Generals Wittgenstein vollkommen zufrieden sein. Er hatte sich moralisch seinem Gegner immer gewachsen und oft überlegen gezeigt, er hatte die ihm gegebene Aufgabe reichlich erfüllt, und auf diesem Kriegstheater war der Erfolg durchaus gegen die Franzosen geblieben und zwar nicht bloß durch die Macht der Umstände, sondern durch die Leistungen der russischen Waffen.

Rechnet man die 3 französischen Korps welche gegen Wittgenstein verwendet worden sind, nämlich Oudinot, St. Cyr und Victor, und die Kürassierdivision Doumerc nach ihrer ursprünglichen Stärke zusammen, so beträgt es eine Masse von 98,000 Mann. Alles aber was bis dahin unter Wittgenstein gefochten hatte betrug gewiß nicht über 75,000 Mann. Er hat also eine ihm überlegene Masse der feindlichen Kräfte für die eigentliche Offensive neutralisirt, dabei kein Terrain eingebüßt, sondern im Gegentheil noch so viel Übergewicht gewonnen daß er zu der in Petersburg bestimmten Abschneidung der französischen Hauptarmee mitzuwirken in Bereitschaft war. Ein solches Resultat gegen französische Truppen und Bonapartische Generale verdient den Namen eines ruhmvollen Feldzuges.

General Wittgenstein war ein Mann von einigen 40 Jahren, voll gutem Willen, Regsamkeit und Unternehmungsgeist. Seinem Verstand fehlte es nur etwas an Klarheit und seiner Thätigkeit an kerniger Kraft.

Sein Chef des Generalstabs war der Generalmajor d'Auvray, ein Sachse von Geburt der schon lange in russischem Dienst und über die 50 hinaus war. Er war ein höchst gutmüthiger Mann vom edelsten Charakter, hatte einen recht tüchtigen Verstand und allgemeine Bildung. Ehrlich und voll guten Willens wie er war trieb ihn der Eifer für das Beste des Staates immer vorwärts. Ihm fehlte es aber etwas an der soldatischen Werkthätigkeit. Er verstand nicht zu schelten und scharf einzugreifen welches doch oft nöthig ist.

Generalmajor Diebitsch war der Generalquartiermeister. Von Geburt ein Preuße, war er schon als junger Mensch von dem preußischen Kadettenhause in den russischen Dienst gekommen und durch die Carriere der Garden und des Generalstabs schnell bis zum Obersten gestiegen, so daß er im Laufe dieses Feldzuges schon in seinem 27sten Jahre General wurde.

Er war die Hauptfeder in dem Wittgensteinschen Armeekommando.

Er war von Jugend auf fleißig gewesen und hatte sich für sein Fach gute Kenntnisse erworben. Feurig, brav und unternehmend, von raschem Entschluß, großer Festigkeit, mit einem tüchtigen Hausverstand, etwas dreist und herrisch, die andern mit sich fortreißend, dabei sehr ehrgeizig — so war General Diebitsch, und diese Eigenschaften mußten ihn immer stark gegen das Ziel hintreiben. Da er ein edles Herz hatte, offen und redlich, ohne die Spur der Intrigue war, so mußten General Wittgenstein und General d'Auvray bald von ihm überwunden werden. Man sieht daß das Wittgensteinsche Hauptquartier den drei wichtigsten Personen nach aus lauter edlen Charakteren voll redlichem Eifer und gutem Willen ohne irgend eine Nebenabsicht zusammengesetzt war, daß es nicht an Einsicht und nicht an Feuer des Charakters fehlte; und dieser Zusammensetzung entsprechend wird man auch die einzelnen Begebenheiten des Wittgensteinschen Feldzugs finden, wenn man sie mit Billigkeit und praktischem Sinn untersucht.

Als der Verfasser bei dieser Armee ankam hatte sie eben den letzten Versuch der französischen Marschälle zu einem Angriff bei Smoliany zurückgewiesen. Sie sah dies Gefecht wie eine neue gewonnene Schlacht an, so wie man denn von 17 batailles rangées sprechen hörte die die Wittgensteinsche Armee geliefert habe. Damit wollte man nur die große Thätigkeit bezeichnen die auf diesem Kriegstheater geherrscht hatte. Der Sieg von Smoliany wurde indessen wie eine bloße Defensivschlacht angesehen, wovon das Verfolgen nicht gerade ein wesentliches Stück ausmache.

Nach der Instruktion des Kaisers hatte Wittgenstein den Marschall Oudinot von dieser Gegend ganz abdrängen, gegen Wilna hinwerfen und es dann der Steinheilschen Armee überlassen sollen ihn aus dem Spiel zu halten. Ohne uns bei der wunderlichen Verwirrung dieser höchst unpraktischen Dispositionen aufzuhalten wollen wir nur bemerken daß dies nicht geschehen war. Oudinot hatte sich auf Victor in die Gegend zwischen Dnieper und Düna zurückgezogen, nur das noch aus ein Paar Tausend Mann bestehende 6te Korps war gegen Wilna hinausgewichen, und Steinheil hatte nicht eine eigene Armee bilden, sondern nichts Besseres thun können als sich an Wittgenstein anzuschließen.

Wittgenstein war nur einige 40,000 Mann stark; man schätzte aber Oudinot und Victor wenigstens von eben der Stärke. Dazu mußte etwas gegen Wrede aufgestellt werden und Wittgenstein war mithin auf diese Weise hinreichend beschäftigt wenn er diese Korps verhinderte etwas anderes zu thun als ihm zu stehen.

Ohnehin hieß es in der Instruktion daß Wittgenstein die Ula von Lepel ab besetzen und dann das Weitere abwarten sollte.

Wittgenstein hatte hiernach keine Veranlassung die Gegend von Czasniki zu verlassen.

Er blieb daher noch 8 Tage nach dem Gefecht von Smoliany ruhig stehen. Am 20. November erfuhr er daß die ihm gegenüberstehenden Marschälle eine Bewegung gegen die Berezina machten, welches ein Zeichen der heranruckenden französischen Hauptarmee war, von der man übrigens weiter nichts wußte als daß sie sehr geschwächt u Smolensk angekommen war. Wittgenstein beschloß seine auf den Straßen von Czereja und Kolopedniczi stehenden Avantgarden dem Feinde nahe folgen zu lassen und mit seiner Armee auf Czereja zu marschiren, wo er noch in der Richtung blieb die Ula zu decken und sich, wenn Bonaparte diese Richtung nehmen sollte, ihm hinter diesem Fluß vorzulegen.

Am 22. erfuhr er die Ankunft Tschitschagows bei Borissow. Er wurde von diesem General aufgefordert sich dem Punkte von Borissow so weit zu nähern daß sie gemeinschaftlich handeln könnten. General Wittgenstein ging hierauf den 24. nach Kelopedniczi. Hier erfuhr man die Gefechte von Krasnoï, daß Bonaparte den 19. in Orsza gewesen wäre und daß Kutusow einige Tage Halt gemacht und nur eine Avantgarde von 20,000 Mann nachgesandt habe, welche der französischen Armee auf einen Marsch Entfernung folge. Zugleich ging die Nachricht ein von einem sehr nachtheiligen Gefecht was die Division Pahlen von

Tschitschagows Armee auf dem linken Ufer der Berezina am 23. gehabt hätte.

Jetzt zogen sich die Fäden zu dem entscheidenden Knoten zusammen. Die Berezina war bei Borissow und etwa einen Marsch ober- und unterhalb dieses Punktes durch die Armee des Admirals gesperrt. Man konnte nach der Kenntniß die man von der Örtlichkeit hatte mit ziemlicher Sicherheit annehmen daß die französische Armee nicht im Stande sein würde in diesem Bereich den Übergang zu erzwingen. Man glaubte also sie müsse sich rechts oder links wenden und die Straße nach Lepel oder die nach Bobruisk einschlagen. Unter diesen Umständen schien es wahrscheinlicher daß sie gegen Bobruisk sich wenden würde, weil sie in der Richtung gegen Lepel auf Wittgenstein traf. Allein Wittgenstein der für Lepel und die Ula in specie verantwortlich war mußte doch diese letztere Voraussetzung im Auge und also eine solche Stellung behalten daß er sich auf dem Wege nach Lepel oder hinter der Ula vorlegen konnte, er konnte also nicht über die Berezina gehen um sich mit Tschitschagow zu vereinigen.

Das Sicherste seines Antheils an dem Ereigniß gewiß zu werden wäre freilich gewesen wenn Wittgenstein am 25. und 26. ‚ ‘ auf die große Straße von Smolensk nach Borissow gerückt wäre. War Bonaparte links weggegangen, so kam er ihm näher, wor er noch auf dieser Straße oder im Anmarsch gegen Lepel, so konnte er ihn angreifen und dadurch seine Plane sehr zerrütten.

Aber Wittgenstein hatte früher zwei Marschälle gegen sich gehabt, deren Gesammtstärke er der seinigen fast gleich schätzte; wenn nun auch der eine davon sich gegen Borissow gewandt hatte, so war er doch diesseit des Flusses und in der Nähe geblieben, so daß der andere leicht von ihm unterſtützt werden konnte. Die ſogenannte große franzöſiſche Armee, welche unter Bonapartes perſönlicher Anführung vorrückte, war nach einigen Nachrichten noch 80,000 Mann ſtark, und die welche ſie am geringſten ſchätzten glaubten ſie doch 60,000 Mann waffenfähige Mannſchaft annehmen zu müſſen. Man muß ſich über dieſe Überſchätzung nicht zu ſehr verwundern; freilich wußte man daß die Franzoſen ungeheure Verluſte gemacht hatten, allein man glaubte genug abzurechnen, wenn man von 300,000 Mann die des Weges vor 3 Monat gezogen waren noch 60,000 Waffenfähige annahm. Die letzten offiziellen Nachrichten über die Stärke des feindlichen Heeres hatte man vor den Gefechten bei Krasnoï; da waren ſie von Kutuſow ſehr überſchätzt worden und die gewaltigen Verluſte in und nach dieſen Gefechten konnte man ſo beſtimmt nicht wiſſen. Die Beobachtung durch Rekognoszirungen war ſehr ſchwierig, weil man nicht ſo genau unterſcheiden konnte was von der ganzen ſich fortwälzenden Maſſe noch waffenfähig war oder nicht. — Kurz es iſt begreiflich und verzeihlich, wenn man im Wittgenſteinſchen Hauptquartier glaubte eine Maſſe von 90- bis 100,000 Mann vor ſich zu haben, während man nun weiß daß es nur noch ungefähr 30,000 waren.

Vom Admiral konnte Wittgenſtein keine Hülfe erwarten, er war durch eine natürlich ziemlich ausgedehnte Defenſivaufſtellung gefeſſelt; außerdem hatte er bei dem Verſuch überzugehen eine ſo derbe Ohrfeige bekommen daß man wohl vorausſah er werde ſich keiner zweiten ausſetzen. Die ruſſiſche Hauptarmee hatte das unmittelbare Verfolgen aufgegeben, ſelbſt die Avantgarde derſelben war auf 2 Tagemärſche auseinander — Wittgenſtein war alſo ſehr allein und konnte am erſten Tage des Gefechts auf gar keine, am zweiten nur auf eine ungewiſſe Unterſtützung rechnen.

Unter diesen Umständen blind darauf zu gehen schien der Sturz des Curtius in den Abgrund zu sein.

Hätte Wittgenstein *) den 25. von Kolopedniczi aus einen Marsch gerade auf Borissow gethan und den 26. alles angegriffen was er vom Feinde vor sich fand, so würde er den Abgrund nicht so tief gefunden haben als man fürchtete. Er hätte von Bonaparte geschlagen werden können, aber den Übergang hätte er an dem Tage gewiß verhindert und vielleicht auch für die folgenden unmöglich gemacht. Aber dieses Aufopfern für das allgemeine Beste welches sich in Büchern so gut ausnimmt ist gleichwohl eine Sache auf die man in der wirklichen Welt niemals rechnen sollte, oder doch nur in den wenigen Fällen, wo sie mit hinreichender Autorität zur ausdrücklichen Pflicht gemacht wird.

Vom General Diebitsch hätten wir ein keckes sich selbst vergessendes Daraufgehen allenfalls erwartet, in wie weit er es gewollt und nicht gekonnt hat ist uns ungewiß geblieben, daß man in dem Augenblick nicht sehr einig im Hauptquartier war war nicht schwer zu bemerken.

Wittgenstein that was die Meisten an seiner Stelle gethan haben würden und was nicht zu einem absoluten Fehler gemacht werden kann. Er marschirte den 25. von Kolopedniczi auf die von Borissow nach Lepel führende Straße und behielt die erstere noch besetzt, wodurch er den Weg zur obern Berezina und zur Ulla verlegte. Da seine Avantgarden den 25. nicht auf den Feind stießen, so sah General Wittgenstein wohl daß Bonaparte sich nicht rechts gewendet habe und er that also am 26. einen Marsch gegen die borissower Straße nach Kostriza, welches nur ein

---

*) Man sehe die Tabelle in der Beilage.

Paar Stunden von derselben und ein Paar Meilen von dem Punkt ist wo die Franzosen ihren Übergang beabsichtigten.

In Kostritza erfuhr General Wittgenstein daß die Franzosen Anstalten machten bei Studianka überzugehen. Da Tschitschagow die Gegend bis Zembin hin besetzt hatte, so schien der Erfolg dieses zu erzwingenden Überganges sehr zweifelhaft. General Wittgenstein aber beschloß den 27. auf die Straße zu rücken und den Feind von hinten anzugreifen, während er vorn mit Überwältigung Tschitschagows beschäftigt wäre.

Der Verfasser befand sich in diesen Tagen nicht im Wittgensteinschen Hauptquartier, sondern war mit einem Detaschement zur Deckung der linken Flanke zurückgelassen und erreichte erst am 28. Abends das Korps wieder. Er hat daher den Hergang der Gefechte gegen Victor am 27. und 28. nicht selbst beobachtet, und es ist ihm die Ursache warum General Wittgenstein nicht auf Studianka, sondern auf die smolensker Straße marschirte, während er doch wußte daß jenes der Übergangspunkt des Feindes sei, nicht aus der Anschauung klar geworden. Unstreitig lag darin eine gewisse Zaghaftigkeit, eine zu große Sorgfalt sein Korps vor jedem Nachtheil zu hüten; und in diesem Punkt dürfte General Wittgenstein also von einem gewissen Antheil an dem Durchkommen Bonapartes nicht freizusprechen sein. Am 27. würde er zwar den Übergang an sich nicht mehr haben verhindern können, aber die Verluste des Feindes würden viel größer gewesen sein.

Wittgenstein machte an diesen beiden Tagen an 10,000 Gefangene, worunter eine ganze Division war; mit diesem glänzenden Resultat beschwichtigte er sein Gewissen und schob den Hauptfehler auf Tschitschagow der die Gegend bis Zembin hin zur Unzeit geräumt hatte.

Dieser General scheint allerdings in diesem Feldzug keine große Fähigkeit zur Armeeführung kund gethan zu haben. Indessen ist es wahr daß alle Menschen von der Idee, der Feind wende sich links gegen Bobruisk, voreingenommen waren. Selbst von Kutusow ging ein solches Aviso ein. Der Gedanke daß die Gegenwart Wittgensteins ihn verhindern würde sich rechts zu wenden ist wohl die Hauptursache dieser vorgefaßten Meinung gewesen. Indessen hätte der Admiral selbst nach seiner falschen Bewegung am 27. immer noch Zeit gehabt den Übergang streitig zu machen, und dafür trifft ihn die Hauptschuld der verfehlten Absicht.

Niemals war der Fall möglicher und leichter eine Armee zum Kapituliren im offenen Felde zu bringen als hier. Die Berezina, theils von Morästen, theils von dichten Waldungen begleitet, bietet nur an wenig Punkten die Mittel dar überzugehen und nach dem Übergang seinen Weg fortzusetzen. Der Feind war nur noch 30,000 Mann stark, eben so viel Russen standen hinter dem Fluß, eben so viel diesseit desselben und 10,000 zogen von hinten nach. Dazu bei der feindlichen Armee eine gänzliche Auflösung, 40,000 gewehrlose Nachzügler, Hunger und Krankheit und Erschöpfung aller physischen und moralischen Kräfte.

Der Zufall hat Bonaparte unstreitig etwas begünstigt, darin daß er in der Nähe von Borissow noch einen so vortheilhaften Punkt fand wie der von Studianka es für den Übergang selbst war, aber die Hauptsache hat der Ruf seiner Waffen gethan, und er zehrte also hier vor einem längst zurückgelegten Kapital. Wittgenstein und Tschitschagow haben ihn beide gefürchtet, ihn, sein Heer, seine Garden; eben so wie Kutusow ihn bei Krasnoi gefürchtet hat.

Keiner wollte sich von ihm schlagen lassen. Kutusow glaubte den Zweck auch ohnedem zu erreichen, Wittgenstein wollte den eben erworbenen Ruhm nicht daran geben, Tschitschagow nicht einen zweiten Echec erleiden.

Mit dieser moralischen Macht war Bonaparte ausgerüstet als er sich aus einer der schlimmsten Lagen zog in welcher sich je ein Feldherr befunden hat. Aber freilich machte diese moralische Potenz nicht Alles; die Stärke seines Geistes und die kriegerische Tugend seines Heeres die auch von den zerstörendsten Elementen nicht hatten ganz überwunden werden können, mußten sich hier noch einmal in vollem Glanze zeigen. Nachdem er alle Schwierigkeiten dieses gefährlichen Augenblicks überwunden hatte, sagte Bonaparte zu seinen Umgebungen: Vous voyez comme on passe sous la barbe de l'ennemi.

Die Ehre hatte Bonaparte hier vollkommen gerettet und sogar neue erworben, aber das Resultat war darum doch ein großer Schritt zum gänzlichen Untergang seines Heeres. Was von diesem Heere in Kowno angekommen wissen wir und daß die Berezina der letzte Hauptstoß gegen dieses Resultat war. So ist es denn überhaupt mit dem ganzen Rückzug. Außer sich selbst, seinen vornehmsten Generalen und ein Paar Tausend Offizieren hat er nichts Nennenswerthes von dem ganzen Heere zurückgebracht. Wenn man also sagt, er hat den schwierigen Rückzug zu Stande gebracht, so ist das nur dem Namen nach zu verstehen; und eben so ist es mit einzelnen Akten dieser großen Begebenheit. Eugen entkam durch einen Umweg bei Krasnoi, aber freilich nur mit der Hälfte seiner Truppen. Ney entkam gleichfalls durch einen größern Umweg, aber freilich nur (wie sein eigner Sekretair erzählt) mit 600 Mann von 6000; dem Namen nach war den Russen das Abschneiden nicht gelungen, weder gegen Eugen noch gegen Ney bei Krasnoï, noch Bonapartes an der Berezina; aber nichtsdestoweniger hatten sie ganz beträchtliche Massen abgeschnitten. Noch mehr ist dies vom ganzen Feldzug wahr. Selten kommen die Russen den Franzosen zuvor, so viel Gelegenheit sie dazu haben, und wenn sie ihnen zuvorgekommen sind, so lassen sie sie immer wieder durch; überall sind die Franzosen im Gefecht Sieger; jene erlauben ihnen das Unglaubliche zu vollbringen; aber — ziehen wir am Ende die Summe, so hat die französische Armee aufgehört zu sein, und mit Ausnahme der Gefangenschaft Bonapartes und seines Generalstabs hat der Feldzug den absolutesten Erfolg. Sollte nun die russische Armee daran gar kein Verdienst haben? Das wäre ein sehr unbilliges Urtheil.

Nie hat eine Verfolgung im Großen mit solcher Thätigkeit und Anstrengung der Kräfte stattgefunden wie in diesem Feldzuge. Freilich waren die russischen Generale oft zaghaft in dem Augenblick wo sie die Flüchtlinge greifen sollten, aber darum war die Thätigkeit des allgemeinen Nachrückens doch bewundernswerth; man muß nur den Maaßstab nicht aus den Augen verlieren. In den Monaten November und Dezember nach einem sehr angestrengten Feldzug zwischen Schnee und Eis in Rußland, entweder auf wenig gebahnten Nebenwegen oder in der ganz verwüsteten Hauptstraße, bei einer sehr großen Schwierigkeit der Verpflegung, dem flüchtigen Feinde 120 Meilen weit innerhalb 50 Tagen folgen ist vielleicht beispiellos; und um das Ganze dieser großen Anstrengung mit einem Wort auszudrücken dürfen wir nur sagen daß die russische Hauptarmee 110,000 Mann stark von Tarutino abmarschirt und 40,000 Mann stark bei Wilna angekommen ist. Das Übrige war todt, krank, verwundet oder erschöpft zurückgeblieben. Diese Anstrengung macht dem Fürsten Kutusow große Ehre.

Als er bei Krasnoï endlich sich entschloß seinem Gegner auf den Hals zu rücken, als er ihm durch die Hälfte seiner Armee unter Tormasow den Weg diesseit des Dniepers gänzlich versperren wollte, und mitten in dieser längst erwarteten Entscheidung wieder inne hielt und den furchtbaren Flüchtling mit einer mäßigen Quetschung entkommen ließ, da glaubte man nur den höchsten Grad der Schwäche oder eine gefährliche Gleichgültigkeit für den Ruhm und Erfolg der russischen Waffen zu sehen — aber freilich wohl mehr indem man in seinem Zimmer darüber räsonnirte als auf dem Schlachtfelde von Krasnoï selbst.

Man denke sich den Winter mit seiner ganzen Unwirthlichkeit, die überall gelähmten physischen und geistigen Kräfte, ein Heer was von Bivouak zu Bivouak geführt wird, an Entbehrungen leidet, von Krankheiten heimgesucht ist, seine Wege mit Todten, Sterbenden und Erschöpften bedeckt — so wird man begreifen daß sich Alles mit größern Schwierigkeiten machte und daß hier nur die stärksten Antriebe hinreichten die Inertie der Masse zu überwinden.

Kutusow sah wie sein Heer ihm unter den Händen zusammenschmolz und daß er Mühe haben würde etwas Namhaftes davon an die Grenze zu bringen. Er sah daß der Erfolg des Feldzuges in jedem Fall ein ungeheurer sein würde, er sah selbst mit großem Scharfsinn die gänzliche Vernichtung voraus: Tout cela se fondera sans moi sagte er zu seinen Umgebungen — konnte oder vielmehr sollte nun durchaus eine beschleunigte Zerstörung des Gegners einen solchen Werth für ihn haben um noch einen Theil seiner eigenen Kräfte in Gefahr zu bringen? Daß die persönliche Besorgniß, von Bonaparte noch einmal tüchtig geschlagen zu werden eins der stärksten Motive gewesen sein wird, wollen wir nicht bezweifeln; aber wenn wir uns dies Motiv ganz hinwegdenken, bleibt nicht genug übrig um Kutusows Vorsichtigkeit begreiflich zu machen? daß er seinen Gegner noch für merklich stärker und kräftiger hielt als er war dürfen wir auch nicht übersehen.

Kutusow beschloß sich nicht mit seiner Hauptkraft an seinem Gegner zu versuchen, sondern ihn durch seine großen und kleinen Detaschements ohne Rast verfolgen zu lassen, zu beunruhigen und zu ermüden — das glaubte er würde hinreichen ihn zu Grunde zu richten. Die meisten Feldherren an seiner Stelle würden wahrscheinlich eben so räsonnirt haben.

Nur in einem Punkt kann man Kutusow eines ganz absoluten Fehlers beschuldigen. Er wußte daß Tschitschagow und Wittgenstein sich an der Berezina dem Feinde vorlegen und ihn zum Stehen bringen würden, dies war in dem vom Kaiser vorgeschriebenen Plan. Unter diesen Umständen hätte er gerade in dem Augenblick der französischen Armee auf einen Marsch nahe bleiben müssen. Wenn also der Aufenthalt bei Krasnoï von ein Paar Tagen unvermeidlich war, so hatte er den Zeitverlust durch ein Paar starke Märsche wieder einzubringen, um bei Borissow, wo die französische Armee den 25. und 26. eintraf, den 27. eintreffen zu können, statt daß er noch 4 Märsche davon entfernt in Krugloe stand. Seine Avantgarde traf den 28. in Borissow ein, er selbst nahm die gerade Richtung über Usoza auf Minsk. Da es hier nicht bloß auf ein Mehr oder Weniger des allgemeinen Erfolgs ankam, sondern auf den Beistand welchen er seinen Unterfeldherren zu leisten hatte, so ist dieser Punkt anders zu beurtheilen als sein Benehmen bei Krasnoï.

Von der Berezina ab folgte Tschitschagow zunächst der französischen Armee und dann Miloradowitsch, Platow und mehrere andere Kosackenhaufen blieben ihr seitwärts nahe oder gingen ihr auch wohl voran. Da Wittgenstein unter diesen Umständen auf der großen Straße, die ohnehin in dem furchtbarsten Zustande war, unnütz wurde, so verließ er bei Kamen dieselbe und nahm seine Richtung auf Niemenzin an der Ausbiegung gelegen welche die Wilia oberhalb Wilna nach Norden hin macht. Wir sahen also nur ein Stück der berühmten Rückzugsstraße, aber auf diesem Stück von etwa 3 Tagemärschen waren auch die Greuel welche dieser Rückzug hervorgebracht hat bis zum Unglaublichen gehäuft. Es sind so viel Beschreibungen von dem Elende der französischen Armee gemacht worden daß der Verfasser es für überflüssig findet diesen Bildern neue Pinselstriche hinzuzufügen. Es ist wahr daß er geglaubt hat nie in seinem Leben diese greuelvollen Vorstellungen wieder los zu werden an welche sich die Seele hier gewöhnen mußte. Nur an Eins wollen wir erinnern. Man übersehe nicht welche Beschwerden auch der russische Soldat zu überstehen hatte. In der Mitte eines ungewöhnlich strengen Winters waren die Korps genöthigt größtentheils zu bivouakiren, denn die wenigen schlechten Dörfer in der Nähe der Straße, wie sie sich in diesem Theile Litthauens finden, konnten nur wenig Truppen aufnehmen und mußten meist der Kavallerie gegeben werden. Man hätte sich also in viel kleinere Kolonnen zerlegen müssen, wenn Alles hätte in Quartiere kommen sollen. Die Verpflegung war unter diesen Umständen auch nur sehr dürftig, weil man doch nicht zu weit vorausschicken konnte und das beständige Vorschreiten nicht zuließ aus großen Entfernungen von der Seite her Lebensmittel herbeizuführen. Daher sah man denn auch den Weg welchen die Avantgarde genommen hatte immer durch todte Russen bezeichnet die dem Frost und den Anstrengungen erlegen waren. Auch büßte Wittgenstein in den letzten 4 Wochen ein gutes Drittel seiner Truppen ein, denn er war in Czasniki einige 40,000 Mann stark gewesen und hatte in der Gegend von Wilna kaum noch 30,000.

General Wittgenstein erhielt aus dem Hauptquartier die Bestimmung sich gegen Samogitien und den untern Theil des Niemens zu wenden um Macdonald abzuschneiden, der wie es schien aus Kurland noch nicht zurückgegangen war.

In der That hatte Bonaparte nicht daran gedacht diesem General den Befehl zum Abzug zu schicken, und erst von Wilna aus wurde ihm durch den König von Neapel dieser Befehl zugefertigt, der einem dort befindlichen preußischen Offizier übergeben wurde. Dieser an sich ein nicht sehr zuverlässiger Mann wurde durch Hindernisse aufgehalten und durch übertriebene Besorgnisse zu dem großen Umweg über Tilsit und Teltsch bewogen, und traf erst den 18. Dezember in Mitau ein.

Macdonald hatte sich in der quälendsten Unruhe befunden. Ein anderer preußischer Offizier war vom General York zum General Krusemark nach Wilna gesandt worden, war von dort den 6. wieder abgereist als die ersten Flüchtlinge der großen Armee ankamen und den 10. beim General York mit der Nachricht von der Rückkehr des Kaisers und der Auflösung des französischen Heeres eingetroffen. Marschall Macdonald und General York waren schon auf einem äußerst gespannten Fuß, und der Erstere hielt es unter diesen Umständen nicht recht in seiner Würde von diesen Nachrichten eine genaue Kenntniß zu nehmen. Er erwartete von Wilna stündlich offiziellen Bescheid und erklärte einstweilen die in Umlauf gebrachten Gerüchte für abgeschmackte Erfindungen des bösen Willens. Indessen war Macdonalds Besorgnisse um so größer als zwei Drittel seines Korps aus Preußen bestanden und er dem General York nicht mehr recht traute.

Am 18. Dezember traf der Offizier von Wilna mit dem Befehl zum Marsch aber auch zugleich mit der Bestätigung aller üblen Nachrichten ein; den 19. brach Macdonald in 4 Kolonnen auf. Zwei bestanden aus der Division Grandjean und 6 Bataillonen, 10 Schwadronen und 2 Batterien Preußen unter General Massenbach; die andern beiden aus den übrigen Preußen unter den Generalen York und Kleist. Die beiden ersten bei welchen sich der Marschall selbst befand marschirten einen Tag früher ab und blieben immer einen Tag voraus. Der Weg ging im Allgemeinen über Janischki, Schawlia und Koltiniani, von da die eine Kolonne über Tauroggen und Piktupöhnen, die andere über Pojour, Coadjuten und Rucken nach Tilsit. Der Marschall blieb bei der letzteren.

Der Marsch war ziemlich schnell, denn die beiden ersten Kolonnen welche den 19. Dezember aufgebrochen waren erreichten Piktupöhnen und Gegend, welches 30 Meilen von Mitau ist, in 8 Tagen. Vieler Schnee, große Kälte und schlechte Wege machten diesen Marsch noch beschwerlicher. Unter diesen Umständen kam General York der erst den 20. Abends von Mitau abmarschirte und ein großes Fuhrwesen mit sich führte mit den beiden andern Kolonnen 2 Tagemärsche vom Marschall Macdonald ab. Er erreichte nämlich erst den 25. Abends die Gegend von Koltiniani an diesem Tage aber war der Marschall schon in Wainut 6 Meilen davon.

Die

Dieses Zurückbleiben des Generals York war schwerlich ein absichtliches, sondern scheint hinlänglich durch die Umstände motivirt zu sein.

Wittgenstein war nachdem er seinem Korps in der Gegend von Niemenzin einige Tage Ruhe gegönnt hatte den 17. Dezember von da aufgebrochen und hatte die Richtung über Wilkomir und Keidany auf Georgenburg am Niemen genommen. Er hatte außer seiner gewöhnlichen Avantgarde unter dem General Scheppelow noch zwei kleinere größtentheils aus Kavallerie bestehende Korps weiter vorgeschoben. Das eine unter dem Generalmajor Kutusow bestand aus etwa 4000 Mann Infanterie und Kavallerie und befand sich am 20. als Graf Wittgenstein in Wilkomir war bereits 6 Märsche weiter vor in Georgenburg beim Übergangspunkt. Das andere welches einstweilen der Generalquartiermeister General Diebitsch übernommen hatte (bei dessen Gefolge sich jetzt der Verfasser befand), bestand aus dem Regiment Grodno Husaren, 3 Regimentern Kosacken, Summe 1300 Pferden, einem Jägerregiment welches aber nur noch 120 Mann stark war und 6 Kanonen reitender Artillerie.

Es befand sich am 20. schon in Koltiniani, also 7 Märsche vom Grafen Wittgenstein entfernt und zwar in der Richtung auf Memel. General Diebitsch hatte bis dahin nichts von Macdonald erfahren können und zweifelte nicht daß er die Richtung auf Memel genommen habe um über die kurische Nehrung zu gehen; in diesem Fall wäre ihm nichts anzuhaben gewesen. Er hatte die Absicht seinen Weg quer durch Samogitien fortzusetzen und Memel aufzufordern. Nachdem er Teltsch passirt hatte und von Memel nur noch 2 Märsche entfernt war erfuhr er den 23. mit einem Male daß Macdonald keinesweges schon zurück,

sondern auf der Straße über Schawlia eben im Anzug
begriffen sei. Die Nachricht schien kaum glaublich; indessen
liefen noch mehrere Bestätigungen ein und General Diebitsch kehrte also auf der Stelle um und marschirte auf
Worni zurück. Hier hörte er den 24. daß die Arrieregarde
Macdonalds sich in Wengkowa befinde und beschloß sich
ihr den folgenden Tag bei Koltiniani vorzulegen. Er brach
früh auf und erreichte diesen Punkt Morgens um 10 Uhr.
Man stieß auf einige preußische Marketender welche zu der
Truppe des Generals Massenbach gehörten. Sie sagten
aus daß eine Arrieregarde von 2 Schwadronen Husaren
und 2 Kompagnien Jäger noch zurück, alles Übrige aber
schon durch sei. General Diebitsch stellte sich auf um dieser Arrieregarde den Rückweg abzuschneiden.

Der Verfasser welcher zwei Brüder beim preußischen
Korps hatte, davon der ältere Major war und die beim
Korps befindlichen Jäger befehligte, konnte mit hoher Wahrscheinlichkeit voraussetzen daß er als ein guter Vorposten-
offizier der Befehlshaber der ganzen Arrieregarde sein würde.
Der Gedanke ihn hier vielleicht gefangen genommen zu sehen hatte etwas viel Schmerzlicheres als der Gedanke sich
Tage lang im Feuergefecht einander gegenüber zu befinden.
Es war ihm daher ein unbeschreibliches Vergnügen als andere eingebrachte Nachzügler aussagten die Arrieregarde be-
stehe aus 4 Bataillonen Infanterie, 2 Schwadronen Kavallerie und einer Batterie und stehe unter dem Befehl des
Generals Kleist.

General Diebitsch an der Spitze von 1400 Mann,
weit umher von keiner anderen Truppe unterstützt, hatte
wohl keine Aussicht dieser Arrieregarde viel anzuhaben, indessen wollte er wie man im L'Hombrespiel thut einen kleinen Trumpf ausspielen um zu sehen wie die Karten aus-

getheilt wären. Er fragte den Verfasser ob er als Parlementair zum General Kleist reiten wollte. Dieser erwiederte ihm daß er als russischer Offizier natürlich jeden Dienst übernehmen würde den er ihm auftrüge, daß es ihm aber allerdings lieber sei wenn General Diebitsch einen liefländischen oder kurländischen Offizier hinschicken wollte, die der Sprache ja eben so kundig wären und wobei der erste Eindruck dem preußischen General wahrscheinlich weniger unangenehm sein würde als wenn die Anträge von einem derjenigen preußischen Offiziere gebracht würden die beim Ausbruch des Krieges zur großen Mißbilligung der meisten preußischen Generale den Dienst verlassen hatten um den russischen zu suchen. General Diebitsch fühlte dies eben so und schickte daher den Major von Reune hinüber.

Dieser sollte dem General Kleist vorstellen daß ihm der gerade Weg durch ein ansehnliches Detaschement verlegt sei, daß es Mittel geben würde sich zu verständigen und unnützes Blutvergießen zu vermeiden, und daß der General Diebitsch daher wünsche eine Unterredung mit dem General Kleist zu haben.

Der Major von Reune kam mit der Antwort zurück daß der General von Kleist sich auf keine Unterredung einlassen könne, weil er nicht der Kommandirende sei, daß der General York selbst noch zurück wäre und den Abend eintreffen würde, daß man bis dahin die Sache auf sich beruhen lassen wollte. Nun war es klar daß man nicht die Arrieregarde sondern die Hauptmacht des preußischen Korps von Macdonald getrennt hatte.

General Diebitsch mußte sich glücklich preisen durch den Zufall so geführt worden zu sein. Militärisch konnte er von seiner Lage nur unbedeutende Vortheile erwarten, aber die Möglichkeit sich mit den Preußen zu verständigen war von dem höchsten Werth.

Der Stand der verschiedenen Heerhaufen war an diesem Tage folgender *):

General York und Kleist mit 10,000 Mann eine halbe Meile östlich von Koltiniani.

Ihnen gegenüber General Diebitsch mit 1400 Mann bei Koltiniani.

Macdonald mit etwa 4000 Mann bei Wainuti 6 Meilen von Koltiniani auf dem westlichen Wege nach Tilsit.

Grandjean mit 6000 Mann bei Tauroggen 4 Meilen von Koltiniani und eben so weit von Wainuti auf dem östlichen Wege nach Tilsit.

General Kutusow mit 4000 Mann bei Piktupöhnen auf dem Wege von Tauroggen nach Tilsit; zugleich hatte er Tilsit besetzt.

General Scheppelow die eigentliche Avantgarde Wittgensteins 4000 Mann stark bei Wielona noch einen Marsch von Georgenburg entfernt.

Endlich Graf Wittgenstein mit etwa 15,000 Mann noch einen Marsch weiter zurück gegen Keidany.

An dem folgenden Tag den 26. wo General York seinen Marsch über Koltiniani hatte fortsetzen sollen, veränderte sich die obige Aufstellung dahin daß jedes Korps einen Marsch vorwärts gegen sein Ziel that. Nur der General Kutusow blieb stehen und es wurde daher sein Posten von Piktupöhnen, wo der General Wlastow kommandirte durch die bei der Avantgarde des Generals Grandjean befindliche preußische Kavallerie angegriffen und mit dem Verlust von zwei schwachen Bataillonen und einigen Geschützen

---

*) Siehe die Beilage.

Tabelle
über
den Rückzug der Französischen Armee von Moskau bis an den

Länge des Marsches bei Bonapartes Kolonnen	Datum	Französisch-Haupt-Armee.				Russische Haupt-Armee.		Oudinot.	Victor.	Wrede.	W
Meilen		Bonaparte.	Eugen.	Davoust.	Ney.	Miloradowitsch.	Kutusow.				
	October.		von Malo-	Jaroslawez		Schlacht von	Malo-Jaroslawez			Kublutschl	
2	24.	Schlacht	Malo-Jaroslawez	Malo-Jaroslawez	Gorodnia	Malo-Jaroslawez	Malo-Jaroslawez	Lepel	Kommt	Glubockoë	
2	25.	Gorodnia	Gorodnia		Wereja	Gonczarowo	Gonczarowo		von		
3	26.	Borowsk	Borowsk	Gorodnia	Mojaisk				Smolensk		
3	27.	Wereja	Wereja	Borowsk	Gridnewo	von Gorodnia	Zawoly				
8	28.	Mojaisk	Mojaisk	Wereja	Gschatsk	bis Adamowskoë	Adamowskoë	Ejadnill	Senno und Smolliany		
	29.	Gschatsk, das Haupt-quartier Bonapartes.				Jegoriewskoë					
8	30.	Die Garden holten mit sechen den Armeen.	Gridnewo	Mojaisk	Welitsch.;owo	Gubino	Kremenskoë	Treffen bei	Ejadnill		Tre
	31.	Wiäzma	Gschatsk	Gridnewo		Krasnoa	Spaß-Kussowiz				
	November.										
	1.		Welitschowo	Gschatsk	Feberowskoë	Gschatsk	Silenki				Ejas
4	2.	Semlewo	Feberowskoë	Feberowskoë	Wiäzma	Globowo	Dubrowa	Senno	Senno		
3	3.	Slawowo	Treffen	bei	Wiäzma	Gefecht bei Wiäzma	Bikowo bei Wiäzma				
3	4.		Semlewo	Semlewo	Semlewo	Wiäzma	Krasnoë	Ejereja	Ejereja		
4	5.	Doroghobusch	Slawowo	Slawowo	Semlewo	Zarudegie	Gawrukowo				
	6.	Michaillowka	Doroghobusch	Doroghobusch	Slawowo	Golbino bei Do-roghobusch					
2	7.	Slopnewo	Jaselie	Michaillowka	Doroghobusch	Doroghobusch	Beloi Chelm				
2	8.	Bredichina	Am Wop	Slopnewo	Michaillowka	Rastowo	Jelnja				
3	9.	Smolensk		Tschuginewo	Slopnewo	Alepietwa					
	10.		Duchorwschina		Bredichina	Lioskowo	Sutterino				
	11.	Bonaparte in Smo-lensk, die Korps zwischen Krasnoi und Smolensk in Echtland		Bredichina	Ewerschowo		Lioskowo	Lukomlia	Lukomlia		
	12.		Pomoszailowa	Bredichina	Gefecht gegen Milorado-witsch						
	13.		Smolensk		Bredichina	Ejerwonoie	Tschelkanowo	Erstes Gefecht bei Smolliany	Zweites Gefecht bei Smolliany		
	14.	Koryinja, Gefecht gegen Eßermann		Smolensk		Jaborodskie	Jarowa	Zweites Gefecht bei Smolliany	Erstes Gefecht bei Smolliany		Ba
	15.	Krasnoi, Gefecht gegen Miloradowitsch	Lubnia		Smolensk	Plaffa, Gefecht gegen die Garden		Senno	Senno		Ejas
	16.	Krasnoi, Gefecht					Silorwa				

	Russische Haupt-Armee.			Neben-Corps.							
...ey.	Miloradowitsch.	Kutusow.	Oudinot.	Victor.	Wrede.	Wittgenstein.	Tschitschagow.	Schwarzenberg.	Repnier.	Sacken.
...robnia ...ereja ...joiek ...enerow	Schlacht von Malo-Jaroslawez Goncjarowo	Malo-Jaroslawez Malo-Jaroslawez Goncjarowo	Lepel	Kommt von Smolensk	Knblutschi Glubokoë	Uszacz	Brzesce-Literoski Czernawischiji	Steht bei Wengrow und Bialystok		
...hatek	von Gorodnia bis Adamowskoë Jegoriewskoë	Zawody Adamowskoë		Senno und Smo-liany		Schari Lepel	Glubolo Gorodejna		Drobiczyn	
...schowo	Gubino Krasnoë	Krzmenskoë Spaß-Kuſſowü	Treffen bei	Cjadniki		Cjadniki Treffen bei Cjadniki		Drobiczyn Semliatiji	Drobiczyn	
...owskoë	Gschatek	Silenki				Cjadniki und Smo-liany	Selcz			Kuſſin
...ijma ...jma	Globowo Gefecht bei Wiäzma	Dubrowa Bikowo bei Wiäzma	Senno	Senno			Kuschang			
...lerow ...nierow ...akowo	Wiäzma Jarubegie Bolbino bei Do-roghobufch	Krasnoë Sawrukowo	Czereja	Czereja			Slonim	Brestowitscha	Narewka Swislocz	Chuſorrſchi Kierſſchele
...gboluſch ...aliotowa ...onewa	Doroghobuſch Laskowo Alexierwa	Beloi Cholm Jelnja					Polonfa Stolowitichi	Wollowist	Poraſſow	Dubini Gialowies Rubnia
...m Milorad-...wiſch	Lioskowo Swerschkowo	Suttetino Lioskowo	Lufomlia	Lufomlia			Snow Rjechwiſch		Rudnia	Berniki
...wichina	Czerwonoie	Tschelfanowo	Erſtes Gefecht bei Smoliany Zweites Gefecht bei Smoliany	Zweites Gefecht bei Smoliany Erſtes Gefecht bei Smoliany		Erſtes Gefecht bei Smoliany Zweites Gefecht bei Smoliany	Nowoi-Swerſchkin		Wollowist	Iſabelin
...olenek	Zaborodſke	Jurowa	Senno	Senno		Cjadniki und Smo-liany	Ofida	Slonin		Überfall von Wollowist
	Kaſta, Gefecht gegen die Sachsen	Sullowa					Minsk	Schlacht bei	Wollowist	Schlacht

—	11.	Bonaparte in Smolenst, die Korps zwischen Krasnoi und Smolenst in Schilkow	....	Drewiczna	Trepazow of	Slwerschawow	Smolenst	Latowima	Latowima	
—	12.	Pomogailowa	Brebichina	Gefecht gegen Miloradowitsch					
—	13.	Smolenst	....	Brebichina	Czerwonoe	Tschellanowo	Erstes Gefecht bei Smoliany	Zweites Gefecht bei Smoliany	
—	14.	Korytnja, Gefecht gegen Tschermann	....	Smolenst	Zaborowstie	Jurowa	zweites Gefecht bei Smoliany	Erstes Gefecht bei Smoliany	Bu...
—	15.	Krasnoi, Gefecht gegen Miloradowitsch	Lubnia	....	Smolenst	Klasta, Gefecht gegen die Serben	....	Senno	Senno	Cza...
—	16.	....	Krasnoi, Gefecht gegen Miloradowitsch	....	....	Gefecht bei Krasnoi	Szilowa		
—	17.	Gefecht gegen Kutusow	Krasnoi	Krasnoi, Gefecht gegen Miloradowitsch	Korytnja	Krasnoi, Gefecht gegen	Krasnoi, Gefecht gegen Bonaparte		
—	18.	Dubrowna	Dubrowna	Dubrowna	Gefecht gegen Miloradowitsch	Eugen, Dawoust, Ney	Dunroe		
—	19.	Orsza	Orsza	Orsza	Rasasna	Krasnoi			
—	20.	Baranui			Jacubowo	Romanowo	Romanowo	Czerja	Krasnogura	
—	21.	Kochanowo	....	....	Orsza	Lamniti	Lamniti	Bobre	Czerja	
—	22.	Toloschin	Kochanowo	Baranui	Kochanowo		Morosow	Lodniza	Kolopedniczi	
—	23.	Bobre	Bobre	Toloschin	Bobre	Kopuis		Borissow, Gefecht gegen Pahlen		
—	24.	Lodniza, Bonapartes Hauptquartier	Krupti	Bobre	Krupti	Staroselie	Kopuis	....	Natuliczi	
—	25.	Borissow	Natscha	Krupti	Lodniza	Toloschin	Staroselie	Stubianka	Borissow	
—	26.	Stubianka	Stubianka	Stubianka	Maliawta		Staroselie	Gefecht gegen die Beresina	Erstes Gefecht gegen Wittgenstein	
—	27.	Stakow Übergang	Stakow, Gefecht gegen Tschitschagof Übergang	Stakow, Gefecht gegen Tschitschagof Übergang	Stakow, Gefecht gegen Tschitschagof Übergang	Krupti	Kruglo3	...kow		Er...
—	28.	Zembin	Zembin	Zembin	Zembin	....	Wocmi		Zweites Gefecht gegen Wittgenstein Übergang	Bu...
—	29.	Kamen	Plescheniczi	Plescheniczi	Zembin	Borissow	Michalowiczi	Zembin	Zembin	Dołęczi
—	30.	Plescheniczi	Zawitino	Zawitino	Kamen			Plescheniczi	Plescheniczi	
—	December. 1.	Staiti	Staiti	Staiti	Plescheniczi		Ueцja			
—	2.	Sebliска	Sebliска	Sebliска	Zawitino	Jurgewo	Nawanicza	machen	machen	
—	3.	Malodeczno	Malodeczno	Malodeczno	Staiti	Kostin		den	den	
—	4.	Beniza	Beniza	Beniza	Malodeczno	Logoist	Tschepiani	Rückzug	Rückzug	
—	5.	Smorgoni Bonaparts verläßt die Armee.	Smorgoni	Smorgoni	Beniza		Dubowiti	mit	mit	
—	6.	Oszmiana	Oszmiana	Oszmiana	Smorgoni	Radoschkowischi	Gorobok	den	den	
—	7.	Medniti	Medniti	Medniti	Oszmiana			übrigen	übrigen	
—	8.	Wilna	Wilna	Wilna	Rufoni	Salomoniki	Salomoniki	Korps	Korps	
—	9.				Wilna	Smorgoni		nach	nach	
—	10.	Ewe	Ewe	Ewe	Ponari	Oszmiana		Wilna	Wilna	
—	11.	Rumsiszti	Rumsiszti	Rumsiszti	Wilna	Medniti		und	und	
—	12.	Kowno	Kowno	Kowno	Rumsiszti			von da	von da	
—	13.	....	....	....	Kowno			bis Kowno	bis Kowno	

...Milorado...			Tfchelkanowo			Rjedwifch		Wolkowisk				Kubnia
...china	Czertwonoie		Jurowa	Erstes Gefecht bei Smoliany	Zweites Gefecht bei Smoliany	Erstes Gefecht bei Smoliany	Kowel-Smorschin					Bernifi
· · · ·	Baborobshe			Zweites Gefecht bei Smoliany	Erstes Gefecht bei Smoliany	Zweites Gefecht bei Smoliany		Slonim				Jsabella
...net	Liasta, Gefecht gegen die Garben		Syllowa	Senno	Senno	Czasnifi und Smoliany	Diseba				Überfall von Wolkowisk	
· · · ·	Gefecht bei Krasnoi gegen		Krasnoi, Gefecht gegen Bonaparte				Minst	Schlacht bei	Wolkowisk		Schlacht bei Wolkowisk	
...gtnja			Dubroë					Porossow	Porossow			Swidlecz
...Milorado...	Krasnoi gegen Eugen, Davoust, Nep											
· · · ·	Krasnoi Romanowo Lamniki		Romanowo Lamniki	Czerrja Bobr	Krasnogura Czerrja	Malczfowiczi	Antropoli Gefecht Lambaret gegen Dombrowski bei Borissow	Welfos				Kubnia
...na ...nowo ...ja												Bialowie Czerrczow Rlebija
...nowo ...obre	Kopuis		Morosow	Lodniza Borissow, Gefecht gegen Pahlen	Kolopebniczi	Czerrja	Gefecht Victors gegen Pahlen bei Borissow	Gorobeyna	Czerrczow			Politschi Turni
...epfi	Starofelie		Kopuis		Ratuliczi	Kolopebniczi	Borissow	Kobrin				Brejefe-Litewsti
...niga ...lanfa	Toloschin Malianta		Starofelie	Stubianka Übergang über die Berezina	Borissow Erstes Gefecht gegen Wittgenstein	Baron Lostriga	Szabaczewiczi	Guilow	Brzefe-Litewski			Kuba
...recht gegen...	Krupfi		Kruglos	Siakow			Borissow, Gefecht Tschariz gegen Nep					
· · · ·			Womzi		Zweites Gefecht gegen Wittgenstein Übergang	Zweites Gefecht gegen Victor	Gefecht bei Siakow					
...nbin	Borissow		Michalewiczi	Zembin Plescheniczi	Zembin Plescheniczi	Dolesiczi	Stubianka	Stubianka				Ratno
...teniczi ...lino ...aili ...beczno ...niza	Jurgerwo Koffin Logoisk	Usecza Ramanicza	machen den Rückzug mit den übrigen Korps nach Wilna und von da bis Kowno	machen den Rückzug mit den übrigen Korps nach Wilna und von da bis Kowno		Kamen Chorochowo Dolginow	Zembin Plescheniczi Ilia Malocheyno	Pruschany				Kowel
...ergoni ...miana ...toni ...lina ...nari ...we ...lszfi ...two	Rabofchewirschi Salomoniczi Smorgoni Ochmiana Mednifti Contonament	Gorobol Salomoniczi Contonament				Rjetschfi Ritowitschi Swisfari Korfagistfi Riemenzin	Benize Smorgoni Ochmiana Mednifti Wilna	Slonim	Pruschany			

auf Tilsit geworfen, wo der General Kutusow die geschlagenen Truppen aufnahm.

Kutusow zog sich nun nach Ragnit am linken Niemenufer 2 Meilen oberhalb Tilsit gelegen und sowohl Piktupöhnen welches eine Art von Paß ist als Tilsit waren nun von den Franzosen besetzt.

Macdonald befand sich mit seiner Abtheilung bei Coadjuten einen Marsch nordwestlich von Piktupöhnen.

Man sieht daß der General York allerdings von aller nahen Hülfe entblößt war, aber freilich war ein Detaschement von 1300 Pferden nicht im Stande ihm den Weg ernstlich zu verlegen. Allerdings hatte er bis Piktupöhnen wo Grandjean stand oder bis Coadjuten wo Macdonald war zwei starke Märsche und die russische Kavallerie würde ihm dabei einen guten Theil des vielen Fuhrwesens welches er mit sich führte abgenommen haben, auch war er immer manchen Verlusten dabei ausgesetzt, weil seine Kavallerie zu schwach war um den General Diebitsch ganz zu entfernen; endlich konnte er auch nicht wissen ob nicht andere russische Detaschements oder Wittgenstein selbst eintreffen würden. Allein diese Rücksichten würden den General York in einem andern Fall nicht einen Augenblick bedenklich gemacht haben.

Macdonald fing am 25. an sehr unruhig über seine Lage zu werden. Von der einen Seite lief die Nachricht ein daß Tilsit und Piktupöhnen schon von den Russen besetzt wären, auf der andern fehlten ihm die Meldungen von General York. Um diesen nicht zu sehr im Stich zu lassen that er den 26. nur den kleinen Marsch von Walnuti nach Coadjuten 2 Meilen weit, und den 27. wieder einen kleinen Marsch von 2 Meilen in der Richtung auf Tilsit nach Schillgallen. Erst den 28. rückte er in Tilsit ein und blieb daselbst den 29., ob er gleich wegen seines weitern Rückzugs sehr besorgt sein konnte. In diesen 4 Tagen nun glaubte er müßte General York ganz unbezweifelt eintreffen können und wartete ängstlich auf Nachricht von ihm. Mehrere Versuche ihm Befehle zuzusenden waren selbst mit starken Patrouillen nicht geglückt, weil sie auf russische Kavallerie gestoßen waren.

Wir wenden uns nun wieder zum General York; dieser traf mit dem Rest des Korps gegen Abend bei dem General Kleist ein und ließ den General Diebitsch durch den Offizier welchen dieser abermals hingeschickt hatte sagen daß er bereit wäre zwischen den Vorpostenketten eine Unterredung mit ihm zu haben. Diese kam mit einbrechender Nacht zu Stande.

Wir müssen hier einen Augenblick beim General York und seiner Stellung verweilen.

General York war ein Mann von einigen 50 Jahren, ausgezeichnet durch Bravour und kriegerische Tüchtigkeit. Er hatte in seiner Jugend in den holländischen Kolonieen gedient, sich also in der Welt umgesehen und den Blick des Geistes erweitert. Ein heftiger leidenschaftlicher Wille den er aber in anscheinender Kälte, ein gewaltiger Ehrgeiz den er in beständiger Resignation verbirgt und ein starker kühner Charakter zeichnen diesen Mann aus. General York ist ein rechtschaffener Mann, aber er ist finster, gallsüchtig und versteckt und darum ist er ein schlimmer Untergebener. Persönliche Anhänglichkeit ist ihm ziemlich fremd, was er thut thut er seines Rufes willen und weil er von Natur tüchtig ist. Das Schlimmste ist daß er bei einer Maske von Derbheit und Geradheit im Grunde sehr versteckt ist. Er prahlt wo er wenig Hoffnungen hat, aber noch weit lieber scheint er eine Sache für verloren zu halten wo er eigentlich wenig Gefahr sieht.

Er war unbedenklich einer der ausgezeichnetsten Männer unserer Armee. Scharnhorst welcher seine hohe Brauchbarkeit in einer Zeit wo sich wenige brauchbar gezeigt hatten um so wichtiger hielt als sich damit eine große Abneigung gegen die Franzosen verband, hat sich mit ihm immer auf einem freundschaftlichen Fuß zu erhalten gesucht, obgleich in York immer ein unterdrücktes Gift gegen ihn kochte. Von Zeit zu Zeit schien es losbrechen zu wollen. Scharnhorst aber that als bemerkte er es nicht und schob ihn überall hin wo ein Mann seiner Art nützlich werden konnte.

Als der Krieg mit Rußland ausbrach baten sich die Franzosen den General Grawert aus, der alt und schwach, ein sehr compassirter Verstand und Charakter und dazu dem französischen Interesse in Europa von jeher nicht abgeneigt war. Der König glaubte auf den Wunsch des Kaisers Rücksicht nehmen zu müssen. Scharnhorst, der sich damals zurückgezogen aber die Hand noch im Spiele hatte, bewirkte des Generals York Anstellung bei dem Hülfskorps als eines zweiten kommandirenden Generals. Er stellte dem Könige vor daß der General Grawert als ein alter und dabei schwacher Mann den Franzosen leicht zu viel nachgeben könnte und daß man dort einen Mann von Charakter und Entschlossenheit brauche, daß niemand sich mehr dazu eigene wie der General York. Er wurde also mit dem Charakter als Generallieutenant dem Grawertschen Korps beigegeben und war im Grunde eine Art Aufseher auf den General Grawert.

Dieser wurde schon nach 6 Wochen so krank und geistesschwach daß er dem General York das Kommando übergeben mußte. Nun dauerte es denn auch nicht lange daß General York und der Marschall Macdonald auf einen gespannten Fuß mit einander kamen. Macdonalds Feldzug in Kurland war allerdings nicht gemacht zum Beifall fortzureißen. Während er mit der 7ten Division eine ganz müßige Stellung an der Düna einnahm blieben die Preußen vor Riga in einer nicht angenehmen Lage und hatten die Gefechte welche in den 6 Monaten dort vorfielen größtentheils allein zu bestehen. General York war kein nachsichtiger Beurtheiler, denn die Bitterkeit war in seinem ganzen Charakter vorherrschend. Die Folge war daß er mit den Maaßregeln des Marschalls eben so unzufrieden in Beziehung auf das Allgemeine als auf das preußische Korps war und von der andern Seite vielleicht ein zu starkes Selbstgefühl von Dem hatte was die preußischen Truppen vor Riga geleistet. Ein kaltes, verschlossenes, mißtrauisches Wesen und die Äußerungen der Umgebungen ließen den Marschall darüber nicht lange in Zweifel und so erhob sich denn zwischen beiden nach und nach die Wolke der Zwietracht. Die Verpflegung der Truppen welche früher durch einen preußischen und später durch einen französischen Ordonateur besorgt und seitdem sehr viel mangelhafter geworden war brachte den verhaltenen Groll zur Sprache. York beschwerte sich über Mangel an Futter und Macdonald behauptete seine Pferde krepirten weil sie überfüttert würden. Die Sache kam in einer kurzen Korrespondenz zu Bitterkeiten, wobei der Marschall dem General seinen Mangel an gutem Willen und Eifer für die Sache förmlich vorhält. Beide machten von diesem Bruch, welcher Ende November erfolgte, nach Wilna hin Anzeige; York an den preußischen Gesandten den General Krusemark, der Marschall an den Herzog von Bassano. Auch nach Berlin sandte der General York einen seiner Adjutanten um Sr. Majestät dem Könige Meldung von diesem Verhältniß zu machen. Dieser war noch nicht zurück als General York seine erste Unterredung mit dem General Diebitsch haben sollte.

Obgleich der General York als er die Anstellung bei diesem Korps bekam eine besondere Instruktion erhielt, so ist doch ausgemacht daß diese nichts enthielt wodurch der Schritt welchen der General York zu thun im Begriff war im mindesten gerechtfertigt würde.

General Essen hatte in der Absicht den General York zu prüfen ihn schon im September zu einer Unterredung auf den Vorposten dringend einladen lassen die dieser auch annahm. Das Wesen des letztern scheint ihm aber imponirt zu haben, denn er hatte nicht den Muth sich ihm näher zu erklären und es kam eigentlich nichts zur Sprache. Der Marquis Paulucci war der Mann einer dreisteren Sprache, wozu ihn die Umstände anfangs Dezember allerdings auch mehr berechtigten. Er forderte den 5. Dezember den General York förmlich zum Abfall auf. Dieser wies diese Zumuthung zwar zurück, erbot sich aber als Mittelsperson wenn der Kaiser dem Könige Anerbietungen durch den Marquis Paulucci zu machen habe. Diese Anerbietungen erfolgten auf diese mittelbare Art und in allgemeinen Ausdrücken. General York sandte damit seinen Adjutanten den Major von Seydlitz nach Berlin.

Alle diese Umstände sind zu erwähnen nöthig um den Schritt des Generals York in ein größeres Licht zu setzen. Er war ein zu vernünftiger Mann um sich in dieser Sache von seinem Groll gegen den Marschall Macdonald leiten zu lassen, das wäre für einen kleinen Zweck ein ungeheures Mittel gewesen was weit über das Ziel hinaus geführt hätte. Aber von der andern Seite ist doch denkbar daß ein freundschaftliches Verhältniß zwischen beiden Generalen, an Yorks Stelle ein eben so gemüthlicher Mensch wie Macdonald selbst es war, eine wahre Ergebenheit gegen die Person des Vorgesetzten vielleicht dieses merkwürdige Ereigniß nicht zugelassen hätte.

Wie der König und das Volk über die Franzosen gesinnt waren konnte dem General York nicht ungewiß sein, aber ob man in Berlin die Katastrophe welche die Franzosen so eben erlebt hatten für ein völliges Umschlagen der Waage und den Augenblick für günstig genug halten würde um plötzlich die Rolle zu wechseln — darüber konnte der General York nur die größten Zweifel haben.

Wenn er an die Verhältnisse in Berlin dachte, so mußte er den größten Widerwillen gegen einen plötzlichen Wechsel der Rolle voraussetzen. Scharnhorst, der entschiedenste Gegner der Franzosen und derjenige welcher einen solchen Rath gegeben und aufs Äußerste unterstützt haben würde, war aus dem Ministerio entfernt und lebte in Schlesien. Baron Hardenberg hatte gezeigt daß er geschickt zwischen Klippen zu steuern wisse, ob er aber einen recht hochherzigen Entschluß fassen und ihn auch in andern hervorbringen könne daran mußte man sehr zweifeln. Wenn also jetzt der General York für sich, auf seine Gefahr einen Entschluß faßte der die preußische Politik in eine entgegengesetzte Richtung mit fortreißen sollte, so war dies eine der kühnsten Handlungen die in der Geschichte vorgekommen sind. Graf Haugwitz hatte sich im Grunde im Jahre 1805 etwas ähnliches erlaubt als er den Wiener Vertrag schloß, aber Graf Haugwitz handelte damals im Interesse der Übermacht und wußte daß Preußen sich ungern derselben entgegenstellte; außerdem wird eine diploma-

tische Kühnheit niemals so stark gerügt wie eine militärische; dort kostet es meistens nur die Stelle, hier nach den
gewöhnlichen Regeln den Kopf. War der König ganz entschlossen bei der Verbindung mit Frankreich zu bleiben, so
blieb kaum etwas anderes übrig als dem General York
den Prozeß zu machen.

Der Leser wird verzeihen die dem äußeren Umfang
nach so geringfügige Begebenheit zwischen dem General
York und General Diebitsch so weit ausgesponnen und oft
unterbrochen zu sehen; wir glauben nun erst den Standpunkt gewonnen zu haben das Ereigniß in seinen großen
Beziehungen ganz zu übersehen und kehren nun nach Koltiniani zurück.

General York und General Diebitsch sprachen sich also
am Abend des 25. Der letztere hatte seine Truppen so
verdeckt als möglich aufgestellt, aber er war edel genug um
ihm ganz ehrlich zu sagen was er habe und nicht habe —
er fügte hinzu daß er nicht daran denken könnte ihm den
Weg wirklich zu versperren, daß er aber allerdings alles
Mögliche thun würde ihm seinen Train, seine Artillerie-
fahrzeuge und vielleicht einen Theil seiner Artillerie abzu-
nehmen. Dies war natürlich das geringste Gewicht welches
General Diebitsch seinen Vorstellungen geben konnte; der
Hauptgegenstand der Unterredung war die gänzliche Vernichtung der französischen Armee und daß die russischen Generale vom Kaiser angewiesen wären bei vorkommenden
Umständen die preußischen nicht wie eigentliche Feinde zu
behandeln, sondern in Beziehung auf die früheren freundschaftlichen Verhältnisse beider Mächte und die Wahrscheinlichkeit daß dieselben nun bald erneuert werden würden mit
ihnen jedes freundschaftliche Abkommen zu treffen welches
dieselben wünschen könnten. General Diebitsch erklärte dem-

gemäß daß er bereit sei mit dem General York einen Neutralitätsvertrag einzugehen und zu dem Behuf die militärischen Vortheile welche er über ihn habe aufzugeben.

General York erklärte sich nicht ganz bestimmt. Er zeigte Neigung zu einem Vertrag solcher Art daß die Ehre der Waffen auf keine Weise gefährdet würde, aber er glaubte daß diesen Augenblick er als Soldat noch zu wenig gerechtfertigt erscheinen würde. Man verabredete hierauf daß man die Nacht hindurch nichts unternehmen wollte; am andern Morgen sollte General York erst eine Rekognoszirung und hierauf einen Marsch nach Lawkowo machen als wolle er das Detaschement des Generals Diebitsch lin's umgehen, daß General Diebitsch aber sich bei Schelel ihm wieder entgegenstellen sollte.

General York sagte am Schluß der Unterredung zum General Diebitsch: „Ihr habt ja so viel ehemals preußische Offiziere bei euch, schickt mir doch künftig einen solchen, ich habe dann doch mehr Zutrauen."

General Diebitsch fragte den Verfasser hierauf ob er künftig Aufträge der Art übernehmen wolle, wozu sich natürlich der Verfasser sehr bereit erklärte.

Als wir nach Koltiniani zurückritten war es spät, vielleicht schon 10 Uhr Abends geworden. General Diebitsch sprach mit dem Verfasser über die Verhältnisse, fragte ihn was er von der Absicht des Generals York halte und was für eine Art von Mann es sei. Der Verfasser konnte nicht umhin ihn vor der Verstecktheit des Generals York zu warnen. Er fürchtete sehr daß dieser die Nacht benutzen würde uns über den Haufen zu werfen und dann seinen Weg zu Macdonald fortzusetzen; er empfahl daher die höchste Wachsamkeit.

General Diebitsch ließ 2 Regimenter Kosacken gegen

den General York stehen, das dritte eine Stellung im Rük-
ken gegen Schelel nehmen und behielt das Husarenregiment
im Ort selbst der ziemlich geräumig ist. Die Kavallerie
mußte die Pferde am Zügel behalten und eben so war den
Ordonnanzen des Hauptquartiers untersagt abzuzäumen.
Wir waren in einem Hause abgestiegen, hatten uns in voller Kleidung auf die Streu gelegt und eben die Augen ge-
schloffen als Pistolenschüffe im Ort und zwar von hinten
her gefeuert wurden. Es waren nicht bloß einzelne Schüffe,
sondern ein Feuern was einige Minuten anhielt. Wir
sprangen auf und der Verfasser sagte bei sich selbst: das
ist York der uns von hinten überfällt, du hast ihn gut
errathen. — Wir stiegen zu Pferde. Ein Paar Schwadronen Kavallerie wurden nach dem Ausgang von Schelel
geführt; es fand sich aber kein Feind, sondern nur das
Kosackenregiment das den Rücken hatte decken sollen. Von
diesem ging die Meldung ein daß ein feindlicher Kavallerie-
trupp mitten zwischen sie gesprengt und sie auf das Dorf
geworfen hätte. In der That war es eine Patrouille von
50 preußischen Dragonern gewesen welche General Maffen-
bach unter dem Rittmeister Weiß von Schelel auf Koltiniani gesandt um ein Schreiben des Marschalls Macdonald
an den General York zu überbringen. Sie sollte sich den
Weg zu ihm mit Gewalt bahnen, fand aber doch den Feind
zu stark, drehte daher nachdem sie die Kosacken wirklich bis
in Koltiniani hineingeworfen hatte wieder um und machte
sich aus dem Staube ehe man eine Spur von ihr auffin-
den konnte. Diese Umstände erfuhr man erst später durch
preußische Offiziere; in dem Augenblick blieb man in völliger Ungewißheit.

General York machte den 26. die Rekognoszirung,
fand es aber nicht für gut den Seitenmarsch in der ver-

abredeten Art zu thun, sondern lenkte bald auf den Weg nach Schelel ein welches die Straße nach Tilsit ist. Die schlechten Wege und eine unnütze Quälerei von Leuten und Pferden zu vermeiden war die Ursache; General Diebitsch aber mußte natürlich mißtrauisch werden und glauben es käme dem General York nur darauf an einen Marsch gegen Tilsit zu gewinnen. Es entstand also ein starkes Parlementiren, wozu stets der Verfasser gebraucht wurde.

Das erste Mal als er zum General York kam, welches den 26. in der Gegend von Schelel war, wollte dieser ihn nicht vor sich lassen, weil er sich dadurch kompromittiren würde. Er schalt den Offizier der Vorposten der den Verfasser begleitet hatte darüber aus daß man ihn ohne seine spezielle Erlaubniß so weit durchgelassen hatte. Der Verfasser sah also den General York nicht, indessen war dies nur eine Komödie, er schickte ihm den russischen Oberstlieutenant Grafen Dohna heraus um mit ihm über die Angelegenheiten zu sprechen.

Graf Dohna war gleichfalls im Jahre 1812 aus dem preußischen Dienst in den russischen getreten, gehörte zur Legion und hatte die Erlaubniß erhalten nach Riga zu gehen um noch Theil an dem Feldzuge zu nehmen. Er befand sich beim General Lewis welcher mit 5000 Mann der Besatzung von Riga dem General York gefolgt, aber noch mehrere Märsche zurück war und den Grafen Dohna als Unterhändler an ihn vorausgesandt hatte. Der Verfasser war sehr erfreut hier einen seiner genauesten Freunde und Bekannten wieder zu finden.

Aus dem was Graf Dohna sagte ging hervor daß General York es ehrlich meinte, daß er aber ein Interesse dabei habe die Sache noch ein Paar Tage zu verschieben und indeß auch nicht auf einem Fleck wie angenagelt stehen bleiben könne. Daß man sich also gegen die preußische Grenze hinschieben müsse.

Man konnte dies Interesse des Generals York wohl begreifen, denn abgesehen davon daß er einen Adjutanten von Berlin zurückerwartete, der auch den 29. eintraf, so hatte es militärisch meilleure façon wenn er ein Paar Versuche machte sich mit Macdonald zu vereinigen. Wäre dieser in Tauroggen und Wainuti stehen geblieben, wo er den 25. war oder den 26. dahin zurückgekehrt, so würde aus der Konvention nichts geworden sein. Da Macdonald seinen Weg aber fortsetzte, die Russen sich also zwischen beiden erhalten und verhindern konnten daß Macdonalds Nachrichten und Befehle zu York kamen, so konnte York sich das Ansehn geben von Macdonald im Stich gelassen zu sein.

General Diebitsch sah dies wohl ein, von der andern Seite aber war er des Generals York immer nicht recht gewiß, und wenn ihn dieser bis in die Gegend von Tilsit zurückmanövrirt und sich dann mit einem Kraftstreich davon gemacht hätte, so hätte Diebitsch keine sonderliche Rolle gespielt und wäre wohl gar in ein zweideutiges Licht gekommen.

General Diebitsch suchte also so viel wie möglich den General York zur Entscheidung zu bringen und protestirte unaufhörlich gegen ein weiteres Zurückgehen; General York aber suchte ihn zu beschwichtigen und marschirte obgleich in sehr kleinen Märschen immer wieder auf ihn los. So kam Diebitsch den 26. nach Schelel, den 27. nach Pagermont, den 28. über Tauroggen nach Willkischken welches nur noch 2 Meilen von Tilsit ist. Macdonald war mit der letzten Abtheilung an diesem Tage in Tilsit eingerückt, wo er York erwarten wollte der nach Tauroggen gekommen war. Es stand ihrer Vereinigung im Grunde gar nichts im Wege als eine leichte Kosackenkette.

Man würde die Sache jetzt schon für verloren gehalten haben, wenn nicht General York im Grunde durch sein langsames Vorgehen und vieles Parlementiren schon sehr kompromittirt gewesen wäre. Wenn er an sich persönlich dachte, so konnte er kaum mehr zurück.

Am 29. Mittags wurde der Verfasser noch einmal zum General York nach Tauroggen geschickt, den er in der Nacht in diesem Ort erst verlassen hatte. Diesmal brachte er zwei Schreiben mit welche als die ultima ratio angesehen wurden.

Das erstere war vom Chef des Generalstabes des Wittgensteinschen Korps dem General d'Auvray an den General Diebitsch gerichtet, worin ihm zuerst einige Vorwürfe darüber gemacht wurden daß er die Sache mit dem General York noch nicht zu Ende gebracht habe. Nun wurden ihm die Dispositionen der Wittgensteinschen Armee mitgetheilt, woraus sich ergab daß die eigentliche Avantgarde Wittgensteins unter General Scheppelow den 31. bei Schillupischken, Wittgenstein selbst aber in Sommerau sein sollte.

Nun liegt Schillupischken auf der westlichsten Straße welche von Tilsit nach Königsberg führt. Diese Straße geht durch den Baumwald wo sie 4 Meilen lang häufig Defiléen bildet. Schon bei Schillupischken wo sie über ein kleines Wasser geht bildet sie einen Paß. Sommerau aber wo General Wittgenstein sein wollte ist nur 1 Meile von Schillupischken. Wurde der Wittgensteinsche Marsch wirklich so ausgeführt und wollte Macdonald den General York in Tilsit erwarten, wo dieser nicht vor dem 30. spät Abends eintreffen konnte, so war es sehr ungewiß ob beide zu-

zusammen den Baumwald erreichen würden. Wittgenstein war zwar nicht viel stärker wie York und Macdonald, indessen konnten sie das nicht so genau wissen, und wenn sie sich auch nicht gerade als abgeschnitten betrachten mußten, so war doch ihr weiterer Rückzug bedenklich. Diese Umstände mußten für den General York einigen Werth haben. Der Brief des Generals d'Auvray enthielt daher den Auftrag, den General York mit diesen Verhältnissen bekannt zu machen und die Erklärung, daß wenn er darauf keine Rücksicht nehmen und sein zweifelhaftes Betragen nicht endigen wollte, man ihn wie jeden andern feindlichen General behandeln würde, so daß unter keiner Bedingung mehr von einem freundschaftlichen Abkommen die Rede sein könnte.

Das zweite Schreiben war folgender Brief des Marschalls Macdonald an den Herzog von Bassano welchen die Wittgensteinschen Truppen aufgefangen hatten.

Stalgen le 10. Décembre 1812.

Mon cher Duc!

Vous ne me donnez pas de vos nouvelles, j'en envoye chercher. Un officier qui arrive de Wilna nous débite des absurdités de cette ville; il assure pourtant avoir vu passer S. M. l'Empereur se rendant dit-il à Kowno où V. E. la suivra.

Je ne puis croire à tout ce que je viens de lire dans les bulletins russes que je Vous adresse, quoique l'on cite des personnages que je savois faire réellement partie du 2me et 9me corps; j'attends d'un moment à l'autre que Vous m'éclairiez. Enfin la bombe a crevé avec le Général York; j'ai cru que dans des circonstances telles que Mrs. de l'état-major prussien les accréditent sans les repousser je devois montrer plus de fermeté. Le corps est bon, mais on le gâte; l'esprit est prodigieusement changé, mais quelques grâces, des récompenses, et je le remonterai aisément, pourvu toute fois que les officiers que je signale soient promptement éloignés; ils ne seront pas regrettés, les deux tiers de l'armée les détestent.

Au nom de Dieu, mon cher Duc, écrivez moi un mot que je sache quelles sont les positions que l'on va prendre; je me concentre davantage.

Milles amitiés, je Vous embrasse.

Macdonald.

Der erſte dieſer beiden Briefe würde einem Manne wie York nicht imponirt haben, aber für eine militäriſche Scheinrechtfertigung, wenn der preußiſche Hof ſich derſelben gegen den franzöſiſchen bedienen wollte, war es viel.

Der zweite Brief mußte wenigſtens in des Generals York Seele alle Bitterkeit zurückrufen die ſich vielleicht ſeit einigen Tagen in dem Gefühl der eigenen Schuld gegen Macdonald vermindert haben mochte.

Als der Verfaſſer zum General York ins Zimmer trat rief ihm dieſer entgegen: „Bleibt mir vom Leibe, ich will nichts mehr mit euch zu thun haben. Eure verdammten Koſacken haben einen Boten Macdonalds durchgelaſſen der mir den Befehl bringt auf Piktupöhnen zu marſchiren um mich dort mit ihm zu vereinigen. Nun hat aller Zweifel ein Ende, eure Truppen kommen nicht an, ihr ſeid zu ſchwach, ich muß marſchiren und verbitte mir jetzt alle weiteren Unterhandlungen die mir den Kopf koſten würden." Der Verfaſſer ſagte daß er dem General hierauf nichts entgegnen wolle, daß er ihn aber bäte Licht geben zu laſſen, weil er ihm einige Briefe mitzutheilen habe, und da der General noch zu zögern ſchien ſetzte der Verfaſſer hinzu: „Ew. Excellenz werden mich doch nicht in die Verlegenheit setzen wollen abzureisen ohne meinen Auftrag ausgerichtet zu haben." Der General York ließ hierauf Licht geben und aus dem Vorzimmer seinen Chef des Generalstabes den Obersten Roeder hereintreten. Die Briefe wurden gelesen. Nach einem augenblicklichen Nachdenken sagte General York: „Clausewitz, Sie sind ein Preuße, glauben Sie daß der Brief des Generals d'Auvray ehrlich ist und daß sich die Wittgensteinschen Truppen am 31. wirklich auf den genannten Punkten befinden werden? Können Sie mir Ihr Ehrenwort darauf geben?" Der Verfasser erwiederte: „Ich verbürge mich Ew. Excellenz für die Ehrlichkeit des Briefes nach der Kenntniß die ich vom General d'Auvray und den übrigen Männern des Wittgensteinschen Hauptquartiers habe; ob diese Dispositionen so ausgeführt sein werden kann ich freilich nicht verbürgen, denn Ew. Excellenz wissen daß man im Kriege mit dem besten Willen oft hinter der Linie zurückbleiben muß die man sich gezogen hat." Der General schwieg noch einige Augenblicke ernsten Nachdenkens, reichte dann dem Verfasser die Hand und sagte: „Ihr habt mich. Sagt dem General Diebitsch daß wir uns Morgen früh auf der Mühle von Poscherun sprechen wollen und daß ich jetzt fest entschlossen bin mich von den Franzosen und ihrer Sache zu trennen." Es wurde die Stunde auf 8 Uhr Morgens festgesetzt. Nachdem dies feststand sagte der General York: „Ich werde aber die Sache nicht halb thun, ich werde euch auch den Massenbach verschaffen." Er ließ hierauf einen Offizier hereintreten der von der Massenbachschen Kavallerie und eben angekommen war. — Ungefähr wie Wallenstein sagte er im Zimmer auf- und niedergehend: „Was sagen eure Regimenter?" Der Offizier ergoß sich sogleich in Enthusiasmus über den Gedanken von dem französischen Bündniſſe loszukommen und ſagte ſo fühle jeder einzelne ihrer Truppen. „Ihr habt gut reden ihr jungen Leute, mir Altem aber wackelt der Kopf auf den Schultern," erwiederte York.

Ganz beglückt eilte der Verfaſſer nach Willkiſchken zurück und am andern Morgen begleitete er den General Diebitſch zu jener Mühle, wo ſich der General York in Begleitung des Oberſten von Roeder und ſeines erſten Adjutanten des Majors von Seydlitz einfand. Außer dem Verfaſſer begleitete den General Diebitſch nur der Graf Dohna, ſo daß ſich bei dieſer Verhandlung lauter geborne Preußen befanden.

Die Konvention ſelbſt findet ſich bereits überall gedruckt, wir wollen uns daher begnügen zu ſagen daß durch dieſelbe das preußiſche Korps neutral erklärt, ihm in preußiſch Litthauen an der ruſſiſchen Grenze ein gleichfalls neutraler Landſtrich angewieſen wurde. Sollte die Konvention von einem der beiden Monarchen nicht genehmigt werden, ſo erhielten die preußiſchen Truppen den freien Abmarſch auf dem kürzeſten Wege; verpflichteten ſich aber im Fall die Verweigerung von Seiten des Königs von Preußen ſtattfand innerhalb zwei Monaten nicht gegen die Ruſſen zu dienen.

General York hatte bereits den 26. von Schelel aus den bei der Armee befindlichen Flügeladjutanten des Königs Major Grafen von Henkel nach Berlin abgefertigt um den König vorläufig von den Verhältniſſen in Kenntniß zu ſetzen. Jetzt ſchickte er den Major von Thile vom Generalſtabe mit der Konvention ab.

General York ſagt am Schluß ſeines Begleitungsſchreibens:

„Ew. Majeſtät lege ich willig meinen Kopf zu Füßen wenn ich gefehlt haben ſollte; ich würde mit der freudigen

Beruhigung sterben wenigstens nicht als treuer Unterthan und wahrer Preuße gefehlt zu haben."

"Jetzt oder nie ist der Zeitpunkt wo Ew. Majestät sich von den übermüthigen Forderungen eines Alliirten los-reißen können, dessen Pläne mit Preußen in ein mit Recht Besorgniß erregendes Dunkel gehüllt waren wenn das Glück ihm treu geblieben wäre. Diese Ansicht hat mich geleitet, gebe der Himmel daß sie zum Heil des Vaterlandes führt."

General von Massenbach befand sich mit 6 Bataillo-nen und 1 Schwadron in Tilsit, 2 andere Schwadronen kantonnirten auf der Straße nach Insterburg und 7 be-fanden sich bei der Brigade Bachelu in der Gegend von Ragnit. General York schickte am 30. einen Offizier nach Tilsit und benachrichtigte den General Massenbach von dem Schritt welchen er gethan hätte, indem er ihm zugleich um ihn selbst der Verantwortung zu überheben den bestimmten Befehl ertheilte von Tilsit zum Korps zurückzukehren. Er übersendete ihm das Schreiben worin er dem Marschall Macdonald seinen Schritt anzeigte.

General Massenbach stand nicht einen Augenblick an dem Befehl des Generals York nachzukommen. Die Um-stände schienen anfangs dazu ungemein günstig, da in Tilsit nur seine 6 Bataillone standen und die Truppen der Di-vision Grandjean in entfernten Quartieren waren. Aber in der Nacht vom 30. zum 31. als er den Befehl aus-führen wollte trafen zufällig mehrere Regimenter der Di-vision Heudelet von Königsberg her ein, andere so wie die Division Grandjean wurden erwartet.

General Massenbach glaubte diese Maaßregel könnte gegen ihn gerichtet sein und hielt es unter den Umständen für besser nicht in der Nacht aufzubrechen, sondern den Tag abzuwarten, in der Vermuthung daß sich alsdann das

Mißtrauen wieder gelegt haben würde. Dies Raisonnement scheint nicht ganz richtig; wären die Franzosen schon argwöhnisch gegen ihn gewesen, so würden sie es auch wohl bei Tage geblieben sein. Wahr aber ist es allerdings daß sich bei Tage eher passende Maaßregeln nehmen ließen, und das einzige was man fürchten mußte war daß bis dahin der Argwohn zur Gewißheit geworden sein könnte. So war es indessen nicht, die Truppen waren nicht in der Absicht versammelt worden sich ihrer gegen Massenbach zu bedienen, und dieser konnte am 31. früh um 8 Uhr ruhig über die Memel gehen und den Russen entgegenmarschiren.

General Macdonald, durch die Schreiben welche der General York und der General Massenbach an ihn gerichtet und nach geschehener That hatten abgeben lassen, endlich von dem Vorfall in Kenntniß gesetzt, benahm sich sehr edel; er entließ den mit 30 Pferden ins Hauptquartier kommandirten Lieutenant von Korf, welcher nicht hatte mitgenommen werden können, mit den freundschaftlichsten Äußerungen und indem er Offizier und Mannschaft beschenkte.

Bei den preußischen Truppen wurde die Konvention mit dem höchsten Enthusiasmus aufgenommen.

Was den General York bewog so lange mit seinem Entschluß zu zögern geht zum Theil schon aus unserer Erzählung hervor. Unentschlossenheit hatte wohl den geringsten Theil daran. Er hoffte daß sich die Lage seines Korps militärisch verschlimmern würde, daß andere russische Abtheilungen herbeikommen und seinen Entschluß besser motiviren würden. Er hat diesen Zweck auch erreicht, denn theils hatte sich der General Lewis so weit genahet daß er mit Diebitsch in Verbindung trat, theils spielten die dem Marschall Macdonald vorgeschobenen anderen Abtheilungen der Wittgensteinschen Armee eine gute Rolle im Fall einer rechtlichen Vertheidigung des Generals York. Ferner wollte General York seinen Adjutanten den Major von Seydlitz abwarten der in jeder Stunde von Berlin zurück sein konnte. Auch diesen Zweck hat er erreicht, denn dieser Offizier traf den 29. früh in Tauroggen ein. Welchen Bescheid er auf den politischen Theil seiner Sendung mitbrachte ist nicht bekannt geworden. Vermuthlich hatte man in Berlin gefunden daß es noch nicht der Augenblick sei das Bündniß mit Frankreich aufzugeben und hatte dies nicht ohne vorherige Berathung mit Östreich thun wollen. Daher war die Antwort wahrscheinlich eine negative, d. h. ein Stillschweigen. Hätte man in Berlin geahndet daß der General York einen so kühnen Schritt thun könnte wie er gethan hat, so würde man sich doch vermuthlich durch eine bestimmte Erklärung dagegen verwahrt haben und denn würde der General York den Schritt nicht gewagt haben. Aber dies war zum Glück nicht der Fall, und da der Major von Seydlitz in welchem General York ein großes Vertrauen hatte und auf dessen persönliche Aussage hier viel ankam, selbst stark in der Ansicht war daß Preußen in diesem Augenblick das französische Joch abwerfen könne und müsse, so hatte er auch in Berlin die Dinge mit dieser vorgefaßten Meinung gesehen und in so fern ganz gut auf den General York gewirkt. York sah wohl ein daß er noch viel wagte, aber die Hände waren ihm wenigstens nicht gänzlich gebunden.

Von der andern Seite aber muß man menschlicher Weise zu urtheilen allerdings auch sagen daß ein solcher Entschluß wie der General York ihn hier faßte seine Zeit braucht um ganz zu reifen und daß, wenn diese Zeit des Reifens Unentschlossenheit genannt werden kann, diese beim General York allerdings durch die letzten Aufträge welche der Verfasser für ihn hatte hegt worden sein mögen. Da er mit jedem Tage schuldiger wurde, so gehörte zuletzt nur noch ein geringer Anstoß dazu um den Gedanken an Umkehr ganz zu entfernen.

Das Betragen des Generals Diebitsch in dieser ganzen Zeit war des höchsten Lobes würdig. Indem er dem General York so viel Vertrauen bewies als es ihm die eigene Verantwortlichkeit nur immer zuließ, indem er überall ein unbefangenes, offenes, edles Wesen zeigte, in diesem Augenblick nur für das allgemeine Interesse und fast eben so viel für Preußen als für Rußland zu fühlen schien, indem er vor allem jede Idee einer Waffenüberlegenheit, jeden Stolz des Siegers und jede Eitelkeit oder Rohheit des Russen entfernte, erleichterte er dem General York einen an sich sehr schweren Entschluß und der unter weniger günstigen Bedingungen wahrscheinlich gar nicht zur Reife gekommen wäre.

Mit Vergnügen denkt der Verfasser noch an einen kleinen Auftritt der sich in Willkischken zutrug. In der Nacht vom 28. zum 29. als der Verfasser eben vom General York gekommen war, trat der General Diebitsch ganz bestürzt ins Zimmer und sagte dem Verfasser daß er eben die Nachricht erhalten daß eine Kosackenpatrouille von einem Unteroffizier und 6 Mann, welche abgesandt worden war einen Brief an General d'Auvray nach Ragnit zu bringen, von dem Feinde genommen worden sei. Dieser Brief oder vielmehr Zettel enthielt einen noch dazu in französischer Sprache geschriebenen kurzen Bericht wie weit man mit York gediehen sei, und wodurch, wenn er in die Hände der Franzosen fiel, der General York aufs Alleräußerste bloßgestellt war. General Diebitsch war außer sich über den Gedanken das Unglück dieses Generals verschuldet zu

haben. Er forderte den Verfasser in einem bittenden Ton
auf gleich zu York zurückzukehren um ihm den Vorfall ehrlich zu bekennen. Der Auftrag war nicht angenehm, aber
der Verfasser übernahm ihn doch gern; schon war der
Schlitten vorgefahren als der Uradnik der Kosacken herein-
trat, dem General Diebisch meldete daß er vom Feinde angefallen und seine Leute versprengt worden wären; „und
der Brief," rief der General eilig — „da ist er," antwortete ruhig der schöne Kosack, indem er dem General
den Brief zurückreichte — dieser fiel dem Verfasser um
den Hals und vergoß Thränen der Freude. —

Sobald Marschall Macdonald den Abfall der Preußen erfahren hatte marschirte er von Tilsit nach Mehlaucken
ab welches am Eingang des Baumwaldes liegt. Er traf
auf diesem Wege weder Wittgenstein noch Scheppelow,
sondern nur einige Kosackenregimenter die zur Abtheilung
des Generals Kutusow gehörten. Sie machten ihm natürlich Platz und er kam glücklich nach Mehlaucken, doch hitzig
verfolgt von Diebitsch und Kutusow.

General Scheppelow war aus Mißverstand des Namens den 31. anstatt nach Schillupischken nach Szillen marschirt welches auf der Straße von Tilsit nach Insterburg
liegt. Da Macdonald diese Straße nicht kam so war er
ganz unnütz. General Wittgenstein war sehr böse auf diesen General und er verlor das Kommando der Avantgarde.
Aber Wittgenstein selbst hätte da er den 29. schon in Löbe-
gallen war welches nur etwa 5 Meilen von Schillupischken
ist ganz füglich den 31. bei guter Zeit auf diesem Punkt
sein können. Er kam aber nur bis Sommerau, die sehr
schlechten Wege, die Ermüdung der Truppen, die Nothwendigkeit diese in etwas weitere Quartiere zu legen, dienen
allerdings zur Entschuldigung wenn keine starken Märsche

gemacht wurden, aber die Hauptsache war daß die Energie anfing nachzulassen und man bei so ungeheuren Erfolgen daran dachte es sei nicht mehr Noth und man thäte besser seine eigenen Leute zu schonen.

Doch folgte der Graf Wittgenstein dem Marschall Macdonald auf dem Fuße nach Königsberg, hinderte ihn dadurch seine Kräfte dort zu sammeln und zerstörte jede Idee einer möglichen Vertheidigung Ostpreußens von Seiten der Franzosen, so daß im großen russischen Hauptquartier die vielfach besprochene Frage ob man die Grenze überschreiten solle oder nicht faktisch entschieden wurde. Denn nachdem Wittgenstein einmal bis Königsberg gekommen war mußte er unterstützt werden und Tschitschagow erhielt also Befehl über Gumbinnen zu folgen. Beide zogen dann den Franzosen nach bis an die Weichsel.

In dieser Zeit hatte man Tschitschagow als älterem General en chef den Oberbefehl über die nach Preußen vorgedrungenen Kräfte gegeben. Wittgenstein fühlte sich dadurch so gekränkt daß er unter dem Vorwand von Krankheit in Königsberg zurückblieb. Die Sache glich sich indessen bald wieder aus. Tschitschagow blieb vor Thorn und Wittgenstein, nachdem er 10,000 Mann vor Danzig gelassen hatte, ging mit dem Überrest über die Weichsel bis Konitz, wo er einige Wochen Halt machte und dann später bis Berlin wo er Anfangs März einzog.

Wenn Wittgenstein hierbei natürlich auch nicht ohne ausdrücklichen Befehl Kutusows und des Kaisers handelte, so gab er doch überall den ersten Anstoß zu dieser bis an die Ufer der Elbe fortgesetzten Offensive und riß so das Ganze mit fort.

Obgleich der General York wie wir gesehen haben die Geschicklichkeit gehabt hatte den König durch zwei verschiedene Sendungen auf einen Schritt wie er ihn thun wollte vorzubereiten, so war der König doch durch die Yorksche Konvention höchst unangenehm überrascht. Er sah sich durch die Eigenmächtigkeit seines Generals in eine große Verlegenheit gesetzt. Der Augenblick zu einer Änderung der politischen Verhältnisse schien noch nicht gekommen, und wenn dieser Augenblick wirklich da war so schien es ja nicht nöthig und nicht recht daß ein General dazu die Entscheidung gäbe. Dies Raisonnement war in Berlin sehr natürlich, denn man übersah dort noch nicht die Zerstörung der französischen Kriegsmacht in ihrem ganzen Umfange. Eben so wenig konnte man übersehen von welchen Folgen für den ganzen Krieg des Generals York Austritt aus der Reihe der Fechtenden war, es mußte sein Vertrag also als eine unnütze Eigenmächtigkeit erscheinen.

Indessen mag doch die ruhige Überlegung aller Verhältnisse und die Berathung mit dem Baron Hardenberg auch beim Könige schon die Idee erzeugt haben daß ein Festhalten an Frankreich in dem Sturm des Unglücks, den es sich selbst zugezogen, weder Preußens Pflicht noch sein Interesse sei.

Es wurde also beschlossen in diesem schwierigen Augenblick einer entscheidenden Erklärung nach Möglichkeit auszuweichen und so gut zu laviren als man könne.

Der Schritt des Generals York sollte der Form nach mißbilligt, der Vertrag nicht bestätigt, dem General Kleist das Kommando des Korps übergeben, eine Untersuchung über den General York verhängt, ein anderes Kontingent versprochen und Fürst Hatzfeld mit allen diesen Beschlüssen nach Paris geschickt werden. Dies waren alles Schritte welche an sich noch keine großen Wirkungen in der politischen Wageschaale hervorbringen konnten und doch den Franzosen im ersten Augenblick genügen mußten.

Ein Flügeladjutant des Königs, der Oberstlieutenant von Natzmer, wurde mit diesen Aufträgen zum Yorkschen Korps geschickt. Nun war aber die Hauptsache daß das Yorksche Korps hinter Wittgenstein stand und daß Oberstlieutenant Natzmer also durch die russischen Truppen gehen mußte. Er konnte dies nicht heimlich thun, hatte auch nicht den Auftrag dazu, sondern er ging zum Grafen Wittgenstein und bat um die Erlaubniß sich zum General York zu verfügen. Graf Wittgenstein fragte was sein Auftrag sei, worauf Oberstlieutenant Natzmer antwortete: daß er den Befehl habe den General York des Kommandos zu entsetzen und dasselbe dem General Kleist zu übertragen; „in diesem Fall Herr Oberstlieutenant werden Sie meine Posten nicht passiren," sagte Graf Wittgenstein. „Haben Sie sonst noch etwas auszurichten?" Oberstlieutenant v. Natzmer gestand daß er ein Schreiben an den Kaiser von Rußland habe. — „Ach mit dem größten Vergnügen werde ich Ihnen gestatten dasselbe zu überbringen!" Ein kleiner Schlitten fuhr vor, ein russischer Offizier setzte sich mit dem Oberstlieutenant Natzmer hinein und sie reisten zum Kaiser nach Wilna. Dies geschah Mitte Januar. General York blieb nun im Besitz seines zweifelhaften Kommandos. In Berlin erfuhr man täglich mehr von der Vernichtung der Franzosen. Der Gedanke eines möglichen Widerstandes wuchs von Stunde zu Stunde und 4 Wochen nachdem Oberstlieutenant Natzmer abgefertigt worden war fand kein Zweifel mehr statt über die Partei welche man ergreifen sollte. Der König verließ Potsdam um sich nach Breslau zu begeben. Wittgenstein zog den 7. März in Berlin ein. York marsch'te hinter ihm her und hielt feinen Einzug den 17. März; unter demselben Dato erschien von Breslau aus die Erklärung daß nach genommener Einsicht der Untersuchungsakten General York schuldlos befunden und daher in das Kommando wieder eingesetzt sei, und von demselben Dato war der Aufruf an das preußische Heer und Volk.

Dieser flüchtige Blick auf die Folgen des Feldzugs in Rußland, auf das Auslaufen der Bewegung in welche die Massen gekommen waren war nothwendig um sich die Wichtigkeit der Yorkschen Konvention ganz klar zu machen.

Vereinigte sich York wieder mit Macdonald, so hatte dieser mit der von Königsberg kommenden Division Heudelet eine Macht von 30,000 Mann hinter dem Niemen vereinigt. Da die Hauptarmee in Wilna Halt gemacht hatte, Tschitschagow den Befehl hatte die Grenze nicht zu überschreiten und Wittgenstein inclusive der von Riga gekommenen Truppen nur noch etwa 25,000 Mann stark war, so ist es nicht denkbar daß Wittgenstein auf eigene Verantwortung über den Niemen gegangen sein würde, dem Marschall Macdonald eine Schlacht anzubieten und den Krieg bis ins Herz des preußischen Staates fortzusetzen. Es heißt zwar in der Geschichte des russischen Feldzugs vom Obersten Buturlin daß Graf Wittgenstein von der Gegend von Wilna aus zuerst die Bestimmung auf Gumbinnen gehabt hätte, daß er aber wegen der schlechten Wege am Niemen genöthigt gewesen sei sich nördlicher zu wenden *), aber dieser unverständlichen oder vielmehr unverständigen Stelle dieses Buchs kann man unmöglich eine große Autorität einräumen. Die Richtung von Gumbinnen und die von Wilkomir sind zu disparat um einer und

---

*) Zweiter Theil Seite 423.

derselben Absicht zugeschrieben werden zu können. Man dachte in der Gegend von Wilna schwerlich daran ein Korps von 25,000 Mann 30 Meilen weit vor in Preußen hineinzuschieben. Nach dem was dem Verfasser aus dem Wittgensteinschen Hauptquartier von jener Zeit her erinnerlich ist, hat Wittgenstein sich das successive Vorrücken gegen Königsberg um Macdonald abzuschneiden und dann das Verfolgen dieses Marschalls bis an die Weichsel förmlich erkämpft. Wittgenstein selbst aber wurde nur durch das verspätete Eintreffen Macdonalds, dann durch die Trennung des Generals York, durch die mit ihm geführten Unterhandlungen, endlich durch den Abschluß der Konvention und die Gefahr in welche Macdonald gerieth nach und nach von einem Schritt zum andern fortgezogen, und es würde sich Alles anders gestellt haben wenn 30,000 Mann hinter dem Niemen oder auch hinter dem Pregel auf die Russen gewartet hätten. Es ist die höchste Wahrscheinlichkeit daß der russische Feldzug vor der Hand an der preußischen Grenze sein Ziel gehabt hätte.

Ob wir gleich nicht geneigt sind die Erscheinungen in dieser Welt als Folgen einzelner Ursachen zu betrachten, sondern sie immer nur als die Gesammtwirkung vieler Kräfte ansehen, so daß das Ausfallen eines einzelnen Gliedes niemals eine totale Veränderung hervorbringen kann, so müssen wir doch einräumen daß oft Großes aus scheinbar Kleinem entsprungen ist und daß eine einzelne, also dem Zufall stärker bloßgestellte Ursache oft sehr allgemeine Wirkungen hervorbringt.

So ist es auch mit der Yorkschen Konvention. Es ist nicht vernünftig zu glauben daß ohne diesen Entschluß welchen General York den 29. Abends in Tauroggen faßte Bonaparte noch auf dem französischen Thron und die Franßen noch die Gebieter Europas wären, denn diese großen Wirkungen sind die Folgen einer unendlichen Menge von Ursachen oder vielmehr Kräften die größtentheils auch ohne den General York wirksam geblieben wären; aber zu läugnen ist es nicht daß der Entschluß dieses Generals ungeheure Folgen gehabt und wahrscheinlich das allgemeine Resultat sehr beschleunigt hat.

Jetzt sei es dem Verfasser noch erlaubt seine Meinung über den Operationsplan Bonapartes in diesem vielbesprochenen Feldzug zu sagen.

Bonaparte wollte den Krieg in Rußland führen und endigen wie er ihn überall geführt und geendigt hatte. Mit entscheidenden Schlägen anzufangen und die dadurch erhaltenen Vortheile zu neuen entscheidenden Schlägen zu benutzen, so den Gewinn immer wieder auf eine Karte zu setzen bis die Bank gesprengt sei, das war seine Art, und man muß sagen daß er den ungeheuren Erfolg welchen er in der Welt gehabt hat nur dieser Art verdankt; daß dieser Erfolg bei einer anderen kaum denkbar war.

In Spanien war es ihm damit nicht gelungen. Der östreichische Feldzug von 1809 hatte Spanien gerettet, weil er ihn verhindert hatte die Engländer aus Portugal zu vertreiben. Seitdem war er dort in einen Vertheidigungskrieg verfallen der ihm ungeheure Kräfte kostete, ihn gewissermaßen an einem Arm lähmte. Sonderbar ist es und vielleicht der größte Fehler den Bonaparte gemacht hat daß er nicht im Jahre 1810 nach der Halbinsel gegangen ist um den Krieg in Portugal zu beendigen, worauf er in Spanien auch nach und nach erloschen sein würde, denn unstreitig trugen der spanische Insurrektions- und der portugiesische Hülfskrieg einander gegenseitig. Immer würde indessen Bonaparte genöthigt gewesen sein eine beträchtliche Armee in Spanien zu lassen.

Sehr natürlich und auch wohl richtig war es daher daß bei dem neuen Krieg mit Rußland es sein Haupt-augenmerk war nicht in einen ähnlichen langwierigen und kostspieligen Vertheidigungskrieg auf einem noch viel ent-fernteren Kriegstheater verwickelt zu werden. Er hatte also das dringende Bedürfniß den Krieg in einem höchstens zwei Feldzügen zu enden.

Die feindlichen Streitkräfte schlagen, zertrümmern, die Hauptstadt erobern, die Regierung in den letzten Winkel des Reichs hindrängen und dann in der ersten Bestürzung den Frieden gewinnen war bisher der Operationsplan seiner Kriege. Bei Rußland stand ihm die ungeheure Ausdeh-nung des Landes und der Nachtheil entgegen daß es zwei weit von einander entfernte Hauptstädte hat. Was ihm dadurch an moralischer Wirkung seiner Waffenerfolge verloren gehen mußte hoffte er wahrscheinlich durch zwei Dinge ersetzt zu sehen: durch die Schwäche der russischen Regierung und durch den Zwiespalt den es ihm gelingen konnte zwischen ihr und den Großen des Reichs zu er-wecken. In beiden fand er sich getäuscht, darum war ihm das verlassene und zerstörte Moskau so widerwärtig. Von hier aus hatte er auf Petersburg und ganz Rußland durch die Meinung zu wirken gehofft.

Daß Bonaparte unter diesen Umständen wo möglich mit einem Stoß nach Moskau zu kommen suchte war nur konsequent.

Die Wirkungen der gewaltigen Landesausdehnung und eines möglichen Volkskrieges, kurz der Druck des großen Staates mit seiner ganzen Schwere konnte sich erst nach
ei-

einiger Zeit zeigen, und konnte überwältigend sein wenn er nicht im ersten raschen Anlauf überwunden wurde.

Wenn Bonaparte auch wirklich darauf rechnen mußte diesen Krieg erst in zwei Feldzügen zu beendigen, so machte es doch einen großen Unterschied ob er in dem ersten Feldzuge Moskau eroberte oder nicht. Hatte er diese Hauptstadt genommen, so durfte er hoffen die Vorbereitungen zum ferneren Widerstand zu untergraben, indem er mit der ihm übrig gebliebenen Macht zu imponiren, die Meinung in jedem Betracht irre zu führen, das Gefühl von der Pflicht abwendig zu machen suchte.

Blieb Moskau in den Händen der Russen, so bildete sich von da aus für den nächsten Feldzug vielleicht ein so kräftiger Widerstand daß die nothwendigerweise geschwächten Kräfte Bonapartes nicht mehr hinreichten. Kurz mit der Eroberung Moskaus glaubte er über den Berg zu sein.

Dies hat uns die natürlichste Ansicht eines Mannes wie Bonaparte geschienen. Es fragt sich nur ob ein solcher Plan für Rußland ganz unthunlich war und ob nicht ein anderer vorzuziehen gewesen wäre.

Wir sind nun dieser Meinung nicht. Die russische Armee schlagen, zerstreuen, Moskau erobern war ein Ziel welches in einem Feldzuge füglich erreicht werden konnte; aber wir sind der Meinung daß diesem Ziel noch eine wesentliche Bedingung fehlt, diese war: auch in Moskau noch furchtbar zu bleiben.

Wir glauben daß Bonaparte dieses Eine nur aus dem übermüthigen Leichtsinn vernachlässigt hat der ihm charakteristisch war.

Er ist mit 90,000 Mann nach Moskau gekommen und er hätte mit 200,000 hinkommen sollen.

Dies wäre möglich gewesen wenn er sein Heer mit mehr Schonung und Sorgfalt behandelt hätte. Aber das sind Dinge die ihm ewig fremd gewesen sind. Er würde vielleicht 30,000 Mann weniger in den Gefechten verloren haben, wenn er nicht überall den Stier bei den Hörnern angegriffen hätte. Mit mehr Vorsorge und besseren Anordnungen in Betreff der Verpflegung, mit einer überlegteren Einrichtung des Marsches, wodurch nicht unnöthigerweise so ungeheure Massen auf einer Straße zusammengedrängt worden wären, würde er der von Anfang an herrschenden Hungersnoth vorgebeugt und dadurch sein Heer vollständiger erhalten haben.

Ob 200,000 Mann im Herzen des russischen Reichs aufgestellt die gehörige moralische Wirkung gehabt und den Frieden herbeigeführt haben würden ist freilich noch eine Frage; aber es scheint uns daß es wenigstens vor dem Ereigniß erlaubt war auf diesen Erfolg zu rechnen. Daß die Russen Moskau verlassen, verbrennen und einen Vertilgungskrieg einleiten würden war nicht mit Gewißheit vorauszusehen, war vielleicht nicht einmal wahrscheinlich; wenn es aber geschah so war der ganze Krieg verunglückt, wie man ihn auch geführt hätte.

Ferner ist es als eine zweite große Nachlässigkeit Bonapartes anzusehen so wenig für seinen Rückzug gesorgt zu haben.

Wenn Wilna, Minsk, Polozk, Witebsk und Smolensk durch Verschanzungen mit tüchtigen Palissaden befestigt und jeder dieser Orte mit 5. bis 6000 Mann Besatzung versehen wurde, so würde der Rückzug dadurch auf mehr als eine Art erleichtert worden sein; namentlich durch eine bessere Verpflegung. Wir wollen nur an die 700 Stück Ochsen erinnern welche die Kosacken am 9. November in der Gegend von Smolensk genommen haben. Denkt man sich dabei daß die französische Armee stärker in Moskau angekommen und also auch wieder stärker von da abmarschirt wäre, so verliert der Rückzug das Ansehn eines tiefen Abgrundes welches er damals hatte.

Welches war nun der andere Plan den man après coup für vernünftiger oder wie man sich auszudrücken pflegt für methodischer gehalten hat?

Bonaparte sollte am Dnieper und der Düna Halt machen, allenfalls den Feldzug mit der Eroberung von Smolensk beschließen, sich dann in dem eroberten Theile festsetzen, seine Flügel sichern, dadurch eine bessere Basis gewinnen, die Polen unter die Waffen bringen, dadurch die Offensivkraft vermehren und so in dem nächsten Feldzuge mit besserem Ansatz und verstärktem Athem auf Moskau marschiren.

Das klingt ganz gut wenn man es nicht näher untersucht und besonders wenn man nicht daran denkt es mit den Aussichten zu vergleichen welche der von Bonaparte befolgte Plan darbot.

Nach jener Idee sollte er sich also in dem ersten Feldzug mit den Eroberungen von Riga und Bobruisk beschäftigen (denn das waren die einzigen befestigten Plätze in dem bezeichneten Landstrich) und für den Winter eine Vertheidigungslinie von dem rigaischen Meerbusen längs der Düna bis Witebsk, von da bis Smolensk, dann längs des Dnieper etwa bis Rogatschef, dann hinter dem Prczipiez und der Muchawetz bis an den Bug ziehen, welches circa 200 Meilen sind.

Er hätte also den Feldzug beschlossen ohne die russische Armee besiegt zu haben, diese wäre gewissermaßen intakt und Moskau sogar unbedroht geblieben. Die russischen Streitkräfte die bei Eröffnung des Feldzuges noch schwach waren und sich im Laufe desselben beinah verdoppeln sollten, hätten nun Zeit gehabt sich ganz auszubilden um dann im Laufe des Winters gegen die ungeheure Vertheidigungslinie der Franzosen mit einer Offensive zu beginnen. Das war keine Rolle im Geschmack Bonapartes. Das Schlimmste war daß ein Sieg den er unter diesen Umständen erfocht ganz ohne positive Wirkung blieb, weil er mit der Siegeskraft mitten im Winter oder auch selbst im Spätherbst nichts anzufangen wußte, kein Objekt dafür hatte. Er konnte also nichts thun als die Streiche der Russen stets abwehren ohne je einen wieder zu führen.

Und denkt man nun gar an die Ausführung! Wie sollte er sein Heer aufstellen? In Quartieren? Das war nur in der Nähe einiger beträchtlichen Städte für mäßige Korps thunlich. In Lägern? Das war im Winter unmöglich. Hätte er seine Kräfte aber bei einzelnen Städten zusammengehalten, so war das Land zwischen ihnen niemals sein, sondern gehörte den Kosacken an.

Die Verluste welche die französische Armee im Laufe eines solchen Winters gemacht hätte, wären wahrscheinlich nicht durch die Bewaffnung der Polen ersetzt worden.

Diese Bewaffnung des polnischen Volkes hatte bei Licht besehen auch noch große Schwierigkeiten. Einmal blieben immer die Provinzen die Östreich besaß davon ausgeschlossen, ferner die welche im Besitz der Russen blieben; dann konnte diese Bewaffnung auch Östreichs wegen gar nicht in dem Sinn geschehen in welchem die Polen sie wünschten, nämlich zur Wiederherstellung des alten polnischen Reichs; das lähmte den Enthusiasmus sehr. Die Hauptschwierigkeit aber war daß ein Land in welchem sich eine ungeheure Masse fremder Streitkräfte niedergelassen hat gar nicht im Stande ist große Rüstungsanstrengungen zu machen. Die außerordentlichen Anstrengungen welche die Bürger eines Staates machen können haben ihre Grenzen; werden sie von der einen Seite in Anspruch genommen, so können sie nicht nach einer andern hin gemacht werden. Wenn der Bauer genöthigt ist mit seinem Vieh den ganzen Tag auf der Landstraße zu liegen um dem fremden Heere die Bedürfnisse hin- und herzuschaffen, wenn er das Haus voll Soldaten hat, wenn der Edelmann seine Vorräthe zum Unterhalt hergeben muß, wenn überall der nächste Augenblick mit den ersten Bedürfnissen drängt und drückt, dann kann nicht erwartet werden daß freiwillige Opfer an Geld und Geldeswerth und freiwillige persönliche Dienste die Mittel zu außerordentlichen Rüstungen geben werden.

Dessenungeachtet wollen wir die Möglichkeit zugeben daß ein solcher Feldzug dennoch seinen Zweck erfüllt und den weiteren Angriff für den folgenden Feldzug vorbereitet hätte. Denken wir uns aber zugleich was von der andern Seite zu überlegen ist: daß Bonaparte die Russen halb unvorbereitet antraf, eine ungeheure Überlegenheit gegen sie anwenden, ihnen den Sieg mit Gewalt entreißen und seiner Unternehmung die ganze Rapidität geben konnte die für das Verblüffen so nöthig ist, daß er die ziemliche Gewißheit hatte in einem Zuge bis Moskau vorzudringen und die Möglichkeit im ersten Vierteljahr den Frieden in der Tasche zu haben, — denken wir uns das Alles und vergleichen wir diese Aussichten mit dem Erfolg eines sogenannten methodischen Feldzugs, so dürfte es sehr zweifelhaft werden ob Alles verglichen der Plan Bonapartes nicht mehr Wahrscheinlichkeit des endlichen Erfolgs für sich gehabt hat als der andere, und in diesem Fall wäre er also auch in der richtigen Methode und nicht der gewagtern sondern der vorsichtigern gewesen. In jedem Fall aber begreift man daß ein Mann wie Bonaparte sich nicht lange bei der Wahl besonnen haben wird.

Die Gefahren des Augenblicks beherrschen den Menschen stets am gewaltsamsten und darum erscheint oft als eine Verwegenheit was in letzter Instanz gerade der einzige Rettungsweg, also die höchste Vorsicht ist. Selten ist der bloße Verstand hinreichend den Menschen bis auf diesen Grad zu stärken, und es ist also meist nur die angeborne Kühnheit des Charakters welche fähig macht solche Wege der Vorsicht zu gehen. An dieser Kühnheit aber fehlte es dem berühmten Eroberer so wenig daß er gerade aus Neigung das Kühnste gewählt haben würde, wenn sein Genie es ihm auch nicht als das Weiseste gerathen hätte.

Wir wiederholen es: Alles was er war verdankt er dieser kühnen Entschlossenheit, und seine glänzendsten Kriege würden denselben Tadel erfahren haben wenn sie nicht gelungen wären.

Übersicht

der Bewegungen Macdonalds, Yorks und Wittgensteins in den letzten Tagen des Dezembers.

Datum. Dezember.	Die französischen Korps.			Die russischen Korps.			
	Division Grandjean.	Macdonald mit der Division Massenbach.	York und Kleist.	Diebitsch.	Kutusow.	Scheppelow.	Wittgenstein.
18.	—	—	—	Kelm.	—	—	Poselwa.
19.	—	Elley.	Mitau.	—	—	—	Wilkomir.
20.	—	Janischki.	Kalwe.	Koltiniani.	Georgenburg.	—	—
21.	—	Meszkucz.	—	Laßkowo.	Trapöhnen.	—	Chati.
22.	—	Kurezan.	Meszkucz.	Worni.	Piktupöhnen u. Tilsit.	—	Kaidany.
23.	—	Wengkowa.	Podubitz und Kurtowiani.	Teltsch.	—	—	—
24.	—	Koltiniani.	Kelm und Wengkowa.	Worni.	—	—	—
25.	Tauroggen.	Wainuti.	Kroseje b. Koltiniani.	Koltiniani.	—	—	Czeikischki.
26.	Piktupöhnen, Gef. g. Kutusow.	Coadjuten.	Barlaschischeck bei Schelel.	Schelel.	S. fecht bei Piktupöhnen.	—	Wielona.
27.	Tilsit.	Schilgallen bei Rucken.	Schelel.	Pagermont.	Ragnit.	Poswenta.	Georgenburg am Niemen.
28.	Ragnit.	Tilsit.	Tauroggen.	Wilkischken.	—	Lasdehnen. zwischen Lobegallen und Gerschkullen.	Löbegallen.
29.	—	—	—	—	—		—
30.	Tilsit.	—	—	—	Patgallen.	Sommerau.	Gerschkullen.
31.	Melaucken.	Melaucken.	—	Tilsit.	Szillen.	Szillen.	Sommerau.

Der

Feldzug von 1813

bis

zum Waffenstillstand.

———

I.

Als der Strom des Sieges sich von Moskau unaufhaltsam bis über den Niemen über Preußens und Polens Grenzen fortwälzte, zersprangen die Zügel woran die Tyrannei eines Eroberers die deutschen unterjochten Völker zu seinen Zwecken hinleitete. Sie hatten wie eingespannte Sklaven an seinem Triumphwagen ziehen müssen. Wie durch ein Gebot Gottes sprangen Ketten und Zügel. Doppelte Schande wäre es gewesen, wenn sie, der Gewalt entrissen, der Schmach entbunden, frei wie sie waren, willig und gehorsam hinter ihren Treibern hergegangen wären um ihren Hals dem Joch von selbst wieder anzubieten. Diesen Trieb zur Sklaverei hat nicht das Schlechteste unter den Thieren und nur ein ganz verderbtes Herz könnte den Menschen unter das Thier erniedrigen.

Das kleine preußische Heer, vergessen und verlassen von den eilig fliehenden Franzosen, zog in stiller Ordnung und festem Muth durch den Schnee und die Wälder Kurlands seiner Heimath zu, um sich seiner wahren und einzigen Bestimmung wieder zu geben, dem Dienst und Willen seines Herrn. Ein russisches Korps war ihm zuvorgeeilt und vertrat ihm den Weg zu seinen Grenzen. Die gegenseitigen Führer, von Vernunft und Herz geleitet, verstanden einander bald. Die Preußen waren gezwungen nach

Rußland getrieben, kein anderes Recht band sie als das
Recht der Stärkern. Im unbesonnenen Gebrauch seiner
Gewalt hatte der französische Kaiser diese Mittel des Zwan-
ges selbst zerstört und dies Recht war in sein Nichts zu-
rückgefallen; die Preußen konnten, sich selbst überlassen,
nicht mehr als Feinde der Russen sich betrachten, denn sie
waren es selbstständig nie gewesen, sie konnten keine andere
Bestimmung erkennen als die den neuen Befehlen ihres Königs entgegenzugehen. Die Russen, im Vertrauen
auf die nahe Verbindung mit allen frei werdenden Völkern, hatten keinen größern Vortheil als auch ihrerseits
die Wirkungen jener erzwungenen Verbindung Preußens
mit Frankreich aufhören zu lassen und sich zum engen
Bündniß den Weg zu bahnen.

Nicht als Feinde, nicht als Verbündete, sondern ihre
gegenseitige Unabhängigkeit anerkennend, schieden beide Korps
und die Preußen bezogen neutrale Quartiere innerhalb ihrer Grenzen.

Kaum hatte das kleine Heer sich dem Joch der Eroberer entzogen, kaum sah das Volk die übermüthigen Eroberer zurückkehren wie wandelndes Siechthum in veräcßt-
lichen Haufen elender Bettler (der Eroberer muß immer
glücklich sein, sonst ist er mit Recht verachtet), als es sich
durch die Macht des Schicksals zurückgeführt fühlte zu
einem unabhängigen freien Dasein und zu der Verpflich-
tung alle Kräfte aufzubieten um diese Unabhängigkeit diesmal kräftiger und würdiger zu behaupten als es leider im
Jahre 1806 geschehen war.

Der König und seine Minister verstanden die Stimme
des Volks und theilten seine Gefühle. Sie erkannten die
Pflicht, jetzt das Volk mit allen Kräften gesetzlicher Ordnung und Autorität zu unterstützen, den kurzen Zeitraum

ungebundenen Handelns nach Möglichkeit zu nutzen, eiligst alle Kräfte aufzubringen und dann den Kampf um eine freie ehrenvolle Existenz unter den Völkern Europas noch einmal zu beginnen.

So veränderte Preußen seine Stellung und ward der erste Verbündete Rußlands in dem neuen Kampfe für die Unabhängigkeit Europas.

II.

An den unglücklichen Tagen von Jena und Auerstädt verlor die preußische Armee ihren Ruhm, auf dem Rückzuge löste sie sich auf; die Festungen gingen verloren, der Staat war erobert und nach vier Wochen Krieg war von Staat und Armee wenig mehr übrig. Die kleine Armee welche sich an die russische in der Provinz Preußen anschloß war zu schwach, die Mittel zu ihrer Ergänzung waren zu gering als daß durch sie das Verlorne hätte wieder errungen werden können. Der tilsiter Friede vollendete die Uebel, indem er der Größe der Armee schimpfliche Grenzen setzte. Sie durfte nicht stärker als 42,000 Mann sein, deren Waffenverhältnisse untereinander sogar vom Feinde vorgeschrieben waren.

So war also binnen Jahresfrist der glänzende Militärstaat Preußens, an welchem alle Militär- und Kriegsfreunde sich geweidet hatten, verschwunden; an die Stelle der Bewunderung waren Tadel und Vorwürfe, an die Stelle der Huldigung oft Demüthigung getreten.

Der Geist der Armee war eine niederdrückende Traurigkeit. Kein wohlthuender Blick in die Vergangenheit war möglich, keine Hoffnung für die Zukunft war vorhanden, und auch das Letzte woran sich ihr Muth hätte aufrichten können, das Vertrauen zu einzelnen Führern, fehlte ganz, denn keiner hatte in dem kurzen Kriege sich bis zu einer eminenten Stelle erheben können, und die wenigen welche sich ausgezeichnet hatten theilten die Stimmen ganz verschiedener Parteien.

Bei diesem unterdrückten Geiste der Armee, bei dem gesunkenen Wohlstande des Staates, den zerrütteten Finanzen, bei der gebieterischen Einschränkung von Außen her und einer Partei von Muthlosen im Innern die sich allen energischen Maaßregeln widersetzte, war es sehr schwer die Zwecke zu erreichen welche man sich vorsetzte. Die Armee sollte von Neuem eingerichtet, ihr Muth sollte belebt, ihr Geist gehoben, alte Mißbräuche sollten ausgerottet, und neben der Erzeugung und Ausbildung bis zu der im Traktat bestimmten Stärke sollte die Basis zu einer neuen größern Militärmacht gelegt werden die einst im entscheidenden Augenblick plötzlich emporsteigen sollte.

Nach dieser Idee wurde in den wenigen Jahren von 1808 bis 11 unermüdlich gearbeitet.

Die Armee sollte nach dem Traktat mit Frankreich stark sein

$$
\begin{array}{lcl}
24{,}000 & \text{Mann} & \text{Infanterie} \\
6{,}000 & \cdot & \text{Kavallerie} \\
6{,}000 & \cdot & \text{Artillerie} \\
6{,}000 & \cdot & \text{Garde} \\
\hline
\end{array}
$$

Summe 42,000 Mann.

Es wurden diese in 6 Korps von allen Waffen getheilt die man Brigaden nannte und jeder zu 6 — 7000 Mann Stärke gab. Außerdem wurde der ganze Militärstand in 3 Gouvernements, Preußen, Schlesien und die Mark mit Pommern, eingetheilt.

Die Ergänzung der Armee bis auf 42,000 Mann

hatte natürlich die wenigsten Schwierigkeiten; die neue Form in welche sie gebracht, und vorzüglich der neue Geist welcher ihr eingeflößt werden sollte hatten mit tausend Vorurtheilen, mit dem üblen Willen und dem Interesse der Einzelnen, mit Unbehülflichkeit, mit Trägheit und Gewohnheit zu kämpfen. Troß diesen Hindernissen schritt man glücklich fort.

Im Jahre 1809 hatte die Armee eine neue vollendete Verfassung, eine neue Gesetzgebung und neue Uebungen und man kann sagen einen neuen Geist der sie belebte. Sie war dem Volke näher gebracht und man durfte hoffen sie als eine Schule zur kriegerischen Ausbildung und Erziehung des Nationalgeistes zu betrachten.

Eben so glücklich wurden nach und nach die Schwierigkeiten überwunden die sich dem erweiterten Fundamentalbau der ganzen Kriegsmacht Preußens entgegenstellten. Es wäre hier zu weitläuftig diese Schwierigkeiten weiter zu entwickeln oder alle die Mittel aufzuzählen welche ergriffen wurden. Wir müssen uns begnügen zu sagen daß hier nur ein unermüdliches Streben in Anwendung kleiner unscheinbarer Mittel, so wie die Verhältnisse sie erlaubten, zum Zweck führen konnte.

Die Hauptgegenstände waren:

1. Um die Armee schnell vermehren zu können, das beständige Ausexerziren von Rekruten welche hierauf wieder entlassen wurden. Hierdurch stieg die Masse der ausgearbeiteten Leute im preußischen Staate binnen 3 Jahren auf 150,000 Mann.

2. Die Fabrikation der nöthigen Gewehre. Es wurden Reparaturwerkstätten angelegt, die vorhandene Berliner Fabrik auf die Fertigung von 1000 Stück neuen monatlich gebracht, eine neue Fabrik zu Neiße ange-

legt und außerdem aus dem Östreichschen eine beträchtliche Menge eingekauft. Die Summe der Gewehre stieg dadurch in 3 Jahren weit über 150,000.

3. Fast die sämmtliche Feldartillerie war verloren gegangen. Sie wurde aus den noch erhaltenen 8 Festungen wieder hergestellt. Es befanden sich in diesen eine große Menge metallener Geschütze welche umgegossen und durch eiserne ersetzt werden mußten. Die Werkstätten zu diesen Operationen, so wie die Munitionsgießereien, hatten neu etablirt werden müssen. In 3 Jahren erhielt die Armee eine zahlreiche Feldartillerie für 120,000 Mann.

4. Endlich mußten die 8 Festungen von Neuem in Stand gesetzt, versorgt und armirt werden. Diese Festungen waren als die Grundpfeiler der preußischen Monarchie zu betrachten, da die kleine Oberfläche derselben leicht so mit Feinden überschwemmt werden konnte daß die Festungen allein wie Felsen im Meere von der Fluth nicht mit fortgerissen wurden. Es kam also darauf an mit diesen Festungen so viel als möglich von den Kriegskräften Preußens vor der Überschwemmung zu retten. Deshalb wurden bei Pillau und Colberg, weil sie am Meere liegen, verschanzte Lager angelegt und in Schlesien außer den weitläuftigen Linien von Neiße auch noch bei Glatz ein verschanztes Lager zur Aufnahme von Truppen und Streitmitteln bestimmt. In diesen 4 Zufluchtsörtern, Colberg, Pillau, Neiße und Glatz, sollten die noch unausgebildeten Streitmittel, sowohl an Menschen als Waffen und andern Materialien, versammelt werden, um sie dem Feinde zu entziehen und im Fall der Noth mitten im Kriege auszubilden.

Auch

Auch diese Lager waren im Jahre 1812 vollendet.

Jenes unermüdliche Streben und eine weise Ökonomie in Anwendung der noch vorhandenen, vorher kaum gekannten Hülfsmittel hatte also in 4 Jahren die preußische Armee welche nur 42,000 Mann stark war, so basirt daß sie in wenig Monaten auf die Stärke von 120- bis 150,000 Mann gebracht werden konnte. Junge kräftige, ihrer Fächer kundige Männer standen an der Spitze der verschiedenen Abtheilungen. Die verderblichen Forderungen einer genauen Anciennetät waren eingeschränkt, der tüchtige Mann, der welcher sich im Kriege ausgezeichnet oder dem Staate viele Opfer gebracht hatte, war hervorgezogen und dem Ganzen nach und nach Liebe zu seiner neuen Verfassung und neues Vertrauen auf sich selbst, auf seinen innern Werth gegeben worden.

An diese neue Schöpfung schloß sich zur Vollendung des ganzen Kriegsstaats die Idee einer Landesvertheidigung durch Landwehr und Landsturm an. Durch die erstere konnte die Armee selbst im Augenblick des Krieges vielleicht auf das Doppelte gebracht werden, wodurch die Vertheidigung des kleinen Staates allein eine gewisse Selbstständigkeit erhalten konnte. Alle Mittel welche zur schleunigen Vermehrung der Armee vorbereitet waren griffen in die Errichtung der Landesmiliz ein, insofern die vorräthigen Waffen und die ausgearbeiteten Leute nicht alle bei Vermehrung der Armee gebraucht wurden und die Grundlage zur Landwehreinrichtung abgeben konnten.

In diesen fortschreitenden Einrichtungen zu einer neuen Landesvertheidigung gegen fremde Unterdrückung machte der Allianztraktat von 1812 einen Stillstand. Durch ihn wurde der kleinen Armee die Hälfte entrissen, um für den entgegengesetzten Zweck verwendet zu werden. Natürlich lähmte dies alles fernere Streben nach dem vorgesetzten Ziel. Bei der Ungewißheit ob die Mittel nicht für den entgegengesetzten Zweck geschaffen wurden, wäre es unweise gewesen diese Mittel ferner zu vermehren.

Es wurden also in dem Jahre 1812 nicht nur keine Fortschritte gemacht, sondern der gute Geist und die Hoffnung erstarben auch in jedem Einzelnen und die Hülfsarmee kehrte am Ende des Feldzuges um 10,000 Mann geschwächt zurück, wodurch also dem Kern des Ganzen ein Viertel seiner Größe und Bildungskraft genommen wurde.

Vielleicht aber wurde dem Ganzen dieser Nachtheil reichlich vergolten durch die Kriegserfahrung welche das kleine Hülfskorps gemacht, durch das Vertrauen welches dasselbe zu sich und seinen neuen Einrichtungen gewonnen, durch die Achtung die es seinen Verbündeten wie seinen Gegnern eingeflößt, durch den neuen Haß den es gegen die Unterdrücker aller Völker eingesogen hatte.

In diesem Zustande befand sich der preußische Militärstaat in dem Augenblick als der Strom des Verderbens über das französische Heer einbrach und die schwachen Überreste desselben wie Trümmer eines zerstörten Schiffs über Deutschlands Fluren wegschwemmte.

In diesem Augenblick sollten die vielen vorbereiteten Plane ins Werk gerichtet werden und der kühne Bau schnell aus der Erde emporsteigen.

Wenn nun auch die Linien des ganzen Umrisses nicht auf allen Punkten erreicht werden konnten und die großen Ideen von einer 250,000 Mann starken Landesvertheidigung in der Ausführung einige Beschränkungen leiden mußten, wie das vorher zu sehen war, weil es in der Natur menschlicher Werke liegt stets hinter dem vorgesetzten Ziel zurückgeblieben: so hing es doch von der Thätigkeit und

Energie in der Ausführung ab sich dem Ziele mehr oder weniger zu nähern. Die Folge hat gelehrt daß dies keine leere Spekulation blieb; in wenig Monaten war die Idee in die Wirklichkeit hervorgetreten.

III.

Im Monat Januar 1813 fing man in Preußen die Aushebung der Mannschaft zur Ergänzung der vorhandenen und Formation neuer Truppen an; also ungefähr zu gleicher Zeit da Frankreich neue Truppenkorps zu bilden anfing.

Innerhalb etwa zweier Monate, nämlich Ende März, war die Armee in Schlesien auf 25,000 Mann völlig formirter Truppen ohne die Festungsbesatzungen und etwa 20,000 Mann, deren Formation noch nicht ganz beendigt war, gebracht.

Das Yorksche Korps aus Preußen kam 15,000 Mann stark nach der Mark. (Er hatte über 6000 Kranke.) In der Mark und in Pommern waren etwa 10,000 Mann völlig formirter Truppen ohne die Festungsbesatzungen und 15,000 Mann in der Formation begriffen. Mithin betrug die preußische Macht:

1. An völlig formirten Truppen ohne Festungsbesatzungen .... 50,000 M.
2. An noch nicht ganz vollendeter Formation 35,000 ,
Kranke kann man annehmen .... 10,000 ,
In den 8 Festungen .... 15,000 ,

Summe 110,000 M.

Die Armee war also fast auf das Vierfache verstärkt worden. Die im März noch nicht vollendeten Formationen waren zwar Ende April, als der Krieg ausbrach, gleichfalls geendigt, hatten aber auf dem Kriegstheater in Sachsen noch nicht ankommen können. Die preußische Armee läßt sich Anfangs Mai (zur Zeit der Schlacht bei Görschen) in folgende drei Rubriken fassen.

	1. In Sachsen:		
	In der Schlacht bei Görschen	35,000 M.	
Activ vor dem Feinde 70,000 Mann,	General Kleist bei Halle	4,000 .	
	Detaschirt	1,000 .	
		Summe 40,000 M.	
	2. An der Elbe und vor den Festungen Spandau, Stettin, Glogau, Wittenberg ꝛc.	30,000 .	
nicht vor dem Feinde 40,000 Mann.	3. Reserven auf dem Marsch zur Armee	15,000 .	
	4. Festungsbesatzungen	15,000 .	
		100,000 M.	
	5. Kranke	10,000 .	
		Summe 110,000 M.	

Die Landwehren waren zu dieser Zeit noch in der Formation begriffen. Nach dem Organisationsplane sollten sie 150,000 Mann stark werden.

Alle diese völlig formirten Truppen waren vom besten Geiste beseelt. Ihre innere Organisation in kleine Korps zu 7—8000 Mann von allen Waffen die mit allem Nöthigen versehen waren, konnte für eine der besten gelten die je Truppen gehabt haben.

Die Befehlshaber der Korps waren:

1. Der General der Kavallerie v. Blücher.

Unter ihm

1ste Brigade, Oberst v. Klüx.

2te . General v. Ziethen.

Reservebrigade (Garden), General v. Röder.

Kavalleriereserve, wobei alle Kürassire, Oberst v. Dolfs.

2. Generallieutenant v. York. Unter ihm Generallieutenant v. Kleist, Oberst v. Horn und General v. Hünerbein. Die frühere Organisation dieses Korps hatte sich durch die beständigen Operationen in welchen es seit dem kurländischen Feldzuge begriffen war, so oft verändert daß sie zur Zeit der Schlacht von Görschen nicht mehr kenntlich war. Der General v. York befand sich mit 8000 Mann bei der Schlacht, unter ihm General v. Hünerbein und Oberst v. Horn. General v. Kleist mit einem Theile des Korps und einigen Regimentern Russen, etwa 5000 Mann stark, vor Leipzig. Das Übrige des Korps war theils vor Spandau theils vor Wittenberg geblieben.

3. General v. Bülow. Unter ihm General v. Borstel. Sie kommandirten die Korps vor den Festungen Magdeburg, Wittenberg und an der Elbe.

Die Truppen vor Stettin kommandirte der Generallieutenant v. Tauentzien, die vor Glogau der General v. Schuler, die vor Spandau der General v. Thümen.

So sah die preußische Armee zur Zeit aus als die Operationen an dem rechten Elbufer ihren Anfang nahmen. Die Umstände veranlaßten, wie gewöhnlich, auch hier eine Zersplitterung der Kräfte, an die Der nicht denkt der auf dem Zimmer entfernt von dem Schauplatz des Krieges die Begebenheiten kalkulirt. Die Zersplitterung mußte hier größer sein als in gewöhnlichen Fällen; einmal, weil man eine ungewöhnliche Menge von feindlichen und eignen Festungen hinter sich hatte, zweitens, weil Preußen die Formation seiner Militärmacht in den weit auseinander gelegenen Provinzen seines zerstückelten Reichs begonnen hatte zur Zeit da es noch vom Feinde besetzt war und die Kürze der Zeit nicht erlaubte mit den russischen Truppen die Stellen zu wechseln und seine Kräfte auf einen Punkt zu versammeln.

IV.

Der General v. Blücher brach mit 25,000 Mann Ende März aus Schlesien auf und passirte den 3. April bei Dresden die Elbe. General Winzingerode mit 13,000 Mann war unter den Befehl des Generals Blücher gestellt und ging ihm voran.

Graf Wittgenstein, General York und General v. Borstel befanden sich, etwa 25,000 Mann stark, auf dem rechten Elbufer vor Magdeburg. Unterhalb Magdeburg waren die russischen Detaschements unter Tettenborn, Dörenberg und Tschernitschef, zusammen 6 - bis 7000 Mann stark, theils auf dem rechten theils auf dem linken Ufer der Elbe.

Die russische Hauptarmee deren Avantgarde General Miloradowitsch ausmachte, stand etwa 30,000 Mann stark bei Kalisch und an der schlesischen Grenze.

Die rückwärts liegenden Festungen Danzig, Thorn, Modlin, Zamocz, Stettin, Küstrin, Glogau und Spandau wurden theils belagert theils blokirt.

Außerdem befand sich noch das Korps des Fürsten Poniatowsky in Polen welches durch ein Korps Russen im Zaum gehalten werden mußte.

Die Macht der Alliirten an der Elbe war also von der böhmischen Grenze bis zum Ausfluß etwa 70,000 Mann stark. Sie hatten keinen einzigen Punkt an der Elbe inne als das unbefestigte Dresden. Die Brücken welche bei

Dresden, Meißen, Mühlberg und Roßlau etablirt wurden, waren anfangs ohne alle Deckung.

Die Franzosen hatten an der Elbe Magdeburg und Wittenberg. Torgau war im Fall eines Unglücks gleichfalls als feindlich zu betrachten.

An der obern Elbe hatten die Franzosen gar keine Truppen mehr. Ihre Macht sammelten sie erst bei Würzburg.

An der mittlern Elbe stand der Vicekönig von Italien der mit Inbegriff der magdeburger Garnison 50,000 Mann stark war. Hierzu kommt die Garnison von Wittenberg mit 5- bis 6000 Mann.

Gegen die Niederelbe hatten die Franzosen unter Vandamme und Morand einzelne kleine Korps die unsern Truppen ungefähr das Gleichgewicht hielten. (Davoust gehörte zu den 50,000 Mann des Vicekönigs.)

So waren die Umstände als der Feldzug eröffnet wurde, und so blieben sie dem Wesentlichen nach den ganzen Monat April hindurch, nur daß Graf Wittgenstein über die Elbe ging, den Krieg an der niedern Saale führte und Wittenberg berennen ließ.

In dieser Zeit, hat man allgemein geglaubt, wäre es versäumt worden mit der Armee weiter gegen Thüringen und Franken vorzudringen und die feindliche Macht die sich bei Würzburg sammelte vor ihrer Versammlung anzugreifen und zu zerstreuen. Eine ruhige Überlegung und Vergleichung der Kräfte wird zeigen daß dies ganz unmöglich war.

Ging man mit den 43,000 Mann der obern Elbe bis gegen Würzburg vor, so konnte man vor dem 20. April es dort nicht zur Schlacht bringen. Es war aber höchst unwahrscheinlich, nach allen Nachrichten, daß der Feind zu dieser Zeit nicht schon eine weit stärkere Macht dort versammelt haben sollte und die Folge hat diese Voraussetzung gerechtfertigt. Denn in den letzten Tagen Aprils waren von Franken her schon 70= bis 80,000 Mann an der Saale eingetroffen, die man also in Franken um so viel eher gegen sich gehabt haben würde.

An der ganzen Elblinie hatten wir keinen einzigen gedeckten Punkt; vielmehr war sie durch Magdeburg, Wittenberg und Torgau in den Händen des Feindes.

Außerdem war der Vicekönig dem Grafen Wittgenstein sehr überlegen, und das Gefecht bei Möckern konnte keinesweges über das Gleichgewicht dieser beiden Armeen völlig beruhigen. Erlebte Graf Wittgenstein ein Unglück, so hatte die vorgedrungene Armee eine siegreiche Armee und einen vom Feinde besetzten Fluß hinter sich, eine überlegene Armee vor sich; sie war von allen andern Armeen getrennt, ohne alle Communication mit ihren rückwärtsliegenden Hülfsquellen.

Daß eine solche Lage gegen den Kaiser Napoleon zu entscheidenden Niederlagen und ungeheuern Resultaten für ihn führen konnte, ist aus der frühern Kriegsgeschichte klar, und kein Mensch konnte es vor sich und Andern verantworten die neuen Hoffnungen Europas auf einen so unbesonnenen Entwurf zu stützen.

Viel eher hätte man denken können die Macht der obern Elbe mit Graf Wittgenstein zu vereinigen, um den Vicekönig ganz von der Elbe zu vertreiben.

Dabei fand aber folgendes Bedenken Statt:

Die Operationen gegen den Vicekönig konnten etwa Mitte April statthaben, weil zu dieser Zeit Graf Wittgenstein mit der Etablirung seiner Elbbrücke fertig und die Blüchersche Armee an der niedern Saale angekommen sein konnte. Mitte April aber befand sich schon der größte

Theil der feindlichen Macht in Thüringen; man mußte also die ganze unbedeckte obere Elbe mit allen Brücken aufgeben und sich auf die Brücke bei Roßlau zwischen 2 feindlichen Festungen beschränken. Dies war ein sehr böser Umstand. Indessen hätte man sich diesem Nachtheil aussetzen können, wenn man hoffen durfte gegen den Vicekönig einen entscheidenden Vortheil zu erhalten. Aber der Vicekönig, der nach allen Nachrichten immer im Begriff war die Saale zu verlassen sobald ihn eine überlegene Macht drängte und sich auf Thüringen zurückzuziehen, würde nicht Stand gehalten haben, und das Ganze lief also darauf hinaus durch Märsche eine veränderte Gestalt des Kriegstheaters hervorzubringen. Die Wittgenstein-Blüchersche Armee hätte den Rücken gegen die Mittelelbe bekommen und die gerade Straße zur obern Elbe wäre dem Feinde geöffnet worden. Bei diesem Tausch verlor man offenbar. Man hätte überall die kürzesten Linien zu seinen Hülfsquellen aufgegeben, dem Feinde verstattet sich zwischen uns und der russischen Hauptarmee zu setzen, und 2 feindliche Festungen, Magdeburg und Wittenberg, gerade hinter sich genommen.

Es wäre also gewissenlos gewesen, aus bloßer Unruhe und Eitelkeit die Operationen anzufangen und sich von selbst in eine nachtheiligere Lage zu versetzen als man war.

Diese Überlegungen führten zu der Überzeugung daß man vor Ankunft der russischen Hauptarmee an der Elbe, wodurch die Elblinie in jedem Fall gesichert werden konnte, und vor Beendigung der Brückenköpfe an diesem Fluß keine weitere Offensivoperationen unternehmen könne.

Die russische Hauptarmee kam den 26. April an der Elbe an, und die Schlacht von Groß-Görschen war den 2. Mai.

Sobald die russische Hauptarmee angekommen war, wurden die Operationen der obern Elbarmee (Blücher und Winzingerode) mehr beschränkt. Sie trat nun unmittelbar unter den Oberbefehl des Ganzen, und ihr Entschluß konnte nicht, wie dies früher möglich war, dem Ganzen diese oder jene Wendung geben.

Durch diese Darstellung habe ich meine preußischen Waffenbrüder überzeugen wollen: daß in keinem Augenblick bei unsrer Armee eine strafbare Vergessenheit unsrer Bestimmung stattgefunden hat, und daß unsre Befehlshaber nicht aus Unentschlossenheit und Trägheit einen schönen Augenblick die Nationalkräfte gegen den unvorbereiteten Feind zu gebrauchen versäumt haben.

Die Meinung als hätte es im Frühjahr noch einen solchen Augenblick gegeben, war damals ziemlich gewöhnlich, aber nie mit einer klaren Überlegung verbunden und von Grund aus falsch.

Die Kraft der Siege welche an der Moskwa errungen waren, hatte sich an der Elbe erschöpft. Die russische Armee, geschwächt durch die ungeheuren Operationen ihrer bisher in der Geschichte unerhörten Verfolgung des Feindes, und durch die unzähligen Festungen die sie zu belagern und zu berennen hatte, wäre nicht im Stande gewesen einen Augenblick an der Elbe zu verweilen, wenn sie nicht in Preußens Militärkräften einen mächtigen Alliirten gefunden hätte. Aber wenn dieser Alliirte auch im Stande war, die russischen Armeen deren Operationen nach der Natur der Sache sich an der Weichsel enden mußten, durch alle Festungen durch bis an die Elbe zu führen, so reichten doch diese vereinigten Kräfte nicht eben so gut hin, das Kriegstheater wieder 40 Meilen vorwärts bis an den Main zu versetzen, und es verräth den gänzlichen Mangel des allgemeinen Urtheils, wenn man einen Augenblick es vergessen kann daß die feindlichen Kräfte, indem sie sich ihren Hülfsquellen nähern, in eben dem Maaße zunehmen als die unsrigen abnehmen. Die Monate Januar, Februar, März und April hatten dem Kaiser Napoleon hingereicht, um in der letzten Hälfte Aprils, d. h. zu der Zeit in welcher die Operationen, so wie die frühere Anlage nun einmal war, zur Entscheidung gebracht werden konnten, in Thüringen und an der niedern Saale eine Macht aufzustellen welche der alliirten Armee an der Elbe (Wittgenstein und Blücher) fast um das Doppelte überlegen war. Dies steht fest und ließ sich nicht ändern, man mochte die Operationen drehen und wenden wie man wollte, und bei einer solchen Überlegenheit schlägt man den Kaiser Napoleon nicht, wie ungleich die Armeen einander auch sonst sein möchten.

Der Monat April verfloß also in einer keinesweges freiwillig gewählten Ruhe an der obern Elbe. Die Blüchersche Armee besetzte Sachsen, um die Hülfsquellen dieses Landes zu benutzen und den Grafen Wittgenstein im dringenden Fall unterstützen zu können. Sie suchte dabei dem Feinde durch Parteien ihrer leichten Kavallerie so viel als möglich zu schaden.

Graf Wittgenstein führte den Krieg gegen den Vicekönig mit so vielen Vortheilen als ihm die Überlegenheit des Letztern nur gestattete. Er deckte durch das Treffen bei Möckern Berlin und die Mark, gegen welche der Feind mit 40,000 Mann eine Invasion versuchen wollte. Diese 40,000 Mann wurden von 17,000 Mann der Wittgensteinschen Armee (nach den eignen Angaben der aufgefangenen feindlichen Rapports) zurückgeschlagen. Eine fehlerhafte unentschlossene Führung der feindlichen Armee von der einen Seite und die höchste Bravour der alliirten Truppen von der andern machten es dem Grafen Wittgenstein allein möglich diesen schwierigen und ehrenvollen Sieg zu erringen. Preußen! Ihr habt Euren Antheil an dem Ruhm dieses Tages. Graf Wittgenstein selbst hat Euch in seinem Bericht ausgezeichnet.

Die Detaschements an der niedern Elbe führten den Krieg noch glücklicher. General Dörenberg nahm den General Morand mit seiner ganzen Division gefangen, und Ihr Preußen habt Euren reichlichen Antheil auch an dem Ruhme dieses Tages. 600 Mann Infanterie vertheidigten ein Thor und eine Brücke gegen die ganze feindliche Division. Eben so ruhmvoll für Eure Waffen waren die Unternehmungen unsrer Parteien im Thüringer Walde. Unter Andern fiel auch Major Hellwig mit 120 Pferden in ein baiersches Regiment' von 1300 Mann und nahm ihm 5 Kanonen ab.

Diese hohen Beweise einer seltenen Tapferkeit welche einzelne Theile der Armee im Angesicht derselben gaben, stärkten das Vertrauen der Armee zu sich selbst. Es war ein Spiegel in dem sie sich selbst erblickte. Ohne irgend ein Zeichen des Stolzes und Übermuthes war ein stilles Vertrauen auf sich und die Heiligkeit ihrer Sache sichtbar und nie war eine Armee von einem bessern Geiste beseelt.

Wenige Tage darauf hat sich dieser Geist auf den blutigen Ebenen Lützens vor ganz Europa ausgesprochen.

V.

So wie die französischen Truppen sich im Thüringer Walde häuften und die aus Italien kommenden sich der sächsischen Gränze näherten, zog sich Graf Wittgenstein von der niedern Saale immer mehr nach Leipzig hin, und General Blücher der die Straße über Chemnitz auf Dresden, welches der kürzeste Weg aus Franken nach der Elbe ist, noch nicht verlassen durfte, nahm seine Stellung in der Gegend von Altenburg, so daß er sich durch eine schnelle Bewegung rechts leicht mit Graf Wittgenstein vereinigen konnte.

Man kannte die Stärke der französischen Macht ziemlich genau: Was von Würzburg über den Thüringer Wald gekommen war, durfte man auf 60 - bis 70,000 Mann schätzen. Die italienischen Divisionen unter General Bertrand konnten einige 30,000 Mann sein. Man war aber nicht gewiß ob sie alle herangezogen werden würden, da nach frühern Bestimmungen 2 an der Donau hatten stehen bleiben sollen. Ganz genau aber kannte man die Stärke der Armee des Vicekönigs. Sie betrug ohne die Garnison von Magdeburg, aber inclusive des Marschalls Davoust, 38,000 Mann. Marschall Davoust hatte davon 12,000 Mann bei sich; man rechnete also daß der Vicekönig sich einige 20,000 Mann stark mit der großen Armee vereinigen würde. Dies gab, wenn Alles herankam, eine Macht von 120,000 Mann.

Die Armeen des Generals Blücher und Grafen Wittgenstein konnte man vereinigt, nachdem das Nöthige vor Wittenberg, im Brückenkopf bei Dessau und an der niedern Saale zurückgeblieben war, auf 55,000 Mann rechnen, die russische Hauptarmee auf 30,000, mithin das Ganze auf 85,000 Mann. Man war also, wie es sich hatte vorhersehen lassen, nicht im Stande dem Feinde in Sachsen eine gleiche Macht entgegenzustellen.

Es konnte nur unter zwei Mitteln gewählt werden: entweder Sachsen ohne Schwertstreich zu verlassen und sich hinter der Elbe aufzustellen um diesen Fluß zu vertheidigen, oder den Feind, sobald er die Saale passirt hatte, anzugreifen.

Die Vertheidigung der Elbe konnte den Feind nicht lange aufhalten, da er Wittenberg, und im Fall eines Rückzugs der Alliirten über die Elbe, auch gewiß Torgau zu seiner Disposition hatte und der Übergang über einen so schmalen Strom ohnehin keine großen Schwierigkeiten hat. Es schien daß die alliirte Armee sich dadurch in eine gefährliche Defensive verwickelte, und es war, wie man damals schon klar einsah, unmöglich dadurch so viel Zeit zu gewinnen daß die Östreicher uns zu Hülfe kommen konnten. Einen fortgesetzten Rückzug bis in die Lausitz und nach Schlesien zu machen, um die Zeit bis zur östreichischen Mitwirkung dadurch zu gewinnen, war noch weniger thunlich, da leicht zu berechnen war daß uns das an die Grenze Polens und noch weiter geführt hätte.

Es mußte also eine Schlacht versucht werden, und da schien es denn vortheilhafter, sich dem unangenehmen Eindruck welchen ein Rückzug auf Deutschland und die Armee machen würde, nicht freiwillig zu unterwerfen und lieber den Feind keck anzugreifen als in einer rückwärts gesuchten Vertheidigungsstellung die Schlacht anzunehmen.

Durch manche wichtige Nebenumstände wurde ohnehin die Möglichkeit eines glücklichen Erfolgs größer als sie es bei dem Machtverhältniß und diesem Gegner ohnedies gewesen wäre.

Es war nicht gewiß ob der Kaiser Napoleon jene 120,000 Mann am Tage der Schlacht heran haben würde, wenn man eilte ihn unmittelbar nach dem Übergange über die Saale anzugreifen. Er hatte dann das steile Thal der Saale im Rücken und mußte auf einer unsern Truppen vortheilhaften Ebene hervorkommen. Bei unserer Armee befanden sich etwa 25,000 Mann Kavallerie, während der Feind kaum 5000 Mann von dieser Waffe hatte. Unsere Truppen waren unstreitig besser als die seinigen. Vielleicht erwartete er von uns den kühnen Entschluß eines Angriffs nicht; und da der Kaiser und seine Armee noch nie zu einer reinen Defensivschlacht gebracht worden waren, so durfte man vielleicht um so eher erwarten daß der Feind überrascht sein und nicht mit seiner gewöhnlichen Zuversicht zu Werke gehen würde.

Wenn man alle diese Umstände zusammenfaßte, so durfte man allerdings auf den Sieg hoffen ohne sich leichtsinnige Illusionen über seinen Gegner zu machen.

Der Kaiser Napoleon passirte zuerst den 30. April die Saale bei Weißenfels mit einer bedeutenden Macht, wodurch man über seine Absicht sich in die Ebene von Leipzig zu ziehen Gewißheit erhielt. Man brach also schnell auf, um den Feind sobald als möglich in der Ebene von Lützen so anzugreifen, daß man selbst Front gegen den Weg von Leipzig machte, den Feind, wenn man ihn schlug, von Weißenfels und Naumburg ganz abdrängte und gegen die sumpfigen Arme der vereinigten Pleiße und Elster trieb. Die preußische Armee war den 31. April bei Borna, den 1. Mai bei Rötha versammelt; Graf Wittgenstein bei Zwenkau, während der General Winzingerode den Feind am Floßgraben beobachtete und beschäftigte. In der Nacht vom 1. auf den 2. Mai brach die preußische Armee auf, und beide Armeen gingen am Morgen vereinigt bei Zwenkau und Pegau über die Elster.

Der General Miloradowitsch hatte die Beobachtung der Straße von Chemnitz übernommen, als die preußische Armee anfing sich rechts zu bewegen, und marschirte, so-

bald man gewiß war daß auf dieser Straße Nichts vom
Feinde vorging, rechtsab nach Zeitz, um die Wege von
Naumburg und Kamburg zu decken, weil man am 1. Mai
unmöglich gewiß sein konnte ob der Feind nicht von diesen Punkten aus mit 20· bis 30,000 Mann vorgehen und
dann der schlagenden Armee ohne Hinderniß in den Rük-
ken kommen würde.   Der übrige Theil der russischen Hauptarmee, bestehend aus den Garden, Grenadieren und Kürassieren, war 15· bis 20,000 Mann stark ohne Aufenthalt von
Dresden über Rochlitz nach der Elster marschirt, und befand sich am Morgen hinter der Wittgenstein-Blücherschen
Armee als Reserve.

Graf Wittgenstein hatte den Befehl über diese sämmtlichen Truppen übernommen.   Ihre Majestäten der Kaiser
und der König waren mit den Reserven auf dem Schlachtfelde eingetroffen.   Der Kaiser Napoleon hatte diesen Entschluß der Verbündeten wirklich nicht erwartet.   Er war
auf dem Marsch nach Leipzig, um von da gegen Dresden
vorzudringen und durch diesen Marsch einen großen entscheidenden Schlag zu thun.   Dies sind die eigenen Er-
klärungen seines Bülletins.   Wahrscheinlich hoffte er auf
die Wittgensteinsche Armee zu treffen, ehe sie sich mit der
Blücherschen vereinigt hätte die er immer noch bei Altenburg glaubte; oder er meinte, wenn sie gegen Altenburg
zu vereinigt wären, ihnen, ehe er sie angriffe, alle Straßen nach der Elbe zu nehmen.

In diesem sublimen Manöver, wie es die französischen Blätter selbst nennen, wurde er aufgehalten, indem
die vereinigte Armee ihn „in dem Augenblick wo es
die höchste Zeit war" von hinten angriff und in der
lützener Ebene festhielt.

Der Marschall Marmont welcher mit seinem Korps
bei

bei den Dörfern Rahna und Groß- und Klein-Görschen aufgestellt war, bildete die Arrieregarde und sollte den Marsch decken. Er hatte den ersten Anfall auszuhalten. Der Kaiser machte sogleich bei Lützen Halt und die schon bei Leipzig befindlichen Kolonnen wurden zurückgerufen.

Man hatte also in Zeit und Ort offenbar den wahren Punkt getroffen, wie der Kaiser Napoleon selbst dies deutlich zu verstehen giebt, und wenn man damit den großen Erfolg verbindet, den die Schlacht, wenn sie ganz glücklich ausfiel, haben mußte, so kann man mit Überzeugung sagen daß die Idee zu derselben eine der schönsten strategischen Kombinationen ist.

Bei der Erzählung des Herganges in der Schlacht selbst muß der Verfasser dieses ohnehin sehr flüchtigen Umrisses um besondere Nachsicht des Lesers bitten. Ob es gleich dem preußischen Krieger, für welchen diese Blätter zunächst bestimmt sind, höchst interessant sein würde alle Detailgefechte dieses für ihn so merkwürdigen Tages klar neben einander aufgestellt zu sehen und sich nun seiner im Gefecht gewissermaßen erst recht selbst bewußt zu werden, so ist doch dies eine zu schwierige Aufgabe im gegenwärtigen Augenblick, die sich namentlich nicht lösen läßt ohne das Terrain wieder gesehen und ruhig untersucht zu haben. Der Verfasser muß sich begnügen den Hauptzusammenhang und den Charakter des Ganzen darzustellen.

Die vereinigte Armee, die wir, nachdem General v. Kleist mit 5000 Mann vor und in Leipzig stehen geblieben war und General Miloradowitsch sich mit 12,000 Mann noch bei Zeitz befand, höchstens auf 70,000 Mann annehmen können, ging, nachdem sie die Elster passirt hatte, in kleinen Kolonnen zur Schlachtfronte neben einander herausgezogen über den Floßgraben, machte dann eine Dre-

hung rechts, so daß sie den rechten Flügel an den Floßgraben anlehnte, und blieb hinter dem Landrücken stehen
der ¼ Meile von Görschen sich befindet. Es war Mittag
geworden und die Truppen mußten eine Stunde Erholung
genießen, weil die Preußen seit 36 Stunden fast unaufhörlich marschirt waren.

Von diesen Höhen sah man den Feind in großer Entfernung auf dem Wege über Lützen nach Leipzig im Marsch,
oder wenigstens urtheilte man so aus dem Staube welchen
man sah; es war aber zu vermuthen daß um diese Zeit
der Feind schon im Umkehren begriffen war. Die Dörfer
Groß- und Klein-Görschen, Rahna und Kaja welche in
einem verschobenen Viereck nahe bei einander liegen, waren,
wie man sehen konnte, vom Feinde besetzt. Man glaubte
aber dies blos für einen schwachen Vorposten nehmen zu
müssen, und hoffte, der Feind werde in diesen Dörfern keinen großen Widerstand thun.

Der Angriffsplan bestand darin: die Dörfer durch eine
Avantgarde zu nehmen und zu besetzen, dann mit der Fronte
gegen den Feind, dessen Stellung man in der Gegend von
Lützen etwa parallel mit der Straße nach Weißenfels wahr-
nahm, so anzurücken daß man die Hauptkräfte gegen seinen rechten Flügel richtete, gegen seinen linken aber weiter
Nichts unternahm; mit der also konzentrirten Kraft wollte
man den rechten Flügel wo möglich zum Weichen bringen,
die feindliche Armee dadurch von dem Wege nach der Saale
abdrängen und mit der Masse der zahlreichen Kavallerie
dann um den feindlichen rechten Flügel völlig herumgehen,
um wo möglich im Rücken der feindlichen Armee einen entscheidenden Angriff damit zu machen.

Die Schlachtordnung war so daß die Armee des Generals Blücher in 1ster Linie, die früher unter Graf Witt-

genstein gewesene in 2ter Linie, und das Korps des Generals Winzingerode, so wie die russischen Garden und Grenadiere, zur Reserve sein, die russischen und preußischen Kavalleriereserven aber vereinigt werden sollten.

In dieser Form rückte auch die Armee, nach einer Stunde Ruhe, etwa halb 2 Uhr weiter vor.

Die Brigade des Obersten v. Klüx wurde bestimmt, das erste Dorf, nämlich Groß-Görschen, anzugreifen. Es wurden 3 bis 4 Batterien auf 800 Schritt entgegen aufgefahren und das Dorf heftig beschossen. Die feindlichen Bataillone, deren 3 oder mehrere vor dem Dorfe in Linien standen, hielten dies wunderbar gut aus. Nachdem das Artilleriefeuer eine kurze Zeit gedauert hatte, setzte sich die Brigade in Marsch. Der Angriff auf das Dorf, obgleich viel mehr feindliche Truppen darin waren als man vermuthet hatte, geschah mit einem so unaufhaltsamen Ungestüm daß der Feind im Augenblick daraus vertrieben wurde. Das Feuern im Dorfe ließ indeß nur ganz kurze Zeit nach, denn der Feind kehrte sehr bald zurück und griff unsere Truppen wieder an, man schlug sich heftig ohne daß unsre Truppen einen Schritt zurückwichen. Der Feind fing an immer mehr Truppen heranzuziehen, und dies veranlaßte daß eine zweite Brigade, Ziethen, der preußischen Truppen rechts vom Dorfe vorgeschickt wurde. Nun bekam man das Übergewicht, und obgleich sich die feindliche Infanterie brav schlug, so drang man doch weiter vor und vertrieb den Feind auch aus den Dörfern Rahna und Klein-Görschen, welche rechts und links von Groß-Görschen auf Kanonenschußweite lagen. Dies Gefecht dauerte mehrere Stunden mit der heftigsten Wuth des kleinen Gewehrfeuers fort, und die Truppen waren einander dabei so nahe daß es von beiden Theilen unglaublich viel Todte und Blessirte gab.

Die Artillerie wurde nach und nach vorgebracht, und kleine Kavallerieabtheilungen von 1 und 2 Schwadronen, die das zweite Treffen der preußischen Brigaden bildeten, suchten sich einzelne vortheilhafte Gelegenheiten zum Einhauen auf; auch der Feind brachte Artillerie und einige Schwadronen Kavallerie heran und es wurde hier auf einem Terrain von 1000 bis 1500 Schritten, von Dörfern, Wiesen und Gräben durchschnitten, mit allen Waffen in großer Nähe gegen einander heftig gefochten.

Was sich hier von den Preußen im Gefecht befand, konnte auf 14- bis 15,000 Mann geschätzt werden. Der Feind, der für den Augenblick der Angreifende war weil er uns die Dörfer wieder abnehmen wollte, verstärkte sich natürlich von Zeit zu Zeit, da es ihm an Truppen nicht fehlte, und gab sich endlich ein solches Übergewicht daß er unsere sehr zusammengeschmolzenen Bataillone theilweise zurückdrängte und Klein-Görschen wieder einnahm. Neue Anfeuerung der Truppen von Seiten der Generale und einige glückliche Kavalleriechargen einzelner Schwadronen warfen aber den Feind von Neuem aus seinem Vortheil; und hier zeigte sich daß die feindliche Infanterie der unsrigen an moralischem Werth doch nicht gewachsen war, denn obgleich an Zahl sehr überlegen, räumte die feindliche Infanterie von Neuem das Feld und mehrere Bataillone liefen in unordentlichen Haufen zurück. So wie man preußischer Seits sah daß man jetzt einen glücklichen Moment habe, um das Gefecht weiter vorzubringen und auch das dritte Dorf Kaja zu nehmen, daß aber die Truppen dennoch zu schwach wären um sich zu behaupten, zog man die Reservebrigade welche aus Garden und Grenadieren bestand, ins Gefecht. Als diese braven Truppen ankamen, war wirklich schon wieder ein höchst kritischer Augenblick eingetreten. Der Feind kam von allen Seiten mit neuen vollen Bataillonen an, und unsere beiden Brigaden waren durch das lange heftige Gefecht größtentheils in dünne Tirailleurslinien und Haufen aufgelöst. Die Garden drangen mit unvergleichlicher Bravour und Ordnung vor, sie stürmten Klein-Görschen und das rechts liegende Dorf Eisdorf, und hatten den Feind in einem Augenblick bis hinter Kaja zurückgeworfen. Kaja selbst brannte und keiner von beiden Theilen besetzte es.

Dies war der glänzendste Augenblick der Schlacht. Es mochte 6 Uhr sein, und man hatte hier eine gute Viertelmeile Terrain unter einem immerwährenden Gefecht, von dessen Heftigkeit man kaum eine Vorstellung hat, genommen. Diese blutige Eroberung hätte das Fundament eines glänzenden Sieges werden müssen wenn dieser unter den eingetretenen Umständen überhaupt zu erfechten war.

Mit der ganzen Schlacht, wovon wir eben die wichtigste Scene beschrieben haben, hatte es nun folgende Richtung genommen: Der unerwartet heftige Widerstand des Feindes in dem ersten Dorfe, die Menge der Truppen welche er in und zwischen den Dörfern ins Gefecht brachte, überzeugte bald daß man hier auf einen bedeutenden Theil der feindlichen Macht gestoßen war. Man konnte die Sache hier nicht abbrechen und unentschieden lassen, da der Feind bald zur Offensive übergegangen sein würde wenn man ihn hätte zu Athem kommen lassen. Es blieb also Nichts übrig als die Sache hier wo möglich durchzusetzen, und da man dabei nach und nach die ganze Blüchersche Infanterie und einen Theil der Kavallerie, d. h. die ganze erste Linie, ins Gefecht verwickelt sah, so war nicht mehr daran zu denken die Hauptkraft auf den feindlichen rechten Flügel zu richten. Man ließ also die 2te

Linie, welche aus dem General von York mit 8000 und dem General von Berg mit 5000 Mann bestand, dem General von Blücher nachrücken.

Um den feindlichen rechten Flügel zu beschäftigen, und auch den Augenblick nicht zu versäumen, wo vielleicht eine Bewegung der vordersten feindlichen Linie, die sich mit dem rechten Flügel an das Dorf Starsiedel anlehnte, unserer Kavallerie eine günstige Gelegenheit gäbe die feindliche Infanterie anzufallen, wurde die preußische Reservekavallerie und ein bedeutender Theil russischer Kavallerie in der Ebene so entwickelt, daß sie mit dem rechten Flügel an den linken des General Blücher stieß und mit dem linken dem Dorfe Starsiedel gegenüber stand. Auf dieser ganzen Linie fing man nun mit der zahlreichen russischen und preußischen Artillerie ein heftiges Kanonenfeuer an.

Die russischen Kavallerie- und Infanteriereserven wurden auf den Höhen außer dem Feuer zurückgehalten, um nicht alle Kräfte sogleich ins Spiel zu bringen.

Zur Zeit als die preußische Infanterie bis Kaja vorgedrungen war, hatte sich die erste Linie des Feindes, auf ihrem linken Flügel bedroht und von dem heftigen Kanonenfeuer stark zugesetzt, etwa um 5- bis 600 Schritt weit zurückgezogen, wodurch das Dorf Starsiedel ganz frei wurde, von uns aber aus Mangel an Infanterie unbesetzt blieb.

Der Feind sah die besetzten 5 Dörfer als entscheidend an. Er trug kein Bedenken ein Viertel oder gar die Hälfte seiner ganzen Infanterie, d. h. 40- bis 50,000 Mann zu ihrer Wegnahme und Behauptung ins Gefecht zu bringen.

Das Korps des Generals von Blücher, was bis jetzt

allein gefochten hatte, konnte, ohne die Reservekavallerie, auf einige 20,000 Mann geschätzt werden. Der Feind wurde ihm nach und nach wieder überlegen und man erhielt sich nur mit Mühe auf den eroberten Punkten. Nun wurde die 2te Linie ins Gefecht gebracht. General von York und der größte Theil des Generals von Berg rückten vor um den General Blücher zu unterstützen. Da der Feind nach und nach indem er mehr Kräfte ins Gefecht brachte, dasselbe auch mehr ausdehnte und jetzt schon bedeutend links neben den Dörfern hervorkam, so wurden auch die Truppen der 2ten Linie mehr rechts ausgedehnt, und die Unterstützung welche die erste dadurch erhielt, war also weniger kräftig. Ein großer Theil der ersten Linie hatte sich ganz verschossen, und diese Bataillone kehrten in kleine schwache Haufen zusammengeschmolzen hinter den Dörfern zurück, um sich wieder zu sammeln. — Graf Wittgenstein, um diesem äußerst hartnäckigen Gefecht endlich eine entscheidende Wendung zu geben, gab Befehl daß die Infanterie des General von Winzingerode unter dem Prinzen Eugen von Würtemberg vor-, dem Feinde in die linke Flanke gehen, und dadurch die mühsam errungenen Vortheile bei den Dörfern entscheidend machen sollte. Dies geschah. Allein dem Prinzen entgegen rückte der Vicekönig, der eben erst von Leipzig auf dem Schlachtfelde ankam. Der Prinz, anstatt zu überflügeln, wurde nun seinerseits durch den überlegenen Feind überflügelt, und es gehörte alle Bravour dieses jungen Helden und seiner ausgezeichneten Division dazu um dem Gefecht hier eine Zeit lang das Gleichgewicht zu halten.

In dieser Zeit kanonirte sich die alliirte Kavallerie mit dem rechten Flügel des Feindes. Beide Theile verloren viel Menschen ohne daß etwas Entscheidendes geschah. Die Versuche in die feindlichen Massen einzubrechen, welche die preußische Kavallerie verschiedentlich machte, waren zwar einigemal mit glücklichem Erfolg begleitet, aber die Hauptlinie der feindlichen Infanterie blieb ruhig und in fester Ordnung stehen, so daß man mit der bloßen Kavallerie das Gefecht nicht weiter bringen konnte.

So schlug man sich um den Besitz des von den Allirten während des 8stündigen Gefechts mühsam eroberten Terrains bis zum völligen Einbruch der Nacht.

Das eroberte Terrain die Nacht hindurch zu behaupten hätte das Heranziehen neuer Infanterie-Reserven nöthig gemacht. Von allirter Seite waren etwa 38,000 Mann Infanterie ins Gefecht gekommen; die ganze Infanterie konnte auf 53,000 Mann geschätzt werden; es blieben mithin noch 15,000 Mann frischer Infanterie übrig. Hätte der Feind überhaupt 60- bis 70,000 Mann ins Gefecht gebracht, welches man nach Ankunft des Vicekönigs annehmen kann, so blieben ihm wenigstens 40- bis 50,000 Mann Infanterie übrig welche noch ganz intakt waren. Diese Betrachtung mußte die Überzeugung geben daß man es in der Ausdauer mit den feindlichen Kräften nicht würde aushalten können; man wollte daher noch einen Versuch machen, ob durch einen plötzlichen Anfall in der Dunkelheit die Kavallerie, vom Glück begünstigt, nicht zu einem großen Resultate kommen könnte. Mit 9 Schwadronen der preußischen Kavalleriereserve, welche in der Nähe war, die indessen durch das 8stündige Kanonenfeuer ⅓ ihrer Stärke eingebüßt hatte, fiel man um 10 Uhr plötzlich auf die vordersten Truppen des Feindes. Man brach wirklich in sie ein und trieb sie in Unordnung zurück. Allein einerseits war die Masse der dahinter stehenden feindlichen Infanterie zu groß, anderntheils war die Kavallerie durch die Dunkelheit und einen Hohlweg, den sie in der Carriere passiren mußte, ganz auseinander gekommen und folglich kein weiteres Resultat von diesem Angriff zu erwarten. Wollte man nun gegen eine dreifache Überlegenheit der feindlichen Infanterie nicht das Letzte aufs Spiel setzen, so mußte man sich am folgenden Tage zurückziehen um sich seinen Verstärkungen zu nähern und mit so wenig Terrainverlust als möglich den Zeitpunkt der östreichischen Kriegserklärung herankommen lassen.

Man hatte in dieser Schlacht Nichts verloren als Todte und Blessirte. Kaum konnte der Feind einige Hundert Gefangene gemacht haben, und an Geschützen war kein einziges verloren. Dagegen hatten wir ein bedeutendes Stück der feindlichen Stellung erobert, ein Paar Geschütze genommen und doch an 6- bis 800 Gefangene gemacht.

Dies Alles war gegen einen sehr überlegenen Feind geschehen, und man konnte also diese Schlacht unter dem Gesichtspunkt einer Ehrensache wohl als einen Sieg betrachten, der den Glanz der alliirten Waffen erhöhete. Der Rückweg aus der Ebene von Leipzig konnte nach allem Dem keinesweges als eine Folge der Schlacht angesehen werden, er war eine Folge der feindlichen Überlegenheit und wäre, wenn die Schlacht gar nicht geliefert wurde, noch viel nothwendiger gewesen. Daß dem keine leere Prahlerei und keine Selbsttäuschung zum Grunde liegt, zeigt das Betragen der feindlichen Armee nach der Schlacht. Sie war am Abend selbst etwas zurückgegangen (nach dem Geständniß ihrer eigenen Blätter) und besetzte, erst am folgenden Mittag die von uns verlassenen Dörfer ganz schwach, womit sie sich den 3. begnügte. Erst am 4. setzte sie sich in Bewegung um der alliirten Armee zu folgen.

Diese ging in zwei Kolonnen den 2. bis Borna und Altenburg; den 4. bis Rochlitz und Colditz; den 5. bis Döbeln und Nossen; den 6. bis Meißen und Wilsdruf; den 7. passirte sie die Elbe und setzte den 8. ihren Weg weiter gegen Bautzen fort, wo man hoffte dem Feinde schon wieder eine zweite allgemeine Schlacht anbieten zu können.

Während der Schlacht hatte General von Kleist, welcher sich auf das Annähern der feindlichen Haupt-Armee aus Leipzig herausgezogen hatte, diesen Ort wieder besetzt. Er verließ denselben erst am 3. und zog sich auf Mühlberg zurück, wo er die Elbe passirte.

General von Bülow hatte am 2. Mai Halle mit Sturm genommen und 6 Kanonen erobert. Diese ruhmvolle Waffenthat bezeichnete, wie alles Übrige, den schönen Geist der Truppen, ihre Folgen aber gingen in dem Strome, dessen Richtung die allgemeinen Verhältnisse bestimmten, verloren.

Erst am 5. erschien der Feind bei Kolditz im Angesicht der preußischen Arrieregarde. Es fand ein heftiges Gefecht Statt, ohne daß der Marsch der Kolonne dadurch im mindesten verändert oder beschleunigt wurde. Ein anderes Arrieregardengefecht von Bedeutung versuchte der Feind nicht. Bei der Kolonne der russischen Armee aber machte der Feind gegen den General Miloredowitsch, welcher hier mit seinem Korps die Arrieregarde bildete, mehrere Versuche, die aber zu keinem Vortheil für ihn führten, sondern sogar einigemal durch sehr glück-liche Erfolge der Russen bestraft wurden.

Wirft man einen Blick auf diesen ersten Theil des Feldzuges, so muß man sagen daß der allgemeine Er-folg ein ganz natürliches Resultat der allgemeinen Um-stände war. Nur einer der deutschen Staaten und nur ein kleiner Theil einer werdenden Macht, von einer mäßi-gen Armee seines Alliirten unterstützt, focht gegen die konzentrirte Macht des kolossalen Frankreichs. Leider gab es auch noch diesmal deutsche Fürsten die ihre Schaa-ren zu dem Heere der Unterdrücker stoßen ließen; leider blieb das übrige Deutschland in furchtsamer Stille, den Augenblick der Befreiung mit Sehnsucht erwartend, aber ohne den Muth ihn selbst herbei zu führen; leider hatte Östreich seine Anstalten noch nicht beendigt, und es war also nur möglich, durch einen tapfern Widerstand gegen die von Neuem einbrechende Übermacht des Eroberers, seine Fortschritte so viel als möglich zu erschweren, seine Streit-kräfte so viel als möglich zu zerstören, ihm Achtung und dem übrigen Europa Zutrauen zu unsern Waffen einzu-flößen und hauptsächlich das Vertrauen zu sich selbst, wovon die Armee beseelt war, zu bewahren und zu er-höhen.

Ob dies geschehen sei, darf man dreist fragen und kein Preuße wird die Antwort fürchten. Beruhigt dürft Ihr auf Euer Betragen zurücksehen. Ihr habt gethan was das Vaterland von Euch erwartete, was Gott von den Verfechtern einer gerechten und heiligen Sache for-dert. Dankbar erkennt das Volk Eure Anstrenguugen und Opfer, und der kriegerische Geist der in ihm aufge-lodert ist, erhält in dem Stolze neue Nahrung, mit dem es auf Euern ruhmvollen Kampf hinsieht.

VI.

Am 14. Mai bezog die Armee das Lager bei Bauzen, eine halbe Meile hinter der Stadt.

Die Stadt und die Gegend um dasselbe wurde mit
der Avantgarde unter dem General Grafen Miloradowitsch
besetzt; das Lager selbst stand mit dem linken Flügel hinter Klein-Jenkowitz, mit der Mitte hinter Groß-Jenkowitz und Baschütz, und mit dem rechten Flügel gegen
Kreckwitz. Die Hügel-Gruppe welche sich zwischen dem
Wasser von Klein-Bautzen und dem Heer zwischen Kreckwitz und Nieder-Gurke befindet, wurde anfangs nicht besetzt, um die Stellung nicht zu sehr auszudehnen. Als
General Barklay de Tolli, welcher Thorn eingenommen
hatte, über Sprottau den 17. bei der Armee mit
14,000 Mann eintraf, bezog derselbe die Stellung auf
den Hügeln bei Kreckwitz und machte den rechten Flügel
der Armee aus.

Vor der Fronte der Armee wurden hinter Groß-
und Klein-Jenkowitz und Baschütz Einschnitte für die Artillerie gemacht, damit diese den Vortheil genösse den
Feind verdeckt beschießen zu können, weil man eine lange
heftige Kanonade vorhersah.

Die Armee genoß hier einer Ruhe von 8 Tagen,
deren sie nach so vielen Gefechten und Märschen bedürf-
tig war.

Der Feind erschien zwar den 15. schon vor unsern Vorposten, allein er begnügte sich diese etwas zurück-
zudrängen und das Lager seiner Avantgarde auf den jenseitigen Höhen zu nehmen, wobei jedoch unsere Vorposten
noch auf dem jenseitigen Thalrand stehen blieben.

Die Armee hatte seit der Schlacht von Groß-Gör-

schen den General Kleist mit 5000 Mann, den General
Barklay mit 14,000, 3000 Mann preußische Reserve und
einige Tausend Mann russische Verstärkungen an sich gezogen. Sie war also um 24- bis 25,000 Mann verstärkt
worden. Rechnet man den Verlust welchen sie in der
Schlacht von Groß-Görschen und den darauf folgenden
Gefechten erlitten hatte, auf 16,000 Mann, so kann man
sie in der Schlacht auf 80,000 Mann annehmen.

Über die Stärke des Feindes läßt sich nichts Be-
stimmtes sagen. Gewiß scheint's daß der Kaiser Napoleon die Zeit von 8 Tagen, die er müßig vor Bauzen
stehen blieb, nicht umsonst verfließen ließ. Nach spätern
Nachrichten sind in dieser Zeit beträchtliche Verstärkungen
durch Dresden gegangen, und gewiß ist es daß ein Theil
der Davoustschen Truppen von der niedern Elbe her angekommen waren. Außerdem hatte die sächsische Besatzung von Torgau, so wie die mit dem Könige von Sachsen in Böhmen gewesene sächsische schwere Kavallerie zur
französischen Armee stoßen müssen, und das würtember-
gische Kontingent war gleichfalls eingetroffen. Hierdurch
kann man   l den Verlust der feindlichen Armee bei
Groß-Görschen und in den übrigen Gefechten als reichlich ersetzt annehmen, und es würde also diese Armee am
Tage der Schlacht von Bauzen wieder auf 120,000 Mann
zu schätzen sein.

Es wäre unter diesen Umständen, da man fast mit
einer eben so beträchtlichen Übermacht als bei Groß-Görschen zu thun hatte, eine Schlacht nicht rathsam gewesen, wenn es nicht in dem System der Alliirten gelegen
hätte dem Feinde das Terrain so viel als möglich streitig zu machen und Europa zu zeigen daß man in der
ersten Schlacht keineswegs eine Niederlage erlitten hatte,

und weder moralisch noch physisch außer Stand gesetzt war dem Feind die Stirne zu bieten; vorzüglich aber den Östreichern die Überzeugung zu geben daß man entschlossen sei seine Kräfte nicht zu schonen und nicht in furchtsamer Erwartung ihnen die Befreiung Europas zu überlassen. Außerdem hegte die Armee, im Gefühl ihrer moralischen Überlegenheit, den Wunsch sich sobald als möglich wieder mit dem Feinde zu messen, und ein weiterer Rückzug ohne Schlacht würde diesen schönen Geist niedergeschlagen und das Vertrauen zur Führung geschwächt haben. Die Gegend bei Bauzen war, wie wir gleich mehr sagen werden, für unsere Waffen vortheilhaft, und es wurde also beschlossen hier noch einmal einen Widerstand gegen die feindliche Übermacht zu versuchen.

Am 18. erhielt man die Nachricht daß der General Lauriston mit einem beträchtlichen Korps, welcher, vermuthlich in der Voraussetzung daß die alliirte Armee keines Widerstandes mehr fähig sei, gegen die Mark detaschirt worden war, über Hoyerswerda im Anmarsch sei. Hierauf wurde der General Barklay mit seinem Korps, zu welchem der General von York mit dem seinigen stieß, nach Hoyerswerda detaschirt. Er marschirte in der Nacht vom 18. auf den 19. in zwei Kolonnen auf Hoyerswerda. Die Kolonne des linken Flügels unter dem General Barklay stieß bei Königswartha auf das Korps des Generals Lauriston, warf es nach einem hartnäckigen Gefecht und nahm ihm 2000 Gefangene und 14 Kanonen ab; die Kolonne des rechten Flügels unter dem General von York, etwa 5000 Mann stark, stieß bei Weißig auf das Korps des Marschalls Ney, was sich mit dem des Generals Lauriston vereinigt hatte; die wiederholten Angriffe des Generals von York auf das weit überlegene

Korps des Marschalls Ney hielten diesen ab dem General Lauriston zu Hülfe zu kommen, und diese Anstrengung die bis zum Abend fortgesetzt wurde, trug nicht wenig zu dem glücklichen Ausgange des Gefechts des Generals Barklay gegen den General Lauriston bei, und das Schlachtfeld wurde bis zur Nacht behauptet. In der Nacht marschirte das preußische Korps wieder zur Hauptarmee zurück.

Die Richtung welche das Korps des Marschalls Ney und Generals Lauriston auf die rechte Flanke der Bauzener Stellung nahm, deutete auf das Umgehen dieser Stellung über Glein und Preitiz, wovon das erste Dorf eine kleine halbe Meile hinter der Stellung des rechten Flügels, bei Kreckwitz, lag. Die Stellung mußte demgemäß verändert werden, und war am 20., dem ersten Tage der Schlacht, folgende.

Der linke Flügel stand auf einem kleinen Hügel hinter Klein-Jenkowitz. Die Front-Linie lief über die Dörfer Groß-Jenkowitz und Baschütz auf Kreckwitz, und von da bis gegen Nieder-Gurke an der Spree, wo sich die rechte Flanke etwas zurückbog und die Spree vor sich habend bis auf den Windmühlenberg von Glein ging, wo sie erdigte.

Klein-Jenkowitz liegt an einem Bach, der von dem hohen Bergrücken kommt an welchem Hochkirch liegt. Dieser Bergrücken strich also an der linken Flanke der Stellung vorbei. Der Bach geht von Klein-Jenkowitz über Nadelwitz, Nieder-Kayen und Pasankwitz auf Kreckwitz, wo er sich etwas rechts wendet und über Klein-Bauzen, Preitiz nach Glein geht. Dieser Bach machte also vor der Fronte einen Bogen, welcher sich im Centro etwa 1500 Schritte davon entfernte und einen völlig ebenen Kreisabschnitt bildete. Bei Kreckwitz durchschnitt der Bach die Stellung, indem der rechte Flügel den Terrainabschnitt zwischen dem Bach und der Spree inne hatte. Dieser Fluß nämlich läuft auf ¼ Meile weit völlig parallel mit diesem Bach. Bei Glein berührte der Bach wieder die äußerste rechte Flanke der Stellung von hinten, weil diese Flanke (potence) von Nieder-Gurke diagonal zwischen der Spree und dem Bach nach Glein lief. So wie der Bach die Frontlinie bis Kreckwitz deckte, so deckte die Spree die Flankenlinie von Nieder-Gurke bis Glein. Der Raum zwischen Kreckwitz und Nieder-Gurke ist etwa 1500 Schritte breit und offen. Vor ihm liegen Höhen die bei dem Dorfe Berg den Spreethalrand bilden.

Das ganze Terrain von Klein-Jenkowitz bis Kreckwitz läßt sich als völlige Ebene betrachten, obgleich der linke Flügel etwas höher stand. Hinter der Stellung aber steigt das Terrain gegen Hochkirch hin.

Zwischen Kreckwitz und Nieder-Gurke war die schon bemerkte Hügelgruppe, auf der die Hauptstellung des Korps des Generals von Blücher genommen wurde. Die Dörfer vor dieser Stellung näher an der Spree wurden durch leichte Truppen besetzt. Der äußerste rechte Flügel unter dem General Barklay stand bei Glein und auf dem dort liegenden sehr vortheilhaften Windmühlenberg und hatte das Defilee von Klix über die Spree in Kanonenschußweite vor sich, und man mußte also seine Vertheidigung an der Spree etabliren, d. h. hinter den Dörfern Nieder-Gurke, Doberschütz, Pliskowitz und Malschütz. Der Windmühlenberg bei Glein aber gab einen sehr vortheilhaften Punkt um die Übergänge der Spree unterhalb Mal-

Malschütz aus der Entfernung eines Kanonenschusses zu vertheidigen.

In dieser Stellung waren die Truppen am 20. folgendermaßen vertheilt.

Generallieutenant von Berg mit seinem Korps, etwa 4000 Mann stark, stand auf dem linken Flügel hinter Jenkowitz; rechts von ihm Generallieutenant von York mit seinem Korps, etwa 5000 Mann stark, bis hinter Baschütz. Von Baschütz bis Kreckwitz war ein Raum von etwa 2000 Schritten, völlige Ebene, in welchem sich in erster Linie keine Truppen befanden. Die Kürassierreserven welche dahinter standen, deckten ihn.

Von Kreckwitz bis Nieder-Gurke und von da über Doverschütz bis Pliskowitz lief die Fronte des Blücherschen Korps, welches ohne die Kürassierreserven auf 18,000 Mann gerechnet werden kann.

Bei Gleina General Barklay mit 14,000 Mann.

Der General von Blücher war vom General Barklay übrigens durch eine Linie von zusammenhängenden Teichen mit wenig Durchgängen getrennt, die bei Pliskowitz an der Spree anfängt und bei Preititz am Bach endigt.

Vor dieser Fronte stand in und bei Bauzen General Miloradowitsch mit 10,000 und auf den Höhen bei Burg General von Kleist mit 5000 Mann. Hinter der Fronte standen die kaiserlich russischen Garden und übrige russische Infanterie, etwa 16,000 Mann stark, als Reserve hinter dem linken Flügel und dem Centro. Zum Theil hinter ihnen, zum Theil rechts von ihnen standen die russischen Kavalleriereserven, in Summa etwa 8000 Mann stark, meist Kürassiere.

Die Frontlinie von Klein-Jenkowitz bis Kreckwitz

über Nieder-Gurke nach Gleina beträgt über eine deutsche Meile. Die Stellung war also durch die Natur der Gegend veranlaßt, schon sehr ausgedehnt. Allein der hohe Bergrücken welcher an dem linken Flügel vorbei nach Hochkirch sich zieht, mußte, sobald der Feind bedeutende Truppenmassen hinein schickte, gleichfalls besetzt werden. Dies geschah in der Folge wirklich, indem ein Theil der Reserven, nämlich die Division des Prinzen von Würtemberg und ein Theil des Korps von Miloradowitsch dahin rückte. Dadurch wurde die Frontlinie noch um eine halbe Meile verlängert. Auf dem linken Flügel, im Gebirge, hatte der Vertheidigende natürlich viel Vortheil. In der Ebene von Klein-Jenkowitz bis Kreckwitz hatte der Feind gleichfalls wenig Aussicht durchzubrechen. Denn der Übergang über den sumpfigen Bach mußte unter dem Feuer einer ungeheuren Artillerie geschehen, die hinter Einschnitten verdeckt stand und also vorher schwerlich zum Schweigen gebracht werden konnte. Die Dörfer Groß-Jenkowitz und Baschütz waren zur Vertheidigung eingerichtet, viel Kavallerie war in der Nähe, endlich wurde der Theil der Ebene von Baschütz bis Kreckwitz durch die gegen die Stellung etwas vorspringende Höhe von Kreckwitz, worauf der Blüchersche linke Flügel stand, so stark flankirt daß der Feind hier nicht einen Schritt vorthun konnte, ehe er die Gegend von Kreckwitz inne hatte.

Auch die Stellung des General von Blücher war bei Kreckwitz und Nieder-Gurke auf vortheilhaften Höhen und hatte von da an das flache wiesenreiche Thal der Spree vor sich. Die Fronte war also allerdings vortheilhaft. Allein theils war die Ausdehnung von Kreckwitz über Nieder-Gurke nach Malschütz von einer halben Meile schon an sich für 18,000 Mann viel zu groß, theils konnte

General v. Blücher, da er fast eine Viertelmeile von der Armee entfernt war, und im Fall er geworfen würde, sich durch zwei Defileen über den sumpfigen Bach zur Armee zurückziehen mußte, eine bedeutende Reserve gar nicht entbehren. Er konnte daher höchstens 12,000 Mann in der Fronte aufstellen.

General Barklay hatte einen an sich sehr vortheilhaften Punkt inne, war aber mit Wald umgeben und von der Armee noch mehr entfernt wie General von Blücher.

Am 20. gegen Mittag griff der Feind den General von Kleist auf den Höhen von Burg, und den General Miloradowitsch bei Bauzen an. Das Gefecht wurde bald sehr heftig, besonders beim General von Kleist. Der Feind betrachtete den Besitz dieser Höhen als eine nothwendige Einleitung zur Schlacht, und führte nach und nach so viel Truppen ins Gefecht daß auch General von Kleist unterstützt werden mußte, welches nach und nach durch 5 Bataillone vom Korps des General von Blücher geschah. Um den General von Kleist in der rechten Flanke zu umgehen, versuchte der Feind Nachmittags gegen 3 Uhr bei Nieder-Gurke durchzubrechen. Hier fand er aber einige Bataillone der Brigade von Zieten, vom Blücherschen Korps, nebst russischem und preußischem Geschütz auf vortheilhaften Höhen nahe hinter dem Defilee postirt, und es blieb daher auf diesem Punkte bei einer lebhaften Tiraillerie im Thale.

Beim General von Kleist hingegen waren die Anstrengungen des Feindes viel heftiger, und dies gab diesem ausgezeichneten General und seinen Truppen Gelegenheit sich an diesem Tage besondern Ruhm und Beifall zu erwerben. Die hartnäckigen Angriffe welche der Feind von

12 Uhr Mittags bis Abends 8 Uhr machte, um die Preußen in ihrer äußerst vortheilhaften Stellung durch die Menge zu überwältigen, hat ihm hauptsächlich den großen Verlust zugezogen den er in der Schlacht bei Bauzen gehabt hat und von welchem wir einen deutlichen Begriff bekommen haben durch 18,000 Blessirte, die aus der Schlacht von Bauzen allein nach Dresden gebracht worden sind.

Neben Bauzen beim General Miloradowitsch war das Gefecht gleichfalls sehr ernsthaft, obgleich minder heftig als beim General von Kleist. Außerdem hatte der Feind die links von Bauzen unter dem General Emanuel stehenden russischen Detaschements in das hohe Gebirge zurückgedrängt und eine beträchtliche Truppenmasse dorthin geschickt. Allein die russischen Detaschements wurden durch mehr Infanterie unterstützt, und es gelang dem Feinde hier ebensowenig über die Linie der vorgeschobenen Korps hinaus vorzudringen und sich der Armee in die linke Flanke zu stellen, wie er es beabsichtigt zu haben scheint. Gegen General Barklay auf dem äußersten rechten Flügel geschah an diesem Tage Nichts, vermuthlich weil Marschall Ney und General Lauriston noch nicht heran waren.

So endigte sich mit Einbruch der Nacht das Gefecht am 20., von welchem man nicht recht zu sagen wußte ob es die Hauptschlacht selbst gewesen wäre oder eine bloße Vorbereitung zu derselben; denn ob man gleich alliirterseits blos Punkte vertheidigt hatte die vorläufig besetzt waren, um dem Feinde das Vordringen gegen die Stellung selbst so viel als möglich zu erschweren, so war doch der Widerstand durch die ausgezeichnete Bravour der Truppen und die Vortheile des Terrains so glücklich, und der feindliche Verlust so groß gewesen daß man allenfalls hoffen durfte der Feind werde von den ferneren Angriffen abstehen.

Da man aber diese Punkte im Fall eines am folgenden Tage erneuerten Angriffs nicht zum Hauptschlachtfelde machen wollte, weil man sich in der eigentlichen Position mehr Vortheile versprach, und ein Angriff auf den General Barklay, der in diesem Fall nicht ausbleiben konnte, die vordere Stellung unpassend machte, so zog man mit dem Einbruch der Nacht die Korps der Generale Graf Miloradowitsch und von Kleist in die Position zurück. General Miloradowitsch schloß sich an den General von Berg, General von Kleist an den General von York an. So brachten die Truppen in dem wohlthuenden Gefühl einer glücklichen Vertheidigung die Nacht auf dem Schlachtfelde zu, und wenn es je Etwas gab was den siegreichen Erfolg eines Tages bewähren konnte, so war es eine bei den Truppen herrschende Ordnung und Ruhe, die man selten oder nie nach einem so blutigen Gefechte antrifft.

Am 21. einige Stunden nach Tagesanbruch fielen die ersten Schüsse. Der Feind erneuerte seinen Angriff. Dieser war jetzt auf drei Hauptpunkte der Stellung gerichtet, gegen den General Blücher, gegen den General Barklay links im Gebirge, und späterhin während diese Angriffe durch Tirailleurgefechte und Kanonenfeuer eingeleitet wurden, entwickelte der Feind seine ganze Macht auf allen Punkten.

Im Centro wo man die freieste Aussicht hatte, kamen große Kolonnen rechts und links von Bauzen über die Höhen gezogen und stellten sich in Massen der eigentlichen Position gegenüber, außer dem Kanonenschuß. Man konnte diese Masse von Truppen auf 30. bis 40,000 Mann schätzen.

Kaum hatten sich diese Truppen aufgestellt, so sah man auf den Höhen von Burg Rauchsäulen aufsteigen; dies war das Signal zum Angriff für den Marschall Ney und General Lauriston. Diese waren mit etwa 30,000 Mann herangekommen und warfen sich damit auf den General Barklay. Das Gefecht wurde bald sehr heftig, dauerte bis gegen 10 Uhr Vormittags fort. General Barklay wurde, durch die Überlegenheit des Feindes zurückgedrängt, genöthigt den Windmühlenberg vor Gleina zu verlassen und nach und nach sich über den Bach, der ihm im Rücken war, und mit einem Theile seiner Truppen über das löbauer Wasser bis auf die Höhen von Baruth zurückzuziehen. Da diese Seite ein höchst empfindlicher Punkt der Stellung war, so wurde General Kleist beordert zur Unterstützung des Generals Barklay zu marschiren. Allein dies durch das blutige Gefecht des vorigen Tages sehr geschwächte, kaum 3000 Mann starke Korps konnte den überlegenen Feind nicht wieder vertreiben, und es wurde dadurch nur erreicht daß das Gefecht zum Stehen kam.

Während dieser Zeit hatte sich das Gefecht auch im Gebirge heftig erneuert. Allein der Feind machte hier den ganzen Tag über keine Fortschritte. Der Prinz v. Würtemberg und General Miloradowitsch unterstützten diesen Punkt nach und nach mit ihrer ganzen Infanterie und die Vortheile des Terrains kosteten hier dem Feinde unzählige Menschen.

Im Centro war der Feind nur wenig vorgegangen so daß das Kanonenfeuer seinen Anfang genommen hatte. Beim General v. Blücher der jenseits der Spree Wald vor sich hatte und die Stärke des Feindes nicht beurtheiken konnte, war es beim bloßen Tirailleurgefecht im Thal der Spree geblieben. So war etwa um Mittag die Lage der Sachen als der Marschall Ney und General Lauriston rechts nach dem Dorfe Preititz detaschirt und dasselbe besetzt hatten; dies Dorf lag zwischen dem General v. Blücher und General Barklay an dem oft erwähnten Bache nahe bei Klein-Bautzen, also hinter dem rechten Flügel des Generals v. Blücher.

Dies Dorf war für den General v. Blücher von der höchsten Wichtigkeit. Ging der Feind von da in das ganz unbesetzte dicht dabei liegende Klein-Bautzen und Burschwitz, so konnte der General v. Blücher nur über Kreckwitz zur übrigen Armee stoßen. Kreckwitz aber lag schon vor der Fronte der Stellung unter dem Feuer der feindlichen Artillerie, es hatte überdem nur mit 1 Bataillon besetzt werden können, der Feind stand schon in dem dicht dabei liegenden Basankwitz und man war also gar nicht sicher das Dorf Kreckwitz behaupten zu können.

Der General v. Blücher entschloß sich daher, so mißlich es war in seiner Lage die einzige Reserve die er hatte wegzugeben, dennoch die Reservebrigade zur Unterstützung des Generals Barklay marschiren zu lassen, vorzüglich um das Dorf Preititz wieder zu nehmen. Er hoffte, da er noch nicht ernstlich engagirt war, diese Brigade würde im Stande sein dem Gefechte auf dem rechten Flügel eine ganz andere Wendung zu geben, indem sie dem Marschall Ney und General Lauriston in die rechte Flanke ginge. Zugleich wurde ein Theil der preußischen Reservekavallerie gegen die Spree geschickt, die jetzt den General v. Blücher vom Marschall Ney trennte, um die Durchgänge zu beobachten, den Feind noch mehr in der rechten Flanke zu bedrohen und ihn mit schwerer Artillerie zu beschießen. Kaum waren aber diese Anordnungen getroffen und die Truppen dahin abmarschirt, als der Feind gegen die Stellung des Generals v. Blücher selbst losbrach. Bei Pliskowitz zuerst, dann bei Nieder-Gurke und endlich auf der ganzen Linie der Spree engagirte sich ein heftiges Gewehrfeuer. Nachdem dies etwa eine Stunde gedauert hatte und das zweite Treffen der Infanterie schon hatte ins Gefecht gezogen werden müssen, sah der General v. Blücher ein wie unsicher die Behauptung der eingenommenen Linie war und gab daher der Reservebrigade Befehl zurückzukehren und sich bei Burschwitz für außerordentliche Fälle aufzustellen. Diese Brigade war indeß gegen Preititz marschirt und hatte dies Dorf in Verbindung mit dem Korps des Generals v. Kleist angegriffen. Mit außerordentlicher Bravour waren diese Bataillone in das Dorf eingedrungen und hatten es, obgleich mit sehr großem Verlust, doch in einem Augenblick wieder genommen. Sie behielten das Dorf besetzt, während die übrige Brigade dem erhaltenen Befehl gemäß zurückkehrte.

Das Korps des Generals v. Blücher befand sich also in der Lage daß es nach 3 Seiten Front machen mußte, nämlich zwischen Kreckwitz und Nieder-Gurke gegen den von den Höhen von Burg vordringenden Feind, von Nieder-Gurke bis Pliskowitz zur Vertheidigung der Spreeniederung und von Pliskowitz bis Preititz hinter den Teichen gegen das Vordringen des Marschalls Ney; zu gleicher Zeit war die ganze Reserve detaschirt um ein im Rücken genommenes Dorf, Preititz, wieder zu nehmen und dadurch die bedrohte vierte Seite der Stellung sich wieder zu öffnen, die einzige durch die man Verstärkungen erhalten oder sich zurückziehen konnte.

In dieser Zeit hatte das Gefecht in der Frontlinie

des Generals v. Blücher schon eine sehr nachtheilige Wendung genommen. Zwei russische schwere Batterieen, die eine bei Kreckwitz, die andere bei Nieder-Gurke welche diese Punkte hauptsächlich sicherten hatten sich gänzlich verschossen und konnten nichts mehr leisten. Hinter Nieder-Gurke wo man nur wenige Bataillone hatte aufstellen können, hatte sich der überlegene Feind zum Meister der Höhen gemacht von welchen aus dieser Punkt allein vertheidigt werden konnte. Der Feind rückte nun in den Terrainabschnitt zwischen dem Bach und der Spree weiter vor, und obgleich die Brigade des Obersten v. Klüx ihn zweimal mit dem Bajonett angriff und wieder zurücktrieb, so waren doch die Höhen nicht wieder zu nehmen. Der General v. Blücher bat um Verstärkung, der General v. York erhielt Befehl ihn zu unterstützen. Dieser marschirte gegen das Dorf Kreckwitz um dem vordringenden Feinde in die rechte Flanke zu kommen. Allein die Wirkung kam zu spät.

Die beiden Brigaden der Blücherschen Fronte hatten sich aus ihrer konvexen Stellung nach und nach zwischen den Hügeln bei Kreckwitz zurückgezogen und fanden hier nirgend ein Terrain was sich einigermaaßen zur Aufstellung eignete. Es blieb wenn man durchaus Herr dieses Terrains bleiben wollte nur ein Mittel übrig: die sehr geschwächten Brigaden der Fronte mit dem Überrest der Reserve zu vereinigen und ohne alle andere Rücksicht damit den Feind anzugreifen. Es ist kein Zweifel daß man auf diese Weise wieder bis an das Spreethal vorgedrungen wäre.

Allein die Reservebrigade war noch nicht zurück und außerdem würden dabei große Bedenken stattgefunden haben.

Durch die Wiedereroberung dieses Terrains war die Schlacht nicht gewonnen, vielmehr war der Verlust des Terrains auf dem rechten Flügel ein so entscheidender Umstand, daß von dem Augenblick an wo man sah daß man hier nicht wieder vordringen konnte, eine vollkommen glückliche Beendigung des ganzen Gefechts von dem Armeekommando nicht mehr erwartet wurde. Indem der General v. Blücher das Letzte daran setzte um seine alte Stellung wieder zu gewinnen, löste er, selbst beim glücklichen Erfolg, sein ganzes Korps im Gefechte auf; von dem Anrücken des Generals v. York war er noch nicht unterrichtet; das Gefecht bei den Generalen Barklay und Kleist dauerte fort und das Festhalten ihrer Linie war höchst ungewiß. Der General v. Blücher beschloß daher nicht eher etwas Entscheidendes zu thun bis er neue Befehle erhalten hätte. Er wollte die Ankunft der Reservebrigade bei Burschwitz wo sie noch nicht angelangt war erwarten, und schickte den andern beiden Brigaden Befehl zu, sich so lange als möglich zu halten und sich im schlimmsten Fall auf Burschwitz zurückzuziehen. Der Kavalleriereserve aber, die in diesem Terrain wenig nutzen konnte, ertheilte er Befehl über das Defilee zurückzugehen, um es nicht im Fall des Rückzugs der Brigaden zu verstopfen.

In dieser Zeit hatte der Feind in dem Centro immer noch Nichts gethan als seine Kolonnen zu zeigen und sich in eine ziemlich lebhafte Kanonade einzulassen. Er zeigte hier offenbar daß er sich vor der Stärke unserer Position auf diesem Punkt fürchtete. Er erwartete vermuthlich, daß das Centrum der alliirten Armee noch mehr geschwächt werden sollte als es schon war, um den bedrängten rechten Flügel zu unterstützen, und daß also der Druck auf diesem empfindlichen Punkt ihm den günstigen Moment zum allgemeinen Gefecht vorbereiten sollte, wodurch allein ein vollständiger Sieg möglich wird.

Allein seit Eröffnung des Feldzuges war es aus politischen Gründen ein Hauptaugenmerk der Alliirten, einer entscheidenden Niederlage sich nie auszusetzen und lieber die Schlachten vor ihrer gänzlichen Beendigung abzubrechen. Dies war hier um so nöthiger als das Gefecht im Ganzen schon eine nachtheilige Wendung genommen hatte. Eben die Gründe welche von einer letzten Anstrengung des Generals .. Blücher zur Wiedereroberung des verlornen Terrains keinen entscheidenden Erfolg fürs Ganze hoffen, dabei aber eine höchst gefährliche Lage für das Blüchersche Korps befürchten ließen, bestimmten das Armeekommando die Schlacht auf diesem Punkt, etwa zwischen 3 und 4 Uhr Nachmittags, abzubrechen und den Rückzug zu befehlen.

Dieser geschah unter diesen Umständen in völliger Ordnung in 2 Kolonnen. Die russischen Truppen des Centrums und linken Flügels gingen über Hochkirch auf Löbau; die preußischen Truppen über Würschen auf Weißenberg. General Barklay und General Kleist nebst der preußischen Kavalleriereserve aber stellten sich auf den vortheilhaften Höhen von Gröditz wieder auf um den Marschall Ney und General Lauriston hier aufzuhalten, welches auch mit Erfolg den ganzen Abend hindurch geschah, so daß die Generale v. Blücher und v. York Zeit hatten Weißenberg mit der Queue ihrer Kolonnen zu passiren. Diese Maaßregel war um so nöthiger als der Feind aus der Gegend von Baruth viel näher nach Weißenberg hatte wie General v. Blücher und v. York aus der Gegend von Kreckwitz und Burschwitz.

Der Feind folgte im Centro wenig oder gar nicht.

Auch in dieser Schlacht hatte der Feind kein einziges Geschütz erobert und wenig oder gar keine Gefangene gemacht. Und wenn er diesmal die Alliirten aus einem Theil ihrer Stellung wirklich verdrängt hatte, so war es mit einer so großen Aufopferung an Menschen geschehen, daß man ohne Übertreibung seinen Verlust auf das Doppelte des unsrigen annehmen kann, da die alliirte Armee höchstens 12- bis 15,000 Todte und Blessirte hatte, während der Feind, wie schon gesagt, allein 18,000 Blessirte nach Dresden abführen ließ. —

Solche Siege sind es gewiß nicht auf welche der Kaiser Napoleon gerechnet hat. Er ist gewohnt gewesen seinem Gegner mit verhältnißmäßig geringem Verlust entscheidende Niederlagen beizubringen um dadurch einen schnellen übereilten Frieden abzudringen. So fordert es die Natur seiner ganzen Lage als Eroberer. Jetzt aber, nachdem er in Rußland das unerhörte Unglück erlebt hat und dadurch in eine größere Bedrängniß gekommen ist als je, jetzt war es ihm doppelt und dreifach Bedürfniß durch glänzende Siege die erwachten Hoffnungen Europas niederzudonnern und die sich rüstenden neuen Feinde zurückzuschrecken.

Offenbar ist dies nicht geschehen. Er muß sich hier mit halben Vortheilen begnügen, die dem Strome der gegen ihn gerichtet ist nur einen schwachen Damm entgegenstellen, während hinter ihm neues Verderben über seine Macht und seine Plane einbricht und Lord Wellington als Sieger von Vittoria an der französischen Grenze steht.

Wir haben also keine Ursache uns über unsere Lage zu beklagen, und dürfen überzeugt sein daß Beharrlichkeit, Ordnung, Muth und Vertrauen uns zu unserm Ziel führen werden, trotz der zeitigen Vortheile mit welchen sich der Feind über uns voreilig brüstet und die ihm keine gereiften Früchte tragen werden.

Von Weißenberg und Löbau zog sich die alliirte Armee am 22. auf Görlitz zurück. Die Arrieregarde hatte bei Reichenbach ein kleines Gefecht, welches der französischen

Armee einen Marschall und zwei Generale, dem Kaiser Napoleon einen Freund kostete. Der Kaiser nämlich, unwillig daß seine Generale der Avantgarde keine Gefangenen einsendeten von einer geschlagenen Armee, übernahm auf einen Tag selbst den Befehl über dieselbe um es ihnen zu lehren. Unsere Arrieregarde stand bei Reichenbach; sie war sehr zahlreich an Kavallerie und Artillerie und wünschte sehr mit der französischen Kavallerie zu einem Gefecht zu kommen. Es entstand eine Kanonade und einige feindliche Kavallerieregimenter zeigten sich wirklich. Diese aber wurden leicht zurückgeworfen, und bei der Kanonade fand sich, daß eine verhängnißvolle Kugel ganz in der Nähe des Kaisers den französischen General Kirschner todt niederwarf, dem Marschall Düroc den Leib aufriß und den General Labruyere tödtlich verwundete. Der Kaiser, erschüttert von diesem Sensenhieb des Schicksals der sich so nahe unter seinen Augen zutrug und seinen liebsten Freund wegraffte, wandte sein Pferd schweigend um und es blieb seitdem bei der alten Art zu verfolgen.

Von Görlitz zog sich die alliirte Armee wieder in 2 Kolonnen über Naumburg am Queiß, Bunzlau, Haynau und über Lauban, Löwenberg, Goldberg, Striegau nach dem Lager von Pültzen bei Schweidnitz zurück, wo sie den 1. Juni eintraf.

Die preußische Armee befand sich nebst dem Korps des Generals Barklay in der Kolonne des rechten Flügels welche über Haynau marschirte. Da es die Absicht war den Rückzug so langsam als möglich fortzusetzen ohne sich in ein allgemeines Gefecht zu verwickeln, und da die feindliche Avantgarde nach und nach anfing unsere Arrieregarde stärker zu drängen, so beschloß der General v. Blücher der feindlichen Avantgarde ein Versteck zu legen und sie für ihre Dreiſtigkeit zu beſtrafen. Die Gegend hinter Haynau bot dazu eine gute Gelegenheit dar.

Von Haynau nach Liegnitz kommt man, eine Viertel-Stunde hinter Haynau, auf das Dorf Michelsdorf, und von dieſem Dorfe bis Doberſchau welches eine halbe Meile davon liegt, iſt die Gegend völlig eben und frei. Nur die Dörfer Pantenau und Steudnitz welche in einem Wieſenthal liegen, bilden wieder einen Terrainabſchnitt. Rechts der Ebene zieht ſich ein durchſchnittenes Terrain fort welches mit dem Dorfe Überſchaar anfängt, aus einem ganz flachen Grunde und einzelnen kleinen Wäldern beſteht. So zieht ſich die Gegend fort bis Baudmannsdorf, welches mit Doberſchau ungefähr in gleicher Höhe, aber eine halbe Meile rechts davon liegt.

Am 26. marſchirte die preußiſche Armee von Haynau ab nach Liegnitz. Die Arrieregarde folgte der Armee auf die Entfernung von 2 Meilen und paſſirte denſelben Tag Haynau.

Die Idee war: die Arrieregarde welche aus 3 Bataillonen Infanterie und 3 Regimentern leichter Kavallerie, unter dem Befehl des Oberſten v. Mutius, beſtand, gerade über die Ebene nach Steudnitz ſich zurückziehen zu laſſen, nachdem ſie indeſſen ſo lange vor Haynau ſtehen geblieben wäre bis der Feind herauskäme um ſie zu vertreiben. Sie ſollte den Feind hinter ſich her zu ziehen ſuchen; die ganze Reſervekavallerie von 20 Schwadronen mit 2 reitenden Batterieen, unter dem Befehl des Oberſten v. Dolfs, wurde bei Schellendorf verdeckt aufgeſtellt. Sie ſollten in dem durchſchnittenen Terrain ſo verdeckt und raſch als möglich vorgehen, um über Überſchaar auf die Ebene vorzudringen und der vorgerückten feindlichen Avantgarde in die rechte Flanke zu fallen, während ſie beſchäftigt wäre den Oberſten Mutius anzugreifen.

Zwischen Baudmannsdorf und Pohlsdorf lag eine Windmühle die von beiden Theilen gut gesehen werden konnte; sie sollte angezündet werden, um der Reservekavallerie dadurch das Zeichen zum Vorrücken zu geben.

Die Brigade von Zieten wurde zur Reserve hinter Pantenau und Pohlsdorf aufgestellt und diesem General die Leitung des Ganzen übertragen. Der General v. Blücher befand sich gleichfalls in der Nähe. Der Feind folgte an diesem Tage nur sehr behutsam. Er kam erst nach 3 Uhr aus Haynau zum Vorschein und ging nur langsam und mit furchtsamen Schritten vor. Oberst Mutius zog sich eben so langsam zurück.

Es war die Division Maison welche diese Avantgarde machte; Marschall Ney, zu dessen Korps sie gehörte, war kurz vor dem Angriff selbst da. General Maison, wie durch eine Ahnung gewarnt, äußerte seine Besorgniß über das Vorgehen in dieser Ebene, die aber vom Marschall Ney verspottet wurde. Der Marschall begab sich nach einem andern Punkte und General Maison rückte mit schwerem Herzen in die Ebene vor. Bei allem Dem hatte er doch unterlassen Detaschements rechts in das durchschnittene Terrain vorzuschicken, wodurch er sich allein die rechte Flanke gehörig sichern konnte.

Nachdem der Feind etwa 1500 Schritt über das Dorf Michelsdorf hinaus war, setzte sich die Reservekavallerie in Marsch, weil sie eine Viertelmeile zu marschiren hatte ehe sie mit dem Obersten v. Mutius in gleicher Nähe an dem Feind war. Sie legte diese Strecke im Trabe zurück, worauf General v. Zieten durch das Anzünden der Windmühle das Zeichen zum Angriff gab. General Maison erkannte dies sogleich für irgend ein Signal und gab Befehl Massen zu formiren; allein seine Truppen hatten kaum Zeit dazu. Der Oberſt Dolfs, indem er 2 Regimenter als Reſerve zurückließ und ohne weiter Gebrauch von ſeiner reitenden Artillerie zu machen, nahm den günſtigen Augenblick wahr und ſtürzte ſich mit 3 Regimentern ohne Aufenthalt in den Feind. Die feindliche Kavallerie floh und überließ die 3 oder 4 unordentlichen Maſſen, die ſich eben formirten, ihrem Schickſal. Dieſe wurden ſogleich niedergeritten und was nicht niedergehauen oder gefangen gemacht wurde, entfloh durch das Dorf Michelsdorf gegen Haynau.

Dies Alles war das Werk einer Viertelſtunde, ſo daß der Oberſt Mutius kaum Zeit hatte mit ſeiner Kavallerie heranzukommen und Theil am Gefechte zu nehmen.

Der Feind ließ ſeine ganze Artillerie die aus 18 Geſchützen beſtand ſtehen. Da es an angeſchirrten Pferden fehlte, ſo konnten nur 11 davon fortgebracht werden. Außerdem wurden 3- bis 400 Gefangene gemacht. Hierauf zog ſich die Kavallerie bis auf Lobentau zurück, die Arrieregarde blieb dort ſtehen und behielt ihre Vorpoſten auf der Ebene nahe vor Haynau. Der Feind wagte den ganzen folgenden Tag nicht wieder hervorzukommen, und erſt am 28. wurde die Arrieregarde bis in die Gegend von Kloſter Wahlſtatt zurückgezogen.

In dieſem Gefechte hat ſich die Kavallerie den Ruhm erworben, der ihr in ſpätern Zeiten durch die überlegene Taktik der Infanterie ſo ſchwer zu erwerben ward. Es zeigt daß es Umſtände giebt wo dieſe Überlegenheit nicht ſtattfindet und wo die Kavallerie große Dinge thun kann. Der Oberſt Dolfs, der todt mitten unter den Feinden blieb, kann an dieſem Tage mit Recht einem Seidlitz an die Seite geſtellt werden.

Auch bei der Arrieregarde der ruſſiſchen Kolonne hatten

ten einige für die russischen Waffen glänzende Gefechte stattgefunden, die wir aber nicht näher kennen.

Sobald der Kaiser Napoleon mit seiner Armee bei Liegnitz angekommen war und sah, daß sich die alliirte Armee nicht auf Breslau, sondern nach Schweidnitz zurückzog, detaschirte er ein Korps von 30,000 Mann auf Neumarkt welches den folgenden Tag in Breslau einrückte.

Der Kaiser Napoleon hatte schon vor der Schlacht von Bautzen sich zu einem Waffenstillstand und Unterhandlungen erboten. Er erneuerte diesen Antrag zu dieser Zeit, und man kam alliirter Seits mit ihm auf einen vorläufigen Waffenstillstand von 36 Stunden überein, der bald darauf auf 3 Tage verlängert wurde.

Von der Mark aus war, während die alliirte Armee sich nach Schlesien zog, der General v. Bülow mit einer Armee von einigen 20,000 Mann in die Niederlausitz vorgedrungen. Der Kaiser Napoleon detaschirte den General Oudinot mit seinem Korps, um den Fortschritten des Generals v. Bülow Einhalt zu thun; dieser befand sich gerade bei Luckau als General Oudinot gegen ihn anrückte. Am 4. Mai wurde General Bülow angegriffen, das Gefecht wurde bald allgemein und drehte sich um den Besitz von Luckau. Allein die Franzosen waren nicht im Stande die Preußen aus dem brennenden Orte zu vertreiben und waren, durch die Kavallerie des Generals v. Bülow unter Anführung des Generals v. Oppen im Rücken angegriffen, genöthigt mit Verlust einer Kanone und 4 - bis 500 Gefangener das Schlachtfeld zu räumen.

General v. Bülow bedrohte nun die Kommunikation des Feindes mit der Elbe.

Preußische und russische Detaschements streiften außerdem im Rücken der französischen Armee, auf beiden Ufern der Elbe, ja bis in Franken hinein. Außer einer Menge Gefangener welche sie einzeln machten zeichneten sich zwei derselben auf eine glänzende Weise aus.

Der Rittmeister v. Colomb welcher mit einer Schwadron freiwilliger Jäger über die Elbe gegangen war, gerade in dem Augenblick als beide Armeen an derselben standen, befand sich jetzt an der fränkischen Grenze. Hier hob er einen Transport von 16 Geschützen und 40 Munitionswagen auf, welche unter baierscher Escorte zur Armee gehen sollten. Er ruinirte die Geschütze, sprengte die Munitionswagen in die Luft und machte 2 = bis 300 Gefangene.

Der russische General Tschernitschef ging mit 1800 Mann leichter Kavallerie über die Elbe und fiel bei Halberstadt auf einen ähnlichen Transport. 14 Geschütze mit einer Menge Munitionswagen hatten eine Wagenburg gebildet, die von 2500 Mann unter Befehl des westphälischen Divisionsgenerals v. Ochs vertheidigt wurde. General Tschernitschef hatte nur 2 leichte Geschütze. Nachdem er die Wagenburg damit einen Augenblick beschossen und mehrere Munitionswagen in die Luft gesprengt hatte, fiel er mit seltner Kühnheit, ohne einen Mann Infanterie, über die Wagenburg her. Die Kosacken waren im Augenblick zwischen den Wagen und Kanonen. Die ganze Wagenburg wurde auseinandergesprengt, der General Ochs mit seiner sämmtlichen Infanterie gefangen genommen und die 14 Kanonen wurden glücklich über die Elbe gebracht. Gleich darauf setzte sich General Tschernitschef mit dem General Woronzow in Marsch und beide rückten vor Leipzig, wo der Herzog von Padua französische Kavallerie zu remontiren beschäftigt war. Sie würden auch hier einen glänzenden Erfolg gehabt haben, wenn nicht in diesem Augenblick die Nachricht von dem Waffenstillstande eingetroffen wäre.

Die Unterhandlungen wegen des Waffenstillstandes waren indessen fortgesetzt worden, und man einigte sich dahin ihn auf 7 Wochen, nämlich bis zum 20. Juli, mit 6tägiger Aufkündigung zu schließen.

Die Bedingungen desselben waren die Räumung von Breslau von Seiten der Franzosen und das Zurückziehen ihrer Truppenlinie bis hinter die Katzbach. Die Vorpostenlinie der alliirten Armee sollte sich 1 Meile oberhalb Breslau an die Oder lehnen, von da auf das Schweidnitzer Wasser und längs demselben dann auf Bolkenhain, Landshut und Schmiedeberg gehen.

Der zwischen beiden Armeen liegende Landstrich, so wie die Stadt Breslau, wurden für neutral erklärt.

Die im Rücken der französischen Armee befindlichen Detaschements der Alliirten sollten über die Elbe zurückkehren, übrigens die Grenze der preußischen Staaten mit Sachsen und Westphalen die Demarkationslinie machen. An der Nieder-Elbe sollten die Verhältnisse so bleiben, wie sie in der Nacht vom 7. Juni um 12 Uhr gewesen wären.

Die Dänen welche mit 10,000 Mann in der Gegend von Hamburg angekommen waren, in der Absicht, mit den Truppen der Alliirten gemeinschaftliche Sache zu machen, hatten indeß in Folge ihrer mit England und Schweden gehabten politischen Erörterungen ihre Partei geändert. Sie erklärten sich plötzlich für Frankreich, machten mit den Generalen Vandamme und Davoust gemeinschaftliche Sache und nöthigten den russischen General v. Tettenborn Hamburg zu räumen. So fiel vor dem 7. Juni diese uralte freie Reichsstadt, welche sich durch ihre Anstrengungen für die gute Sache der alten Freiheit würdig gezeigt hatte, zum zweiten Male in die Hände der

20 *

Franzosen, welches unstreitig der schmerzlichste Verlust war
den die Alliirten bis jetzt erlitten hatten.

VII.

Der Waffenstillstand wurde auf 7 Wochen abgeschlossen, theils weil man alliirter Seits diese Zeit sehr wohl
nutzen konnte um die durch 2 Schlachten erschöpften Kräfte
zu erneuern und beträchtlich zu vermehren, auch sonst den
weitern Krieg kräftig vorzubereiten, theils weil Östreich gewünscht hatte noch so viel Zeit zu gewinnen. Von Hause
aus hatte man bei dem gegen Frankreich unternommenen
Kriege auf zwei Dinge rechnen müssen, durch welche man
in den Stand gesetzt wurde den Kräften Frankreichs ein
gehöriges Gegengewicht geben zu können.

Entweder mußte man auf einen allgemeinen Aufstand
in Deutschland, auf den Abfall der rheinischen Fürsten,
auf Unruhen in der Schweiz, Tyrol und Italien und dabei auf die Neutralität Östreichs rechnen, oder man mußte
dem völligen Beitritt Östreichs entgegensehen. Eins von
diesen beiden günstigen Ereignissen gab, wenn es in seinem
ganzen Umfange eintrat, der alliirten Partei bei der Fortsetzung des Krieges ein hinlängliches Fundament der Kräfte,
um mit Wahrscheinlichkeit auf einen glücklichen Ausgang
rechnen zu können.

Wegen des Beitritts der nordischen Mächte, Schweden und Dänemark, war man gleichfalls nicht ohne Hoffnung. Schweden hatte sich schon ganz unzweideutig erklärt und im schlimmsten Fall wurde Dänemark in der
Wage der Kriegskräfte durch Schweden neutralisirt.

In der politischen Welt giebt es keine Gewißheit, sondern man muß sich mit einem mehr oder weniger hohen
Grade der Wahrscheinlichkeit begnügen. So konnte man

auch nur sagen daß beide Ereignisse wahrscheinlich wären und daß man also auf eins derselben mit um so viel größerm Recht hoffen durfte. Diese Betrachtungen waren es welche vernünftige Leute denen entgegensetzen konnten, die immer nur von der Unzulänglichkeit unsrer Mittel und von der Entfernung der russischen Hülfsquellen sprachen und damit die höchste Weisheit an den Tag gelegt zu haben glaubten. Das aber ist eine unfruchtbare Weisheit die nur die Schwierigkeiten aufzählt.

Daß man sich in seinen Berechnungen nicht geirrt hatte, zeigte bald der Erfolg. Was man von den Völkern und deutschen Fürsten erwartet hatte, trat nicht ein, und wenn auch das ganze Gebäude des Eroberers in Deutschland einen Augenblick schwankte und umzustürzen drohte, so mußte der kräftige Arm des Kaisers es doch bald wieder festzustellen. Dagegen erklärte sich Östreich gegen ihn, und er sah sich hier in den zuversichtlichen Wirkungen seiner Almacht betrogen. Östreich erklärte sich ziemlich unzweideutig schon im Monat April; aber es war mit seinen Anstalten nicht so weit gediehen um den Krieg sogleich anfangen zu können. Unter diesen Umständen war also bei allen Entschlüssen eine beständige Rücksicht auf Östreich nothwendig und dies bestimmte denn auch den Abschluß des Waffenstillstandes.

Wenn man die einzelnen Momente der seit dem December 1812 verflossenen Begebenheiten ins Auge faßt, so ist es keine Frage daß Preußen und Östreich ihren Entschluß und ihre Rüstungen noch mehr hätten beschleunigen und schon ganz früh manche wichtige Maaßregeln hätten ergreifen können, wodurch das Werk sehr gefördert worden und wonach der Stand der Dinge jetzt ein anderer wäre; allein es verräth wenig Geschichts- und Menschenkenntniß wenn man in praktischen Dingen irgendwo das Vollkommene fordert. Ein Jeder der dergleichen thut mag nur einen Blick auf seinen eignen Haushalt, auf die Bewirthschaftung seiner Güter, auf seinen Lebensplan werfen, so wird er einsehen wie wenig er ein Recht zu solcher Forderung hat. Diese Betrachtung sollte alle Übrigen behutsam in ihrem Vertrauen gegen solche Schreier machen, damit sie nicht durch ein leeres Geschwätz in ihrem Vertrauen zur Sache gestört würden. Man muß sich also in der politischen Welt mit der Annäherung zum Vollkommenen begnügen, und gewiß kann man dann zufrieden sein wenn mehr geschieht als man früher gehofft hatte. Wer aber von uns hoffte im December 1812 daß im Juni 1813 Rußland, Preußen und Östreich mit einer furchtbaren und überlegenen Macht an der Elbe und Oder stehen und den Kaiser von Frankreich nöthigen würden ein anderes Gesetz als das seiner unbeschränkten Willkühr anzuerkennen? Der Verfasser dieser Blätter wenigstens hat damals keinen gesprochen, der an ein Vordringen der Russen bis zur Weichsel, selbst bis über den Niemen und Pregel, an eine Erklärung Preußens oder gar Östreichs gegen Frankreich geglaubt hätte. Wer, wenn man ihm gesagt hätte, der Kaiser Napoleon wird in 6 Monaten eine Armee von mehreren Hunderttausenden in Deutschland haben, er wird mit überlegener Macht den Alliirten 2 große Schlachten geliefert haben, hätte nicht geglaubt daß die Auflösung und gänzliche Muthlosigkeit der Alliirten, ihr Rückzug bis tief in Polen und Preußen, die Verstummung Östreichs die Folgen davon sein würden? Am wenigsten werden uns Die überreden anders geurtheilt zu haben, die noch jetzt von der Allvermögenheit des französischen Kaisers Alles fürchten und dadurch Andere muthlos machen wollen.

Laßt uns also dankbar sein gegen die Vorsehung, die uns weiter geführt hat als wir hofften; dankbar gegen den Kaiser Alexander, der, den Feind kühn verfolgend, in Vertrauen auf Preußen und Östreich bis an die Oder vordrang; gegen unsern Monarchen, der vom frühern Unglück nicht niedergebeugt und nicht aufgehalten durch die Stimme muthloser Klügler, für die Ehre und Unabhängigkeit seines Volkes die Waffen ergriff; gegen den deutschen Kaiser, der das erzwungene Band der Verwandtschaft nicht achtend sich für Deutschlands und Preußens Unabhängigkeit ohne Scheu erklärte.

Die Fortschritte welche wir in dieser Zeit des Waffenstillstandes in unsern Rüstungen machten, dürfen natürlich hier nicht aufgezählt werden. Wir können im Allgemeinen nur bemerken daß sie auf folgende Gegenstände gerichtet waren.

1. Die russische Armee hat ihre Ergänzungen und außerdem die nöthigen Reserven an sich gezogen, während eine Armee von weit über 100,000 Mann in Polen als eine große Reserve stehen geblieben ist.

2. Die preußische Armee hat sich auf ihre alten Etats ergänzt und die Anstalten zur schnellen Ergänzung des Abganges im Laufe des Feldzuges getroffen.

3. Die vorhandenen Reservetruppen haben eine vollkommene Formation erhalten und sind der Armee einverleibt worden.

4. Die fehlenden Gewehre und Geschütze sind aus dem Östreichischen wie aus England angekommen.

5. Die Munition ist gleichfalls aus Östreich und England in dem Maaße vermehrt worden, daß kein Mangel zu befürchten ist.

6. Kleidungsstücke, besonders Schuhe, sind vorräthig angeschafft worden.

7. Durch alle diese Mittel ist die sämmtliche Landwehr bekleidet, völlig mit Gewehren bewaffnet und übrigens mit allen nöthigen Stücken der Ausrüstung versehen worden. Außerdem ist die Formation und Übung der Landwehren in dieser Zeit vollendet worden, so daß sie völlig wie die übrigen Truppen betrachtet werden können.

8. Die Festung Schweidnitz ist wieder hergestellt und mit allem Nöthigen versehen; die übrigen Festungen sind armirt worden.

9. Die nöthigen Brückenköpfe an der Oder sind angelegt;

10. Die nöthigen Lebensmittel für den Anfang der Operation angeschafft worden.

Was Östreich in dieser Zeit gethan hat ist kein Gegenstand der hier entwickelt werden kann. Aber daraus brauchen wir kein Geheimniß zu machen, daß es mit einer Macht auftritt die seinen Kräften angemessen ist und die schon vorhandene Macht der Alliirten fast verdoppeln wird.

Schweden ist in dieser Zeit gleichfalls mit einer beträchtlichen Hülfsarmee auf dem Kriegstheater erschienen.

Der Kaiser von Frankreich hat wirklich den von ihm selbst vorgeschlagenen Waffenstillstand nach Möglichkeit genutzt. Er hat alle Truppen, die er seitdem zu formiren im Stande gewesen ist, formirt und in Marsch gesetzt. Es ist schwer, die Zahl der Kombattanten zu bestimmen mit welchen er bei Eröffnung des Feldzugs gegen die Alliirten auftreten kann. Was wir jetzt gewiß wissen, ist daß er keine Armee aus Spanien gezogen, sondern nur Stammmannschaften aus den dortigen Armeen entnommen hat welche in Frankreich neue Bataillone gebildet haben; was man ferner mit hoher Wahrscheinlichkeit annehmen kann, ist, daß er in den Monaten Mai, Juni und Juli doch nicht mehr Formationen vollendet haben wird als in den Monaten Januar, Februar, März und April; denn die Kräfte eines Staates nehmen doch in solch einem Fall nicht zu, und es ist doch ausgemacht daß er im April und Mai Alles nach Deutschland geführt hat was irgend nur vorhanden war.

Was im April aus Frankreich und Italien gekommen war betrug circa 100,000 Mann. Was im Mai nachgekommen sein mag betrug nach allen Nachrichten 60,000 Mann. Nehmen wir nun das Höchste an, daß er nämlich in den 3 letzten Monaten, so gut wie in jenen ersten 4 Monaten, 160,000 Mann wieder formirt hat, und rechnen dazu 60,000 Mann die noch in Deutschland an der Elbe geblieben waren, so macht das 380,000 Mann; davon sind an Verlust für die Schlachten von Groß-Görschen und Bauzen, alle übrigen Gefechte, Krankheiten und Desertion wenigstens 50,000 Mann abzurechnen, so bleiben 330,000 Mann französischer Truppen übrig. Rechnet man dazu an Dänen und Rheinbundstruppen 70,000 Mann, so wird die Macht unserer Feinde 400,000 Mann betragen. Der Verfasser hält sich überzeugt daß diese Angabe wenigstens um 50,000 Mann zu hoch ist, und alle Berechnungen welche auf dem nachrichtlichen Wege angelangt sind, zeigen dies auch, indem sie die Macht nicht höher als 350,000 Mann bringen.

Alles was wir hier sagen können, ist, daß jene 400,000 Mann, wenn sie wirklich da sind, in den Streitkräften der Alliirten immer noch eine bedeutende Überlegenheit finden werden, ohne auf die in Polen stehenden Truppen Rücksicht zu nehmen.

Wenn wir nun bis zum Augenblick des Waffenstillstandes mit etwa 80,000 Mann (so stark war die allirte
Armee in Sachsen am 2. Mai und in der Lausitz am
21. Mai) gegen 120,000 Mann (so stark war der Kaiser
am 2. Mai bei Lützen und wenigstens ebenso stark bei Bauzen) den Krieg geführt haben, ohne daß der Feind uns
eine entscheidende Niederlage hat beibringen können, wenn
wir in 4 Wochen Zeit ihm damit 2 große Schlachten
haben liefern können, deren Ausgang sehr zweifelhaft war,
und der Feind mit großer Vorsicht gegen uns operiren
mußte, auch eine Menge nachtheiliger Gefechte nicht hat
verhüten können, und froh war einen Waffenstillstand zu
erhalten — warum sollten wir bei der Wiedereröffnung
des Feldzuges besorgt sein? Eine völlige Gewißheit des
Erfolgs können wir nicht haben, die hat man nie im
Kriege, aber die hohe Wahrscheinlichkeit ist doch für uns!

Das überlegene Feldherrntalent des französischen Kaisers darf man nicht mehr besonders in Anschlag bringen,
es ist in der Rechnung schon mit begriffen. Er war es
der die Truppen gegen uns anführte. Wer die Schlachten von Groß-Görschen und Bauzen mitgemacht hat, sollte
der nicht das Gefühl und die Überzeugung gehabt haben,
wir würden Sieger gewesen sein, wenn wir nur von gleicher Stärke mit ihm gewesen wären?

Es giebt Verhältnisse wo das überlegenste Talent schei-
tert, und Fälle wo der geschickteste Feldherr den größten Irr-
thümern unterworfen ist; das haben wir an dem Feldzuge
von 1812 gesehen. Es giebt in Deutschland sehr wenige
Menschen welche geglaubt haben daß Rußland im Stande
sein würde der französischen Macht zu widerstehen, und
hätte man ihnen auch noch so deutlich die Größe der Dimensionen und die Natur des Landes vorgerückt, sie wür-

den nimmermehr die Resultate zugegeben haben die man an der Beresina und in Wilna gesehen hat, zugegeben haben daß der Kaiser Napoleon flüchtig, ohne irgend einen Mann Truppen, zurückkehren würde.

Die Pest der Hoffnungslosigkeit die über Deutschland vorzüglich eine lange Zeit geweht hat, sollte jetzt vorüber sein, da ein solches Donnerwetter die politische Atmosphäre gereinigt hat.

Die Zeit wo sich der Kriegsschauplatz wieder eröffnen und der Gang dieser großen Weltbegebenheit sich weiter entwickeln soll, rückt heran. Wer in stumpfer Gedankenlosigkeit die Zeit der Waffenruhe in ihrer tiefen Stille hätte vorüberfluthen lassen, wem nur noch das Getöse der abgerollten Begebenheiten dumpf in den Ohren tönte, wer ohne einen Faden des Urtheils, ohne einen leuchtenden Funken erworbener Einsicht in das Dunkel der Zukunft hinausschauete, wie könnte der mit Muth und Vertrauen vorwärtsschreiten? Die mit der menschlichen Natur verschwisterte Furcht würde ihm mit jedem Schritt Klüfte und Abgründe zeigen. Am Unwürdigsten wäre dies eines Kriegers der für die Sache seines Herzens ficht, der das Vaterland und Alles vertheidigt was dem menschlichen Dasein Reiz und Wohl geben kann. Seine Seele ist gerichtet auf das Werk der Fürsten und Feldherren, wie die Seele der Fürsten und Feldherren selbst. Es ist seine Sache so gut wie die ihrige. Es wird ihm wohl thun, von dem Vergangenen und dem Gegenwärtigen zu wissen was er seinem Standpunkte nach wissen darf, wodurch ihm die Zukunft erhellt wird und diejenigen Gegenstände vor seinen Blick treten, auf die er sein Vertrauen, seine Hoffnungen, seinen Ehrgeiz richten kann.

Was ich aus eigner schwacher Kraft für diesen Zweck

habe thun können, ist hiermit geschehen. Ich weihe diese
Zeilen Euch, Kameraden, und hoffe daß ein Herz voll Va-
terlandsliebe und voll edlem Stolz auf Euern Werth diesen kleinen Dienst, wie schwach er sei, dankbar empfin-
den wird.

Habe ich Euern Herzen wohl gethan und Euern Verstand befriedigt, so ist mein Zweck erfüllt, und der Sturm
der Begebenheiten mag dann diese Blätter verwehen, daß
keine Spur von ihnen übrig bleibt.

Historische

Materialien zur Strategie.

über den Feldzug von 1813.

Dieser Aufsatz hat sich unter den Papieren des Verfassers gefunden, und obgleich er unvollendet ist, hat man geglaubt
daß er doch von Interesse für die Leser sein könnte.

Faſſen wir das ſtrategiſche Bild des Jahres 1813 nach dem Waffenſtillſtande zuſammen, ſo iſt ein angreifendes Heer von 300,000 Mann (wir nehmen immer die geringſten von den Schriftſtellern angegebenen Zahlen an) bis gegen die Oder 80 Meilen von ſeinen Grenzen vorgedrungen, wird auf beiden Seiten von feindlichen Ländermaſſen die es nicht beſetzt hat (Böhmen und die Mark Brandenburg) überflügelt, hat in dem von ihm beſetzten Kriegstheater überall die Einwohner gegen ſich und ſoll nun in dieſer ſchwierigen Lage ſeinen Angriff fortſetzen oder ſich vertheidigend in ſeiner Stellung behaupten gegen ein Heer von 400,000 Mann, welches mithin ihm um ein Viertel überlegen iſt. Nicht genug an dieſen Nachtheilen, hat das verbündete Heer noch in einigen Monaten eine Verſtärkung von 50,000 Mann neu ankommender Truppen und vielleicht eben ſo viel von denjenigen zu erwarten, die bei Eröffnung des Feldzuges mit Belagerung der Feſtungen Stettin, Küſtrin, Glogau und Danzig beſchäftigt und in der obigen Stärke nicht mitbegriffen ſind.

Die erſte Folgerung iſt, daß die bisherige angreifende Armee auf die Vertheidigung zurückgeworfen iſt, denn:

1. Iſt ein Viertel Überlegenheit die in der Folge bis ein Drittel heranwächſt, ſchon ein mächtiges Hinderniß zu jeder Offenſive.

2. Iſt eine 80 Meilen lange Operationslinie, umgeben

von großen feindlichen Ländermaſſen die nicht vom Angreifenden beſetzt ſind und nicht von ihm beſetzt werden können, ein ungeheures Gegengewicht was nur durch die entſchiedenſte Überlegenheit überwunden werden könnte.

3. Fehlte es an einem nahen Gegenſtande des ſtrategiſchen Angriffs, der Gewicht genug gehabt hätte über das Ganze zu entſcheiden. Keiner der drei Alliirten konnte durch irgend eine Unternehmung zum Separatfrieden gezwungen werden.

Bonaparte hätte ſeine Operation ausſchließend auf Wien richten können, wenn er im Stande geweſen wäre Sachſen unterdeß zu halten; daran aber war gegen Blücher und den Kronprinzen von Schweden nicht zu denken, denn ohne eine überlegene Macht mitzunehmen konnte aus dieſer Unternehmung Nichts werden und dann blieb zu wenig in Sachſen. Sachſen aber war ſein Kriegstheater, und es wäre ſchon eine ungeheure ſtrategiſche Niederlage geweſen dies aufzugeben und ſich auf den Rhein zu baſiren, wenn es überhaupt praktiſch möglich war.

In der Mitte zwiſchen ſeinen Feinden bleiben und ſie durch einzelne Siege nach und nach aufreiben, entzweien, muthlos machen, war das Einzige was Bonaparten übrig blieb, wie Friedrich dem Großen im ſiebenjährigen Kriege und wie Jedem in einer ähnlichen Lage.

Der feindlichen Hauptmacht mußte er die ſeinige entgegenſtellen. Dieſe ſammelte ſich in Böhmen, folglich mußte Dresden der Centralpunkt für ſeine Hauptmacht werden, weil er von Dresden eben ſo gut nach der Mark und Schleſien als nach Böhmen marſchiren konnte. Er theilte ſeine Macht ungefähr in demſelben Verhältniß wie die Alliirten die ihrige getheilt hatten, nur die in Schleſien machte er

un-

unverhältnißmäßig stark, so daß sie stärker war als die Armee Blüchers, während die Hauptmacht und die in der Mark fast um ein Drittel schwächer war als die feindliche; hat er sich blos in der Schätzung geirrt, oder hat er von Bernadotte nicht das Schlimmste erwartet, muß dahingestellt bleiben.

Diese allgemeinen Ansichten welche die natürlichen in Bonaparte's Lage waren, mußten den Alliirten zum Theil als Richtschnur dienen.

1. Durch alle Umstände waren sie zur Offensive aufgefordert.

2. Da wo sie ihre Hauptmacht gebrauchten, durften sie gewiß sein auch die feindliche zu finden.

3. Die Lage der östreichischen Staaten verstattete den Alliirten, den Krieg durch bloße Märsche, durch bloße Versetzung der Hauptmacht von der Oder nach der Elbe zu bringen, 40 Meilen von Osten nach Westen. Noch westlicher als Sachsen würde es nicht gelungen sein, denn Sachsen war der Kern des französischen Kriegstheaters und nach Sachsen hin mußte die französische Hauptmacht folgen, nach Franken hin würde sie es nicht gethan haben. Außerdem deckte ein Einfall in Sachsen die östreichischen Staaten, ein Vorgehen in Franken hätte sie entblößt. Hieraus folgt also daß man mit der Hauptmacht aus Böhmen nach Sachsen vordringen mußte, in der Absicht dort der feindlichen Hauptmacht eine Schlacht zu liefern.

4. Nach dem Grundsatz: seine Kräfte so viel als möglich zu vereinigen, entsteht die Frage, da man die Truppen aus der Mark wegen der getrennten Lage nicht herausziehen konnte, was man in Schlesien lassen sollte? Ließ man in Schlesien gar keine Truppen, so wäre man

zwar sicher gewesen daß Bonaparte nicht mit einer relativen Überlegenheit auf einen der Theile fallen konnte, während der andere nur schwach beobachtet war; man konnte dann gewiß sein mit seiner ganzen ursprünglichen Überlegenheit auf ihn zu stoßen. Allein dieser abstrakten Idee stellten sich doch mehrere praktische Rücksichten in den Weg.

1. Es war höchst unwahrscheinlich daß Bonaparte wenig oder gar nichts gegen die Armee in Schlesien lassen sollte, denn es war in seinem Interesse seinen Operationsraum nicht zu klein werden zu lassen, die feindliche Armee immer so weit als möglich auseinander zu halten.

2. Schlesien war der Kern des preußischen Kriegstheaters; da Bonaparte einmal in der Provinz war, so würde er den gänzlichen Abmarsch benutzt und sich Breslaus nebst allen nicht in festen Plätzen liegenden Vorräthen bemächtigt haben. Das hätte ihm so wenig Kräfte und Zeit gekostet, daß er dabei an der Elbe nicht viel verlieren konnte. Blieb aber eine Armee in Schlesien, so konnte er sich zwar auch den Zweck vorsetzen Schlesien zu erobern, wenn er eine Übermacht darin aufstellte, aber dazu gehörte mehr Zeit- und Kraftaufwand und die Wirkungen davon hätten sich an der Elbe zeigen müssen.

3. Das Feldherrntalent Bonaparte's ließ sich von keinem seiner Marschälle erwarten; je mehr er also veranlaßt wurde seine Streitkräfte in andere Hände zu geben, um so besser war es.

4. Es bleibt also nur die Frage übrig: wie stark die Macht sein sollte die in Schlesien zurückblieb? Für diese Bestimmung giebt es nur einen Grund. Man mußte sie von der einen Seite so stark machen, daß der

Feind nicht im Stande war sie mit einer zwei- und dreifachen Macht anzugreifen, denn bei einer Armee die ihr eigenes Kriegstheater hat und von der Hauptarmee weit entfernt ist, bringt ein solches Machtverhältniß die Gefahr daß die schwächere Armee nicht allein besiegt und vertrieben, sondern umringt und ganz gesprengt wird. Von der andern Seite mußte die Hauptarmee in Böhmen eine solche Stärke behalten daß sie der feindlichen wenigstens gewachsen, wenn auch nicht überlegen blieb. Dieses Verhältniß haben die Alliirten ziemlich gut getroffen. 80- bis 90,000 Mann blieben in Schlesien; es hätten ein paarmal Hunderttausend Feinde dazu gehört um diese Macht in die Gefahr einer großen Katastrophe zu bringen. Mit so viel aber konnte Bonaparte schwerlich in Schlesien auftreten und die nöthige Zeit verweilen; er hätte in Sachsen dann eine ähnliche Katastrophe erlebt und Nichts dabei gewonnen. 220- bis 230,000 Mann traten in Böhmen auf. Es war nicht denkbar daß die Macht der Franzosen in Sachsen diese Zahl erreichen konnte, wenn auch von ihren 300,000 Mann disponibeln Truppen einstweilen gegen die schlesische und die Nordarmee eine verhältnißmäßig sehr kleine Anzahl stehen blieben.

5. Mit der Hauptmacht gegen die feindliche Hauptmacht es zu einer Schlacht zu bringen und diese zu gewinnen, war der Zweck der Verbündeten als des angreifenden Theiles; war die französische Hauptmacht einmal überwunden, so war der geringste Erfolg daß sie sich aus ihrem Centralpunkt entfernen mußte, und gesetzt sie wäre auch nur bis Leipzig zurückgegangen, so mußten Schlesien und die Mark aufgegeben werden und

es kam dann immer zu einer Krisis wie die bei Leipzig, wo man doch wohl sagen kann daß der Sieg nicht mehr zweifelhaft war. Ein ganz entschiedener Sieg brachte die Verbündeten an den Rhein und nach den Umständen auch weiter.

6. Es war also das Vordringen mit der ganzen Macht auf Dresden das Natürlichste, weil Bonaparte nur von daher kommen konnte. Die Entsendung von 6000 Mann zur Unterstützung der Division Bubna auf dem rechten Elbufer war ohne Nutzen. Der Übergang über das Erzgebirge in einer gewissen Breite war darauf berechnet den Feind am Fuße desselben zu finden und ihn dann zu umfassen, sich auch mehr Rückzugswege offen zu halten, und ist nicht geradezu zu tadeln; denn für mehr als 200,000 Mann ist eine Ausdehnung von 6 Meilen nicht groß. Allein neben diesen Anordnungen hätte man doch auch darauf denken sollen, von der Abwesenheit Bonapartes, die man doch fast mit Gewißheit vorhersehen konnte, da man seinen Marsch nach Schlesien erfahren hatte, zu einem Handstreich gegen Dresden Nutzen zu ziehen. Am 23. Aug. konnten die Östreicher ganz füglich bei Freiberg, Kleist, Wittgenstein und Barklay aber vor Dresden sein.

7. Ein Handstreich gegen Dresden konnte nur versucht werden wenn sich die Umstände besonders günstig zeigten; denn wenn man auch die neuen Befestigungen alle genommen hätte sammt den Vorstädten, so war es doch nicht zu erwarten daß man die Festungswerke der Stadt selbst, von 20,000 Mann vertheidigt, mit Sturm nehmen würde. Dazu hilft keine Übermacht und es ist ein unnützes Aufreiben der Kräfte.

Übersicht

des

Feldzugs von 1814 in Frankreich.

————

§. 1.
Stärke der Franzosen.

Mit 60- bis 70,000 Mann war Bonaparte aus dem deutschen Feldzuge im November über den Rhein zurückgekommen; es waren die Trümmer seiner im August 300,000 Mann starken Armee.

Was er in dem Augenblick in Frankreich an disponibeln Truppen vorfand, findet sich nirgends genügend angegeben, aber das wissen wir daß im Anfang Januar d. h. 6 Wochen darauf die französische Macht etwa aus 150,000 Mann bestanden hat und daß 60- bis 70,000 von einer ansteckenden Krankheit hingerafft worden waren, die im December bei den Truppen am Rhein herrschte. Zählt man diese zu den 150,000, so macht es 220,000; es betragen also die Verstärkungen welche die französische Armee in 6 Wochen erhalten hatte, an 150,000 Mann, wovon aber wie gesagt die Hälfte an ansteckenden Krankheiten zu Grunde ging.

Man kann dies als das Resultat der äußersten Anstrengungen betrachten, denn in den nächsten 3 Monaten des Feldzuges hat sich die französische Armee zwar immer noch verstärkt, aber doch nicht mit großen Massen, sondern nur nach und nach durch Brigaden und Divisionen, und diese Verstärkungen dürften sich nicht über 50,000 Mann belaufen, wovon noch ein Theil aus Truppen der spanischen Armee bestand.

Die 150,000 Mann welche im Januar 1814 disponibel waren, hatten im Allgemeinen folgende Aufstellung:

In den holländischen und niederländischen Festungen, mit Ausschluß des Generals Maison................... 20,000 M.

General Maison in den Niederlanden ... 16,000 „

General Augereau in Lyon............. 1,600 „

In den Festungen am Rhein und gegen die Schweiz .... 36,000 „

Mortier gegen die Schweiz .... 12,000 „

Victor am Ober-Rhein .... 14,000 „

Marmont am Mittel-Rhein .... 20,000 „

Macdonald am Nieder-Rhein .... 22,000 „

Ney in Lothringen .... 10,000 „
_____
151,600 M.

Es waren also nur 78,000 Mann, nämlich die unter den Marschällen Mortier, Victor, Marmont, Macdonald und Ney befindlichen Korps welche als die Armee im Felde zu betrachten waren. In Paris befanden sich zwar noch 10- bis 20,000 Mann Reserven, allein diese konnten im ersten Augenblick nicht mit in Rechnung kommen, und später als diese mit auftreten konnten, hatten die Marschälle sich schon wieder beträchtlich durch Besetzung derjenigen Festungen geschwächt welche sie nach und nach hinter sich ließen.

§. 2.
Stärke der Verbündeten.

Die Armee des Fürsten Schwarzenberg, welche Anfangs Januar die französische Grenze überschritt, betrug .... 200,000 M.

Die Blüchersche Armee .... 65,000 „
_____
265,000 M.

Es sind hier die Korps welche später auftreten, als Winzingerode, Kleist, der Herzog von Coburg, der Churprinz von Hessen, der General Hochberg mit den Badenern, die nachrückende würtembergsche Division Döring, so wie der nach den Niederlanden entsendete General Bülow und der ihm nachrückende Herzog von Weimar nicht gerechnet. Man muß also, um eine Vergleichung der Kräfte eintreten zu lassen, die 36,000 Mann welche die Franzosen in den Niederlanden hatten, abrechnen und dann blieben 115,000 Mann übrig welche die 265,000 Mann theils im freien Felde theils in den Festungen zu bekämpfen hatten.

§. 3.
Eintheilung der Verbündeten.

Die Schwarzenbergsche Armee bestand aus 2 leichten Divisionen, Bubna und Moritz Liechtenstein, aus den östreichischen Korps Colloredo, Alois Liechtenstein und Giulai; aus 2 deutschen Korps, Wrede und Kronprinz von Würtemberg; einem russischen, Wittgenstein; der östreichischen Reserve unter dem Erbprinzen von Homburg und der russisch-preußischen unter Barklay.

Blücher bestand aus den Korps Sacken, Langeron und York.

§. 4.
Schwarzenbergs Einrücken in Frankreich.

Im letzten Drittel des Decembers ging Schwarzenberg bei Basel und Schaffhausen über den Rhein gegen den Jura vor, um Anfangs Januar die französischen Grenzen überschreiten zu können, zu welcher Zeit Blücher über den Mittel-Rhein gehen sollte. Die Einrichtung wurde so getroffen daß der rechte Flügel der Schwarzenbergschen

Armee ungefähr zu derselben Zeit (den 1. Januar) bei Fort Louis über den Rhein ging, wo der linke Flügel von Neuschatel aus über die Grenze vordrang. Nur das Korps von Wrede wurde 10 Tage früher in Frankreich hineingeschoben, um Hüningen und Befort zu belagern, die festen Schlösser Blamont und Landskron zu nehmen und sich bei Ensisheim gegen Colmar hin aufzustellen.

Nachdem in den ersten Tagen des Januars das Vorrücken sämmtlicher Kolonnen stattgefunden hatte, erhielt General Wrede die Bestimmung Breisach einzuschließen und bis Schlettstadt vorzudringen, wobei ihn der Kronprinz von Würtemberg unterstützen sollte. General Wittgenstein schloß Strasburg ein, General Barklay blieb zur Unterstützung Wredes an der Grenze stehn. General Bubna wurde über Genf gegen Lyon vorgeschickt, und das Centrum der Schwarzenbergschen Armee rückte auf den beiden Straßen von Wesoul und von Dijon vor, wobei es Besançon und Auxonne einschloß.

So hatte also diese 200,000 Mann starke Armee ihren Angriff damit angefangen daß sie sich auf vier excentrischen Radien nach Frankreich hineinbegab und sich, das Detaschement nach Lyon gar nicht einmal mitgerechnet, von Strasburg bis Dijon 60 Meilen weit ausgedehnt, ihre Reserven aber im Mittelpunkt dieses ungeheuern Kreises in der Gegend von Hüningen hatte, so daß die Hauptmacht bei welcher sich der kommandirende General befand, nicht stärker als etwa 30,000 Mann (nämlich das Korps von Giulai und 2 Divisionen von dem Korps von Colloredo) bei Wesoul stand.

In der That, wenn Victor mit 14,000 Mann bei Strasburg und Mortier mit 12,000 Mann auf dem Marsch von Reims nach Langres im Stande gewesen wären dieser 200,000 Mann starken Armee gefährlich zu werden, so war es nur auf diese Weise möglich.

Fürst Schwarzenberg schien bald einzusehen daß dieser Stoß mit 60,000 Mann nach der rechten Seite hin, wo Nichts zu stoßen war, eine gefährliche Kraftzerstreuung sei, und so wurden Mitte Januars der Kronprinz von Würtemberg und Wrede und etwas später auch Wittgenstein, nachdem sie schwache Abtheilungen ihrer Korps vor den Festungen gelassen hatten, zum Centro herangezogen welches seine Richtung über Langres und Chaumont nach Bar sur Aube nahm, wohin Blücher beordert wurde.

Das nach Dijon geschickte Korps aber blieb bis Mitte Februars dort müßig stehn, und während des ganzen Feldzugs suchte Fürst Schwarzenberg die Verbindung mit der Rhone durch eine Ausdehnung seines linken Flügels über Aurerre und Dijon zu erhalten, wodurch er in den Fall kam mehr gegen das südliche Frankreich als gegen Paris Fronte zu machen.

§. 5.

Blüchers Einrücken.

Blücher war den 1. Januar bei Koblenz, Bacharach und Mainz über den Rhein gezogen, hatte das Korps von Langeron vor Mainz gelassen und den Marschall Marmont über die Vogesen und die Saar ins Moselthal unter die Mauern von Metz getrieben. Er wandte sich, indem er das Korps von York zwischen den Moselfestungen ließ, mit dem Korps von Sacken und einer Division des Langeronschen Korps 28,000 Mann stark über Nancy gegen die Schwarzenbergsche Armee.

§. 6.

Stellungen am 6. Januar.

Am 6. Januar standen:

Giulai und Colloredo............... 36,000 M.
　　　bei Langres,

hatten gegen sich Mortier mit......... 12,000 ·
　　　bei Chaumont.

Kronprinz von Würtemberg und Wrede . 35,000 ·
　　　waren auf dem Marsch vom Ober-
　　　Rhein zum Centro.

Barklay mit .... 35,000 ·
　　　an der Saone.

Blücher mit.................... 27,000 ·
　　　bei Nancy,

hatte gegen sich .... 24,000 ·
　　　unter Victor und Ney bei Toul.

Marmont war bei Metz und Macdonald, durch die Besetzung von Nimwegen und Wesel geschwächt, zieht sich 9000 Mann stark die Mosel hinauf.

Vor den Festungen waren also zurückgeblieben:

Langeron .... 20,000 M.
York......................... 20,000 ·
Wittgenstein .... 20,000 ·
Östreicher und Baiern .... 40,000 ·
　　　　　　　　Summa 100,000 M.

Detaschirt waren Moritz Liechtenstein und
　　　der Erbprinz von Homburg....... 35,000 ·
　　　　　　　　　　　 135,000 M.

Mithin blieben von 265,000 M. noch 130,000 M. im Felde disponibel welche im Marsch zur Vereinigung an der Aube waren, wo sie auch Ende Januars zusammentrafen

§. 7.

Rückzug der französischen Marschälle.

Die französischen Marschälle hatten sich weder am Ober- noch am Mittel-Rhein in ein Gefecht einlassen können. Victor und Marmont hatten sich auf die obere Mosel gegen Ney zurückgezogen. Alle drei waren jetzt im Moselthal vereinigt, während Mortier nach Chaumont der Schwarzenbergschen Armee entgegenmarschirt war, vor der er sich auf die Aube zurückzog.

Macdonald hatte sich länger am Nieder-Rhein verweilt, weil General Winzingerode erst den 12. Januar den Rhein bei Düsseldorf passirte. Macdonald eilte nun so schnell als möglich über Givet und Mezieres nach Chalons.

§. 8.

Blücher wendet sich gegen die Aube. Bonaparte folgt ihm dahin.

In der zweiten Hälfte des Januars werden die französischen Marschälle von Blücher über die Maas gedrängt, und in dieser Stellung von Wrede der über Neufchateau vordringt, in der rechten Flanke bedroht, genöthigt gegen die Marne zurückzugehen, wo sie sich am 24. Januar mit Ney vereinigen und eine Macht von 30,000 M. bilden.

Blücher wendet sich mit dem Korps von Sacken über Joinville, Dommartin und Brienne gegen die Aube, indem er seine Kavallerie gegen St. Dizier vorschickt.

Die französischen Marschälle glauben sich durch den Marsch auf Joinville in der Flanke bedroht und ziehen sich vor der Blücherschen Kavallerie auf Vitry zurück.

Hier in Vitry trifft Bonaparte seine drei Marschälle den 26. an; sie sind etwa 30,000 Mark stark; er bringt 10. bis 15,000 Mann Reserven mit und rückt wieder bis

St. Dizier vor, weil er die Verbündeten bei Langres zu treffen glaubt. Da er erfährt daß Blücher im Begriff ist über die Aube zu gehn, richtet er seinen Marsch über Montier en Der dahin, wo er den 29. das erste Gefecht mit Blücher hat.

§. 9.

Die Hauptarmee zieht ihre Korps an sich und dringt bis an die Aube vor.

Die Hauptarmee ist gegen Bar für Aube vorgedrungen, wo der durch eine Brigade verstärkte Marschall Mortier am 24. ein Gefecht annimmt, nach welchem er sich gegen Troyes zurückzieht. Fürst Schwarzenberg läßt den General Colloredo bis Vandoeuvres folgen und setzt sich mit Blücher in Verbindung.

Der Kronprinz von Würtemberg ist über Epinal, wo er mit der Avantgarde von Victor ein Gefecht gehabt hat, in Chaumont zum Centro gestoßen und befindet sich den 24. mit Giulai bei Bar für Aube.

General Wrede hatte einige Tausend Mann am Ober-Rhein gelassen und war gleichfalls schon in der Gegend von Chaumont zum Centro gestoßen, welchem er immer zur Rechten geblieben war und sich nun zwischen Joinville und Bar für Aube befand.

Auch General Wittgenstein hatte nur einige Tausend Mann vor Strasburg und Pfalzburg gelassen und war über Nancy hinter Blücher hergezogen. Seine Kavallerie unter General Pahlen welche zwei Märsche voraus war, hatte sich sogar vor Blücher vorgeschoben und daher in dem Gefecht von Brienne sich unter seinen Befehl begeben. General Wittgenstein aber konnte zur Schlacht von Brienne nicht mehr herangezogen werden; er war in Joinville.

Endlich hatte auch der General York Befehl erhalten die Einschließung der lothringischen Festungen in eine bloße Beobachtung zu verwandeln und hatte, da in diesem Augenblick ein Theil der Kavallerie von Langeron und von Kleist herankam, sein Korps ziemlich gegen Vitry vereinigen können, wo Bonaparte eine Arrieregarde vom Marmontschen Korps gelassen hatte. Die Reserven unter Barklay waren herangezogen und den 29. Januar bei Bar für Aube eingetroffen.

§. 10.
Die Schlacht von Brienne.

In dieser Lage erfolgte die Schlacht von Brienne den 1. Februar, in welcher Blücher vom Fürsten Schwarzenberg gewissermaaßen beauftragt wurde den Feind zu schlagen. Er ließ ihm dazu die Korps:

Kronprinz von Würtemberg	12,000 M.
Giulai	12,000 ,
General Wrede, der sich selbst angeboten hatte	25,000 ,
Dazu die Truppen Blüchers	25,000 ,
	74,000 M.

Die Garden wurden als Reserven aufgestellt.

Bonaparte welcher schon am 29. Blücher bei Brienne überfiel, hätte den 30. mit überlegener Macht angreifen können, denn an diesem Tage war er sich noch selbst überlassen.

Bonaparte schien Marmont noch erwarten zu wollen, welcher die Arrieregarde gemacht hatte und erst den 31. eintraf. Aber er wartete auch den 1. Blüchers Angriff ab, wodurch es fast ungewiß wird ob er überhaupt die Schlacht noch gesucht habe.

Bonaparte welcher ungefähr 40,000 Mann stark ist, verliert 2,500 an Gefangenen und 53 Kanonen.

§. 11.
Die Verbündeten trennen sich.

Bonaparte läßt Marmont auf dem rechten Ufer der Aube nach Rameru sich zurückziehen, während er selbst bei Lesmont übergeht und auf Troyes marschirt, wo er die Seine passirt und sich mit Mortier vereinigt.

Die Verbündeten trennen sich nach der Schlacht; Blücher beschließt mit seinen Truppen an die Marne zu gehen, wo er York findet und ein Theil von Langeron und Kleist unverzüglich eintreffen werden. Er wird dadurch etwa 50,000 Mann stark, womit er den unterdessen herbeigekommenen Macdonald bis gegen Paris vertreiben will, während Schwarzenberg die französische Hauptarmee festhalten soll. Dieser folgt derselben langsam gegen Troyes welches er erst den 8. besetzt, so daß er 8 Tage braucht um gegen eine geschlagene Armee 6 Meilen Land zu gewinnen.

§. 12.
Bonaparte folgt Blücher an die Marne und schlägt seine Korps.

Bonaparte als er sieht daß die Verbündeten ihren Sieg nicht durch unmittelbares Nachstoßen benutzen und die große Armee nur zögernd folgt, beschließt dem Feldmarschall Blücher als dem Unternehmendern nachzuziehn, und indem er gegen die 100,000 Mann der großen Armee nur etwa 20,000 Mann unter Victor und Oudinot stehen läßt, mit einer den Blücherschen Streitkräften ziemlich gewachsenen Macht von nahe an 40,000 Mann an die Marne aufzubrechen, welches er den 7. Februar mit

dem

dem Korps von Mortier und Ney thut, sich bei Nogent mit Marmont vereinigt und dann den 9. auf Sezanne marschirt.

General York hatte sich den 29. Januar gegen St. Dizier konzentrirt, den Feind aus Vitry vertrieben und war den 4. vor Chalons gerückt, welches Marschall Macdonald den 5. räumte, indem er sich auf der großen pariser Straße bis Epernay zurückzog.

Blücher war über St. Ouen, Sommepuis nach Vertus auf die kleine pariser Straße vorgerückt, während General York dem Marschall Macdonald über Epernay folgte. Um diesen abzuschneiden und einen großen Train Artillerie der auf dem Marsch von Chalons über Montmirail sein sollte zu nehmen, wurde die Kavallerie bis gegen Meaux vorgeschoben, General Sacken zu ihrer Unterstützung nachgesandt und General Olsufiew bei Etoges aufgestellt, wo der Weg von Sezanne in die kleine pariser Straße einfällt und so die Generale Kleist und Kapzewitsch erwartet, die den 8. in Chalons einrückten.

Am 9. Februar war die Stellung beider Theile folgende:

Sacken bei Montmirail, die Avantgarde in la Ferté sous Jouarre.

York in Dormans, die Avantgarde in Chateau-Thierry.

Alsuwiew in Champeaubert.

Kapzewitsch und Kleist in Vertus.

Macdonald in Meaux.

Bonaparte in Sezanne.

Am 10. setzte sich Bonaparte von Sezanne gegen Champeaubert in Marsch, Sacken gegen la Ferté sous Jouarre, erhielt aber, weil man am 9. Abends die Anzäherung des Feindes über Sezanne erfahren hatte, den Befehl umzukehren, welches er in der Nacht that.

Blücher marschirt mit Kleist und Kapzewitsch auf der Straße nach Sezanne bis la Fere champenoise.

An diesem Tage reibt Bonaparte das Korps von Olsufiew bei Champeaubert auf, indem er es überfällt, weil es keine Kavallerie hat, und umschließt es, weil es nicht zur rechten Zeit zurückgeht.

Blücher als er es erfährt, kehrt mit Kapzewitsch und Kleist noch in der Nacht von la Fere champenoise nach Vertus zurück.

Den 11. wendet sich Bonaparte nicht gegen Blücher, weil dieser seinen Rückzug hinter sich hat, sondern läßt ihn durch Marmont beobachten und geht mit 30,000 Mann auf Sacken der bei Montmirail angekommen ist. Dieser, etwa 15,000 Mann stark, wird mit großem Verlust geschlagen, ehe General York der in Viffort gewesen war ihm zu Hülfe kommen konnte. Nach dem Gefecht vereinigen sich beide Generale bei Viffort und ziehen sich am 12. bis Chateau-Thierry zurück, wo General York ein sehr nachtheiliges Arrieregardengefecht zu bestehen hat.

Bonaparte folgt diesen beiden Generalen, und es sind also am 12.

York ⎫ auf dem Marsch von Chateau-Thierry auf
Sacken ⎬ Oulchy la ville,

ihnen entgegen Bonaparte bei Chateau-Thierry.

Kleist ⎫ bei Bergeres,
Kapzewitsch ⎬

ihnen gegenüber Marmont bei Etoges.

Macdonald war ganz aus dem Spiel gerathen. Er war völlig aufgelöst in Meaux angekommen, sammelte sich dort wieder etwas, erhielt einige Verstärkungen und den

Befehl sich auf die Straße nach Troyes zu begeben, wo er den 14. zu den Marschällen Victor und Oudinot stieß, die hinter der Yeres bei Guignes angekommen waren.

Den 13. ging Blücher welcher die Niederlage seiner Korps erfahren hatte und daß sie über die Marne zurückgegangen wären, wieder vor, weil er an dem ihm gegenüberstehenden Marmont keine Bewegung bemerkte, und um so mehr glaubte, Bonaparte sei im Marsch auf Sezanne um auf der Seine zurückzukehren.

Er wollte ihm in die Fersen fallen und hoffte vermuthlich durch günstige Arriergardengefechte die Scharte etwas auszuwetzen.

Er rückte also am 13. bis Champeaubert vor und drängte Marmont bis gegen Montmirail zurück. Bonaparte sandte den Marschall Mortier den Generalen Sacken und York auf der Straße von Fismes nach und blieb den 13. bei Chateau-Thierry stehen. Vermuthlich hätte er sich mit den errungenen Vortheilen begnügt und wäre an die Seine zurückgekehrt, wenn nicht Blüchers unzeitiges Vorgehn am 13. ihm die Möglichkeit gezeigt hätte noch einen Schlag zu thun. Er wendet sich also den 14. gegen Blücher, vereinigt sich bei Montmirail mit Marmont, trifft Blücher bei Beaurchamp etwa 20,000 Mann stark, aber fast ohne Kavallerie, greift ihn mit überlegener Kavallerie an und wirft ihn mit großem Verlust bis Champeaubert zurück.

Der Verlust Blüchers in diesen 4 Gefechten am 9., 10., 11. und 14. beträgt an 15,000 Mann mit vielem Geschütz, welches einer Niederlage gleich zu achten ist.

Bonaparte begnügte sich mit diesen Erfolgen an der Marne, ließ die Marschälle Marmont und Mortier gegen Blücher stehn und kehrte mit Ney an die Seine zurück.

§. 13.

Schwarzenberg vertreibt die Marschälle von der Seine.

Schwarzenberg folgt der geschlagenen französischen Armee gegen die Seine nach, aber so langsam daß er erst den 8. Troyes besetzt.

Anstatt mit seiner Armee rechts abzumarschiren, über die Aube zurück und dann auf Villenoxe, Provins und Nangis zu gehen, um nicht nöthig zu haben die Seine noch einmal zu passiren, da es ihm schon bei Troyes so schwer geworden war, scheint es ihm vielmehr willkommen diesen Strom wieder zwischen sich und dem Feinde zu wissen; er geht über und stellt sich in auseinander laufenden Radien auf den Straßen nach Bar für Seine, Auxerre, Sens, Nogent und Arcis für Aube auf. Nach dieser, von dem Bestreben über Auxerre mit Dijon in Verbindung zu bleiben herrührenden Aufstellung macht er eine Drehung rechts, läßt mit dem linken Flügel unter dem Kronprinzen von Würtemberg Sens nehmen, mit dem rechten unter Wrede und Wittgenstein Nogent angreifen und sucht eine Aufstellung an der untern Seine zu gewinnen.

Die französischen Marschälle Victor und Oudinot ziehen sich, nachdem Bonaparte sie verlassen hat, von Troyes ab über die Seine zurück.

Den 10., 11. und 12. wird Nogent von Wittgenstein und Wrede angegriffen, vom Victorschen Korps vortrefflich vertheidigt. Endlich geht Wittgenstein bei Pont für Seine, Wrede bei Braye über und die Marschälle ziehen sich, nachdem Oudinot dem bei Braye übergegangenen General Wrede bei St. Sauveur am 13. ein Gefecht geliefert hat, auf der Straße von Provins auf Nangis und von da über die Yeres zurück, wo sie, durch einige frische aus Spanien gekommene Truppen und durch 12,000 Mann unter Macdonald verstärkt, eine Aufstellung nehmen.

§. 14.
Bonaparte kehrt zurück und schlägt die Korps an der Seine.

Den 16. kommt Bonaparte bei seinen Marschällen an der Yeres an; wenn auch seine Truppen erst den 17. eingetroffen sind, so ist es doch eine merkwürdige Geschwindigkeit, da er sie über Meaux auf der großen Straße dahinführte und der Weg von Montmirail über Meaux nach Guignes über 12 Meilen beträgt.

Fürst Schwarzenberg war dem Feinde nicht mit vereinten Kräften nach Paris gefolgt, wie wir schon gesagt haben; er hatte sich langsam und mit vielen unnützen Bewegungen gegen die untere Seine vorgeschoben. Man hätte glauben sollen es käme ihm darauf an eine Vertheidigungslinie an diesem Flusse zu gewinnen, aber dies ist nicht der Fall. Er stellt sich in einem Dreieck auf, wovon Nogent, Montereau und Sens die Spitzen sind. Drei Korps (Wittgenstein bei Nangis, Wrede bei Donnemarie, der Kronprinz von Würtemberg bei Montereau) nehmen die Seine hinter sich und bilden eine Linie die dem Feinde fast die rechte Flanke darbietet. Die östreichischen Korps sind auf der Straße zwischen Montereau und Sens echelonirt, und bilden also eine Linie die gegen den Kanal von Briare Fronte macht, an dem sich aber nur höchst unbedeutende feindliche Detaschements befinden. Die Reserve unter Barklay hält den Punkt von Nogent fest.

In dieser zwecklosen ausgedehnten Stellung findet Bonaparte die Schwarzenbergsche Armee. Er wendet sich den

17. Februar gegen Wittgenstein, der indessen, wider die Absicht des Fürsten Schwarzenberg so weit vorgerückt, schon
Befehl erhalten hat nach Provins zurückzugehn. Er selbst
ist schon auf dem Marsch, aber seine Avantgarde unter
General Pahlen die er bis Mormant vorgeschoben hat,
wird von den Franzosen eingeholt und mit um so größerem
Verlust geschlagen als sie hinter sich kein Korps zur Aufnahme findet.

Auch die Avantgarde des Generals Wrede wird bei
Villeneuve le Comte unweit Donnemarie noch an demselben Tage gefaßt und mit Verlust geschlagen; den folgenden Tag, den 18., fällt Bonaparte über den Kronprinzen
von Würtemberg bei Montereau her und reibt ihn zur
Hälfte auf.

§. 15.

Schwarzenberg vereinigt sich hinter der Seine
mit Blücher.

Nun hatte Fürst Schwarzenberg genug. Er beschließt
sich hinter Troyes zurück- und Blücher an sich zu ziehen.
Dieser hatte seine Korps den 16. bei Chalons vereinigt,
und da um diese Zeit der General Winzingerode, welcher
den 12. bei Düsseldorf über den Rhein und die Maas
ganz langsam hinaufgegangen, endlich bei Rheims angelangt
war, so hatte Blücher demselben die Beobachtung des Marschalls Mortier aufgetragen und sich der Schwarzenbergschen Armee genähert. Er wurde zu seiner Rechten von
Marmont begleitet der seine Station in Sezanne nahm.
Den 22. waren die beabsichtigten Bewegungen ohne weitern Verlust ausgeführt. Die Schwarzenbergsche Armee
befand sich in der Gegend von Troyes auf beiden Ufern
der Seine ziemlich konzentrirt und Blücher war bei Mery
angekommen.

Napoleon erscheint an diesem Tage im Anmarsch auf der Straße von Nogent.

§. 16.

Schwarzenberg beschließt den weitern Rückzug und bildet die Südarmee.

Fürst Schwarzenberg hatte den Feldmarschall Blücher herbeigerufen in der Absicht dem Feinde eine Hauptschlacht zu liefern. Nach allen Verlusten die man seit der Schlacht von Brienne erlitten, war doch das ganze Heer noch immer wenigstens 150,000 Mann stark. Die Franzosen mochten an der Seine zwischen 50- bis 60,000 Mann haben; es war also in der That noch keine Ursache sich zu fürchten und zurückzuziehn. Allein gerade um diese Zeit war die Nachricht von den Fortschritten des Marschalls Augereau, der, bis zu einigen 20,000 Mann verstärkt, den General Bubna nach der Schweiz zurückgeworfen hatte, angekommen. Man hielt es unter diesen Umständen für dringend nöthig dort eine so beträchtliche Macht aufzustellen daß der Erfolg ganz unbezweifelt sei, weil man glaubte das Kriegstheater bei Paris sei durch eine Bedrohung der Schweiz aufs Alleräußerste gefährdet.

Es wurde also der Prinz Philipp von Hessen-Homburg welcher mit 12,000 Mann Darmstädtern um diese Zeit heranrückte, nach der Rhone gewiesen, und von den östreichischen Truppen der Hauptarmee unter dem Erbprinzen von Hessen-Homburg noch ungefähr 30,000 Mann dahin abgesandt, wodurch dort eine Armee von 40- bis 50,000 Mann entstand, die den Marschall Augereau in der Mitte des Monats März über Lyon hinaus bis Valence vertrieb.

Diese Schwächung der Hauptarmee, verbunden mit den erlebten Unglücksfällen, hatte die Idee erzeugt daß ein Rückzug wenigstens bis in die Gegend von Langres durchaus nothwendig sei. Dieser wurde in einer Konferenz der Monarchen und Feldherren zu Troyes beschlossen und zugleich bei dem Kaiser Napoleon auf einen Waffenstillstand angetragen.

§. 17.

Blücher trennt sich von Neuem.

Blücher welcher die Nothwendigkeit davon nicht einsah und wohl wußte daß der Rückzug bis Langres bald an die Grenze führen würde, faßte den Entschluß sich abermals von der großen Armee zu trennen um nicht in ihren Rückzug mit fortgerissen zu werden. Diese zweite Trennung war von unendlich wohlthätigen Folgen, denn sie hat den gänzlichen Umschwung der Begebenheiten aufgehalten und ihn in einer entgegengesetzten Richtung herbeigeführt. Es war dieser Entschluß diesmal um so mehr motivirt, als Blücher die Aussicht hatte an der Marne in Kurzem eine Armee von 100,000 Mann vereinigen zu können. General Winzingerode mit etwa 25,000 Mann war schon in der Gegend; General v. Bülow mit 16,000 Mann kam von den Niederlanden, wo ihn der Herzog von Weimar ersetzt hatte, heran und hatte bereits Laon erreicht; endlich war der preußische General v. Jagow mit dem Reste des Kleistschen Korps von Erfurt in Anmarsch, wo er von dem General v. Dobschütz ersetzt worden war, und ebenso der Rest des Langeronschen Korps unter dem General St. Priest von Mainz, wo der Herzog von Koburg mit dem 5ten Bundeskorps eingetroffen war, welches Alles mit der Blücherschen Armee zusammengenommen eine Masse von

100,000 Mann bildete, die es selbst auf ihre eigene Hand
hätte wagen können den Franzosen die Spitze zu bieten.

Die große Armee trat am 23. Februar ihren Rückzug durch Troyes an und verließ die Stadt am 24. um
ihn gegen die Aube fortzusetzen.

Da Blücher sich also von der großen Armee wieder
absondern wollte, so wurde im Hauptquartier zu Vandoeuvre am 25. ein Plan entworfen, wonach das Hauptheer
sich bis Langres zurückziehn und auf der Vertheidigung
bleiben sollte, während die beiden Flügelheere, nämlich Blücher und der Erbprinz von Homburg, den Angriffskrieg
fortsetzen würden, wobei der Erstere auf die Niederlande,
den Herzog von Weimar und den Kronprinzen von Schweden basirt sein sollte.

Es wurde also in dem Augenblick, wo 4 deutsche
Korps, 1 russisches und das schwedische von Neuem in
die Schranken traten, der Rückzug zwar allerdings nicht
allgemein beschlossen, aber doch ein so wunderliches System
angenommen daß man es wohl nur als einen versteckten
Rückzug ansehn konnte.

§. 18.

Bonaparte folgt Blücher an die Aisne und Schwarzenberg macht Halt.

Blücher marschirte den 24. von Mery ab und ging
bei Baudemont über die Aube. Bonaparte ließ die Marschälle Oudinot und Macdonald mit etwa 25,000 Mann
der großen Armee folgen, vereinigte Victor und Ney bei
Mery, von wo er den 26. nach Herbisse aufbrach um
Blücher zu folgen.

Schwarzenberg zog sich mit dem rechten Flügel von
Troyes auf Bar für Aube, ließ den linken unter dem

Kronprinzen von Würtemberg von Bar für Seine auf la Ferté für Aube gehn und schickte die Reserve nach Chaumont und Langres voraus.

Am 26. als die Truppen der großen Armee die Aube paffirt hatten, erhielt man durch den General Blücher die Nachricht daß er die Aube glücklich paffirt und Bonaparte die Hälfte seiner Truppen bei Mery vereinigt habe um ihm zu folgen, während nur zwei Marschälle dem Fürsten Schwarzenberg gegenüberständen. Hierauf vermochte der König von Preußen den Fürsten, den Rückzug einzustellen, und es wurde beschloffen den Marschall Oudinot, welcher auf Bar für Aube gefolgt war und den Fluß schon paffirt hatte, durch den rechten Flügel, so wie Macdonald welcher auf la Ferté für Aube gegangen war, durch den linken Flügel am 27. angreifen zu lassen.

Die Folge war daß Oudinot am 27. und Macdonald am 28. geschlagen und gegen die Seine zurückgedrängt wurden.

§. 19.
Blüchers Marsch an die Aisne.

Blüchers Absicht war, seine Armee so nahe an Paris als es sich thun ließ zu vereinigen und dann nach den Umständen von seiner Übermacht Vortheil zu ziehen.

In Sezanne stand immer noch der Marschall Marmont, während Mortier in Chateau-Thierry, Winzingerode in der Gegend von Rheims und Bülow bei Laon war. Blücher wollte über Sezanne auf la Ferté sous Jouarre marschiren, Marmont schlagen wenn er ihm widerstehn sollte, Mortier umgehn und sich mit Bülow und Winzingerode vereinigen.

Die Hauptschwierigkeit war, schnell und ohne Umweg

über die Aube zu kommen ehe Bonaparte ihm in die Fersen fallen konnte; dies gelang vermittelst einer Pontonbrücke bei Baudemont unweit Anglure. Marmont wich vor Blücher zurück, vereinigte sich den 26. bei la Ferté sous Jouarre mit Mortier; beide ziehen sich gemeinschaftlich den 27. auf Meaux zurück.

An diesem Tage geht Blücher mit dem Korps von Kleist bei la Ferté sous Jouarre über die Marne, während Sacken und Langeron eine Bewegung gegen Trilport machen und York bei la Ferté zur Deckung stehn bleibt. Blücher will die Straße von Meaux auf Soissons gewinnen; er läßt den General Kleist den 28. bei Lisy über die Ourcq gehen und zieht Sacken und Langeron heran. Die Marschälle rückten an diesem Tage gegen den General Kleist vor, und nicht unterstützt wie er war, hatte er bei Gué à Treme ein heftiges Arrieregardengefecht zu bestehen, worauf er sich bis Fulaines zurückzog und die Brücke bei Lisy zerstören ließ. Blücher mußte nun die Ourcq hinaufmarschiren und war den 1. März in der Gegend von Crouï, als Bonaparte an der Marne ankam. Bei dieser Nähe Bonapartes giebt Blücher die Absicht über die Ourcq zu zehn auf und geht den 2. März mit seinem Korps in die Gegend von Oulchy le chateau. Dies war die Richtung auf Soissons. Dieser ehemals verfallene in der Eile hergestellte Platz war, als General Winzingerode von der Maas her angezogen kam, den 15. Februar von ihm durch Sturm genommen worden; Winzingerode hatte sich von da gegen Rheims gewendet und sich nicht stark genug geglaubt den Ort gegen den siegreichen Bonaparte zu behaupten, ihn also wieder verlassen. Bonaparte trug dem Marschall Mortier auf es von Neuem zu besetzen und einrichten zu lassen. Als General Bülow vom Feldmarschall

Blücher den Befehl erhielt sich ihm zu nähern, marschirte er auf Soissons, wo er zugleich mit Winzingerode den 2. März eintraf und es den 3. von Neuem durch Kapitulation nahm.

Dem Feldmarschall Blücher war dieser plötzliche Fall von Soissons ein sehr angenehmes Ereigniß, weil der Übergang über die Aisne und die Vereinigung aller seiner Korps sich unter dem Schutz eines halb befestigten Platzes besser machte. Es ist aber eine ganz falsche Ansicht wenn man diesen Fall Soissons als das einzige Rettungsmittel Blüchers betrachtet. Die Aisne ist ein Fluß über den man in wenig Stunden eine Pontonbrücke schlagen kann; außerdem war bei Miry eine nicht abgebrochene stehende Brücke. Bonaparte passirte aber erst am 3. die Marne bei la Ferté sous Jouarre und war 2 starke Märsche hinter Blücher zurück.

§. 20.

Bonaparte zieht über die Marne. Schlachten von Craone und Laon.

Bonaparte anstatt gerade auf Soissons loszugehn, wo er Mühe gehabt haben würde schnell über die Aisne und zu der Schlacht zu kommen die er suchte, und um über Rheims einige Truppen aus den Ardennen an sich zu ziehn, nahm seine Richtung auf Chateau-Thierry und Fismes, wo er über die Vesle ging und von da auf Berry au Bac, wo er den 6. die Aisne passirte, nachdem er durch ein Detaschement von Fismes aus, Rheims den 4. den Preußen wieder hatte abnehmen lassen.

Blücher hatte den 3. bei Soissons seine Korps vereinigt, und war bereit seinen Gegner beim Übergang über

die Aisne anzugreifen. Da er sieht daß dieser ihm vorbei-
geht, so beschließt er Anfangs ihn zwischen der Aisne und
Lette von der Seite anzufallen, und war am 6. schon bis
in die Gegend von Bray gerückt; weil er aber an diesem
Tage erfährt daß Bonaparte das Defilee von Berry au Bac
schon durchzogen und schon gegen Laon detaschirt hat, so
findet Blücher es doch bedenklich gegen einen solchen Gegner eine Schlacht in schiefer Stellung zu liefern; er beschließt daher eine Hauptschlacht nur bei Laon anzunehmen.
Theils um seinen Marsch dahin zu sichern, theils um vielleicht einen glänzenden Streich auszuführen, wenn es ge-
länge, läßt Blücher die Infanterie des Winzingerodeschen
Korps unter General Woronzow auf dem Plateau von
Craone in einer ungemein starken Stellung zwischen der
Aisne und Lette so aufgestellt, daß Bonaparte indem er
übergeht eine Schwenkung links machen muß um sie anzugreifen. General Winzingerode wird an die Spitze von
10,000 Mann Kavallerie gestellt, um in der Nacht vom
6. auf den 7. von Bray aus über Fetieux auf der Straße
von Laon nach Rheims vorzudringen und den Feind, welcher mit dem Angriff auf Woronzow beschäftigt ist, in
Flanke und Rücken zu fallen. General Kleist und Langeron ziehen dem General Winzingerode nach, Bülow und
York gehen nach Laon und Sacken bleibt bei Bray zur
Aufnahme von Woronzow.

Bonaparte zieht seine beiden Marschälle Mortier und
Marmont nach Berry au Bac, greift General Woronzow
am 7. an, verliert 8,000 Mann (nach Koch) gegen jene
starke Stellung und würde sie schwerlich erobert haben,
wenn General Winzingerode sich nicht mit seiner Kolonne
verirrt hätte und ganz ausgeblieben wäre, so daß General

Woronzow am Ende den Rückzug antreten mußte und sich an die Armee wieder anzuschließen. Zwar verlor er 4700 Mann, aber kein einziges Geschütz, und da er den Marsch der Armee nach Laon auf diese Weise vollkommen deckte, so hatte dies Arrieregardengefecht in jeder Rücksicht die Natur eines Sieges.

Den 8. ist Blücher bei Laon vereinigt und Bonaparte auf dem halben Wege dahin auf der Straße über Etouvelles.

Den 9. und 10. ist die Schlacht von Laon. Bonaparte geschlagen, aber von Blücher nicht verfolgt, bleibt den 11. und 12. in der Gegend von Soissons und Fismes. An diesem letzteren Tage fällt Rheims von Neuem den Verbündeten in die Hände.

General St. Priest. und General Jagow sind den 7. März in der Gegend von Rheims angekommen. Der Erstere erhält den Oberbefehl und vom Feldmarschall Blücher den 11. die bestimmte Weisung Rheims zu nehmen, welches den 12. mit Erfolg ausgeführt wird. Sobald Bonaparte dies erfährt läßt er Mortier bei Soissons, bricht auf, überfällt am 13. Nachmittags den General St. Priest in seinem Kantonnement bei Rheims, schlägt ihn mit großem Verlust und nimmt den Ort wieder. Hier macht er 3 Tage, nämlich den 14., 15. und 16. Halt, zieht die Division Jansen aus den Ardennen, etwa 4000 Mann stark, an sich, erhält etwa 6000 Mann Verstärkungen aus Paris und bricht den 17. auf um über Epernay und la Fere champenoise auf Plancy an die Aube zu marschiren.

Blücher überschätzt die Macht seines Gegners und von den Verlusten im Februar noch etwas eingeschüchtert, beschließt er so lange auf der Vertheidigung zu bleiben bis

Bonaparte sich wieder entfernt haben wird, von der Hauptarmee erwartend daß sie ihre Übermacht gegen die Marschälle benutzen und dadurch Bonaparte nöthigen wird sich
aufs Neue zu entfernen. Er dehnt sich besserer Verpflegung wegen rechts bis in die Gegend von Compiegne aus,
welches er zu nehmen beschließt.

§. 21.

Schwarzenberg bringt von Neuem gegen die Seine vor.
Bonaparte kehrt dahin zurück. Schlacht von Arcis für
Aube.

Die französischen Marschälle Oudinot und Macdonald
ziehen sich nach dem Gefecht von Bar für Aube und la
Ferté für Aube auf die Seine zurück, haben jeder ein zwei-
tes Gefecht, Macdonald am 2. bei Bar für Seine und
Oudinot am 3. an der Barse. Sie passiren hierauf die
Seine und räumen, als Schwarzenberg ihnen folgt, den 4.
Troyes, worauf sie sich an die untere Seine zurückziehen
und an derselben eine Vertheidigungslinie von Nogent bis
Montereau einrichten.

Schwarzenberg zieht General Barklay nur bis Chaumont heran und geht von Neuem mit dem linken Flügel
nach Sens, mit dem rechten nach Pont für Seine vor.
In dieser Stellung kaum angelangt, erfährt er den 13.
die Schlacht von Laon und die wahrscheinliche Rückkehr
Bonapartes an die Aube, worauf er General Barklay her-
anzieht und seine Armee zwischen der Aube und Seine aufstellt. Am 16. läßt er die zwischen Nogent und Provins
aufgestellten Marschälle durch die Korps von Wrede und
Wittgenstein bis zwischen Provins und Nangis zurückdrücken.

Am 18. erfährt er Bonapartes Anmarsch über Sezanne bestimmt und beschließt sein Heer bei Bar für Aube
zu vereinigen; da Bonaparte aber an diesem Tage schon
die Aube bei Plancy passirt hat und mit der Avantgarde
auf Mery marschirt ist, so hat Schwarzenberg für seine
rechte Flanke nichts mehr zu besorgen und beschließt zum
ersten Male in diesem Feldzuge Etwas was man allenfalls
kühn nennen kann. Seine Korps standen am 18.:

Der Kronprinz von Würtemberg, Wittgenstein und
Giulai in der Gegend von Troyes. Barklay bei Brienne,
Wrede zwischen Pougy und Arcis hinter der Aube. Schwarzenberg beschließt am 19. sie bei Arcis zu vereinigen. Er
thut es und erreicht den Punkt von Arcis in dem Augenblick wo die französischen Truppen sich vor der Stadt
formiren.

Hierauf findet am 20. und 21. die Schlacht von Arcis Statt.

Bonaparte der sich nach der Schlacht von Laon um
10,000 Mann verstärkt hatte, war etwa 25,000 Mann
stark von Rheims abmarschirt und befand sich nun bei Arcis einer Armee gegenüber die nach den geringsten Angaben aus 80,000 Mann bestand. Seine Marschälle Oudinot und Macdonald waren im Anmarsch, allein der Erste
erreichte das Schlachtfeld erst am 20. Abends, der Andere
am 21. Abends.

Bonaparte überzeugt sich am 21., ehe noch die Schlacht
ihren höchsten Punkt erreicht hat, daß bei der Übermacht
es ihm hier nicht besser gehen werde als vor 10 Tagen bei
Laon, und beschließt einen Versuch zu machen durch das
Ungewöhnliche in Verwunderung und Schrecken zu versetzen und seine Angelegenheiten dadurch wieder herzustellen.
Er

Er bricht die Schlacht ab, geht über die Aube zurück und nimmt seine Richtung auf Vitry welches er fast noch an diesem Tage erreicht und von wo er, nach einem vergeblichen Versuche auf diesen in der Eile befestigten, stark besetzten Platz, nach St. Dizier abmarschirt um die Hauptverbindungslinie der Hauptarmee über Langres und Chaumont zu durchschneiden. Erst am 22. wird Schwarzenberg gewiß daß es nicht mehr auf ihn abgesehn ist, und da Bonaparte an diesem Tage schon in St. Dizier, also einen Marsch näher an Chaumont und Langres ist als die Schwarzenbergsche Armee, so wird der Entschluß gefaßt hinter ihm zu bleiben und sich mit Blücher zu vereinigen und dann nach den Umständen zu handeln. Schwarzenberg marschirt den 23. auf Vitry.

§. 22.

Die beiden verbündeten Armeen vereinigen sich hinter Bonaparte und marschiren auf Paris.

Blücher hat sich, nachdem er den Abmarsch Bonapartes nach der Aube erfahren, den 19. in Marsch gesetzt, den General Bülow von Soissons an sich gezogen und die Generale York und Kleist gegen Chateau-Thierry vorrücken lassen, wo sich die beiden Marschälle Marmont und Mortier vereinigt hatten, und war mit Winzingerode, Sacken und Langeron über Fismes und Rheims gegen Chalons marschirt, wo er sich den 23. befand als die Hauptarmee auf Vitry marschirt war.

Beide treten nun in Verbindung und am 24. wird, besonders auf Veranlassung des Kaisers von Rußland, der Entschluß gefaßt vereinigt nach Paris zu marschiren, und zwar Schwarzenberg über Sezanne und la Ferté Gaucher, Blücher über Montmirail und la Ferté sous Jouarre, so daß man den 28. März bei Meaux zusammentreffen und den 29. unter die Mauern von Paris rücken wollte. Um Bonaparte über den Marsch zu täuschen und ihn glauben zu machen er sei von der ganzen verbündeten Armee verfolgt, wurde ihm von Vitry aus General Winzingerode mit 8000 Mann Kavallerie und einiger leichten Infanterie den 25. auf St. Dizier nachgeschickt. Bonaparte befand sich am 24. mit seiner Armee zwischen Joinville und St. Dizier. Seine beiden Marschälle Marmont und Mortier aber hatten sich von Chateau-Thierry über Montmirail gegen Vitry in Marsch gesetzt um sich mit ihm zu vereinigen, und waren bis in die Gegend von Soude St. Croix am 24. gekommen, als sie bemerkten daß ihnen der Weg zur Vereinigung mit ihrem Kaiser bereits verrannt sei.

Außerdem befanden sich an diesem Tage in Etoges die Divisionen Pacthod und Amay, zum Macdonaldschen Korps gehörig, welche weiter unten an der Seine gestanden hatten, das Korps nicht mehr erreichen konnten, einen Reservcartillerietrain an sich gezogen hatten und über Sezanne hierher marschirt waren um sich mit Marmont und Mortier zu vereinigen, die sie gleichwohl schon verfehlten.

Ferner befanden sich in Sezanne unter dem General Compans einige provisorische Kavallerieregimenter, andere Detaschements in Coulommier, Meaux und Nogent die alle zur Armee stoßen sollten.

Den 25. setzte sich die verbündete Armee auf den beiden Straßen in Marsch.

Schwarzenberg stieß auf die Marschälle Marmont und Mortier, welche sich unter nachtheiligen Gefechten und hart

gedrängt bis über Fere champenoise nach Sezanne zurückzogen.

Blücher blieb auf der Straße von Montmirail; seine
Kavallerie aber welche die beiden Divisionen Pacthod und
Aman in der Gegend von Bergeres auf dem Marsch nach
Fere champenoise antraf, folgte ihnen in der Richtung da-
hin und nahm ihnen auf dem Wege schon beträchtliches
Geschütz und Fuhrwerk ab, bis sie Nachmittags in der
Gegend von la Fere champenoise auch auf die Kavallerie
der Schwarzenbergschen Armee stießen und mit 60 Kano-
nen die Waffen strecken mußten.

Die Generale York und Kleist vom Blücherschen
Korps wurden den 26. von Montmirail auf die andere
Straße herübergezogen, um die beiden Marschälle bei la
Ferté Gaucher abzuschneiden; sie erreichten es auch noch
vor denselben und diese waren daher genöthigt nach der
Straße von Provins auszuweichen, auf der sie in forcirten
Märschen den 29. Paris erreichten.

Schwarzenberg und Blücher passirten den 28. die
Marne, ließen Sacken bei Trilport zurück, rückten den 29.
gegen Paris vor, lieferten am 30. die Schlacht und rückten den 31. in Paris ein.

Bonaparte kehrt den 26. gegen Winzingerode um,
greift ihn bei St. Dizier an und treibt ihn mit großem
Verlust gegen Bar le Duc. Er erfährt den Marsch der
Verbündeten nach Paris und beschließt Anfangs auf der
Straße nach Chalons dahin zu folgen. Er rückt also den
27. noch einmal vor Vitry. Da dieser Ort aber nicht
fällt und Bonaparte die Niederlage seiner Korps erfährt,
ändert er seinen Entschluß und marschirt den 28. wieder
auf St. Dizier zurück, von wo er den 29. aufbricht und

23 *

über Brienne, Troyes und Fontainebleau Paris zu erreichen sucht. Nach seinem eignen Plane konnte er aber erst
den 2. April daselbst eintreffen und seine Truppen befanden sich in Villeneuve zwischen Troyes und Sens, 25 Meilen von Paris, als die Schlacht von Paris über das
Schicksal Frankreichs entschied.

Strategische Kritik

des

Feldzugs von 1814 in Frankreich.

Erster Abschnitt.

Plan des Feldzuges nach der Schlacht von Leipzig.

Einleitung.

Der Feldzug von 1814 in Frankreich ist mehr als ein anderer geeignet das strategische Denken an einem Beispiele klar zu machen. 1stens gehört er einer Periode an in welcher das kriegerische Element sich rasch und mit seiner natürlichen Kraft bewegt, und wenn auch das Handeln der Alliirten nicht frei ist von diplomatischen Rücksichten die wie fremdartige Theile das rasche Feuer schwächen, so ist doch die ganze Ansicht vom Wesen eines Krieges und von den Zwecken desselben nicht so durchaus diplomatisch wie in den meisten neueren Kriegen vor der französischen Revolution, denn beide Theile haben einen großen Zweck der sie treibt, und beide denken nicht an das gewisse Temporisiren, womit man sonst auf eine anständige Weise die Zeit zu verbringen pflegte. 2tens ist dieser Feldzug ausgezeichnet durch die großen Streitmassen und die großen Resultate welche er in einem sehr kleinen Raume und in kurzer Zeit konzentrirt. 3tens stehen Offensive und Defensive in ihm sehr geschieden da. 4tens haben nothwendige und zufällige Umstände eine mannigfaltige Theilung der Kräfte herbeigeführt welche dem eigentlichen strategischen Manövriren besonders zugesagt haben. 5tens Basis, Verbindungslinien, Volksbewaffnung werden von der einen oder andern Seite in Anspruch genommen. Endlich 6tens sind die moralischen Größen, die in allen Kriegen eine so wichtige Rolle spielen, gleichwohl aber bei dem Anfange derselben in den meisten Fällen eine so unbestimmte und unsichere Erscheinung darbieten, hier sehr stark ausgesprochen, denn Feldherren und Heere sind sich ihrem Charakter und Wesen nach gegenseitig bekannt, so daß sie mit Fug und Recht in den Kalkül gezogen werden können.

Jeder Plan zu einem Feldzuge ist die Auswahl eines Weges unter tausend denkbaren. Je größer die kriegführenden Staaten sind und die Massen welche sie in Bewegung setzen, um so größer ist die Zahl der möglichen Kombinationen, und es wird, wenn man aufrichtig reden will, dann ganz unmöglich alle zu erschöpfen. Darum bleibt man auch mehr oder weniger immer dabei stehen, einen fertigen Plan hinzustellen und es dem Takt des Urtheils zu überlassen das Treffende wie das Fehlerhafte desselben herauszufühlen. In vielen Fällen wird dadurch alle weitere Entwickelung der Gründe unnöthig, denn einem geraden d. h. unverdrehten Verstande wird die Wahrheit und das Richtige schon in der bloßen Zusammenstellung im Augenblick klar; ein solcher Verstand hat eine Art musikalisches Gefühl für die Wahrheit, welches unreine Verhältnisse wie Mißtöne leicht unterscheidet. — So ist es im praktischen Leben. — Hier aber wo wir an einem Beispiele die Anwendung der Theorie klar machen wollen, muß uns freilich daran gelegen sein den Faden der Vorstellungen einmal genau zu verfolgen, den Plan aus unsern Grundsätzen klar zu konstruiren und ihm dadurch gewissermaßen die Nothwendigkeit zu geben welche jede philosophische Wahrheit hat. Es braucht uns Niemand daran zu erinnern daß wir uns in einem Felde befinden welches für absolute Wahrheit sehr wenig geeignet ist; wir sind weit entfernt unsere Grundsätze der Kriegskunst für absolute Wahrheiten zu halten, und eben so wenig das Resultat welches sich in einem Beispiele aus ihnen ergiebt; beide unterscheiden sich von den gewöhnlichen Räsonnements über solche Gegenstände blos darin daß sie aus dem Streben nach einem absolut Wahren hervorgegangen sind, daß das Resultat sich unmittelbar auf die Grundsätze stützt, die Grundsätze auf die Erscheinungen aus denen sie gezogen sind.

Diese Art die Sache in diejenigen Formen des Denkens zu bringen die in den strengen Wissenschaften herrschen, ist hauptsächlich der Art von Räsonnements entgegengesetzt die in der Theorie des Krieges allzugewöhnlich ist, daß der Autor, ohne sich um den Anfang der ganzen Vorstellungsweise zu bekümmern, aus irgend einem ihm besonders angenehmen Standpunkte heraus rückwärts und vorwärts demonstrirt, das Nächste für das Wichtigste hält und so eine Art von Panorama von dem Gegenstande entwirft, das weder Anfang noch Ende hat und in welchem Pro und Contra, Wenn und Aber, wie Wirbelwinde ihre Strudel in der Luft kräuselnd ziehen. Nicht was wir gedacht haben halten wir für ein Verdienst um die Theorie, sondern die Art wie wir es gedacht haben. Übrigens wiederholen wir noch einmal daß hier, wie in allen praktischen Dingen, die Theorie mehr da ist den praktischen Mann zu bilden, sein Urtheil zu erziehen, als ihm in der Ausübung seines Geschäfts unmittelbar beizustehen.

Erstes Kapitel.
Plan des Angreifenden.

Wir betrachten die folgenden Punkte als die Widerlagen des ganzen Räsonnements.

1. Gründe für die Offensive.
2. Angriffssphäre oder Kulminationspunkt des Sieges.
3. Gegenstand des strategischen Angriffs innerhalb dieser Sphäre.
4. Die Zeit.
5. Der Angriffspunkt.
6. Festungen.
7. Nebenunternehmungen.
8. Operationslinien und Basis.

1. **Sind entschiedene Gründe zur Offensive vorhanden?**

Die Schlacht bei Leipzig wo sich fast alle Kräfte beider kriegführenden Theile auf einen Punkt konzentrirt hatten, hat durch ihr entschiedenes Resultat auch über die allgemeinen Verhältnisse beider Theile entschieden. Es war kein Sieg der durch Verluste die man auf andern Punkten erlitten, mehr oder weniger ausgeglichen worden wäre. Ein entschiedener Sieg, von demjenigen erfochten, der dem Zweck und der Stellung nach der Angreifende war, auf dessen Seite sich die entschiedenste Überlegenheit befand, mußte natürlich dem Sieger eine ganz entschiedene Stellung zum strategischen Angriff geben, um durch den Erfolg desselben den feindlichen Kriegsstaat niederzuwerfen und zu einem sichern und günstigen Frieden zu gelangen.

2. Wie weit konnte sich die Angriffssphäre ausdehnen, d. h. wo lag der Kulminationspunkt des Sieges?

Eine Betrachtung der gegenseitigen Kräfte und des Zustandes von Frankreich führt zur Beantwortung.

Die Kräfte.

a) Die Alliirten waren bei Leipzig circa 290,000 Mann stark. Ihr Verlust in der Schlacht und bis zum Rhein läßt sich auf 50,000 Mann annehmen; es bleiben also 240,000 Mann. Die Armee des Kronprinzen von Schweden die in jedem Falle nach dem Norden abmarschirt sein würde, betrug 20,000 Mann; dagegen führte General Wrede der alliirten Armee 45,000 Mann zu. Diese Armee würde also zur unmittelbaren Fortsetzung ihres Angriffs beim Übergange über den Rhein 245,000 Mann stark geblieben sein. Rechnet man 65,000 Mann zur nothwendigsten Einschließung und Beobachtung der Festungen, so bleiben 180,000 Mann übrig womit man gegen die feindliche Armee und Hauptstadt vordringen konnte, welches bei einer großen Ökonomie der Kräfte auf dem Schlachtfelde etwa 150,000 Mann gegeben haben würde. Es ist erwiesen und war mit höchster Gewißheit vorherzusehen daß Bonaparte, abgesehen von Dem was er von der italienischen und spanischen Armee heranziehen konnte, im Anfang Decembers dieser Macht höchstens 60- bis 70,000 Mann hätte entgegenstellen können, wobei noch vorausgesetzt ist daß er nicht ein eigenes Korps in den Niederlanden ließ, denn 2 Monate später betrug seine ganze Macht inclusive des Korps von Maison in den Niederlanden, aber exclusive der Festungsbesatzungen, nur 100,000 Mann.

Hätte Bonaparte Italien und Spanien ganz aufgeben und sich durch so viele Truppen als möglich von daher verstärken wollen, so konnten diese Verstärkungen doch nicht über 70. bis 80,000 Mann betragen, denn er mußte gegen Bellegarde und besonders gegen Wellington doch so viel stehen lassen, daß diese den abmarschirenden Truppen nicht auf dem Fuße folgen und aus ihrem Marsche einen beständigen Rückzug, eine totale Niederlage machen konnten.

Hieraus ergiebt sich daß selbst mit Einschluß der von Spanien und Italien heranzuziehenden Verstärkungen Bonaparte kaum im Stande gewesen sein würde eine Macht aufzubringen die an Zahl der alliirten gleichgekommen wäre.

Allein diese Verstärkungen konnten die Gegend von Paris nicht vor den Alliirten erreichen, denn von Bayonne und Mailand bis Paris ist eben so weit wie von Leipzig dahin. Es ging also die Zeit der Benachrichtigungen und anderer nothwendiger Einrichtungen verloren, welches zu 14 Tagen bis 3 Wochen angenommen werden kann. Diese Zeit aber war hinreichend Bonaparte zu einer neuen Hauptschlacht zu zwingen oder ihn zu veranlassen Paris aufzugeben. Am Unsichersten würde die Erreichung eines dieser beiden Endzwecke gewesen sein, wenn Bonaparte den Vereinigungspunkt seiner Macht in die Gegend von Langres oder Dijon gesetzt hätte. Dort konnten die von Italien und Spanien kommenden Truppen etwas früher anlangen als bei Paris, und bei dem moralischen Verhältnisse beider Armeen war es zu gewagt die Alliirten auf Paris zu führen während eine ihnen fast gleiche Hauptmacht sich bei Dijon befand.

Aber diese letztere Voraussetzung, wenn sie auch mit in Anschlag gebracht werden mußte, durfte doch nicht allein entscheiden, sondern man mußte auch den andern möglichen Fall in Betrachtung ziehen, daß Bonaparte diesen Plan nicht faßte, wie er ihn denn auch wirklich nicht gefaßt hat.

Es zeigen also diese Betrachtungen daß, abgesehen von dem Zustande Frankreichs, nach den bloßen Zahlenverhältnissen die Alliirten stark genug waren um sich niemals in einer gefährlichen Lage zu befinden, wenn sie ihre Siegeskraft zu einem Angriff auf Frankreich verwendeten und bis zu dem Punkte einer zweiten Schlacht oder der Eroberung von Paris im unaufhaltsamen Vorschreiten blieben, daß der mögliche Umschwung des Gleichgewichts, der Kulminationspunkt des Sieges, tief in Frankreich lag, daß ihnen bis zu diesem Punkte eine Reihe von Möglichkeiten zu den glänzendsten Erfolgen blieb, und daß selbst auf diesem Kulminationspunkte angelangt sie durch die heranrückenden Reserven vor großen Unfällen immer gesichert blieben.

Wir haben bei diesem Räsonnement auf die weitern moralischen Wirkungen der ungeheuern Niederlage, auf die Folgen welche sich in der fortgesetzten Auflösung und Zertrümmerung des feindlichen Heeres und seiner ganzen Kriegsmacht ergeben mußten, keine Rücksicht genommen; wir haben die 70,000 Mann angesehen als kämen sie eben erst aus dem Innern, völlig intakt, und die französischen Festungen, Depots, Vorräthe aller Art als wären sie eingerichtet, vertheilt, geordnet nach einem durchdachten und wohlüberlegten Vertheidigungsplane; wir haben unsere Betrachtung so angestellt um zu übersehen in welchen Verhältnissen die verbündete Armee sich im schlimmsten Fall in Frankreich befinden würde. Nur auf einen bedeutenden Volksaufstand haben wir keine Rücksicht genommen, weil eine solche Gährung der Masse niemals das Werk weniger Wochen ist, sondern viele Monate, in den meisten Fällen Jahre braucht ehe sie in große Wirksamkeit eintritt.

Aber wir sind weit entfernt zu glauben daß die Theorie der Kriegskunst eine solche einseitige Betrachtung billigen würde. Sie fordert vielmehr auch die Möglichkeit der günstigern Fälle in die Waagschaale zu legen. Nun liegt aber in diesem Falle, nach Allem was uns ja die Kriegsgeschichte gelehrt hat, die Wahrscheinlichkeit auf einer ganz andern Seite. Wer kann es bezweifeln daß die Bonapartische Armee ihren Rückzug bis Paris fortgesetzt hätte, wenn man ihr immer gefolgt wäre. Nirgend waren bedeutende Massen bereit um sie aufzunehmen, das wußte man; anstatt sich zu verstärken, würde sie sich durch die nothwendigsten Festungsbesatzungen noch geschwächt haben, und es ist vielleicht nicht übertrieben wenn man glaubt daß nicht viel über 30- oder 40,000 Mann Paris erreicht haben würden.

Man denke nur an den Feldzug von 1815. Die Umstände würden im Jahre 1813 ungefähr dieselben gewesen und die Verbündeten auf jeden Fall mit einer stärkern Macht vor Paris erschienen sein als damals, wo die Preußen nicht über 60,000, die Engländer und Niederländer nicht über 50,000 Mann gewesen sind.

b) Der Zustand Frankreichs und des feindlichen Kriegstheaters.

Unstreitig ist Frankreich ein starkes Kriegstheater. Mehrere mit der Grenze parallel laufende Ströme und Gebirgszüge, ein großes weites Land, ein kriegerisches Volk, zahlreiche Festungen machen es dazu. Allein diese Eigenschaften waren in dem vorliegenden Falle zum Theil unwirksam. Die Armee war so zerstört daß nicht die Rede davon sein konnte durch sie die Ströme und Gebirge zu vertheidigen und das Vordringen der Alliirten dadurch beträchtlich in seiner Kraft und Geschwindigkeit zu schwächen. Die Entscheidung welche man suchte, konnte aus andern

Gründen nicht bis tief in das weite Land hinein verlegt, sondern sie mußte in der Höhe von Paris gegeben werden. Das kriegerische Volk konnte gefährlich werden mit der Zeit, aber nicht im ersten Augenblick; außerdem war auf die deutschen Einwohner bis zur alten französischen Grenze mehr für die Alliirten als für Bonaparte zu rechnen. Die Festungen finden sich am zahlreichsten im Norden den man unberührt lassen konnte. Alles wohl erwogen, war also von der an und für sich starken Natur des französischen Reichs als Kriegstheaters kein großes Schwächungsprinzip für die vordringende alliirte Armee in dem vorliegenden Falle, d. h. bei einer schnellen Entscheidung, zu befürchten, und wir haben daher ein Recht anzunehmen daß diese Armee füglich mit 150,000 Mann vor dem Lager Bonapartes erscheinen konnte.

3. Welches ist der Gegenstand des strategischen Angriffs innerhalb seines Wirkungskreises?

Die Eroberung von Frankreich war es nicht, denn ein Land von diesem Umfange, dieser Einwohnerzahl, diesem Geiste der sie beseelt, läßt sich in den meisten Fällen überhaupt nicht erobern, und die moralischen und physischen Kräfte der alliirten Armee waren an und für sich dazu unzulänglich.

So wie man überhaupt großer und weiter Reiche nur durch das Mittel politischer Parteiungen Herr werden kann, so war dies ganz besonders in Frankreich der Fall. Die Hauptstadt ist in der Regel der Wurzelpunkt dieser Parteiungen und Paris ist es mehr als jede andere. Gegenstand des strategischen Angriffs mußte also sein: ein völliges Niederwerfen der feindlichen Kriegsmacht und die Eroberung der Hauptstadt. Keins von

Beidem allein genügte. Hätte man auch wirklich erwarten können daß die Verluste bei Leipzig Bonaparte bis über Paris hinaus geführt hätten, so berechtigte doch dieser Sieg nicht auf die Eroberung von Paris und die Revolutionirung Frankreichs als auf eine unmittelbare Folge desselben zu rechnen. Vielmehr war es klar daß ein Mann wie Bonaparte noch Mittel finden würde eine neue beträchtliche Kriegsmacht in Frankreich aufzustellen. Diese Stütze seiner politischen Existenz mußte gebrochen werden ehe sich erwarten ließ daß der politische Zwiespalt seine Abgründe öffnen und sein Reich verschlingen würde.

Der Gegenstand des strategischen Angriffs war also die Zerstörung derjenigen feindlichen Streitkräfte welche sich in Frankreich wieder zu einer Hauptmacht vereinigt aufstellen würden und dann die Eroberung von Paris.

Die Folge war daß man mit vereinigter Macht die feindliche Hauptmacht aufsuchen und ihr eine neue entscheidende Schlacht liefern mußte. War sie überwunden so marschirte man mit dem Ganzen oder mit einem angemessenen Theile nach Paris.

4. Welches ist der beste Zeitpunkt zur Ausführung?

Betrachtet man die Zeit als einen eigenen Coefficienten in dieser Rechnung, so liegt es schon in der Natur der Sache daß er sich auf der Seite des Besiegten befindet. Der Sieg giebt ein Übergewicht; die Zeit mit den Wirkungen die sie in ihrem Schooße trägt, macht es wieder gut. Es hat also in der Regel der Sieger das höchste Interesse zur Beschleunigung der Begebenheiten, der Besiegte zur Verzögerung derselben. Besondere Fälle können indessen eine Art von Anomalie hervorbringen. Wenn der Be-

Besiegte schon fertige Reserven in Bereitschaft hat, die des Siegers noch in der Bildung begriffen sind; jener sich also bald nach seiner Niederlage beträchtlich verstärkt, während dieser durch die Natur des Vorschreitens selbst sich täglich schwächt.

Hier war dieser Fall offenbar nicht, und es gab fast keinen Gegenstand von größerem Interesse für Bonaparte als Zeitgewinn.

Die Alliirten hatten zwar in wenig Monaten sehr beträchtliche Verstärkungen zu erwarten die ihre Kräfte vielleicht bis auf das Doppelte vermehrten, allein die französische Kriegsmacht war durch die verlorene Schlacht ganz niedergeworfen, ohne beträchtliche Verstärkungen fast so gut wie nicht vorhanden. Daß diese Verstärkungen nicht in fertigen Reserven in Frankreich vorhanden waren, wußte man, eben so daß die spanische und italienische Armee von ihrem Kriegstheater vor der Schlacht bei Leipzig nicht abgerufen waren. Von der andern Seite war von der Energie Bonapartes und den militärischen Einrichtungen Frankreichs zu erwarten daß er in Kurzem ein erstaunenswerthes Resultat von neuen Formationen aufstellen würde; diese Voraussetzung hat sich nicht bestätigt, aber nach allen Erfahrungen die man in dieser Beziehung gemacht hatte, wäre es Vermessenheit gewesen nicht von ihr auszugehen. Unter diesen Umständen konnten die Verstärkungen welche die Alliirten an sich zogen, niemals zu dem Ganzen das Verhältniß haben welches die neuen Formationen Bonapartes zu den Trümmern seiner Armee haben mußten, und es scheint, wenn man den Blick ganz von Dem abwendet was sich wirklich zugetragen hat und sich genau in den Standpunkt des damaligen Augenblicks versetzt, Nichts so ausgemacht, als daß man Alles vom schnellen Vorschreiten erwarten und Alles vom Zeitverlust fürchten mußte.

Aber nicht blos für seine neuen Formationen, sondern für den ganzen Feldzug war Bonaparten die Zeit bis auf einen gewissen Punkt von unendlichem Werthe. Alles was man von dem Widerstande des Volks von der einen Seite und von der gewöhnlichen Uneinigkeit einer alliirten Armee auf der andern erwarten konnte, reifte erst mit der Zeit. Diese Schwierigkeiten wurden umgangen, die neuen Formationen wurden größtentheils unmöglich, die spanischen und italienischen Truppen mußten zu spät ankommen, wenn man unaufhaltsam den Trümmern des französischen Heeres nachdrang, ihnen die letzte Schlacht abnöthigte oder ihre Reorganisation durch beständiges Verfolgen unmöglich machte und also mit dem Siege von Leipzig selbst bis zum Frieden reichte.

Nach der gewöhnlichen Sprache militärischer Schriftsteller würde man hier sich etwa so ausdrücken: „Hier sei der Fall, wo man sich über die gewöhnlichen Regeln erheben, wo man die höchste Kühnheit an die Stelle des methodischen Krieges setzen müsse."

Um uns nicht so auszudrücken, haben wir unsere theoretischen Untersuchungen angestellt, und in dem Geiste derselben sagen wir also: daß es gar nicht außer oder über der Regel, sondern vielmehr die gemeine Regel selbst d. h. die Klugheit war welche gebot unaufhaltsam vorzudringen; daß jedes andere Verfahren gewagter, also gewissermaßen kühner war, besonders gegen Bonaparte, der nicht geneigt gewesen sein würde der alliirten Armee den Besitz eines kleinen Vortheils deswegen zu gönnen, weil sie so bescheiden gewesen wäre nach keinem größeren zu streben. Wir behaupten also daß es gar nicht kühn war unaufhaltsam der französischen Armee in das Herz von Frankreich nachzudringen, wenn man nicht überhaupt jeden Krieg gegen diesen Mann eine Vermessenheit nennen will.

Nach unserer Ansicht würden wir der allirten Armee am Rhein nur eine Rast von 8 Tagen gegeben haben, um ihr Fuhrwerk, ihre Schuhe und Waffen wieder in Stand zu setzen, Munition heranzuziehen und die Vorbereitungen zum Rheinübergang zu treffen, welcher in der Mitte Novembers hätte stattfinden müssen.

5. Über den Angriffspunkt.

Im vorliegenden Falle ist der Angriffspunkt schon durch den Gegenstand des Angriffs hinlänglich bestimmt: die französische Armee und Paris.

Da man die neue Schlacht so schnell als möglich herbeiführen mußte, so war es natürlich die kürzeste große Straße von Leipzig auf Paris zu marschiren, denn theils war immer eine große Wahrscheinlichkeit vorhanden daß sich die französische Macht auf dieser Straße aufstellen würde, theils war Paris selbst einer der Gegenstände des Angriffs.

Die kürzeste große Straße von Leipzig auf Paris geht über Mainz, Metz und Chalons. Freilich kann eine Armee von 250,000 Mann nicht auf einer einzigen Straße marschiren; es mußten also die zunächstliegenden zu Hülfe genommen werden, aber auch genau nur so viel wie zur Unterbringung und Ernährung dieser großen Masse nöthig war. Wenn man den Rhein zwischen Koblenz und Mannheim passirte, so fand man drei Hauptstraßen: über Trier auf Luxemburg, über Kaiserslautern auf Metz und über Pfalzburg auf Nancy, und dabei eine Menge von Nebenwegen auf welchen man die obigen Punkte ohne Unbequemlichkeit erreichen konnte.

Da man sich in der Nähe der feindlichen Armee und wenn der entscheidende Moment herannahte, aus dieser Breite von 15 deutschen Meilen in einen Raum zusammenziehen mußte, der nur so groß war daß er strategisch genommen für einen Punkt gelten konnte, d. h. so groß um eben noch die Kräfte zu einer Schlacht vereinigen zu können, so mußte der vorrückenden Macht noch ein Vereinigungspunkt vorläufig bestimmt werden. Die Höhe auf der man die früheste Vereinigung der feindlichen Kräfte erwarten konnte, war die obere Maas oder die Marne; Verdun oder Chalons, beide auf der mittelsten und kürzesten Straße gelegen, würden also der natürlichste Vereinigungspunkt sein.

Allein dieser Punkt wird durch mehrere Nebenrücksichten modificirt.

1. Man hat, indem man die Richtung auf Paris entschieden wählt, diesen Ort als den Schwerpunkt des feindlichen Kriegsstaates angesehen. Dies ist er zwar im Allgemeinen, allein wir dürfen doch nicht übersehen daß das größere Volumen des wahren Frankreichs ihm südlich liegt, und vorzüglich daß die italienischen und spanischen Truppen des Feindes, wenn sie heranrücken, vom Süden herkommen. Dadurch wird die Voraussetzung daß wir den Kern der feindlichen Macht in der Richtung auf Paris antreffen werden, in ihrer Wahrscheinlichkeit etwas geschwächt, und wir müssen uns auf den Fall gefaßt machen diesen Kern vielleicht mehr südlich aufsuchen zu müssen. Da dies nun gar keine Schwierigkeit hat, weil der Punkt von Nancy, ohne ein bedeutender Umweg von dem Mittel-Rhein nach Paris zu sein, zugleich die Richtung nach dem südlichen Frankreich hat, so ist es zweckmäßiger Nancy vorläufig als den Vereinigungspunkt der ganzen Macht anzusehen.

Fragen wir nach der Beschaffenheit der Provinzen durch welche die Straßen führen, so entscheidet auch dies für die Straße über Nancy, weil die über Chalons durch die nördliche unfruchtbare Hälfte der Champagne führt.

Die vorläufige Bestimmung würde also sein, mit 3 großen Kolonnen bis auf die Höhe von Luxemburg, Metz und Nancy vorzudringen. Ergiebt sich bis dahin die Aufstellung der feindlichen Hauptmacht auf der Straße von Metz nach Paris, so soll man sich gegen diese auf der gedachten Straße, also bei Verdün oder Chalons vereinigen; ist aber die feindliche Hauptmacht im Begriff sich entweder im Thal der Seine oder auch südlicher zu vereinigen, oder ist man über den Punkt der Vereinigung ungewiß und findet sie noch zerstreut, so soll man seine Kräfte nach Nancy hin vereinigen und von hier aus der feindlichen Hauptmacht entgegengehen, oder wenn sie vertheilt wäre, über einen der Haupttheile herfallen und dann auf Paris vordringen.

6. Festungen.

Die Eroberung einer Anzahl feindlicher Festungen war nicht der Gegenstand des Angriffs, denn dieser Gegenstand war, wie wir gezeigt haben, ein ganz anderer. Die förmliche Belagerung einer Festung kostet ungleich mehr Kräfte als ihre bloße Einschließung, und die Einschließung wieder mehr als die bloße Beobachtung. Da der Plan des Feldzugs darauf gerichtet war mit einer so früh als möglich herbeizuführenden Hauptschlacht Alles zu entscheiden, so war die Eroberung von einigen Festungen in jedem Falle für diesen Augenblick eine untergeordnete Sache, an die man erst denken konnte, nachdem der Schlag geschehen war oder wenn man sah daß sich der Krieg trotz unseres Plans in die Länge zog. Es kam also darauf an: den

Einfluß der französischen Festungen mit so Wenigem als möglich zu beseitigen. Unter diesen Umständen war es hinreichend, besonders im ersten Augenblick und bis die nachrückenden Reserven ankamen, überhaupt nur auf diejenigen Rücksicht zu nehmen, die auf den Straßen selbst oder nahe daran gelegen waren auf denen man vorgehen wollte; unter diesen aber diejenigen welche an und für sich oder durch ihre Lage weniger wichtig waren, nur zu beobachten, die andern aber förmlicher einzuschließen.

Zur Zahl der ersteren gehörten Erfurt, Würzburg, die Forts im Elsaß und Strasburg; die andern waren: Mainz, Landau, Saarlouis, Thionville, Metz, Luxemburg, Longwy und eventualiter Verdun. Hierzu waren 65,000 Mann hinreichend. Von Paris selbst ließ sich zwar eine Befestigung und Vertheidigung gerade nicht mit großer Wahrscheinlichkeit erwarten, doch mußte man sich darauf gefaßt machen. Es konnte aber in jedem Falle nur eine verschanzte Stellung zwischen den Barrieren dieser Hauptstadt sein, vertheidigt entweder durch die französische Hauptmacht selbst mit Hülfe einer beträchtlichen Nationalmiliz, oder hauptsächlich von dieser, verstärkt durch ein Armeekorps.

Wenn der erstere Fall stattfand, so war die Schlacht unter den Mauern von Paris zu liefern; im letztern Falle, wo die feindliche Hauptmacht sich also südlich von Paris befinden mußte, wäre ein beträchtliches Detaschement gegen Paris um diesen Ort wegzunehmen vor entschiedener Hauptschlacht zwar kein unnützes und deshalb fehlerhaftes Unternehmen gewesen, denn der Verlust der Hauptstadt würde vermuthlich einen entscheidenden Einfluß auf die Kriegsbegebenheiten gehabt haben, allein ein solches Detaschement wäre sehr gewagt gewesen, denn ohne eine beträchtliche Überlegenheit der Hauptarmee konnte man auf keinen Sieg derselben mit Bestimmthe̊t rechnen, und es war also zu befürchten daß man sich d̊ rch zu sehr schwächen würde.

Paris mußte also vor der Entscheidung der Hauptschlacht nicht in Betrachtung kommen, den einzigen Fall ausgenommen daß die Trümmer der französischen Armee sich dahin zurückgezogen und sich von da weiter gegen die Loire gewendet hätten, so daß Paris in die natürliche Richtungslinie des Verfolgens gefallen wäre. In diesem Falle mußte es mit der Hauptmacht selbst angegriffen werden.

7. Nebenunternehmungen.

Nach unserer Theorie ist eine Theilung der Kräfte beim Angriff nur zulässig wenn die damit verknüpften Vortheile unverhältnißmäßig groß sind. Ein solcher Fall war hier beinahe anzunehmen.

Wurde das Kriegstheater in das Herz von Frankreich versetzt, so waren Belgien und Holland wie halb abgestorbene Glieder anzusehen, die aus Frankreich selbst keine Unterstützung mehr erhalten konnten. Die Einwohner dieser Länder, vorzüglich die Holländer, waren der französischen Herrschaft müde und es ließ sich voraussetzen daß sie Alles thun würden die Alliirten zu unterstützen, ja daß vielleicht eine förmliche Umwälzung daraus erfolgen könnte. Das Land ist voll fester Plätze deren Besatzungen nur schwach sein konnten; bei dem guten Willen der Einwohner konnten diese Plätze schnell fallen. Es war also allerdings möglich mit verhältnißmäßig wenigen Truppen diese reichen Länder schnell wieder zu erobern, aus ihnen gleich neue Streitkräfte gegen Frankreich zu entwickeln, und im Fall man im übrigen Feldzuge nicht glücklich sein sollte, darin einen bedeutenden Schadenersatz zu finden. Es giebt wenige Fälle wo so viele und bedeutende Gründe für eine Nebenunternehmung beim strategischen Angriff sprechen wie dieser, und so wie die Umstände sich gemacht haben, nämlich da man 2 Monate später und noch einmal so stark vordrang, mußten diese Gründe auch wirklich geltend werden. Allein bei dem Plane wie wir ihn hier entwickelt haben, würde eine Seitenunternehmung auf Holland und Belgien dennoch ein Fehler gewesen sein. Wo man mit einer Hauptschlacht gegen einen Feldherrn wie Bonaparte Alles entscheiden will, ist eine bedeutende Überlegenheit in der Zahl eine nothwendige Bedingung. Man hatte unter diesen Umständen kaum 20- bis 30,000 Mann übrig und durch ihre Entfernung wäre das ganze Unternehmen gefährlich geworden. Es ließ sich keinesweges mit Gewißheit annehmen daß Bonaparte ein bedeutendes Korps oder gerade eben so viel nach jenem Kriegstheater hinsenden würde, wie er allerdings gethan, sondern man mußte vielmehr auf die Möglichkeit rechnen daß er dort Nichts als die Festungsbesatzungen ließe, welche er auch ohnedem nicht wegziehen konnte.

Daß jede andere Veranlassung zu einer Nebenunternehmung, so wie zum Beispiel die nach Savoyen, unter diesen Umständen noch weniger in Betrachtung kommen konnte, versteht sich von selbst.

8. Operationslinien und Basis.

Da die östreichischen Staaten nicht hinter dem Mittel-, sondern hinter dem Ober-Rhein und der Schweiz liegen, so war es natürlich die nachrückenden Reserven Östreichs und der süddeutschen Staaten auf den Ober-Rhein zu richten und dadurch die Basis von Hüningen bis Koblenz auszudehnen, welches alle erforderliche Bequemlichkeit und Sicherheit in der Verpflegung und Verbindung gab.

Die Schweiz scheint dazu nichts weniger als erforderlich, vielmehr ist es ganz einfach daß, wenn dies Land sich nicht mit den Alliirten zur Offensive verbinden wollte, es viel vortheilhafter war dasselbe neutral zu lassen, denn an Platz um in Frankreich einzudringen fehlte es doch wahrlich nicht, und zog man die Schweiz in das Kriegstheater hinein, so mußte man auch Besatzungen darin lassen oder sonst für ihre Sicherheit sorgen.

Aus diesen verschiedenen Resultaten würde also der Operationsplan für den Feldzug nach der Schlacht von Leipzig zusammenzustellen, und durch die genauern Bestimmungen der Eintheilung des Heeres, der Befestigung einzelner Städte, der Einschließung und Beobachtung der Festungen, der Bestimmung und Leitung der Reserven u. s. w. zu ergänzen sein, welches wir übergehen. —

Im folgenden Kapitel wollen wir den Vertheidigungsplan auf eben die Weise feststellen, und im dritten beide mit den Plänen vergleichen welche die kriegführenden Mächte wirklich gehabt haben. — Im zweiten Abschnitte werden wir der Ausführung dieser Pläne Schritt vor Schritt folgen.

***

Zweites Kapitel.
Plan des Vertheidigers.

***

Wir fassen die Lage Bonapartes so auf wie sie sich nach der Schlacht von Leipzig ergab, wo es zu spät gewesen wäre die Besatzungen von Dresden, Hamburg oder anderer von ihm besetzten deutschen Festungen an sich zu ziehen, und stützen unser Räsonnement auf folgende Punkte:

1. Gründe zur Defensive.
2. Gegenstand derselben.
3. Mittel derselben.
4. Die Zeit.
5. Die Art des Widerstandes.

1. Gründe zur Defensive.

Der bloßen Form wegen führen wir diesen Punkt an, denn an und für sich ist es klar daß in Bonapartes Lage von keiner strategischen allgemeinen oder auch theilweisen Offensive die Rede sein konnte. Das Übergewicht der Verbündeten warf ihn vielmehr in die äußerste Grenzlinie der Vertheidigung, so daß er, wenn er weise handeln wollte, sich allen Opfern unterwerfen mußte, allen Beschränkungen in Plan und Zweck, welche die Natur der Vertheidigung in eben dem Maaße fordert als sie den Vertheidiger dafür mit um so größerer Stärke und Muskelkraft ausrüstet.

Da wir hier das Wesen der Vertheidigung in seinem Kern berühren, so wollen wir es an Bonaparte's Beispiel selbst erklären ob wir gleich dadurch die ganze Idee seiner Vertheidigung antizipiren.

Wenn wir sagen: er war in die äußersten Grenzen der Vertheidigung geworfen (wozu wir uns durch seine allerdings fast hoffnungslose Lage berechtigt halten), so meinen wir: er mußte die stärksten Mittel aufbieten welche die Vertheidigung geben kann; in eben dem Maaße wie diese Mittel sich verstärken sollen, muß aber die Natur der Zwecke, ihr Umfang und Inhalt abnehmen nach dem statischen Gesetz der moralischen Welt. Anstatt fremde Länder unter seinem Scepter ferner zu beugen, die Leistungen ihrer Provinzen ununterbrochen zu genießen, sich überall die Mittel einer leichten Wiedereroberung zu bewahren, seine eigenen Staaten so vollkommen als möglich zu decken, statt aber dieser viel zu inhaltschweren Aufgaben mußte er sich auf die einzige bescheidene beschränken: sich an der Spitze einer Armee zu erhalten, mit dieser einzigen Armee auf einem einzigen kleinen Punkte seines Reiches siegreich auf dem Schlachtfelde zu erscheinen, und aus diesem Keim den Baum seiner Macht und seines Glücks von Neuem entwickeln. Zu diesem aufs Äußerste beschränkten Zwecke bot ihm die Vertheidigung ihre kräftigen Mittel an, sie schwächte die Heere seiner Feinde, vereinigte seine Schaaren, stellte auf diesem Punkte das Gleichgewicht her und gab seinem Feldherrntalente den alten Spielraum.

Nicht jeder Vertheidiger ist auf diesen äußersten Punkt gestellt, aber wir glauben, daß jeder es ist der 2 Feldzüge verloren hat wie Bonaparte die von 1812 und 1813, der mit 50- bis 60,000 Mann sich 200,000 entgegenstellen soll, und keine anderen Hülfsmittel hat als Formationen die eben erst beginnen und ein Land in dem er als ein Usurpator, den endlich sein Glück zu verlassen scheint, immer große politische Parteiungen zu befürchten hat; dabei bedroht von den Regierungen des ganzen Europas, welche einig waren in Haß und Rache gegen ihn und stark durch die ähnlichen Empfindungen ihrer Völker.

Wenn Bonaparte seine Lage nicht so verzweiflungsvoll angesehen hat, um sich freiwillig auf den Punkt hinzustellen den wir den äußersten der Vertheidigung nennen, so berechtigt der Erfolg hinlänglich sein Urtheil für fehlerhaft zu halten. *)

---

*) Es ist eine sehr hervorstechende Eigenthümlichkeit großer Feldherren, im Unglück und in der Bedrängniß so wenig als möglich aufzugeben, sich und dem Glücke zu vertrauen und es darauf ankommen zu lassen ob bessere Zeiten ohne große Verluste zu erreichen sind. Gelingt es, so sind

2. Gegenstand der Vertheidigung.

Eine Niederlage der feindlichen Hauptarmee, wodurch
sie aus Frankreich entfernt wurde, und bis zu diesem Er-

---

wir geneigt jedesmal Alles für sichere Rechnung und klares Bewußtsein zu
halten was erst blos dunkles Wagen war.

Je hervorstechender diese Eigenthümlichkeit ist und je mehr wir die innere Zuversicht bewundern auf die Alles gegründet gewesen zu sein scheint,
um so geneigter ist man dieses hartnäckige Verweilen auf einer Station
der Laufbahn als eine nothwendige Bedingung, als ein unfehlbares Zeichen
der Größe im Unglück zu betrachten. Hätte Bonaparte im Jahre 1812
durch irgend einen Ministerwechsel in Petersburg im Oktober jenseits Moskau noch einen vortheilhaften Frieden erhalten, so würde man von der
Ausdauer mit der höchsten Bewunderung sprechen, die man jetzt für
eine Art Raserei ansieht.

Daß unser Urtheil sich so sehr nach dem Erfolge richtet ist an und
für sich nichts weniger als unvernünftig, denn in den meisten Fällen bleibt
uns doch nicht viel Anderes übrig, weil ja gar nichts zu bewundern wäre,
wenn diese innere Zuversicht die den großen Feldherrn zu seinem Resultate
führt, für jeden gemeinen Kopf offen da läge. Um das Handeln des Feldherrn in schwierigen Augenblicken nach allen seinen Gründen zu würdigen,
müßte man selbst ungefähr ein eben solcher Mann sein, wenigstens in Rücksicht des Kopfes. Das mag nun zwar jeder bei sich einen Augenblick denken, aber die allgemeine Kritik kann diese Voraussetzung doch nicht zulassen
und sie wird deswegen nicht zugeben dürfen daß der Erfolg ganz aus der Betrachtung weggelassen werde. Der Erfolg einer Unternehmung ist gewissermaßen die Rechnenprobe und es ist sehr natürlich daß man sich an diese hält.

Dieser natürlichen, instinktartigen Richtung entgegen sieht man oft
eine dünkelvolle Kritik sich darin gefallen: in den bestgelungensten Unternehmungen gerade die größten Fehler zu entdecken. In den meisten Fällen sind diese Urtheile wirklich nicht viel besser als wenn ein Arzt behauptet daß der Kranke, dem er das Leben abgesprochen, mit Unrecht fortlebe.

Wenn wir nun einen großen Feldherrn, welcher in einer gefährlichen
Lage durch ungemeine Standhaftigkeit ein Allen unerwartetes glückliches
Ziel erreichte, bewundern wegen dieser Stärke des Willens und wegen dieses hellen Blicks des Geistes: was sollen wir thun wenn der Ausgang nicht
zum glücklichen Ziele, sondern zum doppelten Verluste, zum Untergange
führt? Dann müssen wir immer noch über die Standhaftigkeit erstaunen,
die Richtigkeit des Betragens aber müssen wir freilich nach unseren eige-

folge die ununterbrochene Deckung der Hauptstadt, damit der politische Zwiespalt den Kriegsbegebenheiten nicht vorgreife.

Dieser Zweck war nur zu erreichen wenn Bonaparte sich wieder an der Spitze eines Heeres sah, an Zahl dem der Alliirten nicht zu ungleich, und wenn die Stellung dieses Heeres die Einnahme der Hauptstadt unmöglich machte, je nachdem diese mehr oder weniger stark befestigt und vertheidigt war.

Auf dieses zwiefache Ziel mußten alle Maaßregeln gerichtet sein.

3. Mittel

Das französische Heer welches über den Rhein ging, mag, nach Abzug der Garnison von Mainz, noch 60,000 Mann gewesen sein. Wie die Folge gelehrt hat, betrug das Heer Bonapartes Ende Januars 100,000 Mann. Diese würden aber schwerlich im Anfange Decembers disponibel gewesen sein. Da Bonaparte aber die Erfahrung

---

an Geistesmitteln beurtheilen. Wenn uns nun dieses Urtheil den Erfolg als unmöglich, oder von zu geringer Wahrscheinlichkeit, wenn es uns zugleich bessere Wege zeigt auf welchen eher etwas zu gewinnen gewesen wäre, so können wir das Ganze nicht mehr bewundern, sondern wir müssen es tadeln und selbst die Stärke der Seele in der Ausdauer wird nicht mehr unsere Bewunderung, sondern nur ein kaltes Erstaunen erregen. Die Standhaftigkeit verwandelt sich dann in Hartnäckigkeit, Eigensinn, Starrsinn, und kann wie bei Karl XII. zu einer Art Narrheit werden. Wir sehen also daß Standhaftigkeit nicht allein die Größe im Unglück ausmacht, daß sie also, wie sehr sie auch diejenigen in Erstaunen setzt die nicht gedankenlos daran vorübergehen, sondern wissen was es heißt standhaft zu sein, doch nicht als ein unfehlbares Zeichen der Größe, und umgekehrt Nachgiebigkeit gegen Umstände nicht jedesmal für Schwäche angesehen werden muß.

Außerdem daß Unbeugsamkeit und Hartnäckigkeit in dem Charakter Bonapartes lagen, scheint er auch aus Reflexion einen übertriebenen Werth auf die Beharrlichkeit gelegt zu haben.

gemacht hatte, daß man in unsern Tagen einem noch einmal so starken Feinde nicht widersteht wenn man auch noch so sehr Bonaparte ist, so mußte sein Streben darauf gerichtet sein sich so zu verstärken daß er ein Heer von 150 bis 160,000 Mann zur Hauptschlacht vereinigt haben könnte, um dadurch bei seiner übrigen Überlegenheit des Sieges über die alliirte Hauptarmee ziemlich sicher zu werden. Dazu gehörten also 100,000 Mann Verstärkungen exclusive der erforderlichen Festungsbesatzungen. Diese mußten aus Spanien und Italien und aus dem Innern, wo nur noch irgend ein Häuflein beisammen war, und selbst aus den Besatzungen der nördlichen Festungen herangezogen werden.

Mit diesen Mitteln des direkten Widerstandes waren die des indirekten, Festungen, Volkskrieg, Jahreszeit, in Verbindung zu setzen, dadurch der Feind immer mehr zu schwächen und das beabsichtigte Machtverhältniß herbeizuführen.

Die Ausrüstung der Festungen auf und nahe an den Straßen vom Mittel-Rheine nach Paris, die Befestigung von Paris selbst gegen einen Handstreich, vielleicht auch die der andern Städte auf den genannten Straßen die sich dazu eigneten, wie das in Frankreich so häufig der Fall ist, der Aufruf der Milizen und eines Landsturms, endlich die Ausrüstung unternehmender Parteigänger gehörten zur Einrichtung und Belebung dieses indirekten Widerstandes.

4. Zeit.

Wegen der auf die eine oder andere Art zu gewinnenden Verstärkungen kam sehr viel darauf an, gleich von Hause aus Zeit zu gewinnen, das Überschreiten der Grenze so lange als möglich zu verhüten und hinterher das weitere Vorschreiten so sehr als möglich zu verzögern.

Es ist klar daß die Mittel des indirekten Widerstanes eben so sehr auf Zeitgewinn beruhten, und namentlich ließ sich nur von der Zeit erwarten, daß sie den Keim der Uneinigkeit der in jedem alliirten Heere ruht, reifen würde.

Weit entfernt also die Entscheidung zu suchen und zu beschleunigen, mußte Bonaparte sie so lange aufschieben und ihr ausweichen, als er ohne andere wesentliche Nachtheile thun konnte.

5. Art des Widerstandes.

Nach dem bisher Gesagten ist die Frage blos: wie Bonaparte seine Macht nach dem Rheinübergange disponiren und wie er ihre Vereinigung zur Hauptschlacht bestimmen sollte?

Das Bedürfniß von Hause aus Zeit zu gewinnen, mußte auf die Idee führen sich zum Schein die Vertheidigung des Rheins, als der ersten Barriere, vorzusetzen und zwar in derjenigen Breite welche die natürliche Richtungslinie der Alliirten von Leipzig auf Paris durchschneidet, d. h. von Koblenz bis Manheim. Machten die Alliirten Bewegungen um diese beiden Endpunkte der Vertheidigungslinie zu umgehen, so schien Bonaparte im Stande diesen Bewegungen durch entsprechende zuvorkommen zu können, u   s verrieth also die Kürze seiner Vertheidigungslinie nesweges daß es nur auf eine Scheinvertheidigung abgesehen sei.

Eine ernsthafte Vertheidigung des Stromes war nicht der Zweck Bonapartes und ließ sich auch nicht mit seinem Zweck verbinden, denn bei einer ernsthaften Vertheidigung würde die französische Armee am Rhein selbst wieder eine Niederlage erlitten haben, ehe sie noch zum Widerstande stark genug war, und dadurch würde das Ziel welches wir der Vertheidigung angegeben haben, ganz verloren gegangen sein. Anders war es mit einer bloßen Scheinvertheidigung; sie konnte die französische Armee niemals in Gefahr bringen, denn ihr Vereinigungspunkt, wo ihn auch Bonaparte hinverlegen mochte, lag in jedem Falle so weit rückwärts daß diese Vereinigung keiner Gefahr ausgesetzt war, wenn die französischen Korps am Rhein vertheilt so lange stehen blieben bis die Alliirten wirklich übergingen, wie der Erfolg bewiesen hat.

Daß ein solches Verweilen am Rhein, worin die Scheinvertheidigung hauptsächlich bestand, nützlich werden konnte für den Zeitgewinn, hat die Folge hinreichend bewiesen; denn hätten die französischen Korps von selbst ihren Rückzug fortgesetzt, so würden die Alliirten höchst wahrscheinlich auf dem Fuße gefolgt sein und nicht einen so langen Halt gemacht haben. Es liegt aber überhaupt in der Natur des Krieges daß man von den wahrscheinlichen Fehlern des Feindes Nutzen zu ziehen suche, und wieder ganz besonders in der Natur der Vertheidigung daß sie dem Feinde so lange als möglich die Initiative überlasse und dadurch so viel Zeit als möglich zu gewinnen trachte. Da nun, wie wir gesehen haben, aus dieser Aufstellung am Rhein gar kein Nachtheil für die übrigen Maaßregeln folgte, so wäre es der entschiedenste Fehler gewesen sie zu versäumen.

Wie mit dem Rhein, so mußten es die französischen Streitkräfte mit allen Abschnitten des Bodens machen die sie auf ihrem Wege vom Mittel-Rhein in das Innere von Frankreich antrafen. Die Saar, die Vogesen, die Ardennen, die Mosel und die Maas mit dem Argonner Walde. Sie mußten sich überall das Ansehen geben hinter jedem dieser Abschnitte Halt machen zu wollen, wobei freilich die Bedingung vorwaltet daß sie ihren Hauptzweck nicht aus den Augen verloren und ihre Bewegungen nach denen ihrer

Geg-

rer Gegner einrichteten. Waren diese Bewegungen rasch und entschlossen, so mußte natürlich der beabsichtigte Zeitgewinn verschwinden; allein dieser Zeitgewinn war auch nur auf die Fehler des Gegners berechnet und konnte keine andere Quelle haben.

Der zweite Theil der Frage ist: wo Bonaparte seine Macht zur Hauptschlacht vereinigen sollte. Da Paris gedeckt werden sollte, so war der natürlichste Punkt auf der Straße von Mainz nach Paris. Allein in dieser Richtung war es fast unmöglich die Truppen aus Spanien und Italien zur rechten Zeit herbeizuschaffen. Konnte Paris gegen einen Handstreich vertheidigt werden, so war es auch nicht nothwendig sich gerade vor Paris hinzustellen, sondern eine seitwärts genommene Stellung erfüllte vielleicht den Zweck eben so gut. Dieses Vielleicht ist zu untersuchen.

Denken wir uns Bonaparte mit einer Armee die etwa zwei Drittel von der Stärke der Alliirten hatte, in der Gegend von Dijon oder Chaumont, und Paris nur so weit vertheidigt daß es ohne eine Armee von 50,000 Mann nicht angegriffen werden kann, so wird uns unser Urtheil sogleich sagen daß die Alliirten es nicht gewagt haben würden, entweder ganz auf Paris zu marschiren, unbekümmert um Bonaparte, oder 50,000 Mann dahin zu schicken und mit dem Überrest sich gegen ihn zu wenden. Denken wir uns die Rolle gewechselt, eine alliirte Armee in Bonapartes Lage und dieser mit den Kräften der Alliirten im Anmarsch, so wird der Takt unseres Urtheils ganz anders entscheiden: wir werden Paris für verloren halten. Die Ursache liegt also nicht in dem Zahlenverhältniß der Macht, sondern in den moralischen Kräften. Durch die Disposition der Kräfte, wie wir sie ausgedacht haben, werden sie in eine Art von Gleichgewicht gebracht; thut man die moralischen Kräfte hinzu, so ist der Ausschlag gegeben. *)

Bonaparte also, im Vertrauen auf die Furcht welche er einflößte, auf das Talent dessen er sich bewußt war, auf die Einheit seines Befehls und die zwanzigjährige Kriegsübung seines Heeres, auf unerschrockene Führer, gestählte Truppen und ein tapferes Volk, konnte es dreist wagen einem Feinde auf diese Weise den Weg nach Paris offen zu lassen, in dessen Heere sich nur einzelne Elemente der kriegerischen Tugend erst zu entwickeln begannen, unverbunden zur Einheit und gestört durch fremdartige Mischungstheile. Wir glauben also daß, so wie die Verhältnisse waren, der Vereinigungspunkt der französischen Macht nicht im Osten, sondern im Süd-Osten von Paris genommen werden mußte, wohin die Kräfte aus Spanien und Italien eher kommen konnten und wodurch außerdem noch die natürliche Schwere von Paris in die Wageschaale gelegt und den Alliirten von Hause aus eine künstlichere Aufgabe gestellt wurde.

Daß man ferner diesen Punkt so weit zurückverlegen mußte als die übrigen Umstände verstatteten, theils um die Operationslinien der Alliirten zu verlängern, theils um mehr Zeit zu gewinnen, ergiebt sich von selbst.

Dieser Rückzug bis auf den äußersten Punkt dem Raume nach, dieses Aufhalten der Begebenheiten bis auf den äußersten Punkt in der Zeit, gaben dem französischen

---

*) Wir meinen dies so: Findet keine Überlegenheit Statt, so dürfte es unentschieden sein, ob der Angreifende den Marsch auf Paris wagen könnte oder nicht; ist eine moralische Überlegenheit auf der Seite des Vertheidigers, wie im Jahre 1814, so ist der Marsch nach Paris nicht thunlich; ist sie auf Seiten des Angreifenden, wie wir zuletzt annahmen, so ist er leicht und natürlich.

Volke Zeit und Raum um Theil am Kampfe zu nehmen, ließen die schlechte Jahreszeit, lange Verbindungslinien und alle übrigen daraus folgenden Schwierigkeiten in Wirksamkeit treten, ließen die gewöhnlichen Prinzipe der Uneinigkeit und Unentschlossenheit einer verbündeten Armee zur Gährung kommen und führten so den Abzehrungszustand herbei den man schon so oft die Angelegenheiten des Krieges hat mitentscheiden sehen.

Die Bestimmung dieses Endpunktes nach Zeit und Raum ist also der Schlußstein unseres Gebäudes.

Diese Bestimmung ist durch drei Umstände gegeben: die Deckung von Paris, die Annäherung der großen Reserven der Alliirten und die Annäherung Wellingtons von der spanischen Grenze her; denn auf das Eindringen Bellegardes war wohl nicht zu rechnen. Wegen des ersten durfte der Vereinigungspunkt nicht an der Loire gesetzt werden, weil sonst Paris fast in die Richtungslinie der verbündeten Armee fiel und dadurch in Gefahr kam; wegen des letzten durfte er nicht an der Rhone sein, weil es in der Gegend schwer geworden sein würde die Vereinigung der Wellingtonschen Armee mit den übrigen Verbündeten zu verhindern; der mittlere der drei Umstände mußte über den Augenblick der Schlacht entscheiden. Auf diese Weise bestimmt sich also die zweckmäßigste Vereinigung der Vertheidigungsarmee im Becken der oberen Seine; etwa in einer Defensivstellung hinter dem Kanal de Bourgogne in der Gegend von Dijon, wodurch Auxonne und Besançon in Wirksamkeit traten und die Straße von Lyon nach Paris gedeckt blieb.

Wollten die Verbündeten diese Stellung angreifen, so mußten die Vortheile derselben mit in Rechnung kommen, und Bonaparte genoß in diesem Falle die Verstärkung welche die vertheidigende Form des Krieges gewährt, bis auf den äußersten Punkt; wollten aber die Verbündeten die Annäherung ihrer Reserven und Wellingtons abwarten, so mußte Bonaparte in dem Augenblick zur Offensive übergehen wo jene Reserven sich dem Rheine näherten.

Drittes Kapitel.

Vergleichung des Angriffs- und Vertheidigungsplans welcher den Feldzug von 1814 bestimmt hat, mit dem unsrigen.

Obgleich der Angriffsplan der Alliirten sich in zwei großen Umständen von dem unsrigen unterscheidet, nämlich daß sie zwei Monate später den Angriff gemacht haben, um ihn mit einer doppelt so starken Macht zu thun, und daß sie ihren Weg zum Theil durch die Schweiz genommen: so muß man doch sagen daß er in seinem Hauptcharakter und so, wie die Umstände sich gemacht haben, auch in seinen Wirkungen wenig davon unterschieden ist. Mit der Überlegenheit ihrer Macht Bonapartes letzte Kräfte durch einen neuen Sieg zu zertrümmern, Paris einzunehmen und Frankreich zu revolutioniren war, wenn auch nicht von Hause aus ihr Plan, doch der Faden an welchem die Begebenheiten zusammenhängen, und das unterscheidet sich nicht von unserem Plane.

Da Bonaparte in den zwei Monaten bei weitem nicht die Kräfte zusammengebracht hat, welche man berechtigt war anzunehmen, so hat sich das Machtverhältniß der Verbündeten durch diese Verzögerung viel vortheilhafter gestellt als es der Fall gewesen sein würde wenn sie im Marsch geblieben wären. Aber Nichts berechtigte zu einer solchen

Voraussetzung, und man kann deshalb nicht sagen daß der Erfolg die Weisheit der verbündeten Heerführer gerechtfertigt hätte. Übrigens mag es immerhin sein daß das Zahlenverhältniß der Alliirten im Dezember wirklich weniger vortheilhaft gewesen wäre als es ihnen im Februar wurde; aber 60,000 Mann die sich 2 Monate erholt haben von ihrer Niederlage, sind nicht mehr dieselben 60,000 Mann die, in halber Auflösung vom Schlachtfelde kommend, 100 Meilen weit vom Druck des nachstürmenden Siegers getragen werden. Wer diesen moralischen Faktor übersieht, versteht den Krieg nicht. Es ist Hundert gegen Eins zu wetten daß die 60,000 Mann nicht mit 30,000 nach Paris gekommen wären. Man denke nur an die Folgen von Belle-Alliance.

Hatte man sich einmal entschlossen nicht vor dem Januar über den Mittel-Rhein zu gehen, so war der Marsch durch den Breisgau und die Schweiz nicht mehr als ein Zeitverlust anzusehen und insofern gleichgültig. Wenn man aber dieser Richtung eine besondere strategische Kraft zugeschrieben hat, etwa wegen Verkürzung der Operationslinien, Umgehung der Ströme und Gebirge welche gegen den Mittel-Rhein Front machen, so ist das ohne Realität. Man braucht nicht durch die Schweiz oder bei Hüningen und Fort Louis über den Rhein zu gehen, um später seine Verbindungslinien über den Ober-Rhein zu ziehen, das ist doch klar. Das Umgehen der Ströme und Gebirge, wenn es überhaupt nicht in den meisten Fällen eine Täuschung ist, war ganz unnütz, da man mit völliger Gewißheit auf die Unmöglichkeit rechnen konnte in welcher Bonaparte war seine Macht früher als auf dem linken Maasufer zu versammeln. Hätte man die Absicht gehabt durch den Marsch nach der Schweiz dieses Land zu einer

offensiven Mitwirkung zu bestimmen, so wäre er zu ent-
schuldigen gewesen; so aber hob man die Neutralität der
Schweiz und die dadurch gewährte Sicherheit der linken
Flanke auf, ohne einen Ersatz dafür zu haben. Der Gegenstand des strategischen Angriffs scheint bei den Alliirten
ganz richtig in einen großen Sieg mit vereinigter Macht
und demnächst in die Eroberung von Paris gesetzt worden
zu sein. Wollte man sich mit vereinigter Macht schlagen,
so geht schon daraus deutlich hervor wie unnütz es war
sich vorher zu theilen und dann mit Mühe wieder zu vereinigen.

Daß man die Generale Bülow und Winzingerode mit
nach der Nieder-Weser abmarschiren ließ, um sie von da
nach Holland gehen zu lassen, geschah ohne klare Ansicht
der Verhältnisse, denn es geschah zu einer Zeit wo man
sich wahrscheinlich noch nicht über die Frage entschieden
hatte, ob man nicht sogleich in Frankreich eindringen müsse,
und in diesem Falle konnte man sie nicht entbehren. Wie
sich hinterher die Umstände gemacht haben, war die Entsendung des Generals Bülow angemessen; dagegen kann
man fragen was die des Generals Winzingerode bewirkt
hat? Von der Schlacht bei Leipzig bis zu den Gefechten
an der Marne im Februar sind diese Kräfte müßig und
zwecklos umhergezogen.

Die Entsendung des Generals Bubna mit 12,000 Mann
auf Genf hatte einen zureichenden Grund, denn wenn man
die Schweiz zu einem Theile seiner Basis machen wollte,
so war es nicht mehr als billig sich dieses ziemlich wichtigen Punktes zu bemächtigen, und 12,000 Mann konnten
bei so großen Massen ohnehin nicht sehr vermißt werden.
Auch kann man es nicht mißbilligen wenn man von Hause
aus bestimmte, dieses Korps solle von den Umständen so

viele Vortheile als möglich ziehen und in das Thal der
Rhone vordringen; waren sie einmal entsendet, so mochten
sie ihr Heil dort versuchen, vielleicht konnte man durch sie
die Wirksamkeit dieser Provinzen in neuen Formationen
lähmen und vielleicht eine royalistische Bewegung unter den
Einwohnern hervorbringen. Wenn man für so wichtige
Möglichkeiten ein verhältnißmäßig so unbedeutendes Korps
entsendet, so kann das keine schlechte Wirthschaft genannt
werden.

Was aber die Entsendung des Erbprinzen von Hessen-Homburg mit der östreichischen Reserve und des Generals Colloredo mit dem 1sten Korps nach Dijon bedeutet,
ist schwer einzusehen.

Es geschah vermuthlich um die Verbindung mit dem
General Bubna zu unterhalten, ihn indirekt zu unterstützen,
die Belagerungen oder vielmehr Einschließungen der Plätze
im Elsaß und der Franche-Comté zu decken und die strategische linke Flanke der Schwarzenbergschen Armee zu
sichern. Alle diese Zwecke tragen recht das Gepräge der
gewöhnlichen strategischen Bestimmungsgründe, d. h. sie sind
dunkle Gewohnheitsvorstellungen.

Die Thätigkeit von 12,000 Mann durch eine Reserve
von 40,000 Mann indirekt zu unterstützen, ist eine sehr
schlechte Wirthschaft. Die Blokaden und die linke Flanke
waren in der ersten Zeit (im Monat Januar) auf keine
Weise bedroht, und außerdem ist es ja einleuchtend daß ein
entschiedener Sieg an der Seine die Verbündeten nach Paris führen mußte; eine mit vereinigter Macht verlorene
Schlacht aber, wenn diese möglich gewesen wäre, an den
Rhein, und daß also die Besorgniß um beide Gegenstände
sehr überflüssig war. Bei einer so ungeheuern Basis wie
die von Genf bis Nimwegen, und bei den Mitteln und

dem Willen die Sache schnell mit Hauptschlägen zu entscheiden, war wahrlich nicht der an sich schon sehr seltene
Fall vorhanden daß eine strategische Flankenbewegung gefährlich werden konnte.

Was vor den Festungen zurückblieb, hatte einen deutlich gedachten Zweck; daß man aber beim ersten Plan:
den Kronprinzen von Würtemberg, den General Wrede,
den General Wittgenstein und anderthalb östreichische
Korps dazu bestimmte, war offenbar eine Vertrödelung der
Kräfte, denn die drei Ersten wandten sich bald darauf wieder zur Hauptarmee. Wenn man vor den Festungen ließ
was eben nöthig war, höchstens das Doppelte der sehr
schwachen Besatzungen, und den General Wrede nicht bestimmte durch eine Unternehmung den Rhein hinunter das
Elsaß erst besonders zu befreien, sondern die Eroberung
dieser Provinz von dem vereinigten Marsch auf Paris erwartete, so konnte man diesen Marsch dahin mit 150,000
Mann antreten und dieser Macht konnte selbst ohne Blüchers Vereinigung Nichts widerstehen.

Die Entsendung der Generale Langeron und York
von der Blücherschen Armee hatte hinreichende Zwecke, und
wenn General York bald darauf mit der einen Hälfte seines Korps wieder herangezogen wurde, so muß man doch
auch sagen daß die vor den Festungen gelassenen Truppen
ungewöhnlich schwach blieben. Die Kühnheit sie nur ganz
leicht einzuschließen verdient nach unserer Ansicht das höchste
Lob, allein sie war nicht gerade zu fordern und bei der
großen Überlegenheit an Truppen nicht strenge geboten, so
daß man es nicht als einen Fehler des Plans ansehen
kann wenn Das darin bestimmt wurde was zuerst geschah. —

Was den Plan des Vertheidigers betrifft, so kann
man, was im Kochschen Werke davon enthalten ist, nur

als Bruchstücke ansehen die unverständlich sind, denn die angegebenen Vertheidigungsbezirke machen nicht Front gegen die Grenzen welche bedroht waren. Was man aus den Begebenheiten selbst mit Klarheit abstrahiren kann, ist die Scheinvertheidigung des Rheins, der Saar und der Vogesen und eine Vereinigung der Hauptarmee im Thale der Marne. Daß die neuen Formationen welche in den 2 Monaten vollendet wurden, so unbedeutend waren, mag in der Schwierigkeit aller Verhältnisse gelegen haben. Daß Bonaparte nicht Suchets Armee aus Spanien abrief um sich von daher mit 20- bis 30,000 Mann mehr zu verstärken, daß er in Italien noch eine Art Offensive gegen Bellegarde versuchte, daß er 10- bis 15,000 Mann in Belgien ließ um den Krieg im freien Felde zu führen, daß er in Savoyen, an der Rhone, der Yonne überall Truppen hatte, während er zur Hauptarmee nur 70,000 Mann versammeln konnte, sind Alles ganz entschiedene Fehler, entsprungen aus Übermuth und Geringschätzung des Feindes. Er hatte ein Recht sich und seine Armee moralisch überlegen zu glauben, aber dieses Vertrauen konnte doch nicht zu grenzenlosen Folgerungen führen. Er hatte bei Leipzig erfahren daß die Übermacht ihn erdrücken konnte, und durch den übrigen Feldzug vom Jahre 1813, daß seine Generale nicht über alle Generale der alliirten Armee eine Überlegenheit hätten, daß sich in einzelnen Theilen dieser Armee schon viel Entschlossenheit und kriegerischer Geist gebildet hatte. Unter diesen Umständen den Alliirten mit einer Macht entgegen zu treten die nicht die Hälfte der ihrigen betrug, um sich rechts und links kleine, weit aussehende, ungewisse Nebenvortheile zu erhalten, ist wahrhafter Leichtsinn. Selbst die Aufstellung am Rhein, an sich nothwendig, war durch die unnütze Ausdehnung bis Wesel gefährlich geworden, so

daß Macdonald nicht mit zur ersten Schlacht gezogen werden konnte. Wenn die Verbündeten es mit dem übergange über den Rhein so ernstlich meinten, um sich die
Mühe zu geben über Wesel und Köln die Vertheidigungslinie zu umgehen, so war durch diesen Zeitgewinn der Zweck
schon erfüllt und mehr von einem bloßen simulacre der
Vertheidigung nicht zu erwarten. Da Bonaparte sich nicht
entschlossen hatte den Vereinigungspunkt seiner Kräfte südöstlich von Paris zu legen, sondern an die Marne, so
konnte er auch die Entscheidung nicht verzögern, sondern
die Schlacht mußte geliefert werden sobald die Verbündeten an der Marne ankamen, und unter diesen Umständen ist es nur eine unbedeutende Abweichung welche der
Vertheidigungsplan Bonapartes von dem unsrigen hat, daß
er seine Hauptmacht so früh als möglich zusammennehmen
wollte um damit eine Angriffsschlacht zu liefern, während
wir es als ein wesentliches Stück unserer Vertheidigung
ansahen die Schlacht bis aufs Äußerste zu verschieben,
d. h. so lange als möglich auf der Vertheidigung zu bleiben. Wir sprechen hier nur von Dem was man sich gegenseitig bei Eröffnung des Feldzuges als Plan vorsetzte,
nicht von Dem was in der Ausführung sich als das Zweckmäßigste zeigte. Daß Bonaparte nicht die Absicht einer
Defensivschlacht hatte, sieht man daraus daß er nirgend
eine Stellung zu einer solchen hatte vorbereiten lassen.
Hätte er seine Armee in der Gegend von Chalons in eine
solche rücken lassen, so würde in dem Falle daß die Verbündeten in einer großen Masse vom Mittel-Rhein gegen
Paris vorgedrungen wären, vor dieser Stellung doch wohl
ein unentschlossener Halt, ein Theilen der Kräfte u. s. w.
entstanden sein, welches ihm vortheilhaft werden konnte;
aber dieser Vortheil kann nicht wohl als Etwas von ent-

scheidender Wichtigkeit betrachtet werden. Bei dem getheilten Eindringen wäre nun ohnehin die Wirksamkeit einer solchen Defensivstellung ganz weggefallen, denn die an der Seine vordringende große Armee mußte doch aufgehalten werden, welches nur geschehen konnte indem er hinmarschirte.

Wir haben gesagt daß die Verbündeten nicht gewagt haben würden auf Paris zu marschiren, wenn Bonaparte mit 100- bis 150,000 Mann bei Dijon gestanden hätte; daß aber der Fall sehr verschieden war wenn Bonaparte mit 70,000 Mann bei Chalons stand und die Verbündeten im Thal der Seine gegen Paris vordrangen, braucht wohl nicht weiter auseinandergesetzt zu werden. Sobald Bonaparte seine Macht auf der Straße vom Mittel-Rhein nach Paris vereinigen wollte, konnte eine Defensivstellung und Schlacht nur geringe Vorzüge vor einer offensiven haben, und von dem Augenblicke wo es entschieden war daß eine bedeutende Macht der Verbündeten das Thal der Seine hinunterziehen würde, war sie nicht mehr möglich.

Zweiter Abschnitt.

Ausführung der gegenseitigen Pläne oder die Begebenheiten des Feldzugs selbst.

Erstes Kapitel.

Allgemeine Betrachtungen.

Es zerfällt der Feldzug, was den Angreifenden betrifft, in folgende 6 Hauptakte:

1. Das Vorrücken und Vereinigen der beiden großen Armeen unter Schwarzenberg und Blücher, die Schlacht von la Rothiere, bis zu ihrer ersten Trennung.

2. Die Unternehmungen Blüchers im Thale der Marne.

3. Das Vorgehen der Schwarzenbergschen Armee an die Seine, ihr Rückzug an die Aube, bis zur Schlacht von Bar für Aube.

4. Blüchers Marsch zur Schwarzenbergschen Armee, seine 2te Trennung von derselben, sein Marsch an die Aisne, die Schlacht von Laon, bis zum neuen gemeinschaftlichen Vordringen gegen Paris.

5. Der neue Angriff der Schwarzenbergschen Armee, die Schlacht von Bar für Aube, das neue Vorrücken an die Seine bis zum neuen Rückzuge an die Aube und die Schlacht von Arcis für Aube.

6. Das gemeinschaftliche Vordringen gegen Paris und die Schlacht vor Paris. —

Die Hauptakte der Vertheidigung aber sind:

1. Schein-Vertheidigung der Flüsse, Rückzug und Vereinigung der Korps, bis Bonaparte selbst den Befehl übernimmt.

2. Bonapartes Marsch an die Aube, Schlacht bei la Rothiere, Rückzug nach Troyes.

3. Bonapartes Marsch an die Marne, seine Angriffe auf die Blücherschen Korps.

4. Vertheidigung der französischen Marschälle an der Seine bis zur Ankunft Bonapartes.

5. Bonapartes Marsch an die Seine, seine Gefechte gegen die einzelnen Korps, sein neuer Marsch an die Marne und Aisne, die Schlacht von Laon und sein Unternehmen auf Rheims.

6. Zweite Vertheidigung der französischen Marschälle an der Seine.

7. Bonapartes zweiter Marsch dahin, die Schlacht von Arcis.

8. Der Marsch in die Flanke der Schwarzenbergschen Armee.

9. Die Bewegungen der Marschälle Mortier und Marmont an der Marne und ihr Rückzug auf Paris.

Diese verschiedenen Züge des Angriffs und der Vertheidigung wollen wir in einzelnen Kapiteln durchgehen, erst aber noch beim Ganzen verweilen.

Der Angreifende.

Bis zur Schlacht von Vrienne oder la Rothiere waren die Unternehmungen ganz einfach auf den vorgesetzten Zweck einer Hauptschlacht gerichtet, und wo sie das sind hat die Kritik niemals Etwas zu erinnern. Schwarzenberg und Blücher suchten ihren Vereinigungspunkt in der Richtung die der Erste eingeschlagen hatte; sie fanden ihn bei Brienne. Bonaparte sammelte seine Macht und führte sie der verbündeten Hauptmacht entgegen.

Anstatt den Sieg durch Verfolgung und Zertrümmerung des feindlichen Hauptheeres zu benutzen, trennt sich Blücher von Schwarzenberg und zieht ins Thal der Marne. Das Erste wäre das Natürliche und Einfache gewesen, also das Rechte. Die Ursache dieser Trennung lag in der Schwerfälligkeit und Unentschlossenheit der Schwarzenbergschen Armeeführung; wie viel davon auf die Persönlichkeit des Fürsten Schwarzenberg kommt ist uns hier gleichgültig — genug Blücher und seine Rathgeber fühlten, oder glaubten überzeugt zu sein daß auf diese Weise Nichts anzufangen sei und wollten sich deshalb auf einem eigenen Kriegstheater frei bewegen. Die Korps von Sacken, Langeron, Kleist und York, so viel Blücher davon an der Marne vereinigen konnte, mochten ungefähr 50,000 Mann betragen. Da Bonaparte nicht mehr als etwa 70,000 Mann disponibel zu haben schien und doch die große Armee nicht ohne Gegner lassen konnte, so glaubte Blücher nicht in Gefahr zu kommen von einer überlegenen Macht erdrückt zu werden; er gedachte daher durch seinen guten Willen, Muth und Unternehmungsgeist das fortschreitende Prinzip in der Offensive einigermaßen aufrecht zu halten und durch glückliche Schläge die große Armee mitfortzureißen.

Ähnliche Gründe haben Blücher 3 Wochen später zu einer zweiten Trennung von der großen Armee vermocht; über den Nutzen den diese dem Ganzen gebracht, ist nur Eine Stimme von Allen welche Augenzeugen waren; solche subjektive Gründe können also in gewissen Fällen gegen die

objektiven entscheiden. Indessen scheint diese erste Trennung Blüchers von Schwarzenberg auch subjektiv nicht so
stark motivirt zu sein wie die zweite. Die große Armee
war zwar nur sehr langsam vorgerückt, hatte mit ängstli-
cher Vorsicht ihre Kräfte sehr zerstreut und mochte wohl
vor dem Gedanken eines direkten Marsches auf Paris eine
gewisse Scheu tragen; allein sie war doch im Vorgehen
geblieben und die Schlacht mußte ihren Muth und Unternehmungsgeist Etwas vermehren, und hiernach war doch
wohl zu erwarten daß Blüchers Energie sie endlich mitfortreißen und so von den ersprießlichsten Folgen sein würde.
Wir können uns daher nicht enthalten diesen Abmarsch
Blüchers als voreilig und deshalb fehlerhaft anzusehen.
Die Katastrophe welche Blücher an der Marne erfuhr, war
freilich keine nothwendige Folge seines Abmarsches, aber
doch eine natürliche. Der Hauptgrund warum wir jede
nicht motivirte Theilung für fehlerhaft halten ist: weil man
nicht sicher ist ob der Gegner sich auch theilt oder in dem
Maaße theilt wie wir; das geschah hier offenbar nicht. Bonaparte ließ gegen 120,000 Mann unter Schwarzenberg
25,000 Mann unter Victor und Oudinot stehen und ver-
wandte einige 40,000 Mann gegen Blücher, der, wenn er
Alles beisammen hatte, nur einige 50,000 Mann stark gewesen wäre. Unter diesen Umständen ist es wenigstens gar
nicht unwahrscheinlich daß Blücher von ihm geschlagen worden wäre, wenn er auch Alles beisammen gehabt hätte. Die
Verluste würden nicht so groß, der Sieg vielleicht auch
zweifelhaft gewesen sein, aber bei der großen Überlegenheit
der Massen konnte man doch ganz andere Verhältnisse herbeiführen als eine so zweifelhafte Schlacht.

Aber diese Katastrophe Blüchers war nicht der einzige
Nachtheil seines Abmarsches. Wie viel Zeit ging verloren

durch dieses Ausweichen von der geraden einfachen Linie, welch ein unnützer Kraftaufwand wurde durch die Kreuz- und Quermärsche in unwirthbaren Gegenden erforderlich, und endlich wie viel größer wurde die Unentschlossenheit Schwarzenbergs durch die Ungewißheit die jedesmal mit der Theilung der Macht verbunden ist! Mehrere Tage ver- gingen ohne daß man Bonapartes Abmarsch erfuhr; dann war man nicht sicher ob er viel mit sich genommen hätte; mehrere Tage ehe er wieder da war, fürchtete man er könnte schon wieder zurück sein. Alle diese Ungewißheiten und dann die: ob Blücher nicht vielleicht eine gänzliche Nieder- lage erlitten, mußten ja natürlich die Unentschlossenheit der Führung sehr vermehren und so hat es sich doch auch ge- zeigt. Eine Niederlage Blüchers mußte man durch eine Niederlage der Marschälle gut machen und seiner überle- genheit vertrauend auf Paris marschiren, was auch an- derswo sich zutrage; nur wenn man so dachte, war die Theilung der Macht zulässig; aber wie weit war man von einer solchen Entschlossenheit entfernt, da man nicht einmal die hatte mit vereinter Macht dem geschlagenen Feinde zu folgen!

Bonaparte hatte sehr wohl berechnet daß er an die Seine zurück sein würde, ehe die Marschälle sich unter den Mauern von Paris befänden. Da diese also Raum zum Ausweichen hatten, überdies noch einen bedeutenden Boden- abschnitt, die Seine, zu ihrem Beistande, so war ihnen die überlegenheit der verbündeten Hauptarmee weniger gefähr- lich, denn wenn der Gegner ausweichen kann und will, so gehört bei der größten überlegenheit schon wieder sehr viel Gewandtheit und Unternehmungsgeist dazu ihn in bedeu- tende Verluste zu verwickeln.

Nach der Trennung Blüchers und Schwarzenbergs ist der nächste große Zug ihre Vereinigung. Beide sind ge- schla-

schlagen und fühlen das Bedürfniß sich zu vereinigen, weil
sie dann zum Widerstande stark genug sein würden. Dies
beweist daß man nie stärker ist als mit vereinigten Kräften. Kaum kommt Blücher an, so will ihn die Besorgniß des großen Hauptquartiers mitfortreißen zum weitern
Rückzuge nach Chaumont, nach Langres, an den Rhein.
Da führt Blüchern das Gefühl der innern Selbstständigkeit zum zweiten Male von dannen. Er hat die Aussicht
50,000 Mann unter St. Priest, Winzingerode und Bülow an sich zu ziehen und eine Armee von 100,000 Mann
an der Marne oder Aisne aufzustellen. Schwarzenberg ist
schon im Schuß des Rückzuges; an ein Aufhalten ist nicht
zu denken. — Nichts verdient mehr Lob als der Entschluß
unter solchen Umständen sich wieder zu entfernen. So
wird dem Rückzuge ein neues, wenn auch schwaches Prinzip des Vorgehens eingeimpft. Es thut auf der Stelle
seine Wirkung; Bonaparte fühlt es und zieht den zum
Stoßen bereiten Arm zurück um zu pariren. Hierauf
macht die große Armee Halt. Freilich hat der König von
Preußen persönlichen Theil an diesem Entschlusse, aber man
kann ihn darum doch nicht als eine Wirkung des Zufalls
ansehen. Selbst wenn Schwarzenberg seinen Marsch noch
einige Tage fortgesetzt hätte, so würde er doch vor Macdonald und Oudinot nicht bis an den Rhein gegangen sein.

Bei dieser zweiten Trennung war die Vertheilung
der Streitkräfte weniger ungleich. Bonaparte ließ einige
30,000 Mann an der Seine, so daß ihm nur einige
40,000 Mann übrig blieben. Schwarzenberg hatte die
Südarmee gebildet und konnte nur noch zu 80- bis 90,000
Mann angenommen werden. Blücher aber stellte sich den
40,000 Mann unter Bonaparte mit 100,000 Mann entgegen.

Die Folge der Trennung war wieder die ganz natürliche daß Blücher sich mit Bonaparte allein schlagen mußte,
aber das neue Verhältniß der Macht ließ diesem keine
Möglichkeit des Sieges. Also bot diese zweite Trennung,
die in Rücksicht auf die moralische Größe so nöthig war,
auch in Rücksicht auf die physische keine solche Nachtheile
dar wie die erste, und es ergab sich dabei ein Machtverhältniß welches jede Befürchtung überflüssig machte.

Kehren wir mit unserer Betrachtung noch einmal um
Augenblick zurück wo die rückgängige Bewegung Schwarzenbergs anfängt. Als er an der Seine die Niederlage
seiner Korps erlebt und das Übergewicht der Franzosen bei
Lyon erfahren hat, ruft er Blücher herbei, beschließt aber
zugleich die Bildung einer Armee von 40,000 Mann an
der Rhone, wozu etwa 20,000 Mann von der seinigen
genommen werden müssen, und den Rückzug bis Langres,
wo er seine Flanke nicht mehr bedroht glaubt. Dies würde
ihn bis an den Rhein geführt haben.

Hier tragen sich zwei falsche Ideen gegenseitig.

Weil Schwarzenberg sich zu schwach glaubt um Bonapartes Herr zu werden, so glaubt er für die Sicherheit
seiner Flanke und Basis sorgen zu müssen, und weil er
für diese zu sehr sorgt und sich schwächt, so fühlt er sich
dem Kaiser um so weniger gewachsen.

Mit 150,000 Mann wie Schwarzenberg und Blücher zusammen waren, mußte man doch wohl 60,000 Mann
erdrücken d. h. eine Hauptschlacht gewinnen und sie über
Paris hinaustreiben können. Geschah dies, so waren die
Siege an der Rhone etwas sehr Gleichgültiges.

Der größte Fehler aber war daß man bei dem be-
schlossenen Rückzuge nicht an die 50,000 Mann dachte die
sich an der Marne ansammeln ließen. Bonaparte so lange

als möglich mit vereinigter Kraft gegenüber zu bleiben, und wenn man zu einer Hauptschlacht gedrängt wurde und sie nicht annehmen wollte, sich in der Direktion auf Vitry und Chalons zu ziehen um sich mit Winzingerode, St. Priest und Bülow zu vereinigen, war doch eine ganz einfache praktische Idee.

Nach der Trennung Blüchers und Schwarzenbergs hatte sich die allgemeine Lage nicht verändert, aber das offensive Prinzip des verbündeten Heeres (Blücher) hatte sich von der Masse losgerissen und neue Schwungkraft gewonnen und so zog er diese wieder mit sich fort. Schwarzenberg ging wieder, aber mit doppelter Besorglichkeit, bis zur Seine und längs derselben vor. Sobald er Bonapartes Rückkehr ahnete versammelte er sein Heer zur Schlacht bei Arcis am 20. März. Eben dasselbe hätte er 4 Wochen früher thun können, als Blücher bei ihm war. Damals war er 50 = bis 60,000 Mann stärker und Bonaparte vielleicht nur 10 = bis 20,000 Mann.

Was war nun hier die Ursache der ganz verschiedenartigen Entscheidung? Die Südarmee war bis Lyon vorgedrungen und hatte wohl ihre Überlegenheit schon kennen gelernt, aber das eigentlich entscheidende Gefecht war erst am 19. März, konnte also bei der Hauptarmee an diesem Tage (dem 20.) noch nicht bekannt sein. Die Schlacht von Laon hatte Bonapartes Schwäche einigermaßen kund gethan, indessen war er noch ziemlich gut davon gekommen. Beide Umstände haben natürlich den Standpunkt Schwarzenbergs Etwas verrückt, aber die wirksamste Ursache mag hier, wie oft, in dem Konflikt von mancherlei innern Bewegungsgründen eine ganz kleine Feder gewesen sein, das widrige Gefühl nämlich, jedesmal vor Bonaparte zu weichen ohne einen Versuch zum Widerstande.

Bonaparte bricht die Schlacht ab und beschließt in einer strategischen Umgehung sein Heil zu versuchen. Das Natürlichste was man auf diesen Zug erwidern konnte war ein vereinigter Marsch auf Paris, und dies geschah und war das Beste des ganzen Feldzuges.

Der Vertheidiger.

Bonapartes Plan war seine Kräfte an der Marne zu vereinigen, davon haben wir schon gesprochen; sobald er sieht daß das verbündete Heer sich an der Aube vereinigt, rückt er dahin; das war eine ganz natürliche Handlung. Er glaubt die Verbündeten noch nicht vereinigt, worin er auch Recht hat und greift deshalb Blücher den 29. Januar bei Brienne an. Den 30. und 31. wartet er Marmonts Ankunft ab und hat' die Absicht eine entscheidende Schlacht zu liefern.

Hier entsteht nun die Frage ob das verständig war. Bonaparte konnte noch bis Paris ausweichen, er konnte sich zweimal hinter der Seine vertheidigend aufstellen, einmal bei Troyes, das andere Mal zwischen Nogent und Montereau; er konnte also berechnen daß er wenigstens 14 Tage Zeit gewinnen würde im Fall die Verbündeten im ganz entschlossenen Vorgehen blieben. In diesen 14 Tagen würden ihm wohl 15- bis 20,000 Mann neu formirter Truppen zugekommen sein; er hätte Mortier und Macdonald herbeiziehen können, wodurch er auch um 20,000 Mann verstärkt worden wäre; kurz er konnte statt bei la Rothiere mit 50,000, bei Paris mit 90,000 Mann schlagen, und es war wohl vorauszusehen daß die Verbündeten sich bis dahin noch beträchtlich schwächen würden. Freilich verlor er Paris mit der Schlacht die er unter ihren

Mauern lieferte, wie es sich in der Wirklichkeit gezeigt hat. Allein offenbar war es die Schuld der Verbündeten daß der Sieg bei la Rothiere sie nicht nach Paris führte, und man kann sagen daß die Verbündeten die nach der Schlacht von la Rothiere nicht dahin kamen, ohne diesen Sieg noch weniger dahin gekommen sein würden, d. h. Bonaparte würde, wie die Umstände waren, gar nicht bis Paris von ihnen gedrängt worden sein, sondern ihre Unentschlossenheit würde sie bald zum Stehen gebracht und Blücher an die Marne geführt haben.

Das Einzige was man diesem Räsonnement entgegenstellen kann, ist, daß die Verbündeten nach dem Siege von la Rothiere übermüthig wurden und sich deshalb theilten. So mag es wirklich gewesen sein, aber das wäre doch ein zu gefährlicher Umweg zum Siege, wenn ein Vertheidiger sich einer Niederlage aussetzen wollte blos in der Hoffnung daß sein Gegner dadurch übermüthig und im Übermuth unverständig werden würde.

Diese Vortheile nun opferte Bonaparte auf, um den frischen Muth, die erhöhte Stimmung zu benutzen, welche jede Truppe, besonders eine stolze und eitle wie die französische, in dem Augenblick zu kräftigen pflegt wo sie gesammelt dem vordringenden Feinde entgegengeführt wird; um seinen eigenen Ruf in der Hauptstadt nicht durch einen vierzehntägigen Rückzug untergraben zu sehen, und weil es ihm wie Leuten seiner Art immer natürlicher war der Gefahr trotzig entgegen zu gehen als ihr vorsichtig auszuweichen, sie mit Leidenschaft zu bekämpfen statt mit Klugheit.

Nachdem die Schlacht bei la Rothiere nicht die schlimmen Folgen gebracht hatte welche zu erwarten waren, nämlich eine gänzliche Zerstreuung des französischen Heeres, sondern eine Theilung der Verbündeten, war für Bonaparte die natürlichste Idee auf einen Theil derselben mit vereinigter Kraft zu fallen.

Die subjektiven Gründe welche die Theilung der Verbündeten nach der Schlacht von la Rothiere veranlaßten, konnte Bonaparte nicht wohl wissen oder errathen. Selbst das Anrücken von York, Kleist, Kapzewitsch und Winzingerode gegen die Marne, wodurch diese Gegend zum natürlichen Sammelplatz der Blücherschen Armee wurde, konnte er nicht deutlich im Auge haben, da er vermuthlich den Marsch der meisten dieser Korps nicht so genau kannte. Bonaparte konnte sich also die Theilung der Verbündeten nach der Schlacht nur so auslegen: daß sie den Sieg als schon entschieden betrachteten und nun durch eine große Umgehung Paris früher zu erreichen suchten, um es entweder durch einen Handstreich zu nehmen oder wenigstens den Krieg durch einen bloßen Marsch in diese Gegend zu versetzen.

Es war also für Bonaparte nicht die Rede davon einen Feind der sich aus Unentschlossenheit und Mangel an Einheit getheilt hatte, während dieser Theilung mit überlegener Macht anzugreifen, sondern dem rollenden Rade in die Speichen zu greifen, sich den Folgen entgegenzustellen welche der siegreiche Gegner in seinen Sieg hineinziehen will, und dazu die Fehler zu benutzen zu welchen sich dieser, wie es scheint aus Übermuth, verleiten läßt.

Unstreitig muß der Entschluß Bonapartes bei diesem letzten Standpunkt höher gestellt werden als wenn er den ersten gehabt hätte, und man kann wohl sagen daß Wenige es ihm gleich gethan haben, daß die Meisten eiligst nach Paris aufgebrochen sein würden.

Bonaparte fühlte sich nicht in dem Maaße geschlagen und besiegt wie seine Gegner es vorauszusetzen schienen,

und wollte von dieser falschen Voraussetzung und der Trennung welche sie zur Folge hatte, Vortheil ziehen, indem er
mit verhältnißmäßiger Übermacht auf einen der Theile
fiel. Die Frage war nur: sollte dieser Theil Schwarzenberg oder Blücher sein? Das Einfachste war auf Schwarzenberg loszugehen, denn da brauchte er nicht erst einen
Marsch von mehreren Tagen zu machen; er fand ihn vor
sich in mehrere Korps getheilt, durch die Seine getrennt;
er konnte also mit Dem anfangen womit er endigte. Allein Bonaparte scheint dennoch Recht gehabt zu haben sich
erst gegen Blücher zu wenden, aus folgenden Gründen:
Blücher ließ sich nicht wie Schwarzenberg durch eine kleine
Macht in Zaum halten die ihm gegenüber blieb während
die Hauptmacht einen Streich ausführte; er mußte also
zuerst getroffen und gelähmt werden, wenn nicht Paris in
Gefahr kommen sollte; überhaupt verdiente er als der Un-
ternehmendere die erste Rücksicht; ferner war Blücher sehr
viel schwächer als Schwarzenberg, es ließ sich also eher ein
vortheilhaftes Gefecht gegen ihn denken; endlich war ein
Zug schnell hinter Blücher her, ein plötzliches Erscheinen
an der Marne, in einem Augenblick wo man glaubte Bonaparte sei noch von der verlornen Schlacht gelähmt, etwas überraschendes, einem Überfall Ähnliches, was auch
seine volle Wirkung gethan hat. Hier war also einmal
der Fall wo das Einfachste nicht das Beste war. Dieser
Zug Bonapartes an die Marne ist das Beste im ganzen
Kriege.

Nach der Niederlage der Blücherschen Korps ist die
Frage: ob Bonaparte zurückkehren mußte an die Seine
oder ob er gegen Blücher seinen Sieg verfolgen konnte?
Diese Frage kommt im Kriege oft vor. An und für sich
ist das Kürzeste und Wirksamste den Vortheil auf dem

Punkt zu verfolgen wo man ihn errungen hat, weil dann
keine Zeit mit Marschiren verloren geht und das Eisen ge-
schmiedet wird so lange es warm ist; aber es muß immer
die andere Frage berücksichtigt werden: ob auf andern Punkten nicht mehr verloren geht als man hier gewinnen kann;
die Entscheidung dieser Frage hängt von dem Verhältniß
ab welches der besiegte Theil zum Ganzen hat, seinem physischen und moralischen Gewichte nach. Wollte man im
vorliegenden Falle blos an die physischen Machtverhältnisse
denken, so wäre es thöricht zu glauben daß Bonaparte
durch ein weiteres Verfolgen Blüchers Schwarzenberg zum
Rückzuge hätte bewegen müssen, denn 120,000 Mann gegen 25,000 Mann konnten doch den Erfolg nicht zweifelhaft lassen und so mußte nach allen vernünftigen Voraus-
setzungen Paris verloren sein. Ziehen wir aber die moralischen Verhältnisse mit in Betrachtung, daß Blücher das
muthige Prinzip in der verbündeten Armeeführung war,
daß Schwarzenbergs übergroße Behutsamkeit sich in seinem
zaghaften Vorrücken hinreichend aussprach, daß er wegen
des Übergewichts der Franzosen an der Rhone für seine
linke Flanke schon zitterte, und durch ein Zurückgehen Blüchers über die Maas auch seine rechte verloren geglaubt
haben würde: so scheint es nicht zweifelhaft daß ein fort-
gesetztes Treiben Blüchers, woraus leicht eine völlige Zertrümmerung seines Heeres und ein Rückzug bis an die
Maas, Mosel und Saar folgen konnte, Bonaparte weiter
geführt haben würde als das Umwenden gegen Schwarzenberg. Dieses fortgesetzte Verfolgen seines Sieges gegen
Blücher, unbekümmert um Das was Schwarzenberg thun
könnte, wäre nur in demselben Geist gewesen in welchem
Bonaparte sich vorzugsweise gegen diesen Feldherrn gewendet hatte. Indessen kann man, weil dies Alles auf mora-

tische Größen berechnet ist die man im Kriege nicht mit Zuverlässigkeit kennt, doch den andern Weg welchen Bonaparte einschlug nicht für einen eigentlichen Fehler ansehen.

Als Blücher sich zum zweiten Male von Schwarzenberg trennte, zog ihm Bonaparte auf der Stelle wieder nach; er hätte jetzt wieder kürzer seine Unternehmungen gegen Schwarzenberg richten können; ähnliche Bestimmungsgründe mochten ihn leiten wie das erste Mal, aber genau betrachtet waren die Umstände nicht dieselben. Blücher konnte an der Marne oder Aisne ein Heer von 100,000 Mann sammeln. Durch das bloße Nachziehen war es unmöglich ihn daran zu hindern; es war nicht denkbar daß 40,000 Mann gegen diese 100,000 entscheidende Vortheile erringen konnten. Dagegen war Schwarzenberg nicht im Vorgehen begriffen wie das erste Mal, sondern im Zurückgehen; das Heer durch die Entsendung des Erbprinzen von Hessen-Homburg nach Lyon bis auf 80- bis 90,000 Mann geschwächt, hoffnungslos und niedergeschlagen. Eine fortgesetzte Unternehmung gegen dieses Heer würde dasselbe ohne Zweifel bis an die Grenze der Schweiz getrieben haben. Bar sür Aube ist ungefähr der halbe Weg von Basel nach Paris; die ausweichende Armee wäre eher nach Basel gekommen, als Blücher sich mit Bülow vereinigt gegen Paris hätte wenden können, im Fall er überhaupt unter diesen Umständen ernstlich daran hätte denken können. Alsdann wären Eilboten über Eilboten abgesandt worden um Blücher zurückzurufen, damit er den Rhein decke und den Drehpunkt mache für die strategische Achsschwenkung durch die Schweiz. Allen Strategen hätte die Dresdener Schlacht und ihre Folgen deutlich vorgeschwebt.

Statt dieser fast zweifellosen Erfolge die sich auf die von ihm gekannte Besorglichkeit des großen Hauptquartiers gründeten, suchte Bonaparte bei Laon eine Schlacht die er nicht gewinnen konnte, und mußte sich glücklich schätzen daß er bei der Gelegenheit nicht ganz zu Grunde gerichtet wurde. Nach diesem verfehlten Unternehmen also, ohne Etwas für die Sicherheit von Paris gethan zu haben, zieht er abermals dem Schwarzenbergschen Heere zu und trifft es bei Arcis. Dieser Zug war also ein Fehler wie Alles was man ohne bestimmten Plan thut, und ein um so größerer, je größer die Noth war, aus der nur die größte Ökonomie von Zeit und Kräfte führen konnte.

Wenn die Schlacht bei Laon fehlschlug und nicht mehr zu gewinnen war, so zeigt dies daß die Kräfte Bonapartes zu einer offensiven Vertheidigung, wie er sie bisher geführt hatte, nicht mehr hinreichten; eine Schlacht mit ganz vereinigter Macht in einer Defensivstellung unter den Mauern von Paris war das Einzige was ihm dießseit Paris noch übrig blieb. Nahm er alle seine Korps dort zusammen, so konnte er noch 70- bis 80,000 Mann aufstellen. Die Verbündeten rückten freilich mit 150- bis 160,000 Mann heran, und nach unserer Meinung können die nicht wohl von 70,000 Mann geschlagen werden. Wenn es indessen 30,000 Mann unter den Marschällen gewagt haben dort eine Schlacht anzunehmen, so konnten 70,000 Mann unter Bonaparte noch weniger Bedenken tragen dies letzte Mittel zu versuchen. Statt diesen natürlichen Weg zu gehen, der selbst nach der Schlacht von Arcis noch übrig blieb, denkt Bonaparte sich den Marsch in den Rücken der Verbündeten aus; man kann dies nicht besser bezeichnen als wenn man es eine Rodomontade nennt. In den Rücken seines Gegners gehen ist überhaupt an und für sich noch wenig, denn es gehört eine beträchtliche Zeit dazu ehe eine solche Unternehmung überhaupt wirksam wird;

es ist also gar kein passendes Mittel für den Augenblick dringender Noth; ferner kann nur der mit Vortheil in den Rücken des Andern gehen der ein viel besseres, ein überlegenes Verhältniß der Verbindungslinien hat; ein Fall, in dem sich Bonaparte keinesweges befand, weil er hauptsächlich auf Paris basirt war, die Andern aber die Schweiz und den ganzen Rhein hatten; endlich gehört dazu auch noch eine gewisse Überlegenheit, weil dergleichen Unternehmungen immer einen großen Kostenaufwand an Kräften veranlassen und weil der Verlust einer Schlacht mit verkehrter Stellung höchst gefährlich ist. Bonaparte sah es als einen letzten Versuch an durch einen sehr ungewöhnlichen Schritt Schrecken zu erregen. Allein eine Unternehmung die Nichts für sich hat als die Außerordentlichkeit, ist ein Gespenst in der Körperwelt. Dieser Marsch ins Blaue hinein ist unstreitig das Schlechteste was Bonaparte in dem Kriege gethan hat, auch haben sich seine Wirkungen ganz so gezeigt. Die Verbündeten marschirten vereinigt auf Paris und Bonaparte zeigte seine Umgehung in ihrer ganzen Lächerlichkeit, indem er auf der Stelle sich auch dahin wandte, Tag und Nacht marschirte und doch um 24 Stunden zu spät kam.

Zweites Kapitel.

Bewegungen und Gefechte der Verbündeten vom Einrücken in Frankreich bis zur Schlacht von la Rothiere und Schwarzenbergs Vorrücken nach derselben.

Es würde sehr weitläufig, ermüdend und am Ende auch unnütz sein, wenn wir die Bewegungen beider Heere durch den ganzen Feldzug überall bis ins Einzelne verfolgen wollten, um meistens nur auf dieselbe Betrachtung zurückzukommen daß man sich ohne hinreichenden Grund von dem einfachsten Wege entfernt, seine Kräfte überall zu sehr zerstreut hat. Wir werden uns also nur da bei dem Einzelnen aufhalten wo sich ein besonders wichtiger Knoten geschürzt hat und das Übrige nur flüchtig durchlaufen.

Wir haben gesehen daß das Vordringen der Verbündeten von der Schweiz und dem Rhein, sobald man einmal diese umfassende Grundlinie gewählt hatte, bis an die Aube im Ganzen nichts Ungewöhnliches darbietet. Aber wir müssen bei der Führung der Schwarzenbergschen Unternehmungen einen Augenblick verweilen.

Die Einrichtungen sind so getroffen daß sämmtliche Korps vom rechten Flügel (Wittgenstein bei Fort Louis) bis zum linken (die östreichische Kolonne bei Neufchatel) die französische Grenze ungefähr am 1. Januar betraten. Nur Wrede wird schon 10 Tage früher hineingeschoben, um was zu thun? Hüningen und Befort zu belagern, die festen Schlösser Blamont und Landskron zu nehmen und sich bei Ensisheim, gegen Colmar hin, aufzustellen. Niemals hat man wohl einen Angriff auf diese Weise mit Einschließung einiger festen Orte beginnen sehen, bevor die

Hauptmasse der Truppen diese hinter sich gelassen hat. Wir wollen nicht viel nach den Gründen forschen welche dieses Vorspiel herbeiführten; sie sind in jedem Falle schlecht, denn sie machten den Feind 10 Tage früher aufmerksam auf die Seite von wo ihm der Hauptangriff kommen sollte.

Die zweite Sonderbarkeit des Vordringens ist daß man die Reserve unter Barklay de Tolly 14 Tage später über die Grenze ziehen läßt.

General Wrede hatte nämlich, nachdem das Vorrükken der Hauptmassen in den ersten Tagen des Januars erfolgte, nun für das erste Drittel des Januars eine zweite eben so sonderbare Bestimmung erhalten; er schloß Breisach ein und rückte bis Schlettstadt vor, unterstützt von dem Kronprinzen von Würtemberg.

Was man auch mit diesem Ausfahren des rechten Armes nach der einen Seite hin, wo es gar Nichts zu stoßen gab, für eine Idee verbinden mochte, General Barclay wurde 14 Tage zurückgehalten um diese beiden Korps nöthigenfalls unterstützen zu können. Unterdessen war man mit 2 großen Kolonnen auf den Straßen von Vesoul und Dijon vorgegangen und hatte Besançon und Auxonne eingeschlossen. Man war also von der Linie von Hüningen bis Neufchatel in 3 divergenten Richtungen, mit dem rechten Flügel nach Schlettstadt, mit dem linken nach Dijon, mit dem Centrum nach Vesoul vorgegangen und hatte die Reserve bei Hüningen. Und was war der Gegenstand aller dieser Bewegungen? — ein feindliches Korps von 12,000 Mann im Marsch von Rheims nach Langres. Man scheint wirklich nicht ein Wort von der Stärke und Stellung der feindlichen Korps gewußt zu haben.

Auf diese Weise nun und weil man in vielen Städten Besatzungen ließ, war es gekommen daß der eigentliche

Kern der angreifenden Macht von 220,000 Mann auf 30- bis 40,000 zusammengeschmolzen war, nämlich das Korps von Giulai und 2 Divisionen von dem von Colloredo die sich bei Vesoul zusammenfanden.

Mit diesen 30- bis 40,000 Mann rückte man denn auch wirklich über Langres nach Chaumont vor, und Dank sei es der Schwäche des Feindes, man war immer noch in keiner großen Gefahr, denn Mortier war der einzige Feind und nicht stärker als 12,000 Mann.

Man hatte 70,000 Mann vor den Festungen gelassen, nämlich die Korps von Wittgenstein und Aloys Liechtenstein und die Divisionen Becker, Wimpffen und Bianchi. Dies war im Grunde nicht zu viel, obgleich die Einschließung von Landau überflüssig war. Es blieben also nach Abzug von Bubna noch etwa 140- bis 150,000 Mann der Schwarzenbergschen Armee übrig. Diese konnten ganz füglich auf 3, etwa 1 oder 2 Märsche von einander entfernten Straßen der feindlichen Hauptmacht entgegengeführt werden. Statt dessen ließ man 40,000 Mann (Wrede und den Kronprinzen von Würtemberg) rechts, 30,000 Mann (Erbprinz von Hessen-Homburg und Liechtenstein) links gehen, 40,000 Mann (Barklay) stehen bleiben und mit 40,000 Mann (Giulai und Colloredo) ging man in der Mitte vor. Wrede, der Kronprinz von Würtemberg und Barklay wurden in der zweiten Hälfte des Januars herangezogen und die Richtung auf Bar für Aube genommen, wohin Blücher bestellt wurde. Dies ist ganz einfach und beweist daß man es gleich so hätte machen können. Die Geschwindigkeit des Vorrückens von der Schweizer Grenze bis Bar für Aube ist an und für sich nicht gering; sie hätte aber überhaupt auch nicht größer sein können, wenn man sich mit Blücher vereinigen wollte ohne die Richtung auf die Seine zu verlaſſen, denn man lief Gefahr an der franzöſiſchen Armee vorbei zu marſchiren und ſo durch ſie von Blücher getrennt zu werden.

Blücher geht bei Koblenz, Bacharach und Mannheim über den Rhein. An und für ſich würde ein Übergang von 74,000 Mann auf einer Linie die 16 Meilen lang und durch eine feindliche Feſtung mit 16,000 Mann Beſatzung getrennt iſt, keine empfehlenswerthe Anordnung ſein, denn der Feind konnte, wenn ſeine Kräfte es einigermaaßen zuließen, den einen Theil (Sacken) mit geſammter Macht anfallen, ehe der andere ihm zu Hülfe eilen konnte. Bei der Schwäche der Franzoſen und da ihr Plan auch gar nicht einmal ſein konnte ſich zwiſchen dem Rhein und den Vogeſen zu halten, war es indeſſen unbedenklich, und da es allenfalls zu größern Reſultaten führen konnte als ein Übergang auf ein Paar näher bei einander liegenden Punkten, ſo war es auch recht, denn der Überlegene ſoll die großen Reſultate ſuchen, dazu iſt er berechtigt und gehalten.

Nach dem Übergange blieben etwa 24,000 Mann unter Langeron vor Mainz; mit 50,000 Mann geht Blücher über die Saar, läßt 20,000 Mann unter York, um die Feſtungen Saarlouis, Metz, Thionville und Luxemburg theils einzuſchließen, theils gegen ſie einen Handſtreich zu verſuchen. Es bleiben ihm alſo von ſeinen 74,000 Mann nur 30,000 Mann übrig, mit denen er nach Nancy und von da nach einigen Tagen Raſt gegen die Aube marſchirt.

Von dieſen Entſendungen ſind die der Generale York und Langeron als unvermeidlich anzuſehen, wiewohl der Erſtere dennoch nach 8 Tagen größtentheils herangezogen wurde und nach Vitry und Chalons marſchirte. Dieſer Abmarſch des Generals York wurde motivirt durch die Richtung welche Blücher auf die Aube nehmen ſollte, während man wußte daß die französische Hauptmacht sich bei Chalons an der Marne vereinigen würde. Unter diesen Umständen war es besser die Festungen nur zu beobachten und gegen Vitry ein Korps vorrücken zu lassen, welches der vereinigten Armee von Blücher und Schwarzenberg die rechte Flanke bewachte. Ohnehin trafen um diese Zeit die Kavallerie des Generals Langeron und des Generals Kleist in der Gegend der lothringischen Festungen ein und so konnte General York ziemlich mit Allem abmarschiren.

Die Blücherschen Truppen sind also mit guter Ökonomie gebraucht worden.

Zur Zeit der Schlacht von la Rothiere, als sich der Hauptakt vollzog, waren außer den Blokadekorps folgende des verbündeten Heeres entsendet: Bubna im Thal der Rhone, der Erbprinz von Hessen-Homburg im Thal der Seine, Colloredo gegen Troyes, Wittgenstein und York im Thal der Marne, Winzingerode im Thal der Maas; alles Übrige war bei der Schlacht oder hätte wenigstens dabei sein können. Da Wittgenstein und York auf dem Marsch von einer frühern nothwendigen Bestimmung waren, Winzingerode erst später über den Rhein gegangen war, Bubna ein hinlängliches Objekt seiner Entsendung und Colloredo den Marschall Mortier gegen sich hatte, so ist in diesem Zeitpunkt im Grunde nur die Entsendung des Erbprinzen von Hessen-Homburg und der Division Moritz Liechtenstein als unnütz und fehlerhaft zu betrachten, und man kann sonst über keine Zerstreuung der Kräfte klagen.

Nur daß Blücher bei Brienne einen Augenblick sich selbst überlassen und in Gefahr war von der französischen Hauptmacht erdrückt zu werden, muß als ein um so größerer strategischer Fehler angesehen werden, als der Augenblick der Entscheidung so nahe lag, wodurch natürlich die
Ge-

Gefahr welche er mit sich brachte sehr erhöhet wurde. Je näher die Entscheidung rückt, um so enger müssen die Bewegungen, um so genauer die Combinationen sein.

Der Angriff der feindlichen Hauptmacht war das Ziel beider Heere von Hause aus gewesen; er wurde bei la Rothiere ausgeführt, also dieser Forderung genügt. Aber freilich kann man die Art mit der Schwarzenberg dabei verfuhr nicht billigen. Die Bestimmung einer Schlacht nach Zeit, Ort und Kräften gehört der Strategie an und eben so der Hauptzweck derselben und damit ist ihr Charakter gegeben. Anstatt seine Überlegenheit zu benutzen um den Gegner von allen Seiten zu umfassen und ihm durch einen großen Sieg Verluste beizubringen, behielt er noch eine beträchtliche Truppenmasse ganz außer dem Schlachtfelde, und delegirt gewissermaaßen einen seiner Feldherren (Blücher) mit einem Theil seiner Kräfte um eine Schlacht zu versuchen. Ein solches Beispiel war noch neu in der Geschichte.

Nach dem Siege kam es auf die Benutzung desselben an. Die Gründe zum Abmarsch Blüchers an die Marne haben wir schon früher in Betrachtung gezogen. Aber selbst nach diesem Abmarsch sollte und konnte kein förmlicher Stillstand an der Seine und Aube eintreten; 90,000 Mann blieben immer noch stark genug eine geschlagene Armee von 60,000 Mann zu verfolgen, und es war vorauszusehen daß Bonaparte bedeutend gegen Blücher entsenden mußte, wenn er nicht selbst gegen ihn marschirte.

Bonaparte zog sich auf Troyes hinter die Seine; wollte man diese im Angesicht des Feindes oder auch weiter oberhalb überschreiten, so hatte man sie zwischen Nogent und Montereau noch einmal vor sich, oder man mußte über die Yonne gehen und die Straße von Fontainebleau auf Paris einschlagen. Statt dieses Umweges über zwei Ströme bot sich der Weg am rechten Ufer der Aube auf Villenore und von da in die Straße von Nogent von selbst dar. Wenn man auch im ersten Augenblick die Richtung auf Troyes nahm, was ziemlich natürlich war, weil das unmittelbare Verfolgen nach der Schlacht immer die besten Früchte bringt, so konnte doch Nichts verhindern über Arcis und Planey abzumarschiren und Bonaparte dadurch aus seiner Stellung herauszunöthigen. Das Umgehen ist an sich Nichts, aber in Folge einer gewonnenen Schlacht ist es viel. Aber man war zufrieden einen Strom zwischen sich und Bonaparte zu haben, und fürchtete sich mit ihm im freien Felde zusammenzutreffen. Als Bonaparte von Nogent abmarschirte und sich nun mit Schwarzenberg auf einer Seite des Stromes befand, ging dieser aufs linke Ufer über, drückte die Marschälle auf das rechte und war nun zufrieden wieder den Strom zwischen sich und dem Feinde zu wissen und sich an den einzelnen Punkten von Montereau, Bray und Nogent zu versuchen; darum dieser dreitägige Kampf um Nogent. Man wollte nicht auf Paris marschiren, wie sichs gebührte, oder dem verwundeten Löwen nachsetzen, sondern eine Vertheidigungslinie an der Seine gewinnen.

Die Korpsbefehlshaber hingegen hatten sich, vom Gefühl des Sieges und Angriffs fortgerissen, und in dem solchen Armeen leicht eigenen Gefühl der Unabhängigkeit (es waren die drei fremden, Wittgenstein, Wrede und der Kronprinz von Würtemberg) Alle hinübergewagt, und so gingen auch die Vortheile der Vertheidigung verloren und alle drei wurden nach Bonapartes Rückkehr mit bedeutendem Verlust einzeln geschlagen.

Schwarzenberg verfolgte also weder den Sieg, noch

drückte er auf den ihm entgegenstehenden Feind, sondern er suchte sich einen sichern Winkel zwischen Seine und Yonne und ließ es auch hier an entschiedenen Maaßregeln fehlen, weil Klarheit, Einheit und Entschlossenheit seiner Armeeführung fehlten.

Drittes Kapitel.
Blüchers Zug an die Marne.

Den 8. Februar befand sich der Feldmarschall Blücher mit seinem Hauptquartier in Vertus nahe an der kleinen Straße von Chalons nach Paris. Er hatte die Absicht mit der schlesischen Armee die sich eben an der Marne versammelte, auf Paris zu marschiren, während die Hauptarmee Bonaparten an der Aube und Seine beschäftigen sollte. Er wußte daß ihm nur der Marschall Macdonald mit ungefähr 10,000 Mann entgegenstehe.

Die schlesische Armee bestand in diesem Augenblick aus folgenden Korps:

1.	York	circa	15,000	Mann.
2.	Sacken	•	15,000	•
3.	Kleist	•	10,000	•
4.	Kapzewitsch	•	10,000	•
5.	Olsufiew	•	5,000	•

Zusammen 55,000 Mann.

Am 8. Februar war die Stellung dieser Armee folgende:

1. Kleist und Kapzewitsch kamen in Chalons an.
2. Der Feldmarschall selbst mit den Korps von Sacken und Olsufiew befand sich schon auf der kleinen Straße nach Paris, so daß Sacken an dem Tage

in Montmirail stand und Olsufiew 3 Meilen zurück in Etoges. Das Hauptquartier selbst war aber in Vertus welches wieder 2 Meilen von Etoges ist. Da Vertus ungefähr 3 Meilen von Chalons entfernt ist, so waren diese 40,000 Mann auf einer Linie von 8 Meilen stationirt.

3. General York war am 8. in Dormans auf der großen Straße nach Paris und sollte sich bei la Ferté sous Jouarre mit Sacken vereinigen.

Da der Feldmarschall nur einen sehr schwachen Feind gegen sich hatte, so war die Absicht, während General York ihn auf der großen Straße drängte, ihn durch General Sacken auf der kleinen in der rechten Flanke zu umgehen und ihm vielleicht an der Brücke von la Ferté oder von Trilport zuvorzukommen. Darum war General Sacken so weit vorgeschoben vor die Generale Kleist und Kapzewitsch, die eben erst ankamen und darum General Olsufiew zwischen Beiden aufgestellt.

Daß diese lange Linie der Aube und Seine an welcher sich die großen Armeen befanden, die linke Flanke bot, schien in diesem Augenblicke kein gefährlicher Umstand, denn Bonaparte hatte sich nach einer verlornen Schlacht auf Troyes gezogen wo er sich am 5. Februar noch befand. Die große Armee war ihm beträchtlich überlegen; es schien also höchst gewagt sich durch ein Detaschement gegen die Marne noch mehr zu schwächen, und wandte er sich selbst dahin so konnte dies nur auf einen Moment sein, weil dadurch die Straße von Provins nach Paris der großen Armee geöffnet wurde. Außerdem sollte ein Kavalleriekorps unter Seslawin die Verbindung zwischen der großen Armee und der schlesischen decken; es schien also nicht schwer Macdonald auf das rechte Ufer der Marne zu treiben

und sich in der Gegend von la Ferté sous Jouarre wieder zu vereinigen, ehe man die Einwirkung einer bedeutenden Entsendung von der Seine und Aube zu befürchten
hätte.

Ein besonderer Umstand trug noch bei die Ausdehnung dieses Flankenmarsches zu vermehren.

Es waren von Chalons aus 100 Kanonen mit Bauern-
pferden bespannt nach Paris im Zuge. *) General Sacken
wurde davon benachrichtigt und dadurch vermocht seinen
Marsch noch mehr zu beschleunigen.

Am 9. Februar.

Sacken blieb in Montmirail, schickte aber seine Avantgarde bis la Ferté. York blieb in Dormans und schickte
seine Avantgarde bis Chateau-Thierry. Olsufiew marschirte
nach Champaubert.

Das Hauptquartier ging nach Etoges, Kleist und
Kapzewitsch nach Bergeres, die Ausdehnung des Ganzen
blieb also ungefähr dieselbe; was Kleist und Kapzew'tsch
näher an das Centrum herangerückt waren, hatte sich die
Spitze Sackens, die bis nach la Ferté gekommen war, weiter entfernt. Aber die Massen waren einander näher, denn
Bergeres ist von Montmirail nur 4 Meilen, also einen
starken Marsch entfernt und eben so weit ist etwa Dormans von Montmirail.

Da Champaubert nur 2 Meilen von Bergeres ist,
so glaubte man den General Olsufiew mit den Korps von
Kleist und Kapzewitsch unterstützen zu können, welches auch
unstreitig geschehen wäre wenn dieser General sich bei Zeiten vor der Übermacht zurückgezogen hätte oder Blücher

---

*) So hatte man bei der Blücherschen Armee gehört; es waren aber
wohl nur Parkfuhrwerke.

von seinem Gefechte unterrichtet worden wäre. Ein schlimmer Umstand war es allerdings daß er ohne alle Kavallerie war, die man bei der Avantgarde nöthiger zu haben glaubte als hier, wo man von der linken Seite her nur möglicherweise etwas zu befürchten hatte und sich durch den General Seslawin gedeckt glaubte. Diesen aber hatte der Feldmarschall Schwarzenberg schon am 7. mit dem größten Theil seiner Kavallerie von da abberufen und anders verwendet.

Nach der frühern Idee sollte am folgenden Tage, den 10., die Bewegung dergestalt fortgesetzt werden daß Sacken in la Ferté sous Jouarre, York in Chateau-Thierry und Blücher mit den andern Korps in Montmirail einträfe; dann wären die strategischen Verhältnisse ganz unbedenklich geworden, denn im schlimmsten Falle konnte Alles bei Chateau-Thierry sich vereinigen. Allein am Abend des 9. wurde plötzlich das Hauptquartier des Feldmarschalls Blücher in Etoges durch feindliche Kavallerie mit einigen Kanonen von Sezanne her allarmirt. Es war ein Rekognoscirungsdetaschement, welches Bonaparte der an diesem Tage in Sezanne eintraf abgesandt hatte.

Das Hauptquartier wurde nach Vertus zurückverlegt, und da der Feldmarschall am andern Morgen auch von der großen Armee her die Nachricht erhielt, daß Bonaparte mit dem größern Theile seiner Macht sich gegen ihn gewandt habe, so veränderte er seine Dispositionen und bestimmte daß die Generale Sacken und York sich am 10. bei Montmirail vereinigen sollten.

Diese Vereinigung konnte aber am 10. nicht mehr stattfinden, denn Sacken war erst an diesem Tage nach la Ferté und York nach Chateau-Thierry marschirt. Dieses konnte man, wenigstens was den Ersten betrifft, im Blücherschen Hauptquartier nicht so genau übersehen, da

Sacken den Befehl bekommen hatte nach den Umständen zu handeln. Beide marschirten noch am 10. von diesen Punkten ab; York bezog am 10. Abends Kantonnirungen bei Viffort, Sacken marschirte erst Abends 9 Uhr und die Nacht durch.

Blücher selbst, von dem Angriff des Generals Olsufiew nicht unterrichtet, rückt auf den ihm entgegenstehenden Feind los, der sich auf la Fere champenoise zurückzieht wohin ihn Blücher verfolgt. Diese Bewegung auf Fere champenoise war theils durch die Richtung veranlaßt welche der Feind in seinem Rückzuge nahm, theils in der Idee unternommen, den andern Korps dadurch Zeit zur Vereinigung zu verschaffen; denn wenn sich, wie der Feldmarschall Blücher voraussetzte, die feindliche Hauptmacht noch in Sezanne befand, so wurde sie durch diese Bewegung höchst wahrscheinlich von Montmirail abgezogen; ferner deckte man dadurch die Ausmündung des Sezanner Weges in die kleine pariser Straße. Endlich war die Bewegung auf Fere champenoise eine Annäherung zur großen Armee. Da aber in demselben Augenblick die französische Hauptmacht damit beschäftigt war, den General Olsufiew bei Champaubert aufzureiben, so war die Bewegung allerdings falsch und der Feldmarschall Blücher würde, wenn er das geglaubt hätte, unstreitig lieber nach Champaubert marschirt sein. Die Nachricht von dem Ereigniß bei Champaubert überzeugte den Feldmarschall Blücher von der Falschheit seiner Bewegung, und er eilte daher mit den beiden Korps noch in der Nacht nach Bergeres zurück um die Straße nach Chalons zu decken.

Den 11. Februar.

General Sacken kommt des Morgens bei Montmirail an; das Gefecht eröffnet sich jedoch erst um 11 Uhr Mittags. General York kommt beträchtlich später an, obgleich sein Korps nur 2 Meilen von Montmirail kantonnirt hatte. Der Grund dieses spätern Ankommens lag darin daß York den General Sacken aufgefordert hatte, den Marsch nach Montmirail aufzugeben um sich vereint auf dem rechten Marneufer aufzustellen, da York die Nachricht hatte Bonaparte sei da. General Sacken ging hierauf nicht ein, weil er gewiß zu wissen glaubte daß nur ein kleines feindliches Korps bei Montmirail stehe. Als diese Antwort Sackens einging, wurde sogleich von Viffort aufgebrochen, der wirklich grundlose Weg verzögerte aber den Marsch. Als General York ankommt, ist General Sacken schon in ziemlicher Deroute; einige Versuche die er macht ihm durch eine Offensivbewegung zu helfen, gelingen nicht und Beide ziehen sich nach Viffort auf der Straße nach Chateau-Thierry zurück. Da Beide überhaupt nur etwa 25,000 Mann stark waren und General York eine Brigade in Chateau-Thierry gelassen hatte, so hätte ihre frühere Vereinigung kein anderes Resultat bewirkt; sie mußten nothwendig von den 30,000 Mann die Bonaparte bei sich hatte geschlagen werden.

Feldmarschall Blücher blieb an diesem Tage mit den Korps von Kleist und Kapzewitsch in Bergeres. Da die Truppen den 10. bis nach Fere champenoise und von da nach Bergeres zurückmarschirt waren, wo sie den 11. Morgens erst ankamen, so läßt sich wohl annehmen daß die Müdigkeit derselben an diesem Tage keine Bewegung mehr erlaubte. Außerdem wollte man wohl Nachrichten abwarten, ob York und Sacken ihren Marsch wirklich ausgeführt oder sich bei Chateau-Thierry vereinigt hätten.

Den 12. Februar.

Bonaparte bricht früh um 9 Uhr von Montmirail gegen Chateau-Thierry auf; es entsteht bei Viffort ein

Gefecht mit der Arrieregarde des Generals York welches etwa eine Stunde dauert, während die Korps Chateau-Thierry zu erreichen suchen. Auch bei diesem Orte entsteht ein neues Arrieregardengefecht, und es kostet, ob man gleich die Marne ohne Hinderniß passirt, dieser Tag den beiden Korps wieder mehrere Tausend Mann. Blücher bleibt ohne Nachricht von York und Sacken in dieser Ungewißheit bei Bergeres stehen.

Den 13. Februar.

Blücher hat die Niederlage seiner Korps erfahren mit der Nachricht daß sie sich hinter die Marne zurückziehen, sich dort aber behaupten werden. Er glaubt Bonaparte sei schon wieder im Abmarsch gegen die große Armee, weil der Feind welcher ihm gegenübersteht den 12. und 13. keine Bewegung macht; er beschließt daher noch am 13. eine Bewegung vorwärts zu machen, um dem, wie er wähnt, im Abmarsch auf Sezanne begriffenen Bonaparte in die Fersen zu fallen. Er marschirt also an diesem Tage nach Champaubert.

Bonaparte ist den 13. bei Chateau-Thierry stehen geblieben und erfährt am Abend das Vorrücken Blüchers. Hierauf marschirt er sogleich mit dem größten Theil seiner Macht ab und trifft den 14. Mittags bei Vauchamps auf den sich zurückziehenden Marmont und den vordringenden Blücher.

Dieser ist ungefähr 20,000 Mann stark, hat aber kaum 2000 Mann Kavallerie. Die Gegend ist offen.

Bonaparte etwa 40,000 Mann stark, wobei vielleicht 10,000 Mann Kavallerie, fällt ihn an, umgeht seine Kolonnen mit der Kavallerie und nöthigt ihn so zu dem bekannten Rückzuge bis in die Gegend von Etoges.

Der Verlust Blüchers an diesem Tage war 4000 Mann.

Seine Korps setzten den Marsch bis Chalons fort, wohin sich York und Sacken auch wendeten und wo man sich am 16. vereinigte. Die Summe dieser Verluste konnte einer völligen Niederlage gleichgestellt werden, denn von 55,000 Mann büßte Blücher wenigstens 15,000 und eine beträchtliche Anzahl Geschütze ein.

Um von diesem Beispiel allen Nutzen zu ziehen den es gewähren kann, muß man sich ganz unbefangen fragen was eigentlich die hauptsächlichsten Ursachen der Unglücksfälle gewesen sind.

Bonaparte kommt mit ungefähr 40,000 Mann gegen Blücher an, der 55,000 hat. Hätten Beide in vereinigter Stellung eine Schlacht geliefert, so würde man sich nicht sehr wundern wenn Bonaparte der Sieger geblieben wäre, nur würde freilich Blücher keinen so großen Verlust erlitten haben. Es zeigt indessen diese Betrachtung daß das allgemeine Verhältniß nicht gerade ein so überwiegendes für Blücher war, nur ein nachtheiliges Gefecht, als ganz außer der Regel anzusehen.

Die erste Ursache des Übels war daß Blücher zwei Dinge zu gleicher Zeit wollte die einander ziemlich widersprachen: seine im Anmarsch begriffenen Korps (Kleist und Kapzewitsch) an sich ziehen und das feindliche Korps von Macdonald abschneiden oder stark zutreiben; eins von beidem konnte er eigentlich nur, denn das Eine hielt ihn zurück, das Andere trieb ihn vorwärts. Hätte er die Vereinigung abwarten wollen, so mußte er weder York noch Sacken die Marne hinuntergehen und Macdonald ruhig abziehen lassen; dann kam er in keine Gefahr, gab aber auch die Möglichkeit eines glänzenden Erfolges ganz auf.

Wollte er dem Erfolge rücksichtslos nachgehen, so konnte er mit Sacken vereinigt auf Chateau-Thierry marschiren und dort an demselben Tage ankommen als Kleist und Kapzewitsch in Chalons eintrafen; dann war er aber von diesen ganz getrennt, nämlich 12 Meilen von ihnen in einer ziemlich gewagten Stellung. Blücher wählte, wie man im Kriege und im Leben so oft thut, einen Mittelweg. Er hielt den Marsch von Sacken Etwas auf, überließ es diesem General nach den Umständen zu handeln, stellte ein Korps (Olsufiew) bei Champaubert auf, als dem Punkt wo der Weg von Sezanne in die kleine pariser Straße fällt, und wollte nun Kleist und Kapzewitsch abwarten. Es kam nur auf drei Tage an, den 8., 9. und 10. in welchen Blücher in dieser gewagten Stellung blieb, denn den 7. war Sacken noch in Etoges und den 10. wollte und konnte Blücher mit seinen beiden ankommenden Korps in Montmirail sein.

Nun war die Wahrscheinlichkeit daß gerade in diesen drei Tagen eine große feindliche Macht über die unwirthsame und unwegsame Gegend welche zwischen Aube und Marne liegt, herangezogen kommen würde ohne daß man es bei Zeiten erführe, in der That sehr gering. Kam wirklich eine feindliche Macht von da her, so kannte sie doch die Stellung der Blücherschen Korps nicht sogleich, und es ist ein großer Unterschied ob man dem Feinde lange Zeit zerstreut gegenüber steht, wo er Gelegenheit hat unsere Lage kennen zu lernen, wo es gewissermaßen nach und nach Tag vor seinen Augen wird, oder ob man bei gegenseitiger Bewegung sich einmal ungewöhnlich zerstreut befindet. Da weiß gewöhnlich Einer nicht viel vom Andern und tappt im Finstern umher.

Außerdem war der Anmarsch einer beträchtlichen Macht, oder gar Bonapartes selbst, in diesen Tagen sehr unwahrscheinlich, weil er erst vor acht Tagen geschlagen worden war, sich hinter die Seine gewendet hatte und ein fast noch einmal so starkes Heer ihm entgegenstand. Wer unter diesen Umständen Blüchers staffelartige Aufstellung für einen großen Leichtsinn hält, ist entweder nicht ganz ehrlich oder hat keine Erfahrung und weiß also nicht daß man im Kriege unaufhörlich über schwache Stellen des innern Zusammenhangs hinweggleiten und es dem Glück überlassen muß ob sie einbrechen oder nicht. Wer den pedantischen Glauben hätte daß dies niemals vorkommen müßte, der würde nicht weit kommen.

Nun trifft Bonaparte gerade in diesen drei Tagen ein, und zwar wird der Allarm welchen seine Avantgarde den 9. dem Blücherschen Hauptquartiere in Vertus giebt, die Veranlassung daß am 10. Blücher nicht, wie er gewollt hatte, nach Montmirail marschirt, sondern dahin wohin der Feind sich zurückzieht, nach Fere champenoise, auf der Straße nach Sezanne. Hätte Blücher diese nicht völlig durchdachte Bewegung nicht gemacht, sondern wäre er bei seiner frühern Absicht geblieben, so nahm er Olsufiew auf und konnte mit Bonaparte höchstens ein Arrieregardengefecht haben. Der französischen vereinigten Macht gegenüber würde er in keine Verlegenheit gerathen sein, sondern Sacken und York angewiesen haben sich über die Marne zurückzuziehen. Wir haben früher schon die Gründe angegeben welche zu der Bewegung auf Fere champenoise verleiteten. Diese Gründe waren aber alle theils von unbestimmter Natur, theils von untergeordneter Wichtigkeit. Das nächste Bedürfniß war die Vereinigung; diese konnte nur in der Richtung der pariser Straße möglich werden; blieb Blücher dabei seinen Marsch nach Montmirail fortzusetzen, so konnte die Vereinigung mit Olsufiew nicht fehlen und die mit Sacken war sehr wahrscheinlich; dann konnte man sich vereinigt auf York nach Chateau-Thierry zurückziehen.

Die Bewegung auf la Fere champenoise war aber in einer ganz divergenten Richtung und verschob die Möglichkeit der Vereinigung auf wenigstens 24 Stunden. Blücher wollte ein Zugpflaster anwenden wo ein Aderlaß nöthig war.

Daß man in Gefahr war von Sezanne her den Feind auf die kleine pariser Straße vordringen zu sehen, war ein übel untergeordneter Art.

Der Marsch auf la Fere champenoise war um so schlimmer als von diesem Punkt aus wegen des Marais de St. Gond keine Bewegung nach Montmirail stattfinden konnte als zurück über Bergeres; diesem Marsche also, als einer unklaren Maaßregel, die darum gefährlich wurde weil man sie im Augenblick großer Noth traf, ist es zuzuschreiben daß die Aufstellung Blüchers mit welcher er dem Schlimmsten wenigstens auszuweichen hoffte, dennoch zum Schlimmsten führte.

Daß General Olsufiew ohne Kavallerie war, daß er gewissermaaßen überfallen wurde, daß er wegen eines von der Schlacht von Brienne herrührenden Depôts *) zu spät zurückging, sind kleine zufällige Umstände die das Ihrige zur Verschlimmerung des Ganzen beitrugen. Sie müssen aber freilich mit in die Reihe der Fehler aufgenommen werden. Den 11. und 12. blieb Blücher stehen, weil er völlig ungewiß war wo Sacken und York sich befänden, ob sie ein Gefecht gehabt hätten oder nicht, ob sie siegreich oder geschlagen wären.

---

*) General Sacken war mit ihm wegen eines unzeitigen Zurückgehens sehr unzufrieden gewesen.

Am 13. ging Blücher vor, weil er Bonaparte im Abmarsch gegen die große Armee glaubte.

Hätte Blücher sehr gefürchtet seine beiden letzten Korps in Gefahr zu bringen von einer Übermacht erdrückt zu werden, so könnte man in seinem Stehenbleiben am 11. und 12. eine ganz gewöhnliche Folge der Ungewißheit sehen. Er hatte am 10. den Korps den Befehl geschickt sich bei Montmirail zu vereinigen oder auch, wenn die Umstände es erforderten, über die Marne zurückzugehen. Es war also sehr wohl denkbar, vielleicht auch das Wahrscheinlichste, daß sie sich dem Stoß glücklich entzogen hatten, und so war sein Vorgehen eine unnütze Gefahr in die er sich setzte. Allein da Blücher den 13. für einen untergeordneten Zweck dieses Wagstück unternahm, so muß man sich wirklich wundern daß er es am 11. und 12. so ruhig hatte aushalten können. Es ist also dem Feldmarschall Blücher diese Ruhe am 11. und 12. als ein Fehler anzurechnen, aber freilich nur ihm, denn der größte Theil der Generale würde in dieser Ungewißheit auch stehen geblieben sein.

Rechnet man die Ruhe am 11. und 12. dem Feldmarschall Blücher als einen Fehler an, weil man seinen Unternehmungsgeist kennt, so muß man ihm den Marsch am 13. und 14. aus eben dem Grunde zu gute halten.

Übrigens wäre er immer zu spät gekommen, denn früh am 11. konnte er nicht marschiren, weil die Truppen erst des Morgens von Fere champenoise eintrafen, und so wäre er immer erst nach dem Gefechte Sackens eingetroffen und hätte dann auch das vom 12. bei Viffort und Chateau-Thierry nicht mehr verhindern können. Das Resultat ist also: daß Blücher diese Katastrophe erlebt hat, weil ihn ein doppeltes Bestreben zu einer staffelförmigen ausgedehnten Aufstellung verleitete, über die man im Kriege hundertmal hinwegkömmt ohne daß die Rede davon ist, die hier aber mit einem auf gut Glück geführten Stoß des Gegners unglücklicherweise zusammentraf und wie ein zu weit gespanntes Gewölbe zusammenstürzte; daß durch eine Verkettung kleinerer Fehler das Übel den höchsten Grad erreichte, den es erreichen konnte. Ob wir nun gleich geneigt sind in dem Verfahren Blüchers nichts Außerordentliches zu sehen, sondern glauben daß im Kriege hundert und hundert Gelegenheiten wären dieselben Erfolge herbeizuführen, wenn der Zufall es nur so fügen wollte, so können wir doch an diesem Beispiele nicht vorbeigehen ohne die Gefahren der Zersplitterung aufs Neue lebhaft zu erkennen.

Viertes Kapitel.
Schwarzenbergs Rückzug, seine Vereinigung mit Blücher, der Abmarsch des Letztern.

Das Vorgehen Schwarzenbergs nach der Schlacht von la Rothiere haben wir im zweiten Kapitel bereits charakterisirt. Auf die ersten Nachrichten von der Niederlage Blüchers beschließt man im großen Hauptquartier die Korps von Wittgenstein und Wrede auf Sezanne und Champaubert in den Rücken Bonapartes marschiren zu lassen, und dadurch Blücher mittelbar zu unterstützen, während die Armee selbst sich auf Troyes und Arcis zurückziehen soll. Man sah diese zwitterhafte Bewegung als eine Offensive in dem Rücken Bonapartes an. Offenbar wäre dies das beste Mittel gewesen dem Feinde einen neuen Sieg in die Hände zu spielen. Bonaparte würde, wenn er über Sezanne zurückgekehrt wäre und die beiden Generale getroffen hätte, sie geschlagen haben wie er Blücher bei Champaubert schlug.

Als Schwarzenberg am 15. Februar in der Nacht die Nachricht erhielt daß Bonaparte gegen ihn im Anmarsch sei, wird beschlossen die vorgehabte Offensive auf Sezanne aufzugeben und sich hinter der Seine und Yonne aufzustellen. Gleichwohl bleiben die Korps von Wittgenstein, Wrede und dem Kronprinzen von Würtemberg jenseit der Seine stehen, welches als eine halbe, unklare Maaßregel nicht anders als getadelt werden kann.

Bonaparte kehrt zurück, und die über die Seine vorgegangenen Korps der Verbündeten werden eins nach dem andern, die Avantgarde Wittgensteins unter Pahlen zuerst bei Mormant, dann die Division Wredes unter Lamotte bei Valjouan und zuletzt der Kronprinz von Würtemberg bei Montereau geschlagen.

Nun zieht sich Schwarzenberg gegen Troyes zurück und ladet Blücher ein an die Seine zu marschiren. Dies geschieht; Blücher kommt den 20. bei Mery an, als Schwarzenberg sein Heer bei Troyes auf beiden Ufern des Flusses vereinigt hat. Obgleich man hier wohl 130,000 Mann beisammen haben mochte und Bonaparte schwerlich mehr als 50,000 Mann entgegenzustellen hatte, denn es waren 2 Korps unter Marmont und Mortier an der Marne zurückgeblieben, und obgleich die Seine welche der Feind überschreiten mußte, die Mittel zu sehr guten taktischen Kombinationen darbot, so fehlte es doch an Muth eine Schlacht anzunehmen. Der Eindruck der vielen nachtheiligen Gefechte die man erlebt hatte, und der Gefahren die von der Rhone her dem Rücken der Armee drohen sollten, behielten über den Zweck des ganzen Unternehmens und über alle numerischen Verhältnisse das Übergewicht; man beschließt

schließt den weitern Rückzug und Blücher entfernt sich unwillig, um sich mit den ihm zugewiesenen Korps von Winzingerode und Bülow und mit dem von Mainz kommenden St. Priest zu vereinigen.

Der Plan welcher in der Konferenz von Wandoeuvre
am 25. Februar festgesetzt wurde, mit dem Centro zurück
und mit den Flügeln nach Lyon und der untern Marne
zu gehen, kann wohl nur als eine Verkappung der ganzen
Absicht angesehen werden; denn der Marsch von 50,000
Mann auf Lyon war ein Abwehren von 40,000 Mann
siegreichen Truppen die man dort glaubte, und der Marsch
Blüchers nach der Marne war gegen die Absicht Schwarzenbergs. Wahrscheinlich glaubte dieser, die Last der allgemeinen Verhältnisse welche ihn zurückdrückte, werde auch
Blüchern bald zurückdrücken.

Das Beste was man von dieser Bewegung sagen
kann, ist, daß sie ganz ohne Plan war.

Schwarzenberg setzt die Reserven sogleich nach Chaumont und Langres hin in Marsch und passirt mit dem
rechten Flügel die Aube bei Bar, während der linke unter
dem Kronprinzen von Würtemberg diesen Fluß am 27. Februar bei la Ferté für Aube passirt.

Jene Aufstellung an der Seine welche Schwarzenberg
von Neuem am 15. Februar beschloß, als er die Bewegung im Rücken Bonapartes aufgegeben hatte, war im
Grunde mehr ein Vor- als Zurückgehen in der Idee
(denn die Korps hatten jene Bewegung noch nicht angetreten). Hätte man nun die Korps bestimmt hinter die
Seine zurückberufen, ihre Posten zur Vertheidigung eingerichtet, so konnte immer so viel Zeit gewonnen werden um
Blücher heranzuziehen ohne daß man sich nachtheiligen Gefechten aussetzte. Von Pont für Seine bis Montereau

find 7 Meilen. Auf dieser Ausdehnung muß ein Fluß wie die Seine von 3 Korps (Kronprinz von Würtemberg, Wittgenstein und Wrede) die 50,000 Mann stark sind und von einer Reserve von 40,000 Mann unterstützt werden (Barklay und ein Theil der östreichischen Reserve)*) gegen jeden gewaltsamen Übergang einer nicht zu überlegenen Armee vertheidigt werden können. Bonaparte mußte sich also aufs Manövriren legen. Hätte er aber auch einen der Posten an der Seine genommen und den Übergang erzwungen, so konnte Alles sich ganz bequem nach Troyes abziehen und dort den Fluß zum zweiten Male vertheidigen. Unbegreiflich ist die Aufstellung der Korps jenseit der Seine, besonders jene des Kronprinzen von Würtemberg bei Montereau, weil dieser nicht einmal, wie Wittgenstein und Wrede, den offensiven Zweck hatte den Feind zu bedrohen. Sich den Übergang zu sichern konnte nicht der Zweck sein, denn man dachte ja in dieser Lage nicht mehr an das Übergehen und die Natur der Gegend ist keine Entschuldigung, denn einem überhöhenden Thalrande kann man sich entziehen ohne die Vertheidigung des Stromes aufzugeben. Stellungen mit dem Rücken an großen Einschnitten und Thälern sind nur einer gedrängten Nachhut erlaubt. Wundern muß man sich wie diese höchst nachtheiligen Stellungen so oft vorkommen können.

---

*) Die andern beiden Korps standen jenseit der Yonne.

Fünftes Kapitel.

Blüchers zweite Vereinigung mit Schwarzenberg. Sein Zug gegen die Aisne. Die Schlacht von Laon und seine Wiedervereinigung mit Schwarzenberg.

———

Am 16. Februar hatte Blücher seine Korps bei Chalons gesammelt, nur den 17. läßt er sie ausruhen und schon am 18. rückt er wieder einen Marsch vor. In der Nacht erhält er die Aufforderung des Fürsten Schwarzenberg zu ihm zu stoßen. Er setzt sich in Marsch und ist schon am 20. bei Mery an der Seine, 10 Meilen von Chalons; er hat also nicht auf sich warten lassen. Winzingerode läßt er an der Vesle zurück. Da Bonaparte die Marschälle Mortier und Marmont an der Marne gelassen hatte, so war die Zurücklassung des Generals Winzingerode dadurch hinreichend motivirt.

Schwarzenberg wagt es nicht eine Schlacht anzunehmen, und Blücher beschließt sich lieber von ihm zu trennen als in die rückgängige Bewegung mitfortgerissen zu werden.

Blücher konnte an der Marne und Aisne 100,000 Mann zusammenbringen; diese Macht war in der That hinreichend auf Paris zu marschiren, selbst wenn Bonaparte sich dahin wandte, denn er hätte ihnen schwerlich mehr als 50,000 Mann entgegenstellen können. Dies war indessen Blüchers nächste Absicht nicht; er wollte die 100,000 Mann so nahe an Paris als möglich vereinigen und dann von den Umständen auf diese oder jene Art Vortheil zu ziehen suchen. Er richtete seinen Marsch auf la Ferté sous Jouarre, weil Bülow über Soissens heranrücken mußte; dies war also eine ganz natürliche Richtung. Bonaparte folgte ihm am dritten Tage nach (Blücher marschirt den 24., Bonaparte den 27. Februar ab); es kam also darauf an die Vereinigung mit Winzingerode und Bülow zu bewirken ohne sich vorher schlagen zu müssen.

Die französischen Marschälle Marmont und Mortier standen, der Erstere bei Sezanne, der Andere bei Chateau-Thierry gegen Winzingerode. Blüchers Absicht war natürlich ihnen den möglichsten Schaden zuzufügen; Marmont wich aber bei Zeiten aus und Mortier ließ sich auch nicht lange erwarten. Sie waren schon am 26. bei la Ferté sous Jouarre vereinigt, als Blücher in Coulommier ankam. Von da zogen sie sich den 27. auf Meaux zurück ohne daß Blücher ihnen Etwas anhaben konnte.

An demselben Tage geht schon ein Theil von Blücher bei la Ferté über die Marne, während Sacken und Langeron dem Feinde gegen Trilport folgen. Den 28. läßt Blücher seine Avantgarde (das Korps von Kleist) bei Lisy über die Ourcq gehen, weil er die Straße von Meaux auf Soissons gewinnen und auf dieser gegen Paris dringen will, denn noch hat er keine Nachricht von der Annäherung Bonapartes.

An diesem Tage, den 28., war der General Kleist von Lisy aus vorgeschoben, während Sacken und Langeron welche von Trilport kommen, zwischen Lisy und der Marne kantonniren und York bei Jouarre stehen bleibt. Das Vorschieben des Generals Kleist, ohne ein anderes Korps bei Lisy zu haben, war nicht die beste Anordnung. Kleist trifft den 28. auf Marmont, wird von ihm zurückgedrängt und zieht sich (wohl etwas weit) bis Fulaines bei la Ferté Milon zurück. Die Korps von Langeron, Sacken und York sollten am folgenden Tage, den 1. März, bei Lisy übergehen; sie finden aber die Brücken bereits zerstört, müssen also die Ourcq hinaufgehen und sollen sie bei Crouy passiren. Auch diese Brücke ist zerstört und bei den sehr schlechten Wegen rückt die Hauptmasse der Korps nicht weiter als in die Gegend von Crouy und Gesvres, während General Kleist wieder auf Neufchelles vorgeschoben wird.

Am 2. März erfährt Blücher daß Bonaparte den 1. bei Jouarre angelangt ist; er beschließt hierauf sich auf die Straße von Chateau-Thierry nach Soissons gegen Oulchi zu wenden. Er erreicht diesen Punkt den 2. und den 3. die Aisne, an eben dem Tage an welchem Bülow Soissons nimmt und Bonaparte die Marne passirt; er hat also jetzt seinen Zweck, die Vereinigung seiner Macht, erreicht.

In dieser achttägigen Bewegung Blüchers ist durchaus Alles einfach und natürlich. Der Versuch über die Ourcq zu gehen und den französischen Marschällen ein Gefecht mit stark vorgeschobener Front zu liefern, war höchst natürlich. Die Anordnung scheint aber nicht gut gewesen zu sein, denn entweder mußte General Kleist bei Lisy stehen bleiben oder die Armee ihm auf dem Fuße folgen.

Diese Bewegung gegen die Straße von Meaux nach Soissons hatte das Heer in lauter Nebenwege einer sehr schwierigen Gegend geführt. Die Schwierigkeit der Märsche und die vielen Einschnitte des Bodens veranlaßten einige Gefechte der Nachhut am 1. und 2. März, wodurch Blüchers Marsch das Ansehen eines vom Feinde stark gedrängten Rückzugs bekam. Davon hatte er jedoch den Hauptcharakter gar nicht, denn Blücher war den Marschällen um das Doppelte überlegen und Bonaparte war 2 Märsche zurück.

An dieser falschen Ansicht, als wäre Blücher von Bonaparte über Hals und Kopf an die Aisne gejagt worden, und würde dort ohne irgend ein Übergangsmittel unausbleiblich von ihm zertrümmert worden sein, wenn sich Soissons nicht ergeben hätte, liegt die übermäßige Wichtigkeit welche man der Wegnahme dieses Platzes immer zugeschrieben hat.

Man hat sich darin gefallen, Blücher wie durch einen Schutzgott (Bülow) vom Untergange errettet zu betrachten. Von dieser Vorstellungsart ist aber gar nichts wahr als daß es angenehm ist über eine schon fertige Brücke zu marschiren und dabei einen halb befestigten Ort von beträchtlicher Größe als tète de pont zu haben. Blücher marschirte 3 Tage vor Bonaparte ab. Nur an der Aube, in seiner Nähe, hatte der Übergang etwas Bedenkliches, denn es mußte erst eine Pontonbrücke geschlagen werden, welches im Februar bei überschwemmten Ufern nicht überall thunlich ist; das Unternehmen war daher etwas gefährlich.

Einmal über die Aube, hatte Blücher Nichts mehr zu besorgen; er passirte die Marne den 27. und 28., Bonaparte erst den 3., also vier Tage nachher. Ungefähr 2 Tage verlor Blücher über dem Versuche die Ourcq zu passiren und die Marschälle von der Seite anzufallen; es blieben ihm also nur noch 2 Tage Vorsprung, wie sich auch in der eben angegebenen Zusammenstellung zeigt.

Selbst wenn Bonaparte einen ganzen Marsch näher gewesen wäre, so würde Blücher die Aisne theils auf Pontonbrücken, theils auf der Brücke von Micy ohne Gefahr haben überschreiten können.

Nachdem Blücher seine Vereinigung hinter der Aisne bewirkt hat, beschließt er eine Hauptschlacht anzunehmen. Er ist 100,000 Mann stark, sein Gegner nur 50,000, und wenn er die Stärke desselben auch überschätzte und ihn

60. bis 70,000 Mann stark glauben sollte, so bleibt doch noch eine solche Überlegenheit, daß für Blücher kein Grund vorhanden sein kann einer entscheidenden Schlacht auszuweichen.

Die erste und natürlichste Idee ist: ihm die Schlacht hinter der Aisne zu liefern, wenn er über diesen Fluß setzen wird; dazu stellt sich Blücher den 3. und 4. März auf; allein sobald er bemerkt daß Bonaparte seine Richtung auf Fismes und Berry au Bac nimmt, um ihm links vorbeizugehen, beschließt er sich links zwischen der Aisne und Lette gegen ihn zu wenden und ihn unmittelbar nach dem Übergange bei Berry au Bac in der Gegend von Craone anzugreifen. Einen bessern Entschluß konnte Blücher nicht fassen. Eine schwache Armee die einer stärkeren vorbeigehen will, muß von dieser in der Seite angefallen werden, das ist eine ganz einfache Anordnung. Außerdem hätte sich Bonaparte mit einem Defilee im Rücken schlagen müssen. Daß die Marschälle Marmont und Mortier vor Soissons 4 Meilen von ihm entfernt gewesen wären, wollen wir nicht geltend machen, da Bonaparte sich vielleicht die Zeit genommen haben würde sie heranzuziehen.

Von diesem richtigen Entschluß, wozu Blücher am 6. seinem Heere schon eine Aufstellung mit dem rechten Flügel an der Aisne, mit dem linken an der Lette, halben Weges von Soissons nach Craone gegeben hat, kommt er denselben Tag zurück. Er hört Bonaparte habe das Defilee von Berry au Bac durchzogen und eine Kolonne auf Laon gehen lassen. Blücher wird besorgt wegen seiner schiefen Aufstellung und beschließt eine Stellung bei Laon zu beziehen. Da Bonaparte über Carbeny fast ebenso nahe dahin und die große Rheimser Straße hat, so hält Blücher für nöthig ihm auf dieser Straße Etwas entgegenzuschicken; er läßt also eine Nachhut (das Woronzowsche Korps) zwischen der Aisne und Lette auf dem Plateau von Craone, bestimmt 10,000 Mann Reiterei unter Winzingerode über Fetieux gegen Carbenny vorzudringen, um Bonaparte in der rechten Seite und dem Rücken anzufallen, während er beschäftigt ist die sehr starke Stellung Woronzows zu überwältigen. Bülow marschirt sogleich nach Laon ab, Kleist und Langeron folgen über Fetieux um Winzingerode allenfalls unterstützen zu können, und York und Sacken bleiben einstweilen, zur Aufnahme Woronzows, zwischen der Aisne und Lette stehen.

Diese Anordnung, welche eigentlich die Anlage zu einem glänzenden Nachhutgefecht und nicht zu einer Schlacht war, hätte einen guten Erfolg haben können, wenn sie nicht in der Ausführung schlecht gerathen wäre. Indeß vertheidigten sich die Russen bei Craone mit so vielem Erfolge daß der Hauptzweck, Laon ungestört zu erreichen, erfüllt wurde. Obgleich die Franzosen dies Gefecht bei Craone wie eine Niederlage der Russen betrachten, so giebt es doch in der Kriegsgeschichte unter allen Gefechten die sich mit einem Rückzuge endigen, kaum eins welches in strategischer Rücksicht so sehr die Natur eines Sieges hätte; nicht nur daß es seinen ganzen Zweck erfüllt, indem es die feindliche Hauptmacht beschäftigt bis Blücher seine Stellung genommen hat, sondern es erfüllt ihn auch ohne daß ein Geschütz verloren geht, ohne daß ein Mann in Gefangenschaft geräth. Ferner beträgt der Verlust der Russen 4700 Mann, der der Franzosen 8000. Da nun Blücher 100,000 Mann stark war und sein Gegner nicht über 50,000, so kann man sagen es kostet Diesem viermal so viel als Jenem. Das leisteten eine ausgezeichnet brave Truppe, ein sehr besonnener General und eine vortreffliche Stellung.

Unter diesen Umständen können wir nicht darin einstimmen, das Gefecht bei Craone wie einen Fehler, einen blutigen Nothbehelf Blüchers anzusehen. Sein erster Entschluß, Bonaparte mit der ganzen Macht von der Seite anzufallen, wäre immer besser und seiner würdiger gewesen, und bei den Anordnungen zum zweiten sind wenigstens in der Ausführung große Fehler gemacht worden, aber nichtsdestoweniger trägt das Gefecht bei Craone unter den strategischen Größen kein Minuszeichen für Blücher.

Daß Blücher, nachdem es in der Gegend von Craone nicht mehr zur Schlacht kommen sollte, seine Aufstellung bei Laon wählte, war ganz natürlich. Es war die große Straße nach den Niederlanden, die einzige mit welcher Blücher in diesem Augenblick rückwärts in Verbindung blieb, und ein Ort wie Laon, welches auf einem konischen steilen Berge gelegen, mit Mauern versehen, für eine natürliche Festuug gelten konnte, mußte jeder Stellung eine Verstärkung gewähren. Das Nähere der Aufstellung ist taktisch und gehört nicht mehr hierher.

Bonaparte wird in der Schlacht bei Laon geschlagen; das war zu erwarten, und das Wenigste was bei einer solchen Überlegenheit gefordert werden konnte. Als einen eben so strategischen als taktischen Fehler muß man es aber ansehen daß der Plan zur Schlacht dieser großen Überlegenheit nicht entsprach. Eine Reaction in gerader Front führt in der Regel nur zu geringen Resultaten. Gleichwohl hatte der unvermuthete Anfall Yorks auf Marmont größere herbeigeführt, und es hätte eine Zertrümmerung des französischen Heeres daraus werden können. Aber hier sehen wir Blücher, in diesem ganzen Kriege zum ersten Male, sich unähnlich werden. Er läßt sich am 10. durch Bonapar-

tes Verwegenheit, ihm mit 30,000 Mann gegenüber stehen zu bleiben und mit einem Angriff zu bedrohen, imponiren, ruft York und Kleist zurück und verfolgt die am
11. abziehende feindliche Armee nicht, sondern läßt seine
Truppen Erholungsquartiere beziehen.

Bonaparte bleibt ein paar Tage in Soissons, läßt
dort Mortier und wendet sich am 13. nach Rheims, welches der eben von Mainz ankommende General St. Priest
und der von Erfurt kommende General Jagow genommen
haben. Er schlägt die beiden Generale die sich unbegreifli-
cherweise wieder vor dem Abschnitt des Bodens aufstellen statt dahinter, nimmt ihnen viele Gefangene ab und
erobert die Stadt Rheims wieder.

Die Wichtigkeit welche Bonaparte auf Rheims legte
und die sonderbare Richtung dieses Rückzuges konnte Blücher nicht wohl vorhersehen; indessen mußte er sich doch
gleich bei der Nachricht von dieser Niederlage eines seiner
Korps sagen, daß es die Schuld seiner Unthätigkeit sei.

Blücher zog die Überreste an sich und blieb in seiner
Unthätigkeit bis zum 18. März, wo er erfuhr daß Bonaparte seinen Marsch gegen die Aube angetreten habe. Und
auch nun folgte er so langsam und getheilt, mit 2 Korps
(York und Kleist) gegen Chateau-Thierry, mit den andern
auf Chalons, daß er erst den 24. mit der Hauptmasse in
Chalons ankommt, also auf 12 Meilen 7 Tage braucht.

Die Ursache dieser Unthätigkeit Blüchers in den 14
Tagen von der Schlacht bei Laon bis zum Marsch auf
Paris kann man nur in den Umständen suchen. Mißtrauen gegen die Schwarzenbergsche Armee die bisher so
wenig gethan und Alles Blücher überlassen hatte; Erinne-
rung an die Unglücksfälle im Februar und Besorgniß daß

sie sich erneuern könnten, wobei er seinen Gegner an Streitkräften immer sehr überschätzt zu haben scheint, und endlich persönliche Krankheit und Schwäche Blüchers, die an
diesen Tagen einen solchen Grad erreicht hatte daß er kaum
im Stande war den Befehl fortzuführen.

Hätte sich Bonaparte an Blüchers Stelle befunden,
so würde er seinem geschlagenen Gegner auf der Straße
von Soissons gefolgt sein, die Aisne im Angesicht desselben überschritten und ihn über Hals und Kopf nach Paris geworfen haben. Allein man ist allerdings nicht berechtigt dasselbe von Blücher unter diesen Umständen zu
verlangen. Bonaparte und die französische Armee waren
immer noch moralisch zu überlegen, um nicht ein vorsich-
tigeres Betragen an seinem Ort zu finden. Ein solches
verhinderte also Blücher auf der geraden Straße nach
Soissons vorzudringen; denn so lange Bonaparte blos von
vorn angegriffen wurde, hätte er diesen Ort gewiß eher
mit seinem ganzen Heere vertheidigt als verlassen. Rechts
auf Compiegne zu marschiren war unthunlich, weil ihn das
noch mehr von seiner Basis entfernte; es blieb also Nichts
übrig als über Fismes und Rheims zu marschiren, und
von da nach den Umständen entweder wieder gegen die
Straße von Soissons nach Paris noch einmal über Bonaparte herzufallen, wenn er noch nicht abmarschirt wäre,
oder auf Chateau-Thierry und la Ferté, im Falle Bonaparte seine Richtung gegen die Aube genommen hätte.

Wahrscheinlich wäre Bonaparte dann nach Paris gedrängt und also nicht zu dem extravaganten Marsch in
den Rücken der Alliirten verleitet worden; die Sachen hätten sich allerdings weniger gut gestellt, allein dies konnte
unmöglich vorhergesehen und künstlich herbeigeführt werden.
Ging Bonaparte auf Paris zurück, so mußte Blücher ihm

dahin folgen, und unter den Mauern dieser Stadt seine Stellung nehmen um die Ankunft des Schwarzenbergschen Heeres abzuwarten.

Sechstes Kapitel.

Schwarzenbergs 2tes Vordringen, die Schlacht von Bar sür Aube, sein 2ter Rückzug, die Schlacht von Arcis und bis zum vereinigten Vordringen.

Als der König von Preußen die Meldung erhalten hatte, daß Bonaparte dem Feldmarschall Blücher nachgezogen sei, vermochte er den Feldmarschall Schwarzenberg an der Aube umzudrehen. Die französischen Marschälle waren trotz ihrer Schwäche den Verbündeten auf dem Fuße gefolgt, Oudinot über Vandoeuvre nach Bar sür Aube, Macdonald über Bar sür Seine nach la Ferté sür Aube. Der Erstere hatte sogar schon über die Aube gesetzt. Da Schwarzenberg das Umkehren beschließt, muß er Oudinot angreifen; dies geschieht den 27. Februar; er wird über den Fluß zurückgeworfen und zieht sich wieder auf Troyes, wohin Macdonald nach einem unvollendeten Gefechte bei la Ferté sür Aube auch gehen muß. Nun will Schwarzenberg wieder langsam nachfolgen, aber so langsam, daß er erst am 3. März vor Troyes ankommt. Ein solches Vorgehen war freilich an sich wenig genug, denn die Marschälle, denen man um das Doppelte überlegen ist (50,000 Mann gegen 25,000), werden nicht förmlich geschlagen, nicht scharf gedrängt; Barklay, der schon Chaumont und Langres erreicht hat, wird nicht herangezogen; nichtsdestoweniger ist dies erneuerte Vorgehen ein großes Gewicht in der Waagschaale; der Krieg bleibt in der Gegend von Paris, statt daß man in Gefahr war ihn an den Rhein versetzt zu sehen.

Aber dieser Entschluß ist auch das einzig Rühmliche was man von diesem Zuge sagen kann. Diesmal blieben die Korps vor der Hand zwischen der Yonne und Seine, wo 8 Tage Halt gemacht wird (vom 6. bis 13. März). Nach dieser ruhigen Aufstellung bewegen sich die Korps ein wenig rechts, Barklay wird herangezogen und die Aufstellung zum Theil an der Aube genommen, zum Theil an der Seine beibehalten.

Am 16., nachdem Schwarzenberg bereits Nachricht von dem Siege bei Laon hat, beschließt er, bevor er sich an der Aube vereinigt, die zwischen Nogent und Provins aufgestellten Marschälle zurückzudrücken. Dies geschieht, indem die Korps von Wrede und Rajewski (Wittgenstein) zwischen Villenore und Provins vorrücken; nach einigen Gefechten ziehen die Marschälle ab und nehmen eine Aufstellung halben Weges von Provins nach Nangis, und Schwarzenberg fängt an seine Korps gegen Arcis für Aube zusammenzuziehen.

Durch diesen Angriff am 16., scheint es, wollte sich Schwarzenberg Freiheit zu seiner Bewegung gegen Bonaparte verschaffen. Wirklich drückte er seinen Gegner um einige Meilen zurück, so daß dieser nicht mehr zur Schlacht von Arcis kommen konnte. Provins ist von Arcis 9 Meilen; die Aufstellung der französischen Marschälle war noch einige Meilen hinter Provins; den 17. hatten sie diese Stellung genommen. Der 18. verging ehe sie den Abmarsch der Verbündeten erfuhren. In der That kann Oudinot, welcher der Nächste gewesen war, den 20. erst nach Plancy, den 21. nach Arcis, Macdonald den 20. nach der Gegend von Conflans (am Zusammenfluß der Aube und Seine) und den 21. spät Abends nach einem angestrengten Marsch bei Arcis ankommen. Dieser Angriff Schwarzenbergs am 16. ist also, so unbedeutend sein erster Erfolg schien, ein sehr lobenswerther Schritt.

Die Vereinigung sollte bei Arcis geschehen; man hatte sogar, wie es scheint, die Absicht die französische Armee auf dem rechten Ufer der Aube anzugreifen, sobald sie sich derselben nähern würde. Das Korps von Wrede und die Garden waren schon da, allein der Kronprinz von Würtemberg stand noch bei Pont, Rajewski bei Mery und Giulai gar gegen Sens, als man am 18. die Nachricht erhielt die französische Armee rücke heran; es wurde daher die Vereinigung bei Bar für Aube beschlossen. Giulai, der Kronprinz von Würtemberg und Rajewski nahmen die Richtung dahin über Troyes, wo sie sich am 19. befanden, während Wrede bei Arcis und Barklay bei Brienne war. Aber am 19. geht Bonaparte bei Plancy über die Aube und nimmt seine Richtung auf Mery. Nun ist Schwarzenberg nicht mehr wegen seiner rechten Seite besorgt und beschließt sein Heer am 20. vorwärts gegen Arcis zu vereinigen und sogleich selbst zum Angriff auf den zwischen der Aube und Seine befindlichen Feind überzugehen. Die Disposition dazu führt die 3 Korps von Giulai, Rajewski und Kronprinz von Würtemberg, unter Letzterem vereint, und Wrede von Barklay unterstützt den 20. früh auf das Schlachtfeld von Arcis, wo sie auf die Franzosen stoßen die sich von Mery (zurückkehrend), von Plancy und von Arcis selbst dort vereinigen.

Unstreitig ist dieser Entschluß zum Angriff das Beste und das am meisten Gewagte was Schwarzenberg im ganzen Feldzuge gethan hat. Bonaparte brachte etwa 25,000

Mann von der Marne mit; es war dies aber nicht so leicht zu übersehen und es konnten ebenso gut 35,000 sein; Macdonald war ursprünglich 35,000 Mann stark gewesen, und man durfte wohl annehmen daß er mit 25,000 Mann auf dem Schlachtfelde erscheinen konnte; es war also eine Macht von 50- bis 60,000 Mann auf die man sich gefaßt machen mußte.

Die Schwarzenbergsche bei Arcis versammelte Armee hat damals nach den geringsten Angaben 80,000 Mann betragen. Ein so geringes Übergewicht war bis dahin eine unerhörte Sache. Zwar war man am 20. ziemlich sicher daß Macdonald noch nicht mit seiner ganzen Macht da sein konnte; allein hätte man sich vor der vereinigten Macht gefürchtet auf die man am 21. stoßen konnte, so würde man am 20. nicht gewagt haben vorzugehen.

Auch die Gegend in der Schwarzenberg sich schlagen mußte, war ihm in den allgemeinen Verhältnissen nicht günstig. Seine Rückzugsstraße lief auf dem linken Ufer der Aube, setzte aber bei Lesmont auf das rechte über, von dem er nicht Herr war und welches er nicht stark besetzen konnte ohne sich zu schwächen. Unter diesen Umständen ist es immer zu verwundern, daß man den Entschluß faßte Bonaparte einmal dreist auf den Leib zu gehen und ihn anzugreifen, wo möglich ehe er noch von Arcis aus viel Boden gewonnen hätte.

Auch aus dieser Schlacht wurde nur eine halbe; am ersten Tage kam der linke Flügel unter dem Kronprinzen von Würtemberg zu spät; am zweiten brach Bonaparte das Gefecht ab, um seinen bestimmten Zug in den Rücken der Verbündeten auszuführen.

Als Schwarzenberg diese Bewegung seines Gegners anfangen sieht, ist er ungewiß ob es eine taktische oder eine strategische Bewegung sei, nämlich ob Bonaparte seine rechte Flanke unmittelbar angreifen wolle, oder ob er, die Schlacht aufgebend, ein anderes Unternehmen im Sinne habe. Er schiebt also am 21. nur einen Theil seiner Kräfte auf das rechte Ufer der Aube und läßt die andern (unter dem Kronprinzen von Würtemberg) den Angriff auf Arcis fortsetzen.

Bonaparte langt aber an diesem Tage schon in Sommepuis, eine Meile von Vitry, an; Schwarzenberg erkennt also am 22. daß er nicht von ihm angegriffen werden wird, und es bleibt nur die Frage ob die Bewegung Bonapartes von Neuem gegen Blücher oder in die rechte Flanke Schwarzenbergs gerichtet ist. Dem Letztern wäre man gern durch einen Seitenmarsch zuvorgekommen (Plotho 3ter Band S. 344.); das schien aber nicht wohl mehr thunlich, denn am 22. als man darüber den Entschluß fassen wollte, war Bonaparte wirklich schon in St. Dizier und hatte von da einen Marsch weniger nach Chaumont als die Verbündeten von der Gegend von Arcis. Man hätte also den Rhein nur mit einem verderblichen rastlosen Seitenmarsch und in einem ganz aufgelösten Zustande erreichen können. Wer hätte es glauben sollen daß eine solche Alternative noch in der Betrachtung der verbündeten Heerführer stattfinden konnte! Auf diese Weise von einem durch Besorgniß erzeugten Entschluß durch eine noch größere Besorgniß zurückgedrängt, beschließt Schwarzenberg blos der Bewegung Bonapartes zu folgen, sich mit Blücher zu vereinigen und in dem Rücken seines Gegners zu manövriren. Dieser Ausdruck des am 23. gefaßten Entschlusses, und die Richtung welche man auf Chalons nimmt um dort über die Marne zu gehen, beweist daß der Gedanke eines vereinigten Marsches auf Paris an diesem Tage noch nicht aufkommen konnte.

Den

Den 22. März bleiben die Schwarzenbergschen Korps noch in der Gegend von Arcis, den 23. erreichen sie die Gegend von Vitry (Sommepuis) und kommen in Verbindung mit dem an der Marne heranrückenden Blücher. Hierauf erst wurde am 24., vorzüglich durch den Kaiser Alexander, der Entschluß gefaßt Bonaparte ziehen zu lassen, ihm ein starkes Kavalleriekorps unter Winzingerode nachzusenden und mit Blücher vereinigt auf Paris zu marschiren.

Sobald man Bonaparte seinen Seitenmarsch am 21. antreten sah, wäre die natürliche strategische Bewegung gewesen so schnell als möglich mit dem größten Theile des Heeres über den Fluß (die Aube) zu gehen und den Feind anzugreifen wo man ihn fände, welches wenigstens den 22. stattfinden konnte; denn es war klar daß Bonaparte in dieser Lage, wo er den Rücken gegen Blücher hatte, eine Schlacht nur unter sehr ungünstigen Umständen annehmen konnte, und daß man ihn ohnehin nicht vereinigt treffen, sondern auf einzelne Korps stoßen würde. Bonaparte war den 22. schon bei Vitry und im Abmarsch auf St. Dizier, allein Oudinot war noch bei Arcis und Macdonald halben Weges bei Dosnon. Man hätte also diese beiden Marschälle aufgerieben; denn von einer Übermacht während eines Seitenmarsches angegriffen und in eine Gegend geworfen zu werden, die ein anderes feindliches Heer inne hat, ist das non plus ultra einer schlechten Lage. Allein man hielt sich den 22. zurück, traf also am 23. Morgens nur mit einem Kavalleriekorps (Ozarowski) auf den voranmarschirenden Macdonald, und Nachmittags mit dem Korps von Wrede auf den nachrückenden Oudinot ohne ihm ernstlich nachzusetzen.

Alles das war nicht sehr lobenswerth. Als nun am

23. Alles vom Feinde vorbei war, war freilich am 24. nichts Besseres zu thun als den Marsch auf Paris zu beschließen.

***

Siebentes Kapitel

Vereinigter Marsch auf Paris, Gefecht bei la Fere champenoise. Schlacht bei Paris.

***

Am 24. März war Schwarzenberg bei Vitry und Blücher mit der einen Hälfte in Chalons, mit der andern (Kleist und York) in Chateau-Thierry, als der Entschluß gefaßt wurde auf Paris zu marschiren. Schwarzenberg wollte über Sezanne und la Ferté-Gaucher, Blücher sollte über Montmirail und la Ferté sous Jouarre gehen. Das Rendezvous war bei Meaux auf den 28. festgesetzt, also am 29. unter den Mauern von Paris. Paris ist von Chalons und Vitry einige 20 Meilen, der Marsch betrug also täglich über 4 Meilen auf den beiden kürzesten und einander zunächstliegenden Straßen, in vereinigten Massen. Diese Anordnung war höchst einfach und gerade auf den Zweck gerichtet, also sehr gut.

Nur der General Winzingerode war mit 8000 Mann Reiterei Bonaparte nachgeschickt um ihn glauben zu machen er werde von der ganzen Armee verfolgt; auch das war sehr zweckmäßig, zumal da man bei der Einnahme von Paris so viel Reiterei nicht brauchen konnte. Blücher hatte den General Bülow mit 20,000 Mann vor Soissons gelassen, wodurch dem Ort allerdings zu viel Ehre erwiesen war.

Von einer so einfachen zweckmäßigen Anordnung und von ihrer kräftigen Ausführung, denn die Schlacht von

Paris war bekanntlich schon am 30. März, genoß das verbündete Heer bald die reichlichsten Früchte.

Die erste sehr natürliche Wirkung welche Bonapartes abentheuerlicher Zug in den Rücken Schwarzenbergs hatte, war ein gänzliches Verlaufen seiner abgesonderten Korps, und eine solche Wirkung muß bei einem nicht vorbereiteten strategischen Frontwechsel immer stattfinden.

Am 23. März war der Stand der verschiedenen Korps folgender:

Franzosen.

Haupt-armee.	Bonaparte in St. Dizier, seine Kavallerie in Joinville und Doulevent. Ney marschirt von Vitry ab. Macdonald } kommen bei Vitry an. Oudinot }
Abge-sonderte Korps.	Marmont } Bergeres, auf der kleinen Straße Mortier } von Chalons nach Paris. Division Pacthod • Amey } Sezanne ein Konvoi von 100,000 Rationen mit 800 Mann Bedeckung. } 1 Kavallerieregiment von Paris kommend, in Coulommier. 1 dito in la Ferté-Gaucher. Provisorische Division Lebru in Meaux. Das Freikorps des Obersten Simon, 500 Mann stark in der Gegend von Coulommier. General Souham mit 500 Mann in Nogent.

Die Verbündeten.

Blücher.
- Langeron, Sacken } in Rheims.
- Woronzow (die Infanterie von Winzingerode) in Chalons.
- Winzingerode mit 8000 Mann Kavallerie bei Vitry.
- York, Kleist } in und bei Chateau-Thierry.

Schwarzenberg.
- Wrede bei Vitry.
- Kronprinz von Würtemberg in Sommepuis } zwischen Arcis und Vitry.
- Rajewski in Poivre }
- Barklay in St. Cheron zwischen Lesmont und Vitry.
- Giulai bei Arcis.
- Ohne die Detaschements leichter Kavallerie unter Kaisarow, Tettenborn u. s. w.

Die Marschälle Marmont und Mortier kamen von Chateau-Thierry und hatten Befehl sich mit Bonaparte bei Vitry zu vereinigen, wohin sie auch noch den folgenden Tag ihren Marsch fortsetzten.

Die Divisionen Pacthod und Amey gehörten zu Macdonald, hatten entferntere Punkte an der Seine inne gehabt, deshalb nicht mit Macdonald abmarschiren können und die Direktion auf Sezanne erhalten. General Souham kam von der Yonne herbei. Die Kavallerieregimenter in Coulommier und la Ferté und der Train in Sezanne wollten zur Armee stoßen. Alle diese einzelnen Haufen irrten umher, keiner wußte Etwas von dem andern, keiner wo in dem Augenblick die eigene Hauptarmee, keiner wo die feindliche sei.

Am folgenden Tage, den 24. marschiren die Marschäll von Vergeres nach Soude St. Croix und Witry, Pacthod und Amey mit dem Konvoi von Sezanne nach Etoges, und der General Compans sammelt die Kavallerieregimenter in Coulommier und la Ferté und führt sie nach Sezanne. Die Richtung dieser Märsche ist also südöstlich, nordöstlich und östlich, kreuz und quer, aber alle der Gefahr entgegen. Dies war die Folge der plötzlichen excentrischen Bewegung Bonapartes.

Am 24. ist nun der Stand der gegenseitigen Korps folgender:

Franzosen

Die abgesonderten Korps.
- Marmont in Soude St. Croix.
- Mortier in Vatry.
- Pacthod und Amey in Etoges.
- Compans in Sezanne.
- Die andern wie am 23.

Hauptarmee.
- Bonaparte } in Joinville.
- Ney
- Macdonald und Oudinot in St. Dizier.
- Gerard in Longchamp zwischen Witry und St. Dizier.

Die Verbündeten.

Schwarzenberg.
- Wrede
- Rajewski
- Kronprinz von Würtemberg
- Barklay
- Giulai bei Arcis.

} bei Witry in einem Halbkreise von einer Meile um die Stadt.

$$
\text{Blü-cher.} \begin{cases} \left. \begin{array}{l} \text{Langeron} \\ \text{Sacken} \\ \text{Woronzow} \end{array} \right\} \text{in Chalons.} \\ \text{Kleist in Chateau-Thierry.} \\ \text{York in Viffort.} \\ \text{Winzingerode in Thieblemont zwischen Vitry und} \\ \qquad \text{St. Dizier.} \end{cases}
$$

Offenbar hatte sich an diesem Tage der Stand der abgesonderten französischen Korps sehr verschlimmert; den Marschällen und Pacthod war die gerade Straße schon so gut wie verlegt.

Hätte man von Seiten der Verbündeten alle Umstände gekannt, so hätte der General York, der ten 24. bei Chateau-Thierry über die Marne und bis Viffort ging, den 25. allenfalls vor den Marschällen in Sezanne sein können, denn von Viffort bis dahin ist 4½, von Soude St. Croix aber 6 Meilen; außerdem mußten sich die Marschälle schlagend bis dahin zurückziehen. Sie kamen auch erst um 2 Uhr Nachts in der größten Unordnung dort an *); hätten sie ein beträchtliches Korps daselbst gefunden, so konnten sie nur nach der Aube hin ausweichen; eine große Straße hatten sie dahin nicht mehr, ihr Marsch entfernte sie nicht gehörig vom verfolgenden Feinde, sie mußten die Aube passiren die vielleicht durch kleine Haufen der Verbündeten besetzt war, mit einem Wort ihre Lage wurde dadurch sehr schlimm, und es wäre kaum noch eine Wahrscheinlichkeit vorhanden gewesen daß sie entkommen würden ohne ganz aufgelöst zu werden.

Da man aber unmöglich dies Alles genau vorhersehen konnte, so ließ man General York den 25. auch nur

---

*) Koch Th. II. S. 396.

bis Montmirail und den 26. nach la Ferté Gaucher ge=
hen, wo die Franzosen auch den 26. und zwar nach ihm
ankamen. Dadurch waren sie nun zwar wirklich von der
geraden Straße nach Paris abgeschnitten, allein es blieb
ihnen die Straße nach Provins die sie auch einschlugen,
so wie ihnen in Sezanne die nach Nogent geblieben wäre.
Konnte man sie also nicht von Sezanne abschneiden, so
war ihnen nicht viel anzuhaben, denn sie wichen nach der
Seine hin aus, kamen bald aus der Sphäre der Verbün=
deten und später auf große Straßen, wo sie dann durch
Schnelligkeit der Märsche einbringen konnten was sie durch
den Umweg an Zeit verloren.

Da dem General York die rechte Richtung gegeben
war, er erst den 24. Nachmittags um 4 Uhr die Marne
passiren konnte und 48 Stunden darauf schon in la Ferté
Gaucher war, welches 6 Meilen entfernt ist, man also auch
nicht über Verzögerung klagen kann, so ist auch in diesem
Theile der Bewegung kein Grund zu einem Tadel vor=
handen.

Die Marschälle entkamen, aber General Pacthod der
immer hinter ihnen herzog, fiel den beiden Armeen von
Blücher und Schwarzenberg bei la Fere champenoise in
die Hände, und mußte mit den beiden schwachen Divisio=
nen (der seinigen und der Division Amey) sich ergeben.
Außerdem bekam man 60 Geschütze an diesem einzigen
Tage. Dies war die Folge des verwaisten Zustandes in
dem sich die französischen Korps befanden und die Frucht
eines kräftigen Nachdringens von Seiten der Alliirten.

Nun ging der Marsch unaufhaltsam auf Paris. Das
Sackensche Korps wurde zu Trilport zurückgelassen, weil
man die feindliche Hauptarmee allenfalls hinter sich erwar=
ten konnte, und mit der übrigen vereinigten Macht griff

man am 30. März die feindliche Stellung an, wie es der Zweck des Krieges gebot, der durch diesen letzten Akt unmittelbar erreicht wurde.

Achtes Kapitel.
Die einzelnen Züge der Vertheidigung.

Wir begreifen sie alle in einem Kapitel, weil weniger darüber zu sagen ist.

1. Die Scheinvertheidigung des Rheins war, wie wir schon gesagt haben, eine höchst zweckmäßige Maaßregel, nur war sie zu weit ausgedehnt und zu ernstlich gemeint. Macdonald, der von Düsseldorf bis Nimwegen stand, konnte nicht wohl vor Blücher bei Chalons ankommen, und noch weniger wenn er stehen blieb bis Winzingerode überging. Alle Kräfte zur Schlacht vereinigt zu haben war aber offenbar die Hauptsache bei einer solchen Überlegenheit des Gegners.

2. Bonapartes Marsch an die Aube. Er fand seine Marschälle bei Vitry und glaubte den Verbündeten in der Höhe von Langres zu begegnen; daher richtete er zuerst seinen Marsch auf St. Dizier. Als er erfuhr daß Blücher schon im Begriff sei bei Lesmont über die Aube zu gehen, eilt er über Montier en Der, d. h. auf dem kürzesten Wege dahin. Er trifft Blücher bei Brienne und greift ihn den 29. Januar an. Dies ist Alles einfach und natürlich. Den 30. rückt er in die Gegend von la Rothiere vor, zieht Marmont, der seine Avantgarde macht, an sich und wartet das Weitere in der Stellung von la Rothiere ab. Man weiß nicht recht was Bonaparte zu die-

ser Unthätigkeit vermocht hat. Glaubte er die große Armee *) im Marsch auf der Straße nach Auxerre, so konnte er ja Blücher um so eher angreifen. War aber die große Armee hinter Blücher, so war keine Zeit zu verlieren. In jedem Fall mußte, wenn Bonaparte hier eine Schlacht beabsichtigte, der Angriff vor der Vertheidigung den Vorzug verdienen, denn wenn er den 30. oder 31. angriff, so durfte er allenfalls hoffen mit Blücher allein zu schlagen; wenn er aber den Angriff abwartete, so konnte er unmöglich anders glauben als es mit der vereinigten feindlichen Macht zu thun zu bekommen, d. h. mit 150,000 Mann denen er 60,000 entgegenzustellen hatte. Die hauptsächlichsten Vortheile der Defensive, das Abwarten und der Beistand der Gegend, konnten unter diesen Umständen nicht so entscheidend sein. Wenn Bonaparte irgend eine lange vorbereitete starke Stellung mit vereinigter Macht bezogen hätte, so würden die Verbündeten vielleicht Bedenken getragen haben ihn darin anzugreifen, und es hätte sich auf diese Weise ihre Macht daran gebrochen, d. h. sie hätten den einfachen und natürlichen Kriegsplan des vereinigten Vorrückens und Angreifens aus Besorglichkeit aufgegeben, wären in Zeitverlust, in gefährliche Theilungen und Bewegungen verwickelt worden und hätten ihren Zweck gewissermaaßen verschleppt. Allein die Stellung bei la Rothiere, ohne natürliche Stärke, in der Eile genommen, nur mit zwei Drittel der disponibeln Streitmacht besetzt, konnte schwerlich solche Wirkungen hervorbringen. Sie wurde angegriffen und Bonaparte geschlagen, wobei er noch das in der Geschichte beispiellose Glück hatte, daß der Feldherr der Verbündeten nur den einen Theil seines Heeres beauf-

---

*) Wie Koch sagt.

tragte, dem andern das Schauspiel einer Schlacht zu geben. Verfolgt wurde er auch nicht, also kam er gut genug aus der schlimmen Lage.

Wenn Bonaparte nicht die Absicht und die Aussicht hatte, mit seinem Heere über die unvereinigten Verbündeten herzufallen und doch eine Schlacht wollte, so mußte er wenigstens seinen Marsch bis zur Vereinigung mit Mortier fortsetzen, die Seine vor sich nehmen, um von diesem Fluß in der Schlacht so viel Vortheil als möglich zu ziehen.

3. Bonapartes Marsch an die Marne. Über den Werth der Maaßregeln haben wir schon bei der allgemeinen Betrachtung gesprochen, wir haben also hier nur die Ausführung in Betrachtung zu ziehen.

Bonaparte wollte mit ungefähr 40,000 Mann schnell an Blücher kommen, den er im Allgemeinen auf der Straße von Chalons nach Paris vermuthete. Von Troyes, wo er sich befand, hatte er zunächst keinen andern Weg als über Nogent; von da aus konnte er aber entweder über Villenoxe und Sezanne oder über Provins und la Ferté Gaucher marschiren. Der letztere gewährte den Vortheil daß er sich mit mehr Gewißheit Blüchern vorlegte, denn la Ferté Gaucher liegt 4 Meilen näher an Paris als Sezanne, und ist der nächste Weg auf la Ferté sous Jouarre, den Vereinigungspunkt beider von Chalons kommenden pariser Straßen; sein eigener Rückzug war bei dieser Richtung also am meisten gesichert, sie war also die vorsichtigere; die andere Richtung aber hatte den Vortheil daß sie mehr auf die Flanke Blüchers, höchst wahrscheinlich mehr auf den Kern seines Heeres führte, und daß sie überraschender war. Sie war also die entscheidendere. Unter zehn Generalen würden neun die erste gewählt haben;

Bonaparte wählte die letztere, und man kann wohl sagen daß es nicht blos kriegerischer, sondern auch recht und nothwendig war; denn wenn man mit 80,000 Mann 200,000 widerstehen will, so kann es nicht anders geschehen als indem man die gefährlicheren aber entscheidenderen Mittel wählt.

Von Sezanne geht der Weg in die kleine parifer Straße auf Champaubert; hier fand er ein kleines Blücher'sches Korps (Olfusiew), griff es an und zertrümmerte es. Bei Champaubert angekommen, konnte er sich rechts gegen Blücher oder links gegen Sacken und York wenden, denn daß diese ihm links standen, mußte er an diesem Tage erfahren haben.

Bonaparte wählte wieder die letzte dieser beiden Richtungen, weil sie die entscheidendere war, denn Blücher hatte seine gerade Rückzugsstraße hinter sich; es war also zu befürchten daß er sich zurückziehen, und daß die vorgeschobenen Korps diese Zeit benutzen würden sich auf Umwegen mit ihm zu vereinigen; dagegen war es sehr ungewiß, ob die vorgeschobenen Korps in dem Augenblick wo Bonaparte in ihrem Rücken erschien, sich nicht in einer Lage befinden würden wo ihnen der Rückzug schwer oder unmöglich geworden wäre.

Nachdem Bonaparte am 11. Februar Sacken geschlagen und am 12. Sacken und York bis über die Marne getrieben hatte, entstand die Frage, ob er über diesen Fluß gehen, die beiden Korps ferner in der Richtung auf Soiffons zurücktreiben und vom Kern unter Blücher ganz trennen sollte. Bonaparte hatte den Plan an die Seine zurückzukehren, und dies war auch ganz richtig, sobald ihm nicht eine totale Niederlage Blüchers die Hand zu etwas Besserem bot; den Vortheil, welchen er über die beiden

ruſſiſchen Korps (Olſuſtew und Sacken) erhalten hatte,
ſah er nicht ſo an. Die Möglichkeit, die ſchleſiſche Armee
ganz vom franzöſiſchen Boden zu vertreiben, ſchien ſich aus
dieſen beiden Gefechten keinesweges zu ergeben. Bonaparte
ging alſo nicht über die Marne und wollte vermuthlich
an die Seine zurückkehren, als er Blüchers unzeitiges Vorgehen am 13. erfuhr, und nun zu dem Allerwünſchenswer-
theſten gelangte, den Kern der Blücherſchen Macht und
den Sieger von la Rothiere ſelbſt mit einer entſchiedenen
Übermacht angreifen zu können.

Das Gefecht am 14. von Vauchamp bis Etoges
brachte Blüchern den letzten Stoß bei; nun war ſeine Niederlage entſchieden, und unter dieſen Umſtänden hätte Bonaparte nicht von ihm ablaſſen, alſo auch nicht an die
Seine zurückkehren ſollen, wie wir ſchon geſagt haben.

4. Die erſte und zweite Vertheidigung der
franzöſiſchen Marſchälle an der Seine.

Bei der erſten Vertheidigung blieben, als Bonaparte
von Nogent abmarſchirte, etwa 30,000 Mann unter den
Marſchällen Oudinot und Victor, den Generalen Pajol
und Alix gegen die große Armee der Verbündeten zurück,
die damals 120,000 Mann ſtark geweſen ſein mag. Den
18. kam Bonaparte wieder von der Marne an, und traf
die Marſchälle hinter der Yeres, welche ſie den 15. paſſirt,
ſich alſo in 6 Tagen ungefähr 9 Meilen zurückgezogen
hatten.

Bei der zweiten Vertheidigung, als Bonaparte am
26. Februar die Seine zum zweiten Male verließ um Blücher zu folgen, ließ er unter Macdonald und Oudinot wieder etwa 30,000 Mann gegen Schwarzenberg zurück, der
aber jetzt nur 60,000 Mann ſtark ſein mochte, weil er die
Südarmee gebildet und Barklay nach Langres vorausge-

schickt hatte. Bonaparte kehrte den 19. März zurück, also nach 20 Tagen. Die beiden Marschälle waren den Verbündeten bis Bar und la Ferté für Aube gefolgt, von wo sie den 27. Februar ihren Rückzug antraten. Den 17. März kamen sie in der Gegend von Nangis an, hatten also in 19 Tagen etwa 20 Meilen Land geräumt. Das Resultat ist mithin nicht sehr verschieden in beiden Vertheidigungen. Obgleich nun diese mehr langsame Rückzüge als eigentliche Vertheidigungen waren, und Schwarzenbergs Vordringen beim ersten Male zaghaft und beim zweiten Male eine bloße Demonstration war, so muß man doch den französischen Marschällen die Gerechtigkeit widerfahren lassen, daß sie das erste Mal durch die dreitägige Vertheidigung von Nogent für ihren Zweck viel leisteten, daß sie überhaupt nur gingen, wenn sie dazu genöthigt wurden, und sich trotz ihrer Schwäche nicht scheuten immer nahe an dem Feinde zu bleiben, welches Alles rühmliche Züge eines kriegsgewohnten Heeres sind.

Im Ganzen war die Truppenmasse unter ihren Befehlen immer auf einer langen Linie vertheilt, an ein vereinigtes Gefecht also nicht zu denken. Dies lag aber in der Natur ihrer Lage, in der es nur darauf ankam dem Feinde so wenig Boden als möglich zu überlassen, nicht aber einen absoluten Sieg zu erfechten.

5. Der Marsch Bonapartes von der Marne an die Seine und von da zurück an die Marne und Aisne.

Über den Werth dieser Bewegungen im Allgemeinen haben wir schon gesprochen; wir wollen also nur ein paar Augenblicke bei ihrer Ausführung verweilen.

Bonaparte hat Mortier bei Villers-Cotteret gegen Winzingerode stehen lassen; er läßt nun auch Marmont gegen Blücher bei Etoges zurück und bricht den 15. Februar von Montmirail auf, ist den 16. in Guignes, welches 12 Meilen von Montmirail ist, den 17. greift er schon die Avantgarde von Wittgenstein und Wrede, den 18. den Kronprinzen von Würtemberg in Montereau an. Obgleich nun dies mit den etwas ausgeruhten Truppen der Marschälle geschah und die seinigen wohl noch zurück waren, so muß man doch diese Thätigkeit und Schnelligkeit in hohem Grade bewundern; es giebt kaum etwas Ähnliches in der Geschichte. Den 23. trifft Bonaparte vor Troyes ein; auch dies ist schnell genug, denn von Montereau bis Troyes sind 10 Meilen. Den 26. bricht er schon wieder auf um Blücher von Neuem zu folgen. Den 3. März, also nach 5 Tagen, geht er bei Chateau-Thierry über die Marne welche 15 Meilen von Troyes ist, eine Geschwindigkeit die wieder ungemein groß erscheint, wenn man bedenkt wie seine Truppen ermüdet sein mußten, wie schlecht die Wege zum Theil waren und wie ausgezehrt die Gegend.

Bis jetzt war Bonaparte in seinen Bewegungen immer den einfachsten Richtungen gefolgt, d. h. er hatte die nächste große Straße zu seinem Ziele gewählt. Von Chateau-Thierry würde ihn diese auf Soissons geführt haben, um Blücher gerade zu folgen und sich mit Marmont und Mortier zu vereinigen. Bonaparte wählte aber den Weg über Fismes und Berry au Bac, indem er zugleich durch ein Detaschement Rheims nehmen ließ.

Der Grund zu dieser Bewegung war wohl nicht, Blücher weiter zurück zu manövriren, indem er seine linke Flanke umging. Bonaparte hatte die Absicht es zu einer Schlacht zu bringen; wie wenig Aussicht auch zum Siege war, so war doch die Schlacht der Zweck seines Marsches gewesen, denn ein bloßes Zurückdrängen des Gegners um einige Märsche konnte für kein Rettungsmittel in einer so verzweifelten Lage angesehen werden.

Die Überflügelung Blüchers auf seiner linken Flanke konnte also wohl nur die Absicht haben, den Übergang über die Aisne leichter und die Schlacht entscheidender zu machen. Gegen diese Absicht ist Nichts einzuwenden, weil sein eigener Rückzug dadurch noch nicht gefährdet war.

Dagegen dürfte Bonaparte schwerlich über zwei Fehler gerechtfertigt werden können, die er beging.

Der erste ist: daß er die Stellung der Russen bei Craone durchaus in der Fronte überwältigen wollte, während es ihm doch nicht hätte schwer werden können seinen linken Flügel im Rücken derselben über die Aisne gehen zu lassen. Zwar würde das Korps von Sacken unter diesen Umständen Theil am Gefecht genommen haben, allein da er bei Laon sich mit der ganzen Armee zu schlagen wagte, so mußte er es hier doch wohl mit einem Drittel derselben aufnehmen können. Er verlor nach dem eigenen Geständniß der Franzosen 8000 Mann an Todten und Verwundeten; dies war bei einer Armee von 50- bis 60,000 Mann, die sich mit 100,000 schlagen sollte, ein Verlust der mit dem Erfolge des Gefechts in keinem Verhältniß stand. Eine solche Verschwendung der Kräfte ist eine schlechte Strategie wenn man an Kräften arm ist.

Der zweite Fehler war die Trennung seines verhältnißmäßig kleinen Heeres in zwei ganz abgesonderte Theile, und wenn der Verlust der Schlacht von Laon noch andern Gründen zugeschrieben werden muß als der Übermacht des Gegners, so ist es vor Allem diese Trennung welche ihn veranlaßt hat. Da er einmal die Richtung auf Blüchers linke Flanke genommen hatte und durch einen gewagten

Plan eine große Entscheidung suchte, so hätte er mit der ganzen Armee den Weg nehmen sollen den Marmont nahm und nur ein Kavalleriekorps hinter Woronzow herziehen lassen.

6. **Zweiter Marsch Bonapartes an die Seine. Schlacht bei Arcis.**

So wie Bonaparte die Sache vom 7. März an strategisch und taktisch getrieben hatte, gehörte ein Gelingen geradezu unter die unmöglichen Dinge. Nach der Schlacht von Laon verweilte Bonaparte 2 Tage in Soissons, den 11. und 12. März, um seine Truppen ein wenig zu reorganisiren und etwa 5000 Mann Verstärkungen, die von Paris kamen, damit zu vereinigen. Da er an die Aube zurückkehren wollte und dort die Angelegenheiten nicht drängten, so stand dem Verweilen von dieser Seite Nichts entgegen, und von der andern gehört es zu den Zügen militärischer Größe und Standhaftigkeit, nach einer verlornen Schlacht gegen solche Übermacht freiwillig nicht mehr Land zu räumen; auch wurde dies durch Blüchers diesmalige Unthätigkeit möglich. Bonaparte stellte die Ordnung in seiner Armee wieder her, verstärkte sich und gewann selbst Zeit sich gegen Rheims zu wenden.

Von Soissons nach der Aube war der kürzeste und natürlichste Weg über Chateau-Thierry. Marmont, der den 11. und 12. bei Fismes stand, hätte sich dort freilich mit Bonaparte vereinigen können, allein dieser welcher die Ankunft eines feindlichen Korps bei Rheims erfahren hatte, zog es vor noch einen Versuch gegen dieses isolirte Korps zu machen. Er wandte sich den 13. dahin; vermuthlich ließ er schon am 12. einen Theil seiner Truppen von Soissons aufbrechen. Marmont stand ohnehin auf dem halben Wege und konnte also den 13. vor Rheims eintreffen.

Ge-

General St. Priest hatte mit vielleicht 16,000 Mann den Ort am 12. genommen, erwartete am 13. keinen feindlichen Angriff, wurde überfallen und erlitt eine vollkommene Niederlage. Obgleich dieser Erfolg sich nicht vermuthen ließ, weil General St. Priest eben so gut ausweichen als das Gefecht annehmen konnte, und obgleich dadurch für die allgemeinen Angelegenheiten Bonapartes wenig gewonnen war, so kann man doch dieser kecken Offensive auf einem Kriegstheater wo er eben eine Schlacht verloren hatte, seine Bewunderung nicht versagen. Immer war es ein bedeutender Verlust den er seinem Gegner beibrachte und ein Korrektiv gegen die eben erlittene Schmach.

Auch in Rheims verweilte Bonaparte wieder einige Tage, nämlich bis zum 17. März, und auch diese Rast muß als ein Beweis seines standhaften Muthes betrachtet werden; sie war den Truppen heilsam und gab ihm Gelegenheit 4000 Mann unter dem General Jansens aus den gegen die niederländische Grenze gelegenen Festungen zu ziehen.

Bonaparte ließ unter den Marschällen Mortier und Marmont etwa 20,000 Mann gegen Blücher zurück und marschirte mit 16,000 Mann ab, mit welchen er zwei von Paris kommende Verstärkungen unter den Generalen Lefebvre und Decaen, 9000 Mann betragend, zu vereinigen hoffte. Diese trafen zum Theil während der Schlacht bei Arcis ein. Er war also nur einige 20,000 Mann stark. Dessenungeachtet wartet er die Ankunft der beiden Marschälle Oubinot und Macdonald nicht ab; der Erstere traf den 20., der Andere den 21. März Abends ein. Mit ihnen vereinigt wäre er zwischen 40- bis 50,000 Mann stark gewesen, also eben so viel wie er bei Laon gehabt haben mag; dagegen war der Feind hier nicht so stark wie dort (nur 80. bis 90,000 Mann) und nicht Blücher sondern Schwarzenberg stand ihm gegenüber. Allerdings muß man aber in Betrachtung ziehen, daß ein Drittel seiner Truppen neue Formationen waren, et cela sond comme de la neige, hatte er selbst gesagt.

Bonaparte wartet die Ankunft seiner Marschälle nicht ab, sondern geht den 20. nach Arcis und greift trotz aller Einsprüche Sebastianis an. Dies Letztere beweist daß für einen Unbefangenen die Lage der Dinge klar genug war, und man ist also berechtigt das eigensinnige Vorgehen und Angreifen am 20. für einen Fehler zu halten.

Am 21. vergeht Bonaparte plötzlich die Lust zu schlagen ganz und er beschließt den Marsch in den Rücken Schwarzenbergs.

Da er zu einer Schlacht herbeigeeilt war, so würde man dies als eine große Inkonsequenz betrachten müssen, wenn man nicht zugeben müßte daß sich seine Lage durch das Gefecht am vorigen Tage schon wieder verschlimmert hatte, und daß die Anschauung selbst Betrachtungen erwekken konnte die man hinterher nicht anstellt. Furchtsamkeit und Unentschlossenheit waren nicht die Fehler Bonapartes; er muß also von seiner Idee durch starke Gründe abgebracht worden sein, und wahrscheinlich haben diese in dem Eindruck gelegen den ihm seine eigenen Truppen und die näheren Umstände seiner augenblicklichen Lage gemacht haben. Kurz, so leicht es wäre hier gegen Bonaparte abzusprechen und in seinem Betragen etwas Schwankendes und Widersprechendes zu finden, so muß sich die Kritik doch bescheiden, daß sie die nähern Umstände nicht genau genug kennt um einen an sich so unwahrscheinlichen Vorwurf zu wagen.

7. Marsch Bonapartes in den Rücken Schwarzenbergs.

Bonaparte nahm seine Richtung über Vitry und St. Dizier auf Chaumont und Langres; er kehrte um, sobald er erfuhr daß die Verbündeten auf Paris marschirten. Hieraus geht deutlich hervor daß er den Marsch als eine bloße Demonstration betrachtete, wodurch er seinem Gegner Schrecken einflößen und ihn zu falschen Schritten verleiten wollte.

Zwar folgte er in dem Marsche über Troyes nach Paris (wie Koch behauptet) nicht seiner eigenen Idee, sondern der des Marschalls Berthier, allein die welche er selbst zuerst faßte, ist nur eine Modification davon, nämlich über Vitry hinter der feindlichen Armee her zu marschiren und sie von hinten anzufallen. Daher wurde der Marsch auch am 21. nach Vitry angetreten. Vor diesem Orte besann er sich eines Andern, faßte einen Augenblick die Idee sich in die Vogesen zu werfen, dann, über Sezanne und Coulommier nach Paris zu marschiren, wurde aber von beiden durch die Marschälle Berthier und Ney abgebracht. Man sieht hieraus deutlich, wie wenig das ganze Unternehmen einen klar und bestimmt gedachten Zweck hatte.

Da Bonaparte selbst Nichts daraus zu machen gewußt hat als eine Demonstration, so können wir sie auch nur unter diesem Gesichtspunkte beurtheilen, und finden dann die Richtung über St. Dizier und Chaumont auf Langres sehr natürlich.

Auch der Marsch über Troyes und Fontainebleau scheint uns das Zweckmäßigste zu sein was Bonaparte zur Verbesserung seines ungeheuern Fehlers thun konnte. Hinter den Alliirten her marschiren um sie von rückwärts anzugreifen, konnte nur zu einer gewissen Niederlage führen. In zwei Schlachten hatte Bonaparte erfahren daß er keinen der beiden Gegner mit 40- bis 50,000 Mann besiegen könne, wie sollte er jetzt auf einen Sieg im freien Felde gegen die vereinigte Macht Beider rechnen! Übrigens konnte er sie auf dem linken Marneufer nicht mehr einholen, und so würde er Mühe gehabt haben über den Fluß zu kommen; in jedem Falle aber war die Eroberung von Paris schwerlich zu verhindern. Freilich betrug der gerade Weg bis Paris nur 21 Meilen, und der nach St. Dizier zurück und von da auf Brienne, Troyes und Fontainebleau 36, allein wer weiß nicht daß man entfernt vom Feinde, auf großen Straßen, mit vorbereiteten Quartieren viel leichter 6 Meilen in 24 Stunden machen kann, als in gerader Direktion gegen den Feind viere.

Aber einen unbegreiflichen Fehler hat Bonaparte gemacht: daß er nicht den 27. einem der Marschälle den Befehl über die Armee gab und mit Kurierpferden nach Paris eilte, wo er den 28. angekommen sein würde und wo es doch so viel für ihn zu thun gab. Es scheint fast als habe er nicht Lust gehabt seine Person der Schmach einer Niederlage unter den Mauern von Paris auszusetzen.

8. Bewegungen der Marschälle an der Marne und ihr Rückzug auf Paris.

Da die Marschälle nicht über 20,000 Mann stark waren, so konnte ihre Bestimmung keine andere sein als die Armee des Feldmarschalls Blücher zu beobachten und sich ihr vorzulegen wenn sie den Weg nach Paris einschlagen wollte. Sie stellten sich an den beiden Hauptübergängen der Aisne bei Soissons und Berry au Bac auf, wodurch Paris und zugleich Rheims gedeckt wurde. Sobald

Blücher den 18. anfing vorzurücken, mußten sie natürlich eine so getrennte Aufstellung verlassen. Sie vereinigten sich bei Fismes, nachdem vorher einige widersprechende Bewegungen nach Rheims und von da zurück nach Fismes stattgehabt hatten; die Stellung bei Fismes war berechnet, um sich nöthigen Falls noch auf der Straße nach Paris vorlegen zu können und doch den Feind nicht selbst dahin zu ziehen, auch die beiden Armeen Blüchers und Schwarzenbergs so viel als möglich zu trennen. Diese Zwecke waren allerdings lobenswerth.

In Fismes erhielten sie am 20. März den Befehl nach Vitry zur Vereinigung mit Bonaparte zu marschiren. Sie gingen über Chateau-Thierry, wo sie den 21., und Montmirail, wo sie den 22. ankamen; von da am 23. nach Bergeres, am 24. nach Vatry und Soude. Unstreitig hatten sie Recht den sichersten und besten Weg zu gehen der ohnehin nicht bedeutend um war. Aus Epernai wurde an dem Tage schon der General Vincent durch Tettenborn vertrieben. Daß die Marschälle am 24., bevor sie ihren Marsch antraten, nicht eine starke Patrouille bis Vitry vorsandten, um zu erfahren was dort stehe und die Verbindung mit Bonaparte zu eröffnen, würde eine unbegreifliche Nachlässigkeit sein, wenn man sich nicht Truppen und Führer schon in einem gewissen Zustande von Abspannung und Stumpfheit denken müßte.

Ihr fernerer Rückzug bis Coulommier ist einfach und Nichts darüber zu sagen; daß sie sich von dort auf Provins wendeten, war das Beste was sie thun konnten. Daß sie vor den Thoren von Paris eine Schlacht annahmen, obgleich sie nicht mehr als 30,000 Mann gegen wenigstens 100,000 ins Gefecht bringen konnten, ist immer nicht zu tadeln. Eine verlorene Schlacht mehr war nicht der entscheidende Punkt in Bonapartes Schicksal, sondern der Besitz von Paris war es. Die Verbündeten konnten ein paar Tage zaubern, Bonaparte ankommen — diese entfernten Möglichkeiten waren hinreichende Motive in einer Lage wo Nichts zu verlieren war.

Berlin, gedruckt bei Trowitzsch und Sohn.

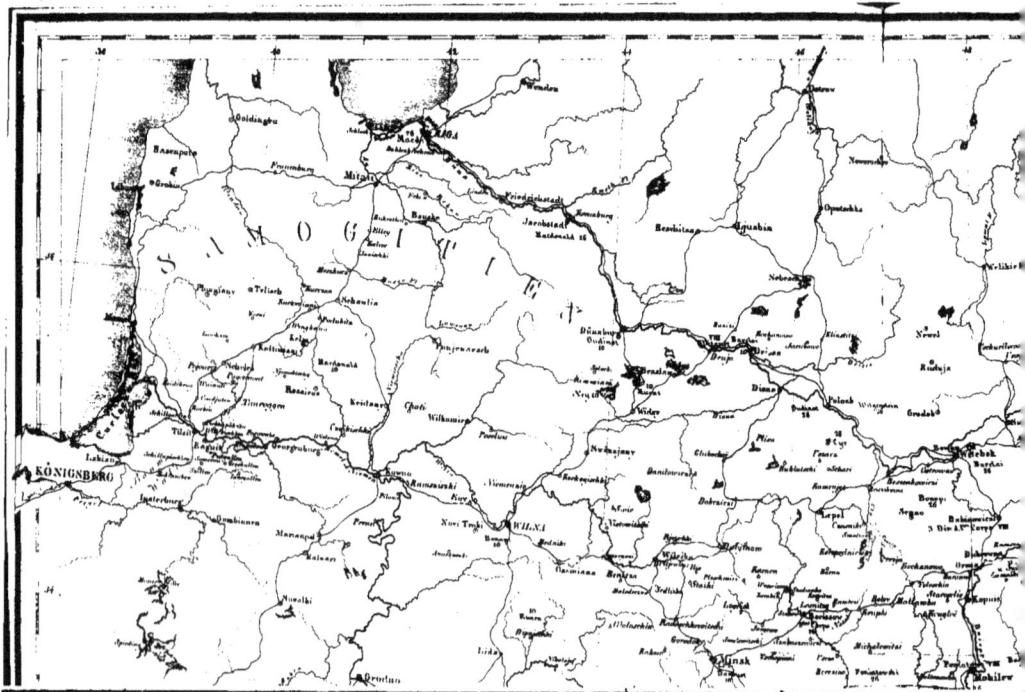

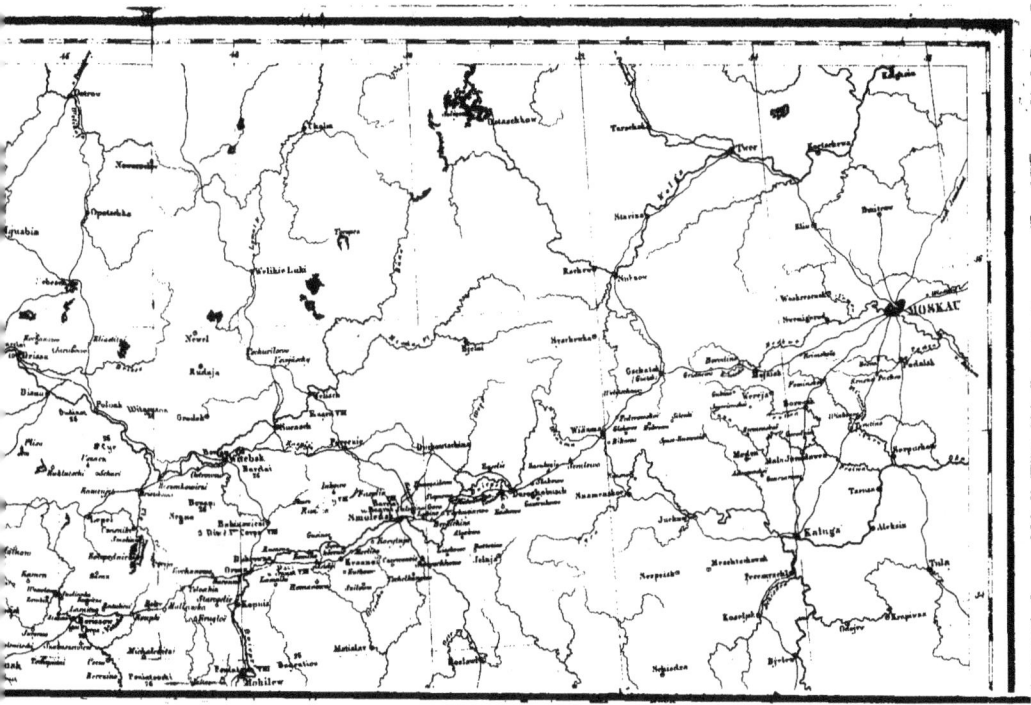

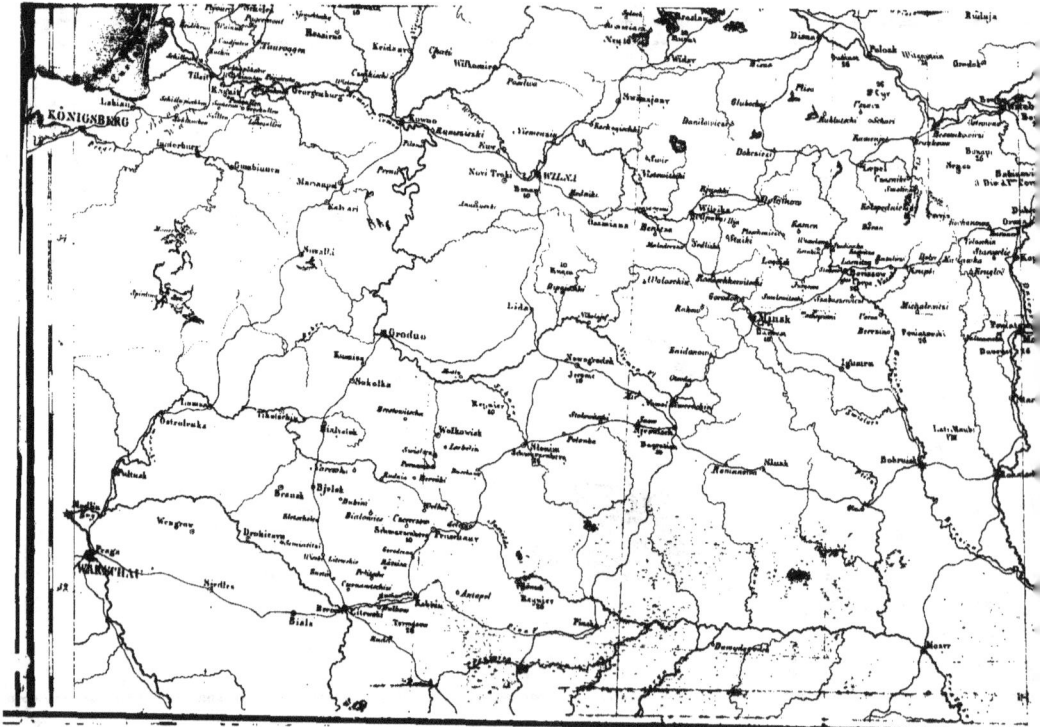

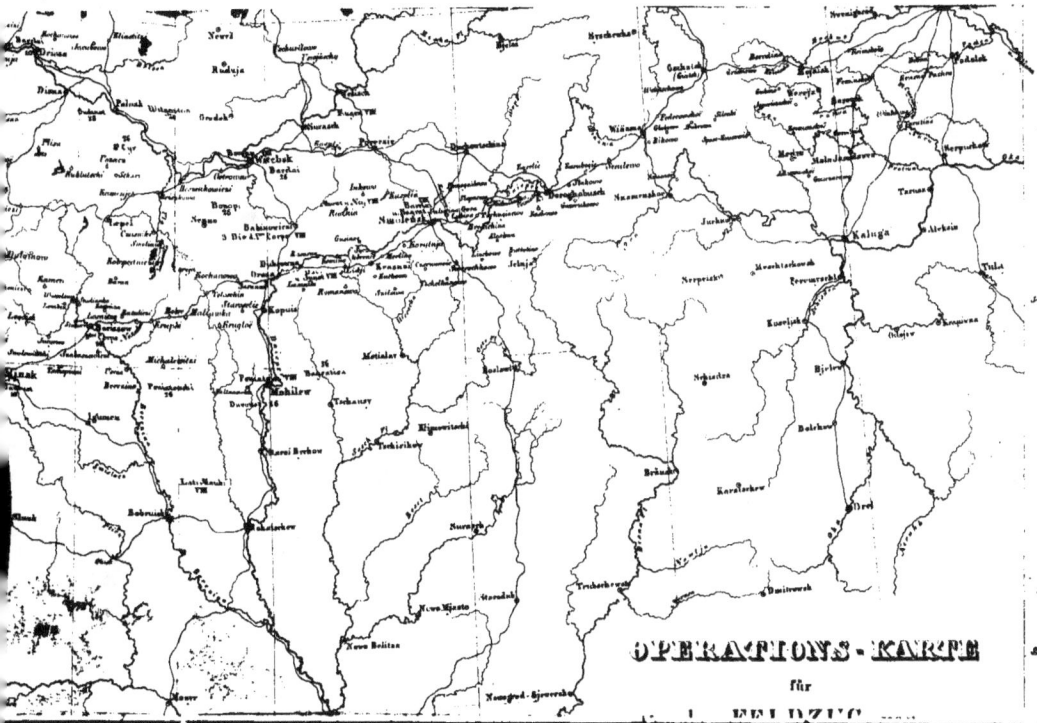

OPERATIONS-KARTE

für

FELDZUG

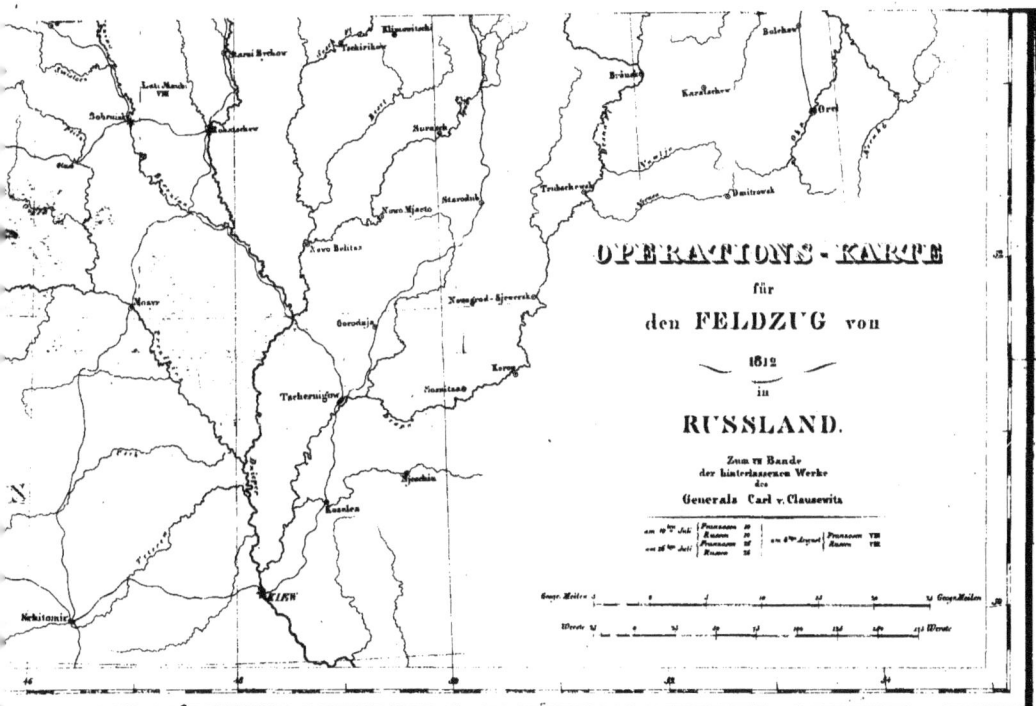
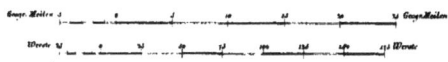